제2판

성공과 행복을 향한

선(善)순환 리더십

유영대 지음

傅英社

제 2 판 서문

2004년 초판을 낸 후 3년 만에 제2판을 내게 되었다. 제2판에서는 초판에서 다소 개괄적으로 정리하였던 보론 부분을 대폭 추가하고, 군데군데 설명이 미진한 부분을 보강하였다. 또한 선(善)순환 리더십의 기본 이론 전개 부분이라고 볼 수 있는 제2장의 내용 중에서 선(善)순환 리더십 추진 단계별로 정리된 해당 장과 중복이 된 부분을 삭제 또는 통합 정리하여, 본래 책을 내게 된 배경에다 대학교재로서 부족함이 없도록 하였다.

즉, 제2판을 내게 된 데에는 앞에서 언급한 사항을 비롯하여 몇 가지 계기가 있었다.

본서 초판이 발간된 후 저자의 예측을 뛰어넘어 대기업 및 중소기업, 공무원, 교직원을 비롯한 학생, 가정주부에 이르기까지 사회 각층에서 용기와 힘이 되어 주는 격려와 매우 좋은 평을 받았고, 특히 저자는 당시 공군 현역 장군(將軍)의 신분에서 대학교수로 신분이 바뀌어 교육일선현장에서 학부과정과 대학원생들에게 리더십과 정책학을 교육하고 있다. 또한 본서내용을 핵심으로 하는 성공적 변화혁신, 경쟁력강화, 능률 및 효과성 향상 방안, 인간 및 조직 관리에 이르기까지 다양한 분야에 걸쳐 전경련, 생산성본부, KS인증협회, 중소기업진흥공단 등 경제 관련기관을 비롯한 삼성, 현대, 금호아시아나 그룹, 한솔, 신세계 등 대기업과 중소기업현장에서, 그리고 중앙공무원 교육원, 서울특별시, 인천광역시, 부산광역시, 경기, 경북, 전남, 강원도 등 공무원교육원과 교육연수원, 한전, 도로공사,

주택공사, 토지공사 등 공기업에서도 활발한 강의 활동을 하고 있다. 이렇게 각계각층의 현장에서 강의, 토의를 해 오는 동안 현실성 있게 보완이 필요하다고 느낀 부분이 있었기 때문이다.

금번 제2판을 준비하면서도 많은 사람들이 도움을 주었다. 초판 발행시부터 계속해서 많은 성원을 보내 주신 양명영 회장님, 서울대 박사과정에 교육중인 김학창 군, 장희철 군, 영원한 비서실장을 자원하는 김기원 중령, 두산그룹 원자력분야에 근무하고 있는 김정욱 군, 그리고 원고정리를 해 준 장남 진호와 차남 진경이, 항상 뒤에서 응원과 격려로 힘이 되어 주고 있는 사랑하는 아내 김현희 여사에게 고맙다는 말을 전하고 싶다.

현재 우리의 주변에는 쉽게 화내고 짜증 또는 불평불만을 토로하는 분위기이며, 나와 다른 생각을 하는 사람들을 이해하고 배려하기보다는 감정적인 대응을 하는 경우가 많고 또한 개인 및 집단들이 자기주장과 다를 때 폭력화하는 경향이 대단히 많은 정서이다. 이러한 정서는 문제가 문제를 유발하고, 갈등이 또 다른 갈등을 조장할 수 있으므로 현 사회적인 분위기를 선(善)순환 리더십이 국민들의 정서가 되어 인간관계 및 조직관리를 비롯 각 개인으로부터 국가통치에 이르기까지 상호간 긍정적인 동기부여로 모두가 밝은 미래와 희망을 향해 달려가는, 그래서 큰 성취감과 보람이 함께하는 연쇄적인 상승효과가 반복되는 개인–가정–직장–사회–국가가 되기를 기원한다.

2007년 7월 11일

연구실에서

유 영 대 씀

머 리 말

우리 사회는 농경사회에서 산업사회를 거쳐 정보화 사회로 변화하는 과정에서 인간 존중 사상은 무너지고 지역 · 세대 · 보혁(保革) · 노사간 갈등, 이혼율 증가, 부정부패, 불특정 범죄의 급증 등 이기주의 만연과 도덕적 해이 팽배로 악순환이 반복되고 있다. 대다수 국민들은 "법과 정의가 살아 있고, 상대방을 배려하고 인정하는 문화 속에 상식이 통하는 살맛나는 선진 대한민국"을 갈망하면서 이러한 어려움을 헤쳐 나갈 수 있는 리더다운 리더에 갈증을 느끼고 있다.

우리의 자랑스런 반만 년 역사에는 위기와 호기가 수없이 교차되는 상황 하에서 리더의 역량에 따라 찬란한 문화를 꽃피우기도 하였고, 국론이 분열되는 갈등 속에서 도탄(塗炭)에 빠져 민족의 시련을 겪기도 하였다.

동 · 서양을 막론하고 역사는 "리더와 리더십의 기록"이라 해도 과언이 아니며, 특히 21세기에 있어서 화두(話頭)가 될 만한 두 단어가 있다면 그것은 바로 비전(Vision)과 리더십(Leadership)일 것이다.

"비전이 없는 백성은 망한다." 이것은 성경에 있는 말인데, 도산 안창호 선생이나 케네디 같은 위인들이 즐겨 인용했던 것은 그것이 만고불변의 진리이기 때문이다. 개인이나 사회를 막론하고 비전이 없는 삶은 마치 나침반 없는 항해와 같아서 결국은 난파를 면할 수가 없게 된다.

비전은 '꿈', '이상', '원대한 목표'와 같은 것이다. 17세기에 똑같은 유럽인들이 북미와 남미로 각각 이주하였다. 북미는 오늘날 부강의 대명사가 되었으나 남미는 빈곤의 대명사가 되었다. 무엇이 이들의 명암을 갈랐던 것일까? 바로 "비전과 탁월한 리더의 유무"가 이들의 흥망을 결정했다고 단언한다. 비전이 없는 민족이나 국가는 흥할 수가 없으며, 비전을 이루는 힘과 열쇠가 바로 리더십이다.

대부분 독자들은 악순환(惡循環)이라는 말은 많이 들어 왔으나 선순환(善循環)이라는 말은 들어 볼 기회가 적었을 것이다. 아마도 독자들은 "선(善)"이라는 용어, 영어로는 "Good"이라고 하는데, 이 자체만 들어도 마음이 밝아짐을 느낄 수 있을 것이다. 우리 한글 사전에 악순환(惡循環)이라는 단어는 있어도, 선순환(善循環)이라는 단어는 없다. 또한 영어에서도 악순환(惡循環)이라는 용어 "Vicious Cycle"은 단어화되어 있지만, "Good Cycle"은 단어화되어 있지 않다. 경제학 등에서 악순환의 반대 뜻이나 상생(相生)의 의미에서 최근에 일부 사용되고 있으나 체계화된 논리 없이 막연하게 사용되고 있는 실정이다. 따라서 저자가 새롭게 이론으로 정립, 체계화한 "선순환(善循環) 리더십"이라는 어휘에 대해 독자들은 생소함을 느끼면서도 호기심을 갖게 될 것이다.

이 선순환(善循環) 리더십은 저자가 인생을 살아 오면서 바람직하고 건강한 삶이란 무엇인가에 대해 꾸준히 관심을 갖고 연구하고 고민했던 사항들과, 33년 전 초급 장교 시절부터 장군이 되어 한 분야의 최고 사령관이 되기까지 적용하고 체험한 기본 원칙과 성과를 체계적으로 이론화한 것이다. 선순환(善循環) 리더십은 연못의 어느 한 곳에 떨어진 돌이 파장을 발생시켜 전체에 영향을 미치듯이, 선(善)이 어떻게 하면 개인이나 가정, 팀/부서, 나아가서는 기업과 사회, 국가에서 발생하여 관련 요소에 상호작용을 일으켜 전체에 파급효과를 발휘할 수 있는 것인가 하는 고민의 소산이다. 결과적으로 저자의 인생과 더불어 정립된 이 이론의 핵심용어는 순수하게 한국적 표현으로 "선(善, Good)"이라고 할 수 있다. 그리고 이 선(善, Good)이 순환(循環, Cycle)되어 상승효과가 반복될 때, 그 효력은 무한정(無限定)일 수 있으므로, "선순환 리더십"을 "Good + α Cycle Leadership"이라고 명명하였다.

리더십의 사전적 의미는 지휘자로서의 지휘 · 임무 또는 통솔력이며, 적용상의 의미는 학자마다 다소 차이가 있으나 통상적으로 "조직 구성원으로 하여금 조직 목표에 헌신하도록 이끄는 힘"이라고 규정되고 있다. 이러한 통념상의 리더십론은 자신의 수양이나 수신제가(修身齊家)보다는 조직 구성원에 대한 지휘, 통제에서부터 출발한다고 되어 있으나, 수신제가나 가화만사성(家和萬事成) 차원의 리더십과 더불어 기본 통념상의 리더십론이 병행하여 발전되고 적용하여야 한다고 본다. 이러한 상황을 종합해볼 때 리더십의 적용대상은 자기 자신과 더불어 개인 대 개인, 팀이나 부서 그리고 조직의 모든 구성원이며 어떠한 경우에라도 리더십의 주체는 리더의 입장이건 팔로워의 입장이건 자기 자신이다. 리더십 발휘의 전제 조건은 신뢰이다. 신뢰가 없는 리더십은 성립될 수 없으며, 신뢰는 자기 자신뿐만 아니라 관계되는 상대 상호간에도 동일선상 핵심사항이다. 결국 리더십이란 "내가 리더나 팔로워의 입장에서 얼마나 「정직, 근면, 성실, 겸손, 공명정대」한가?"라는 평가에서부터 시작된다고 볼 수 있다. 프랑스 혁명 당시 한 지도자는 술잔을 높이 들고 "세상에 술은 강하다. 하나 술보다 강한 것은 한 나라의 황제이고, 황제보다 강한 것은 여자이며, 여자보다 강한 것은 성실을 모토로 살아가는 건강하고 근면한 청년이다"라고 연설했다. 즉, 근면, 성실과 정직 그리고 꾸준한 노력이 신뢰의 기본이자 성공의 비결임을 강조한 말이다.

이론이라는 것은 시대의 산물이며, 아무리 훌륭한 이론이라도 실생활에 접목되지 않는다면 의미가 없다. 흐르는 물은 평범하지만 폭포는 위대하다. 그러나 흐르는 물이라고 다 폭포가 되는 것은 아니다. 절벽을 만날 때, 비로소 위대한 폭포가 되는 것이다. 잔잔한 바다를 항해할 때, 위대한 항해사의 능력은 나타나지 않는다. 그러나 폭풍이 일어나고 바람이 불어 파도가 높이 일 때에야 비로소 위대한 항해사의 능력과 지혜가 발휘되는 것이다. 혹자들은 오늘날 각종 리더십 이론이 실제 적용이 안 되고 있는 점을 지적하고 있다. 리더십의 이론이 실제 적용이 되느냐? 안 되느냐? 하는 것은 그 이론이 한 사회의 문화와 가치관의 체계, 그리고 생활 속에서 정립된 이론인가 아니면 단지 이론을 위한 이론인가에 의해 달렸다고 본다. 그런 점에서 저자는 본 선순환(Good + α Cycle) 리더십이 우리의 문화와 정서, 그리고 실생활에서 창출되었으므로 성공적인 인생과 밝고 희망찬 조직, 비전이 있는 희망찬 사회와 국가 건설에 지침이 되고 좌표를 제공할 것으로 확신한다.

선순환(善循環, Good + α Cycle) 리더십은 "성공한 리더는 어떠한 모습이며, 21C에 요구되는 리더는 어떠한 모습인가?"라는 질문에 대한 방향과 해답을 제시해 줄 것이다. 그리고 자라나는 젊은이들에게는 선(善)순환이 반복되는 올바른 삶을 살아감으로써 꿈과 희망이 가득찬 성공적인 미래가 펼쳐지는 데 도움을 줄 뿐만 아니라, 일반독자들에게는 도덕과 윤리가 함께 한 가운데 평화로운 삶과 존경 그리고 성공의 상징이 되고 지성과 교양을 위한 등불이 될 것을 기대해 마지않는다.

저자가 선순환(善循環) 리더십을 체계화하는 동안 많은 분들이 도움을 주셨다. 그 동안 저자를 이 세상에 태어나게 해 주시고 저자에게만큼은 탁월한 리더십을 발휘하신 부모님, 온갖 어려움 속에서도 선순환(善循環) 인생을 살아준 사랑하는 아내, 건강한 민주시민으로 잘 성장해 가고 있는 믿음직한 장남 진호, 차남 진경 그리고 33년 군생활을 해 오는 동안 많은 지도를 해 주신 공군 참모총장 이한호 장군님과 공군 초대 방공포병 사령관 박창규 장군님을 비롯한 상급자 분들, 또한 무엇보다도 저자의 지휘 의도에 최선의 노력으로 부응해 주어 아홉 차례에 걸친 지휘관 생활을 성공적으로 수행할 수 있도록 도움을 주며 동고동락한 전우들, 그리고 뒤늦게 학문의 길로 나아가 노크하였을 때 기꺼이 응해 주신 수원대학교의 이종욱 총장님 이하 교수님들께 감사드린다. 특히 저자가 용기를 갖고 정진할 수 있도록 성원과 격려를 해 주신 학교법인 고운학원 수원대학교 이인수 이사장님과 학교법인 성암학원 남서울대학교 이재식 이사장님, 공정자 총장님께 마음으로부터 깊은 감사의 인사 말씀을 드린다.

끝으로 이 책이 나오기까지 자료수집과 분석 그리고 원고정리까지 불철주야 노력해 온 김기원, 김정욱 군과 조홍제, 장희철, 손영목, 박승엽 군에게도 감사의 말을 전하고 많은 시간을 들여 초고를 읽고 더 손봐야 할 부분을 지적해 준 분들과 격려를 아끼지 않으셨던 양명영 회장님, 친구 심규섭에게도 고맙다는 말씀을 전하고 싶다.

또한 이 책의 출판을 위해 적극적으로 지원해 주신 박영사 안종만 회장님과 동분서주한 조성호 차장에게도 감사의 말씀을 전달하고자 한다.

목　　차

제 1 장　21세기의 명암

제 2 장　선순환 리더십이란?

제 3 장　선순환 리더십 어떻게 추진해야 하는가

제 4 장 가정, 기업, 사회, 국가에서의 선순환

제 5 장 선순환 실천과 우리의 미래

보론: 리더십 이론의 고찰

제1장
21세기의 명암

인간을 목표로 향하게 하는 힘은
'나는 그것을 할 수 있다'는 신념에서 생겨난다.
의심과 두려움은 신념의 최대의 적이다.

-제임스 알렌

제 1 장 21세기의 명암

오늘날을 우리는 3C 시대의 사회라 부른다. 이는 변화(Change), 경쟁(Competition), 수요자(Customer) 중심의 시대가 도래했다는 것을 의미하는데, 그 중에서도 가장 중요한 것은 변화라 할 수 있다. 왜냐하면 변화는 이 3C에 속해 있을 뿐만 아니라 경쟁과 수요자 중심 사회를 가능하게 한 근원이기 때문이다. 뿐만 아니라 21세기 사회를 다른 시대와 구별지어 주는 가장 두드러진 특징이기 때문이다.

우리들은 엄청난 변화의 시대에 살고 있다. 이러한 변화는 우리 모두에게 새로움과 두려움을 느끼게 하고 있으며, 그 속도 또한 점점 빨라지고 있다. 우리들은 21세기를 맞이하면서 아날로그 시대에서 디지털 시대로 접어들었다고 하였는데 이제는 이 표현도 진부화된 느낌이 들 정도로 지속적인 발전과 변화가 지금 이 순간에도 이루어지고 있다. 따라서 우리에게는 이러한 상황에 걸맞는 발빠른 대응책이 요구된다고 하겠다.

현재의 시대가 어느 정도 빠르게 변화되어지고 발전하는지 2000년도에 조사한 자료에 의하면, 과거 5000년 동안 발전된 기술이 현대 기술로 3

년 만에 이룩할 수 있고, 최근에는 73일 만에 이룩할 수 있다고 하는데 이는 우리 시대의 빠른 변화속도를 짐작케 하는 한 표현이라고 볼 수 있다.

저자는 이런 변화를 실감하고 있다. 20여 년 전, 우리 한국이 10년에서 20년 정도 일본에 뒤떨어져 있다는 조사 결과를 들은 적이 있다. 그러나 최근 산업은행 조사 결과에 의하면 우리나라 10대 주력 산업이 현재 일본에 비해서 2.2년 뒤져 있는 것으로 나타나고 있으며, 2010년에는 격차가 거의 없을 것이라 한다. 예전의 기억과 비교해 볼 때 우리나라가 빠른 속도로 성장해 왔다는 사실을 확인할 수 있다.

그러나 급속한 변화, 특히 과학기술과 제도의 발전은 그 혜택과 더불어 많은 부작용과 사회적 병리현상을 드러내고 있다. 안타깝게도 우리 사회의 가치관, 윤리관이 급속한 제도와 기술의 변화속도에 맞추어 발전하지 못했기 때문이다. 즉, 21세기 사회에서 우리는 문명의 이기를 사용하여 과거와는 비교할 수 없을 정도로 풍요로움을 누리게 되었지만 그와 동시에 그것을 선용(善用)하는 방법에 대해서는 충분한 관심과 노력을 기울이지 못했기 때문에 심각한 윤리적 문제가 발생하고 있는 것이다.

인간의 존엄성 파괴는 그 대표적인 문제로서 사람을 하나의 인격체로 존중하기보다는 자신의 목적을 달성하기 위한 수단으로 여기거나 그 생명을 경시하는 풍조가 만연하고 있는 것이다. 우리는 테러분자들의 자살테러와 민간인 공개처형, 일부 국가에서 종종 발생하고 있는 무차별 총기 난동사건, 끊임없이 일어나고 있는 살인 사건들을 목도해 왔다. 또한 불과 몇 년 전만 해도 대수롭지 않게 생각했던 소위 남남갈등(南南葛藤)이라 일컬어지는 세대, 이념, 지역, 빈부간 갈등이 심화되어 가고, 자살자 급증, 이혼율 증가, 사회 도덕성의 붕괴 등 사회적 문제의 악순환이 꼬리에 꼬리를 묻고 지속 증가하는 현상이 나타나고 있다.

이러한 현상은 급속한 환경 변화에도 불구하고 우리나라의 지도이념이 21세기 사회에 부합하도록 변화하지 못했기 때문에 발생한 것이다. 즉 어린이가 성장해 가면서 체격에 맞추어 옷의 크기가 달라져야 하듯이, 도덕성, 윤리성 등 사회적이고 문화적인 요소들이 과학과 제도의 발전에 병행하여 변모해야 하는데 그러지 못했다는 얘기다. 그 중에서도 사회 지도이념, 즉 비전과 리더십이 오늘날 한국사회에 걸맞게 정립되지 못했다는 점이 우리사회가 당면한 사회적 악순환의 가장 큰 원인이라고 볼 수 있다.

제1절 리더, 리더십, 그리고 비전

21세기 화두인 비전과 리더십은 무엇인가?

일반적으로 리더(Leader)는 집단의 대표이자, 이끄는 자(Lead + er)다. 그가 발휘하는 리더십(Leadership)은 조직의 목표 달성을 위해 팔로워들을 조직하고 지도하는 능력으로 일컬어지고 있다. 그리고 리더가 팔로워들을 이끌기 위해 제시하는 비전(Vision)은 꿈이자 이상(理想)이라고 말할 수 있다.

조직에 있어 비전이란 미래에 대한 올바른 방향과 목표를 의미한다. 비전이 없는 국가나 조직은 망한다. 이러한 사례는 역사가 잘 증명해 주고 있다. 일찍이 유럽을 통일하였던 대제국 로마가 그러하였고, 중원(中原)을 통일하고, 나아가 유럽까지 제패했던 몽고제국이 그러하였던 것이다. 비전이 없는 개인도 마찬가지다. 비전이 없는 인생은 방향 없이 망망대해를 정처없이 떠다니는 배와 같다. 따라서 국가든 조직이든 개인이든, 비전 즉 미래에 대한 올바른 방향과 목표, 꿈을 명확하게 설정하지 않으면 결코 성공할 수 없는 것이다. 스티븐 코비 박사는 "비전은 나침반의 자침이요, 리더십은 자침을 움직이는 지구의 자력과 같은 것"이라고 비전과 리더십간의 관계를 정의한 바 있다.

국가나 기업, 군에서도 전략을 수립하고, 이 전략에 의해 목표를 선정하며 목표 달성을 위한 전술을 구상하는데, 전략의 상위 개념이 비전이며,

이를 실행하는 동력의 역할을 하는 것이 바로 리더십인 것이다. 따라서 이 변화의 시대에 발생하고 있는 부작용과 병리현상들을 극복하고, 새로운 희망과 발전을 기약하기 위해서는 명확한 비전과 강력한 리더십이 요구된다.

"앞 못보는 이와 듣지 못하는 이 중 누가 더 힘들다고 생각하는가?"라는 질문에 헬렌 켈러는 "맹인도 농아도 아닙니다. 아무리 보고 들을 수 있더라도 비전(vision) 없는 이가 가장 불쌍한 사람입니다"라고 대답하여 인간의 삶에 있어서 비전의 중요성을 강조한 바 있다.

비전과 리더십은 왜 필요한가? 조직 차원에서는 조직의 목표를 완수하기 위해서 필요하며, 개인 차원에서는 행복을 추구하기 위해서 필요한 것이다.

사람은 즐거움, 즉 행복을 찾는 동물이라고 한다. 어떤 철학자는 "행복은 유일한 선(善)"이라 하였으며, "행복은 손에 잡을 수 있는 것도, 눈에 보이는 것도 아니며, 만들어 가야 하는 것"이라고 설파하였다.

행복을 만들어 가는 데는 여러 단계가 있다. 우선 눈으로 보고, 귀로 듣는 즐거움, 즉 자신은 행동하지 않지만 흥미 있는 것을 찾아 눈으로 보는 즐거움, 귀로 듣는 즐거움이 있다. 연극, 음악 감상이나 스포츠 관전 등이 이에 해당된다.

이 단계가 지나면 사람은 직접 자기가 그 일을 해보고 싶어한다. 감동적인 음악을 감상하는 것도 즐거움이지만 자신의 마음속에서 나오는 노래를 불러보거나 악기를 연주해 보는 즐거움을 갖고자 한다.

여기에서 한 단계 더 나아가면 자신의 솜씨를 향상시키려고 한다. 그러려면 연습, 훈련을 실시해야 하는데, 이는 결코 쉬운 일이 아니다. 때로는 힘든 연습을 되풀이해야 하고, 다른 욕구를 절제해야 하는데, 그러노라면 당연히 금욕이 필요하게 된다. 행복을 추구하다보니 결국 금욕의 단계에 이르는 것을 알 수 있는데, 이것은 당연한 수순인 것이다. "행복이야말로 유일한 선(善)"이라는 말의 진정한 의미가 여기에 있는 것 같다.

세상이 악(惡)해져 가고 가치관이 혼란스럽다고 한다. 그렇다면 21세기 우리 사회에 요구되는 리더십은 무엇인가? 선(善)을 기본 바탕으로 모든 죄의 근본인 기본 욕구(欲求)를 억제하고, 수신제가(修身齊家)의 가치관을 확립하며, 또한 올바르며 조화로운 균형감각을 갖고, 높은 도덕성과 윤리성을 겸비한 가운데 행복한 삶을 모토(Motto)로 삼아 자아실현은 물론 개인으로부터 가정, 그리고 조직 구성원들이 조직 목표에 헌신하도록 하는 것이다. 이것은 어느 시대에서든지 적용될 리더십의 기본이며 변화의 시대일수록 더욱 강조되어야 할 것으로 저자는 판단한다.

제 2 절 한국 리더십의 현주소

최근 모든 서점의 베스트 셀러 코너에 리더십 관련 서적이 적어도 한 권 이상 올라와 있는 것을 볼 수 있다. 이러한 현상은 리더십에 대한 세인(世人)의 관심을 증명하는 것이라 할 수 있을 것이다. 또한 지금 세계에는 리더십 이론이 1,000여 가지 이상 존재하고 있고, 지금도 세계의 어디에선가 새로운 리더십 이론들이 만들어지고 있을 것이다. 그러나 안타깝게도 이 많은 이론들이 대부분 외국에서 만들어졌으며, 우리나라에서는 이 이론들을 번역하여 활용하고 있는 실정이고 이제야 비로소 관심 있는 몇몇 학자들이 자기 나름대로 우리 체질에 맞는 이론을 정립하고자 노력하고 있다.

리더십은 실생활에 접목이 쉬워야 하고 문화와 정서가 맞아야 한다. 즉 우리의 생활 속에서 리더십 이론이 탄생하여야 한다는 것이다. 독자들도 익히 알고 있겠지만 서구인들과 동양인, 특히 우리나라는 사고방식도 다를뿐더러, 거기에서 파생된 문화, 사회, 제도 등도 상이(相異)하다.

우리는 인생관(人生觀)에서 동양과 서양의 차이를 감지할 수 있다. 이러한 차이는 동양은 순환적 역사관이 발달한 반면, 서양은 직선적 역사관이 발달했다는 사실과도 관련이 깊다. 그 결과 서양이 이상과 목표 추구 경향으로 흘렀다면 동양은 과정과 수단의 합목적성을 강조하는 방향으로 나아가게 된 것이다.

예를 들어 보자. 동양의 인생관은 상대적으로 '죽음'에 비중을 두어 그 사람이 어떻게 죽었느냐, 얼마만큼 떳떳하고 의롭게 죽었느냐를 중시했다. 이를 단적으로 나타내는 것이 '호랑이는 죽어서 가죽을 남기고, 사람은 죽어서 이름 석자를 남긴다'는 속담이다. 죽음에 대한 이러한 중시는 불교의 윤회사상, 즉 수레바퀴가 돌고 돌아 끝이 없는 것과 같이, 중생의 영혼은 육신과 함께 멸하지 않고 무시무종(無始無終, 처음도 없고 끝도 없다)으로 돈다는 사상에서 영향을 받은 것으로 보인다.

뿐만 아니라 일찍이 맹자는 삶과 죽음의 선택 기준에 대해 다음과 같이 말한 적이 있다.

'생선도 내가 먹고 싶고, 웅장(熊掌, 곰발바닥. 팔진미(八珍味) 중의 하나)도 내가 먹고 싶지만 두 가지를 다 얻을 수 없을 때는 웅장을 취할 것이다. 마찬가지로 살고자 하는 것도 나의 욕망이며, 의로운 일을 하고자 하는 것도 나의 욕망이지만, 이 두 가지 중에서 한 가지밖에 할 수 없을 때는 삶을 버리고 의(義)를 택하겠다.'

즉 동양적 의미에서 삶의 보람과 죽음의 가치는 대의를 찾는 데 그 참뜻을 두었던 것이다. 반면 서양의 인생관은 상대적으로 죽음보다는 '삶'을 우선시하였는데, 이러한 경향은 유럽의 실존주의와 미국의 실용주의 사상에서 잘 나타난다.

그렇다면 한국사람들은 또 어떠한가? 어느 대중가수는 '인생은 나그네길, 어디서 왔다가 어디로 가는가. 구름이 흘러가듯 떠돌다 가는 길에 정일랑 두지 말자, 미련일랑 두지 말자'라는 가사의 노래를 불렀다. 어찌 보면 공수래공수거(空手來空手去)의 의미를 담고 있는 노랫말인 것 같다.

한국 사람들처럼 죽는다는 말을 잘 쓰는 사람들도 없다고 한다. 좋을 때는 좋아 죽겠고, 기쁠 때는 기뻐 죽겠다고 하듯이 감정표현에 있어서 죽겠다는 말은 빠지지 않고 사용된다. 감정 표현만이 아니다. 생명이 없는 물체인 시계도 죽고, 맛도 죽었다고 한다. 심지어 문명의 첨단인 컴퓨터에 대해서도 그것이 다운(down)되었을 때 '컴퓨터가 죽었다' 고 하는 우리의 모습을 보며 '전천후의 죽겠다 문화' 라고 규정하는 이들도 있다. 그러나 한국인이 죽음이라는 단어를 잘 쓴다는 것은 역설적으로 그만큼 생명에 대한 깊은 관심을 지니고 있다는 반증이기도 하다.

문화적 측면에서도 우리와 서양의 차이점은 극명하게 드러난다. 일정한 규격과 틀에 자신들을 적응시킨 서양의 문화는 호연지기와 융통성에 기반한 우리 문화와 상이(相異)하다. 서양의 양복과 가방, 그리고 우리나라의 한복과 보자기를 보라. 그리고 자연의 법칙에 순응하는 폭포를 사랑하던 우리 선조들의 모습과 이를 거슬러 하늘로 솟구치는 분수를 즐기는 서양의 모습을 대조해 보자. 서구 문화는 일정한 규격과 크기를 선호하며, 자연의 질서를 극복하여 인간의 발전을 꾀한다. 그러나 우리의 문화는 정형화된 틀을 거부하고, 자연 현상 그대로를 사랑한다.

이런 상황에서 그동안 서구적 관념의 리더십 이론을 그대로 우리나라 현실에 적용했으니 무리와 한계가 있을 수밖에 없다. 그렇지 않아도 물질만능주의의 병폐로 허덕이고 있는 우리에게 금전 가치 중심의 논리를 펼치는 것은 국민들의 분별력을 무디게 만들 것이다. 그러므로 우리의 리더십은 한민족 특유의 타고난 본성을 살릴 수 있는 것이어야 한다. 그렇게 되어야 우리 민족에 내재한 '신명' 을 자극하여 신바람나는 사회를 만들 것이다. 2002년 한 · 일 월드컵 당시 4강의 신화와 길거리 응원 문화는 세계인들이 깜짝 놀란 일대의 사건이었으며, 특히 "대~한민국"이라는 국호(國

號)에 곡(曲)을 붙여 신명과 흥을 돋운 사례는 동서고금을 막론하고 처음 있었던 일이라 한다.

그러나 이런 숨겨진 역량을 일깨울 우리 리더십의 현재 모습은 어떠한가. 한민족의 리더십은 그 뿌리가 약한 관계로 출현과 창안, 그리고 발전이 어려웠다. 조선왕조의 리더십은 국가 통치를 위해 존재했던 것으로 우리가 지금 쉽게 일상 생활에 적용할 수 있는 리더십이라 볼 수는 없다. 게다가 우리나라는 건국당시부터 정상적 리더십 형성과 이론화에 많은 제한을 받아 왔다. 일본 군국주의의 영향, 한국전쟁의 소용돌이 속에서 밀려든 미군의 영향과 전장(戰場) 리더십이 혼재되어 자생적이면서 통일적인 리더십 체계가 자리잡지 못했다. 그 결과 '리더십'은 물론 '리더 양성'에 대한 개념도 우리에게는 요원한 일이었던 것이다.

이런 상황에서 우리 사회에서 '리더십'이라 불리는 것은 안타깝게도 서양의 것을 그대로 답습하거나, 체계가 갖추어지지 않은 단편적인 지식들이 마구 뒤섞인 채 혼란스러운 모습을 보이고 있다. 이를테면 객관적이고 보편적인 기본과 원칙을 적용하기보다는 정(情)을 우선시하였으며, 한국 전통적 리더십의 기본이라 할 수 있는 수신제가(修身齊家) 개념보다는 외향적이고, 남을 통제하고 이끌어나가는 개념에 편중되어 있다. 이제는 이 두 가지 요소를 통합, 체계적으로 정립하여 적시성과 효율성을 고려하여 대상과 상황에 따라 적용하는 방안을 강구하여야 할 시점에 와 있다. 즉, 자아실현과 자기자신에 대한 수신(修身)을 통해 신뢰와 성취감을 근본으로 가정이나 직장, 사회로 그 영향이 확대 및 확산되게 하는 리더십과 조직이나 사회를 이끌어가는 소위 지휘 및 지도자로서 구성원들을 공동의 목표를 향해 한 방향으로 지향하게 하여 목적한 바를 이루게 하는 외향적 리더십이 동시에 정립되고 체계화되어야 한다. 이것은 분리되어 있는 것이 아니고 통합되어야 한다. 이것은 분리되어 있는 것이 아니고 통합되어 상황(적시성과 효율성)에 따라 적용되고 발휘될 수 있도록 하여야 한다는 것이다. 또한 리더와 팔로워간의 의사소통도 대단히 제한되어 있으며 조직의 활동에 주도적으로 나서는 것을 꺼리는 문화도 리더십 형성의 부정적 측면으로 작용하고 있다. 결국 리더십의 가치가 인정되지 않아 육성체계도 미약하고, 투자마저 이루어지지 않는 실정이다. 서양의 경우, 자신을 대신할 제 2인자를 양성하는 것이 CEO로 발탁될 수 있는 필수 조건이란 점을 생각하면 그 차이는 극명해진다.

그 결과, 한국의 독자적인 리더십 체계가 정립되지 않았으며, 이를 교육시킬 리더십 코칭 프로그램(Leadership Coaching Program)들도 대단히 미흡한 실정이다. 그나마 최근에 몇몇 리더십 코칭 프로그래머들이 서구의 이론을 우리 정서에 적합하도록 보완 발전시키려는 노력을 보이고 있는 것은 다행스러운 현상이라 생각한다.

군의 경우에도 같은 시기에 군 생활을 하고 있는 미국 장성들은 그들 나름대로의 독특한 철학이 담긴 리더십 이론을 제시하는 경우가 많다. 이것은 세계적인 관심의 대상이 되기도 하고 그 이론을 실제 활용해 보려 노력하는 사람도 많다. 우리나라에도 탁월한 장군 분들과 정치, 경제 분야 등에서 훌륭한 리더십을 발휘한 분들은 많았으나, 이론으로 체계화를 못했기 때문에 아직 제대로 된 이론이 없다. 그러나 관심을 표명하는 학자들이 많으니 이제부터라도 우리 정서에 맞는 우리 민족 고유의 문화와 전통에 접목되고 우리 생활에 실제로 적용될 수 있는 그야말로 한국적 리더십 이론이 탄생할 시기에 이르렀다고 생각한다.

제 3 절 21세기 리더십의 새로운 패러다임

일본의 「통수강령(統帥綱領)」에 전시(戰時) 지휘관의 정신을 압박하는 요소로 "첫째는 막중한 책임, 둘째는 승리를 다투는 적군(敵軍), 셋째는 상·하급 지휘관의 의지의 자유, 넷째는 전장상황의 불확실성"이라고 기록하고 있다. 그런데 우리는 이 통수강령이 제약 요소로 제시하고 있는, 불확실성의 시대, 즉 변화의 시대에 살고 있는 것이다. 수직적 위계구조는 수평적 협력관계로 변화되었고, 권력은 분산되었다. 이 모든 변화가 짧게 보아 불과 몇 년 만에 일어났으니 그 속도도 매우 놀라운 것이 아닐 수 없다. 결국 변하고 있고, 변해야만 존재할 수 있는 현실 앞에 불확실성은 계속 증가하게 될 것이다. 균형과 조화를 이루어 발전하고 능동적으로 변화하여야 하는 21세기에 새롭게 정립되고 있는 선(善)순환 리더십의 패러다임은 기존의 리더십에 비해 다음 세 가지 특성을 지니고 있다.

리더십이 종래에는 '외부에서 팔로워들의 내면으로(Outside in Approach) 전파되는 것'이라 하였으나 근간에는 '리더 내면에서 외부로 확산되는(Inside out Approach)것'이 되어야 한다고 하였다. 다시 말해서 종래에는 사회 운영의 논리가 조직과 팀을 거쳐 개인으로 영향을 미치는 것이었다면, 근간에는 그 역순(逆順), 즉 개인에서 시작한 리더십이 가정이나 기업으로 영향력을 확대해 나가야 한다는 것이다. 기존의 리더십 이론들은 '집단이나 팀을 어떻게 하면 효율적으로 이끌어가고 관리할 수 있는가?'라는 명제에 초점을 맞추어 효율성을 추구해 왔다고 볼 수 있다. 그 결과 피상적이고 제도적인 기존의 관리기법으로는 현대인의 자아실현이라는 욕구를 충족시킬 수 없을 뿐만 아니라 자아를 왜곡하고 변형시켜 근본적인 가치보다 피상적인 부분에 심혈을 기울이게 했고 이것은 오히려 효율을 저하시키게 되었다. 이런 수동적이고 '업무를 위한 업무'를 하는 것을 극복하기 위해 자발적인 동기부여를 낳는 리더십이 요구되어 근간에는 개인의 내면으로부터 시작되는 것으로 리더십을 변모시킨 것이다. 그러나 본 선순환 리더십에서는 변화와 불확실성의 여건과 환경에서 적시성과 효율성을 고려해 보았을 때 외부나 내부의 한 방향에서 전파 및 확산 개념만을 적용한다는 것은 현실성 면에서 제한이 많으므로 구성원들을 짧은 시간에 한 방향으로 정렬, 공동목표에 지향하게 하는 외부에서 내면으로 전파 방법과 자아 실현으로부터 외부로 영향을 확산시켜 나가는 개념이 목적과 상황에 따라 혼용적용(Outside in and Inside out Approach)해야 하며 또한 개인–가정–팀 · 부서 · 직장–사회 및 국가 차원의 리더십 구성 요소 중에서 직접 영향이 있는 어느 단계에서 자체 선순환을 시작으로 상호 영향을 확대해 나가야 한다는 것이 첫 번째 특성이다. 즉 이해를 돕기 위해 오케스트라 연주와 사물놀이 및 농악을 통해 알아보자.

오케스트라
(지휘자가 주도)

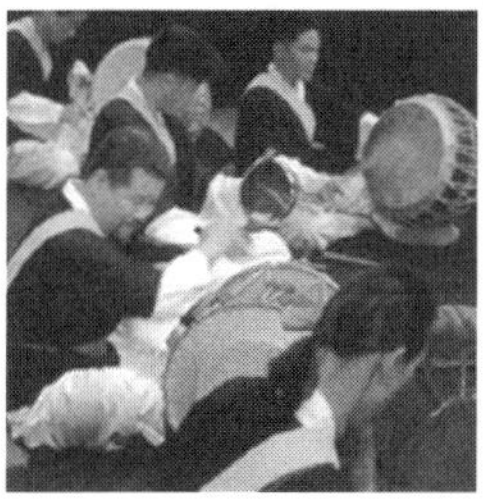

사물놀이 및 농악
(상쇠가 주도)

근간에 서양의 오케스트라를 대표하는 Phil harmony 연주장면을 상상해 보자. 유연하고 뛰어난 제스처로 구성원 한 명 한 명이 조화를 연출해 내도록 유도하는 지휘자에 의해 악보를 보아가며 연주자들은 아름다운 선율의 곡을 잉태해 낸다. 조화(harmony)를 연출해 내는 지휘자에게 한 명이라도 동조하지 않으면 불협화음을 낼 수밖에 없다.

반면 최근 김덕수 사물놀이패가 세계를 돌며 우리의 빠르고 장엄한 사물놀이의 가락을 알리게 되면서 한국 사물놀이에 대해 세계인들이 주목하기 시작했다. 서양의 클래식은 지휘자를 중심으로 화음을 만들어 내는 '1인에 의한 오케스트라' 이다. 하지만 우리 사물놀이는 '상쇠에 의한 어울림' 이다. 꽹과리가 소리의 빠름과 느림으로 폭포가 떨어지는 듯한 강함이나 섬세함의 정도를 조절하고 이끌어 나간다. 그러나 그는 세세한 지시를 내리지는 않는다. 오히려 구성원 각자가 악보를 보지 않고 자신이 맡은 위치에서 자기의 음(音)을 자율적으로 발휘한다는 것이다. 또한 농촌에서 힘든 일을 할 때 능률을 올리고 피로를 덜어주고 나아가서 협동심을 불러일

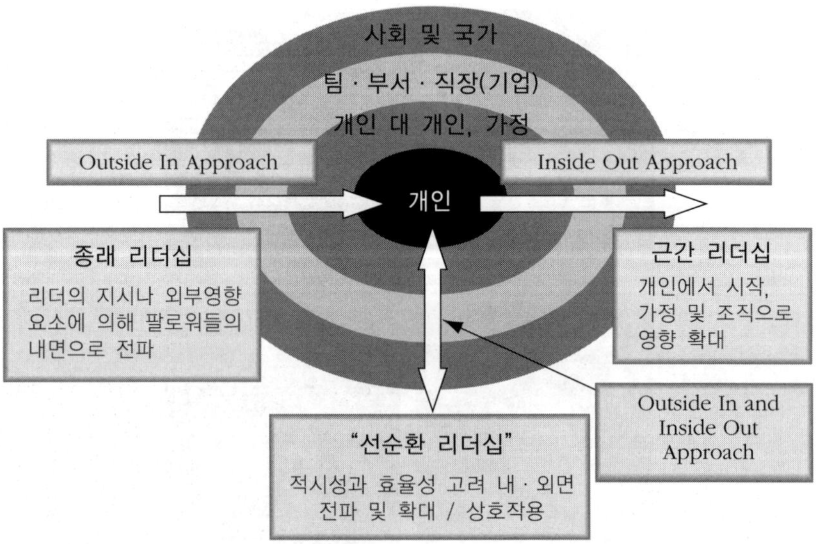

으키는 데서 비롯 지금은 각종 명절이나 행사시 흥을 돋우어 주는 농악(農樂)은 질서가 없는 것 같지만 각자의 위치에서 악기와 가무가 어우러져 굿마당을 펼친다. 그 속에 조화(harmony)가 있다. 리더를 따르는 팔로워들이 일정한 틀과 규율 내에서 자율적이고 자발적으로 신명이 나서 자신들이 갖고 있는 역량을 펼치고 있는 것이다. 이렇듯 여건과 특성에 따라 적시성과 효율성이 고려된 적절한 리더십이 적용되어야 한다는 것이다.

두 번째 특성은 '변화' 라는 개념, 그 자체에 주목해야 한다는 것을 고려했다. 조직이 처한 상황도, 목표도 시시각각으로 변화하는 세상이 되었다는 점에 유의해야 한다. 조직의 상황과 목표를 사격장에 비유해 보자. 조직이 처해 있는 상황을 사대(射臺), 목표를 표적(標的)이라고 할 때, 20세기 이전은 사대도, 표적도 고정되어 있는 사격장이라 할 수 있다. 집단의 목표는 타 집단에 대한 승리, 리더를 따르는 팔로워들은 한 직장에서 장기근속을 보장받은 가운데 농경이나 산업시대 초기의 큰 변화가 없는 환경이었다. 이것은 일종의 실내 사격장이라고 보면 되겠다.

그러나 20세기에 들어 표적이 움직이기 시작했다. 즉 조직의 목표가 변화하기 시작한 것이다. 시장 개방과 국제화에 의해 경쟁자가 다변화됨에 따라 상생(相生)과 공존(共存)을 추구하는 분위기가 생성되었으며 그리고 집단이 추구하는 가치들과 목표하는 바가 시시각각으로 변화하기 시작한 것이다. 그러나 경험을 중요시하여 어느 정도 직업에 대한 보장을 받았다. 이 상황은 클레이 사격장(날아가는 두 원반을 쏘아 맞추는 실외 사격장)에 비유할 수 있겠다.

21세기에 들어서는 디지털 시대에 걸맞게 모든 것이 매우 빠른 속도로 변화하기 시작했다. 조직의 구성원들이 가진 위상이 평준화되고, 그 다

실내사격장
(20세기 이전)

클레이사격장
(20세기)

서바이벌 게임장
(21세기)

양한 특성들이 인정되기 시작했고 직장도 경험 위주에서 능력 위주로 순환되어 고정된 사대가 사라진 상황이 된 것이다. 다양한 상황에서, 어디에서 튀어나올지 모르는 표적에 긴장하는 상황. 이것은 최근 젊은이들에게 인기를 끌고 있는 서바이벌 게임장(실제 전투 환경처럼 야전(野戰)을 벌이는 곳. 보호장구를 입고, 플라스틱 탄알을 쏘는 공기총을 사용한다)에 비유할 수 있겠다. 즉 사선(射線)과 표적(標的)이 동시에 각각 움직이고 있는 것이다.

셋째는 그런 변화의 움직임 속에 절대로 변해서는 안 될 기본원칙과 기준에 대한 필요성이 요구되고 있다. 모든 상황이 급변하다보니 인간이 기본적으로 갖추어야 할 정직, 성실, 청렴 등 도덕성과 윤리성마저도 흔들리고 또한 인간의 무한한 기본욕구의 통제 및 자제력 부족으로 그에 따른 인간성 상실, 갈등과 분노 등 사회적인 문제가 심각한 상태이다. 서양 가치관을 무분별하게 받아들인 후유증이기도 하며 그 한계를 극복하기 위해 인간을 중심으로 하는 동양 가치의 접목이 필요함을 느끼게 된 것이다. 변화의 속도가 빠르면 빠를수록 고결하고도 변치 않은 인간사회의 판단과 행동에 기준과 기본이 더욱 필요한 것이다.

현대 산업 사회가 안고 있는 문제는 합리성과 효용성을 중시하는 서구적 사고방식에서 기인한 결과다. 서구적 사고방식은 인간과 자연, 인간과 물질을 분리한 결과 눈부신 물질문명의 발전을 가능케 했지만 반면에 정신 세계의 빈곤과 자연 파괴라는 문제를 유발했다.

이런 병폐를 자각한 21세기 지성인들은 동양 윤리에 관심을 기울이기 시작했다. 동양 윤리에서 인간과 자연, 인간과 우주는 서로 분리된 존재가 아니라 상호 연관된 것이기에 자연의 파괴가 곧 인간 자신의 파괴 의미를 느끼게 된 것이다. 그리고 실제로 문명의 발달과 함께 이것은 현실로 입증되고 있다. 이러한 배경에서 합리주의, 물질주의로 대변되는 서구문명의 한계를 넘어 정신주의, 자연과 인간의 조화를 중시하는 동양의 인간주의가 부각되기 시작했다. 즉 서구 문명의 한계를 극복하는 것은 바로 이 시대가 요구하는 시대적 소명이 되었으며, 21세기 리더십은 이것을 필수적으로 갖추어야 할 필요성이 대두됨을 반영하였다.

제 4 절 본서의 구성과 활용

앞에서 살펴본 바와 같이 21세기의 급변하는 환경과 한국적 환경에 부합하는 새로운 리더십 개념 정립 요구에 따라 새로운 리더십 이론을 제시하게 되었다.

이 책은 선순환 리더십을 소개하고 이에 대한 추진전략, 그리고 개인, 가정, 사회, 국가에서 선순환 리더십을 어떻게 실천하고 행동화하며 확대하여 적용할 것인가? 그리고 선순환이 반복되어 연속상승, 즉 $+\alpha$ 되도록 할 것인가?의 모델을 제시하도록 구성하였다. 또한 이 책은 대학 등에서 교재로 활용하거나 공무원, 기업인, 정치인, 남녀노소 가릴 것 없이 어느 누구든지 이해하고 실생활에서 직접 실천할 수 있도록 이론과 더불어 경험적 실례와 모범적 사례를 부가하였다.

특히 최근 시중에 나와 있는 리더십 서적들이 처세론적이고 임기응변을 강조하는 데 반해 본서는 현대사회에서 경시되고 있는 인간존재의 불변의 기본 가치를 비롯 선(善)의 반복을 통한 행복과 발전 그리고 밝은 미래를 건설할 가정, 기업, 사회, 국가차원의 기본원칙을 체계화하고 그 중요성을 강조하였다. 급격하게 변하는 시대의 흐름 속에서 많은 가치들이 유행에 따라 생성, 소멸을 반복하지만 시공을 초월하는 본질적인 가치들은 우리가 숙고하고 반추할 필요가 있는 것이다. 이런 측면에서 본서의 내용들은 한번 개략적으로 이해하고 덮어버리기보다는 머리맡에 두고 반복해서 숙독하고 되새겨 볼 필요가 있는 인생 항로의 등대와 같은 지침서의 역할을 할 것으로 기대한다.

이 책은 총 5개의 장으로 구성되어 있다. 우선 제 1장에서는 21세기를 맞이하고 인류의 현실과 우리나라 리더십의 현주소를 짚어보고 이에 대한 대안으로 새로운 패러다임의 제시와 리더십 개념의 전환이 필요하다는 점을 역설하였다.

저자는 기존의 상대방에 대한 영향력 확대와 동기부여 중심의 리더십 개념과 '나'로부터의 변화, 즉 개인의 자기발전으로부터 출발해 그 효과가 가정, 직장, 사회, 국가 차원으로의 순환적 확산을 추구하는 형태로의 리더십 개념을 변화의 시대상황에 맞게 적시성과 효율성을 고려 하에 동시에 적용해야 한다는 점을 주장했다.

제 2장에서는 이 책의 핵심인 선순환 리더십의 기본 개념을 정의하였다. 선순환 리더십에서 선(善)의 개념은 동양사상인 선(善)에 그 뿌리와 근본을 두고 노인과 바다의 저자로 유명한 헤밍웨이가 정의한 선(善)과 악(惡)의 개념을 접목시켰다.

한마디로 말해서 선순환 리더십은 "선(善)을 기본 바탕으로 하여 개인이나 가정, 직장 그리고 사회나 국가가 요소별 반드시 준수해야 할 기본에 충실과, 선의 장애요소를 극복하여 선순환이 창출되고 반복되도록 하여 그 영향이 상호작용함으로써 개인이나 조직 구성원들이 도덕성과 윤리성 함양 하에 자아실현은 물론 조직의 목표에 헌신하고 추구하고자 하는 행복한 삶을 이루도록 하는 것이다"라고 정의할 수 있다. 따라서 본 장에서는 선순환 및 선순환 리더십의 개념 및 패러다임을 구체적으로 정의하고 정립하였으며 선순환 실천의 필요성과 방향을 제시하였다.

제 3장에서는 앞에서 규정한 선순환 리더십을 구체적으로 추진하기 위한 핵심적인 추진전략을 설명하였다. 선순환 리더십이 발휘되기 위해서는 기본에 충실해야 하고 불변의 자연법칙을 거스를 수 없는 것처럼 개인에서 국가에 이르기까지 각 차원에 존재하는 법칙들을 확인하고, 거기에서 도출된 기본적 덕목을 준수해야 하며 인간의 기본적인 욕구인 권력, 재물, 이성(異性)과 화(火), 도덕적 불감증 등 선순환 장애요소로 인해 악순환이 시작되거나 나락으로 떨어지지 않도록 하는 관리, 즉 악의 고리를 차단해야 한다고 설명하였다.

또한 자기 신뢰를 바탕으로 주인 정신을 가지고 전문성을 구비해야 하며, 칭찬과 격려로 아름다운 세상 창조는 물론, 아울러 자성예언과 신명의 정신를 통해 임파워먼트를 부여하고 자신의 삶을 주도해 나가는 것이 필요하다고 강조하였다. 그러나 이러한 기본 법칙들은 제로섬 게임의 입장이 아니라 너와 내가 공동의 이익을 극대화하기 위해 노력하는 승-승 전략을 추구해 나갈 때 의미가 있다는 점 또한 강조하였다.

제 4장에서는 가정, 기업, 사회, 국가에서의 선(善)순환에 대해 검토하였다. 현대 가정의 문제인 이혼, 가정 폭력, 고부 갈등, 지나친 가족주의 등을 차례로 검토하고 이러한 문제들이 선순환 리더십을 통해 해결될 수 있음을 역설하였다. 또한 리더십 이론 적용이 가장 많이 논의되고 있는 직장의 대표격인 기업의 사례를 통해 선순환 기업의 가능성을 진단하였다. 그리고 변화와 개혁의 사회에 화합과 공유의 문화를 통해 선순환 사회를 건설하고 나아가 선순환을 통해 밝고 투명한 경제 구조 확립, 그리고 기본과 원칙이 바로 선 국가 모델을 제시하였다.

마지막으로 제 5장에서는 저자가 군생활을 해오면서 선순환이 반복되는 부대(部隊)를 육성하기 위해 지침화하여 선순환이 반복되는 부대가 이루어지도록 실천, 큰 효과를 가져왔던 바람직한 지휘관 · 참모 · 간부상(像)을 소개, 독자들이 자기화하여 적용토록 하였으며 이를 토대로 이 시대의 선순환 리더십의 필요성을 재강조하고 개인, 조직, 사회, 국가의 선순환을 통해 희망이 넘치는 밝은 사회, 세계사에 우뚝 서는 21세기 한국 사회를 전망해 보았다. 개인이나 조직, 사회, 국가가 살아남기 위해서는 기존의 패러다임만을 고수해서는 안 된다. 이제 우리 모두에게는 부단한 자기 혁신과 변화가 필수적이다. 아울러 진정한 리더만이 이 시대를 변화시킬 수 있을 것이다.

그리고 리더십을 연구하는 학생이나 리더십에 깊은 관심이 있는 분들을 위해서 리더십 이론의 역사와 변천과정을 보론에서 고찰하였다. 인류의 역사는 과거의 노력과 헌신을 바탕으로 한 걸음 한 걸음씩 발전해 왔다. 모든 것은 과거의 헌신적 노력과 축적된 성과를 바탕으로 발전해 온 것이다. 이 지구상에 새로운 것은 없다. 모든 것은 과거의 축적물이 쌓여 얻어진 결과물이기에 그 빛을 발하는 것이며, 마찬가지로 오늘의 노력을 밑거름으로 미래의 발전된 결과물이 창출되는 것이다.

"리더십"이란 용어는 많이 듣고 사용하고 있지만, 리더십에 대한 이론과 특성을 체계적으로 접할 기회가 없었던 독자들이 있을 수 있다. 그래서 보론에서는 리더십 이론의 출현과 변화 양상을 살펴보았으며 먼저 전통적 리더십 이론인 특성이론, 행동이론, 상황이론을 개관하였다. 그리고 리더십 발전의 초석이 된 전통적 리더십이 오늘날 급변하는 사회 조류 속에서는 적절치 않다는 점에서 20세기 후반에서부터 최근까지 제시된 신조류 리더십 이론을 이어서 소개하였다.

이러한 리더십 이론을 종합해 보면 영향을 미치는 대상이 누구인가에 따라 개인, 개인과 개인, 개인과 집단, 조직 과정의 4가지 차원으로 이해할 수 있다. 이 4가지 차원의 종합적인 관점 속에서 이 시대가 요구하는 리더십은 무엇인가? 라는 질문을 던지면서 그에 대한 해답으로 적시성과 효용성을 강조한 **선순환 리더십**(Good + α Cycle Leadership)을 제시하였다.

21세기의 화두는 비전과 리더십이다. **비전은 방향성을 정하는 이 시대의 나침반의 자침이요, 리더십은 방향성을 추동하는 자력이다.** 이제 우리는 개인, 조직, 국가사회에 대한 올바른 비전과 이를 성취할 수 있는 올바른 리더십을 가져야 할 것이다. 비전이 없는 개인과 조직은 목적지 없는 배와 같아서 표류하다가 암초에 부딪혀 부서지고 말 것이며, 리더십이 없는 조직은 결코 희망의 항구에 다다를 수 없는 것이다. 이러한 점을 깊이 인식하고 우리 모두는 명확한 비전과 강력한 리더십을 통해 밝고 투명한 개인과 조직, 국가 사회를 만드는 데 앞장서 나가야 할 것이다. 나아가 이 책이 독자 여러분의 성공을 이루어 나가는 인생항로에 꼭 필요한 지침서가 되기를 바란다.

제 2 장
선순환 리더십이란?

> 이 세상에서 제일 중요한 때가 언제냐, 현재(現在)다.
> 이 세상에서 제일 중요한 사람이 누구냐,
> 지금 내가 만나고 있는 사람이다.
> 이 세상에서 제일 중요한 일이 무엇이냐,
> 현재 내가 만난 그 사람에게 선(善)을 베푸는 일이다.
>
> –톨스토이

제 2 장 선순환(善循環, Good+α Cycle) 리더십이란?

제 1 절 선(善)순환의 개념

생각은 행동을 낳고 행동이 반복되다 보면 습관을 만들어 인격을 형성하고 인격은 운명을 바꾼다고 한다. 선(善)의 상호작용이 순환(循環)되려면 우선 생각을 올바르게 가져야 하고 의식이 긍정적이어야 한다. 부정적인 생각은 부정적인 결과를 창출할 수밖에 없으며 긍정적인 사고방식을 갖고 실천할 때 비로소 개인과 조직이 건강하고 행복할 수 있는 것이다. 모든 것은 자기 자신에서 시작되므로 내면(內面)의 선(善)한 생각을 실천하고 행동으로 옮기는 것이 선순환의 첫걸음이다. 아래의 원이 무엇을 나타낸 그림인지 스스로 답변해 보자.

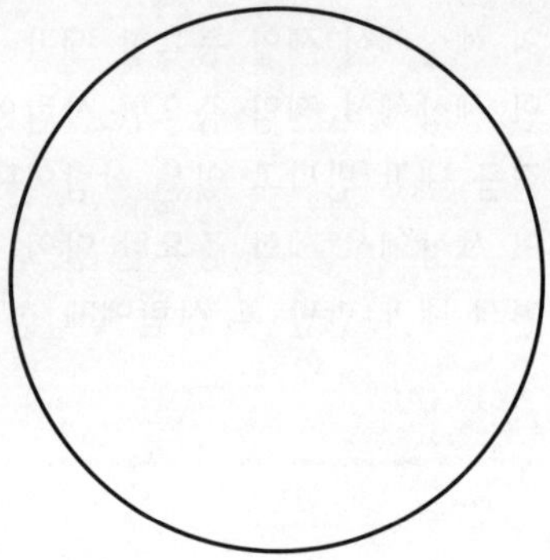

이 원이 해나 달, 지구로 보일 수도 있고, 단결된 힘, 화합, 소속감의 상징체로 보일 수도 있다. 또한 사랑하는 사람의 얼굴로 보일 수도 있고 돈을 상징하거나 경계선 및 풍요와 행복으로 보일 수도 있다. 이 간단한 원을 두고 동일 장소에 모인 여러 사람에게 질문해 보면 많은 유형의 답이 나온다. 간단한 원을 보고도 각자 인식 내용이 다를 수 있는데 하물며 복잡한 업무나 사물에 대한 인식방법, 태도 등은 더욱 다양할 것이다.

이러한 현상을 감안해 볼 때 내 마음에 어떤 가치관이나 생각을 가지고 있느냐가 중요하며 우리는 주변사람들이 자기와 똑같은 생각을 할 것이라고 판단해서는 안 된다. 우리는 각기 다른 생각을 교육을 통해서 같은 방향으로 일치되도록 하거나, 정렬해야 하는 것이다. 저자는 한겨울에 눈이 1m 50cm나 쌓여 있는 고지를 방문한 적이 있다. 정상에서 능선을 바라보니 온 천지가 하얗게 뒤덮인 절경이 너무나도 아름다웠다. 이 하얀 눈을 빨간 안경을 쓰고 보면 빨갛게 보이고 파란 안경을 쓰고 보면 파랗게 보였다. 눈은 하얀색 그대로인데 내가 어떤 색의 안경을 착용하고 보느냐에 따라 눈의 색이 다르게 보이는 것이다. 모든 것은 마음가짐에 달려 있다. 일체유심조(一體唯心操)라는 말이 있듯이 자신이 행동하고 말하는 것은 마음에서 시작된다.

타인이나 세상을 보는 것도 마찬가지다. 내 마음에 어떤 색의 안경을 끼고 보느냐에 따라 선(善)하게 보일 수도 악(惡)하게 보일 수도 있다. 빈 병에 술을 담으면 술병이 되고 물을 담으면 물병이 되듯이 무엇을 담느냐에 따라 그 병의 용도가 달라진다. 사람도 이와 마찬가지여서 어떤 마음가짐을 갖느냐에 따라 그 사람의 인격과 삶이 달라지는 것이다. 즉, 긍정적이고 근면 성실한 사람은 긍정적이고 근면 성실한 삶을 살게 될 것이고, 요령과 기회주의에 능숙한 사람은 그 그릇에 맞는 인격이 형성되는 것이다. 인간의 마음 속에는 선(善)과 악(惡)이 동시에 존재하고 있다고 한다. 우리가 선한 마음을 먹으면 선(善)한 사람이 되는 것이며 이 선한 마음은 이것이 선한 행동으로 나타나는 것이다.

그렇다면 선(善)이란 무엇인가? 「노인과 바다」의 저자로 유명한 헤밍웨이는 선과 악을 다음과 같이 정의하였다.

선이란 무엇인가. 뒷맛이 좋은 것이다. 선한 일을 하면 마음이 기쁘고 흡족하다. 남에게 좋은 일을 했다는 긍지와 자긍심, 그리고 만족감이 반드시 따른다. 선을 행하면 보람과 즐거움을 느낀다.

악이란 무엇인가. 뒷맛이 나쁜 것이다. 악한 일을 하면 마음이 괴롭고 가책을 느낀다. 자기혐오(自己嫌惡)와 자멸감(自滅感)을 느낀다. 안 할 일을 했다는 괴로운 후회가 따른다.

행동적 문학인답게 헤밍웨이는 뒷맛이 좋으냐 나쁘냐를 가지고 선과 악을 판단하였다. 이처럼 우리는 선이 무엇인가에 대하여 '선이란 이런 것이다' 라고 규정하기 전에, 이미 감각적으로 내면화하고 있다. 부처님도 선(善)에는 일곱 가지가 있다고 말씀하셨는데 "고난을 만나더라도 버리지 않고, 가난을 만나더라도 버리지 않는다. 자신의 어려운 일을 상의하고, 서로 도와주며, 하기 어려운 일을 해주고, 주기 어려운 것을 주고, 참기 어려운 것을 참는 것이다"라고 하였다. 개인들이 선(善)을 실천하고 나아가 이것이 사회 지도원리가 되고 이 원리에 입각하여 인간사회가 물 흐르듯 순환(循環)된다면, 선순환이 이루어지는 밝고 명랑한 사회가 이루어질 것이다. 선순환이 일상화되면 이것은 구성원 상호간의 지속적인 긍정적 동기부여의 요인으로 작용하여 각자가 지닌 힘 이상의 효과를 창출해 낼 것이며 이것은 더욱 사회를 아름답게 만든다. 이것이 바로 선순환의 요체이다.

"즉, 선순환이란 선(善)을 기본바탕으로 개인이나 가정, 직장 그리고 사회나 국가의 한 요소에서 선순환이 창출되고 반복되어 상호관련된 요소에 영향을 확대함은 물론 스스로 재생산함으로써 연쇄적인 상승효과가 이루어져 궁극적으로 개인의 자아실현이 이루어지고 조직 목표 달성은 물론 행복이 추구되는 것을 말한다."

행복은 만인(萬人)의 소원이다. 행복에의 의지는 인간의 가장 기본적인 의지이다. 이것은 이론이 아니고 인생의 사실이다. 행복한 생을 원하거든 먼저 생의 보람을 찾아야 한다. 보람 있는 생을 산다는 것은 바로 선(善)의 실천인 것이다. 우리는 착한 사람이 행복하고 악한 사람이 불행한 것을 볼 때 그것은 당연한 인생의 질서라고 생각한다. 행복은 주관적인 판단과 마음에서부터 시작한다고 하나 절대적인 행복은 착하고 선(善)한 마음과 행동에서 시작되는 것이다.

우리는 주변에서 안 되는 사람들은 계속해서 안 되고 잘되는 사람들은 계속해서 잘 되는 경우를 종종 볼 수 있다. 개인뿐만 아니라 조직도 마찬가지다. 어떤 조직은 계속해서 좋은 일만 생기고 또 어떤 조직은 좋지 않은 일만 반복되기도 한다. 이렇게 좋은 일이나 나쁜 일이 계속해서 반복되는 경우 이것을 단순한 우연이나 운(運)이라고 치부할 수 있는가? 그렇게 생각하는 사람도 있을 수 있지만 긍정적인 사고(positive thinking)를 가진 사람이라면 결코 그렇게 생각하지 않을 것이다. 선순환은 지속적인 노력이 요망되는 용기와 인내심의 결정체이다.

선순환을 개인적인 차원에서 설명해 보자. 한 인간이 기본과 원칙을 준수하며 악의 고리를 차단하고 삶을 주도적으로 살아가며 타인과의 관계에서 승-승 전략을 추구한다면 이것이 상호간에 긍정적인 동기부여 요인으로 작용하여 연쇄적 상승효과가 반복적으로 나타나는 것이다. 동서고금을 막론하고 성공한 사람들의 공통점은 모두 선순환이 반복되는 삶을 추구했다는 점이다. 유명한 정치가로부터 평생 남을 위해 헌신한 종교인에 이르기까지 성공한 사람들은 개인이 본성적으로 지니고 있는 선(善)의 특성에 주목하여 이것을 주변과 사회로 환원함으로써 밝고 명랑한 사회를 만드는 데 기여했다. 이러한 점에서 선(善)순환의 개념은 추상적으로 구성한 개념이 아니라 기존에 존재해 왔던 인류의 긍정적인 삶의 양식을 이론적으로 체계화한 것이다.

제 2차 세계대전을 승리로 이끌었던 처칠과 페니실린을 발명한 플레밍의 이야기는 두 개인간의 선순환이 긍정적인 결실을 맺었던 대표적인 사례로서 이를 인연에 의한 선순환이라고 명명할 수 있다. 처칠이 청소년 시절 런던 템즈강에서 수영을 하다가 다리에 쥐가 나서 깊은 물에서 허우적거리고 있었다. 살려달라는 그의 절박한 외침에도 불구하고 누구 하나 선뜻 강물에 뛰어드는 이가 없었는데 마침 그 곳을 지나가던 생면부지의 용감한 청년이 처칠을 구해 주었다. 얼마 후 이 일을 알게 된 처칠의 할아버지는 손자를 구해 준 젊은 청년에게 "은혜에 보답하려면 끝이 없겠지만 젊은이의 소원이 있으면 말해 보시오. 도와줄 수 있는 일이면 도와주겠습니다"하고 말했다. 그러자 그 청년은 "선생님, 저는 의학 공부를 하는 것이 소원입니다. 그러나 집이 넉넉하지 못해서 의과 대학에 갈 수 없을 것 같습니다. 의학 공부를 할 수 있게 도와주시면 감사하겠습니다" 하고 대답했다. 그래서 처칠의 할아버지는 그 젊은이가 의과 대학을 졸업할 때까지 학비를 대 주었다. 훗날 의과 대학의 교수가 된 이 젊은이가 바로 페니실린 주사약을 발명한 알렉산더 플레밍이다. 이때 처칠은 군인이 되어 아프리카에 출정중이었는데, 그만 폐렴에 걸려 생명이 위독하게 되었다. 이 소식을 접한 플레밍은 자신이 직접 아프리카로 가서 페니실린으로 처칠의 생명을 구했다고 한다. 플레밍은 2번이나 처칠의 생명을 구해 주었고, 처칠은 플레밍이 페니실린이라는 인류최고의 발명품을 만들도록 도와준 것이다. 플레밍이 위험을 무릅쓰고 처칠을 구해 주었던 한 번의 선한 행위가 인류 역사에 족적을 남긴 2명의 위대한 거장을 탄생시킨 것이다.

선순환은 멀리 있는 것이 아니다. 나 자신 스스로뿐만 아니라 우리의 따뜻한 보금자리인 가정에서부터 실천할 수 있는 것이다. 우선 나 스스로가 정직하고 성실한 자세로 약속을 철저히 이행하면서 겸손하고 남을 돕고 의로운 일을 실천해야 한다. 또한 높은 도덕성을 바탕으로 자기 분야의 최고 전문가다운 실력을 갖추어야 한다. 그리고 희망찬 미래를 향한 비전과 이상을 갖고 노력한다면 개인적 차원에서도 긍정적 요소들의 상호작용 선순환이 반복되어 스스로 목적한 바를 이루고 성공하게 되는 것이다. 가정의 선순환은 부부가 상호신뢰를 통해 건강한 관계를 유지해 나가는 데서 출발한다. 조화로운 부부관계는 평화와 온정이 깃든 가정을 만들고 자녀들에게는 긍정적인 동기부여 요인으로 작용하여 자녀는 부모를 신뢰하고 타

개인의 선순환

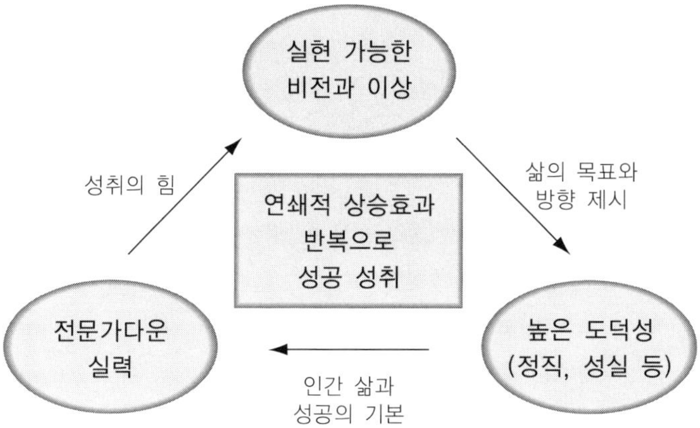

인을 배려할 줄 알게 되며, 이러한 선순환 사이클은 다음 세대에도 전달되어 지속적으로 밝고 활기찬 가정이 되는 것이다.

기업도 마찬가지다. 기업의 선순환(善循環)은 직원들의 열정적인 노력에서 출발한다. 기업에서 보람과 성취감이 가득한 직원은 애사심을 비롯한 열정적인 노력으로 양질의 제품을 생산하고 양질의 서비스를 창출할 것이다. 양질의 제품과 서비스는 소비자로부터 큰 인기와 관심을 끌어 고객만족으로 이어질 것이다. 이에 따라 많은 제품들이 판매되며 기업의 이익이 창출되고 이는 임직원에게 임금의 향상이나 복지혜택의 향상으로 돌아가게 될 것이다. 이와 같은 연쇄과정을 통해 선순환이 제대로 이루어지는 기업은 지속적인 상승효과를 얻게 될 것이다. 개인이나 기업 모두 선순환 과정에서 반드시 경계해야 할 것은 선순환 장애요소, 즉 화(火), 열등감, 자기 및 타인에 대한 부정, 그리고 인간의 기본 욕구를 자제하고 극복할 수 있는 통제력을 갖춤과 동시에 긍정적 에너지로 승화시킬 수 있어야 한다는 것이다.

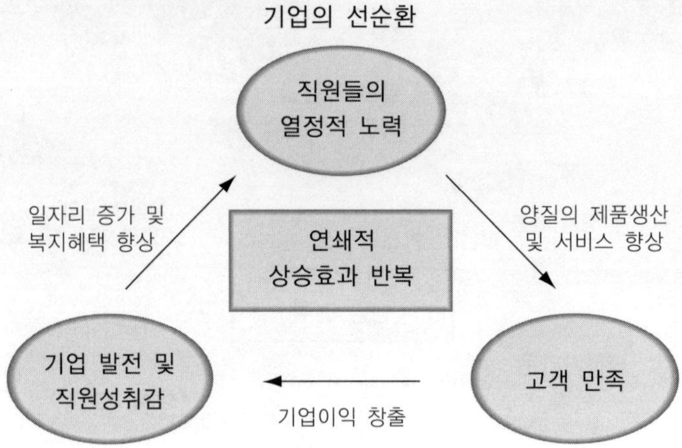

국가를 구성하고 있는 정치, 경제, 사회영역도 선순환이 되어야 한다. 악순환으로 얼룩져 있는 구태를 벗고 희망차고 활기찬 미래로 도약하기 위해서는 국가와 사회의 구성요소간에 선순환이 원활하게 이루어져야 하는 것이다. 먼저 우리 사회는 갈등과 분열을 통합하는 상생의 시민문화를 간직하여야 하며, 종교도 배타성을 버리고 사랑과 자비, 나눔과 공유의 기본 가치를 실천하여야 한다. 경제부문 역시 기본과 원칙을 따르는 투명한 선순환 경제가 되어야 하며, 경제의 3주체인 기업과 가계, 정부가 승-승 전략을 추구하여야 한다. 정부 역시 과거의 부정부패를 척결하고 기회의 균등과 분배의 공정성을 보장하기 위해 노력해야 하는데, 이는 국가적 차원의 선순환을 위한 기본 여건을 조성한다는 의미를 지닌다. 정치, 경제, 사회의 각 영역에서 선순환이 일어나고 이것이 파급효과를 일으킨다면 국가사회 전체적으로 연쇄적 상승효과가 반복되어 나타날 것이다.

1. 인간의 행동법칙 '선(善)' : good

선(善)이 무엇인가에 대한 질문은 인류가 출현한 이래 동서고금을 막론하고 논쟁의 대상이 되어 왔다. 인간의 본성은 선(善)한가 아니면 악(惡)한가, 선은 절대불변의 진리인가 아니면 시대에 따라 변화하는 것인가 등 선의 본질에 대한 논의는 끊임없이 제기되어 왔다.

선(善)이란 넓은 의미로는 긍정적인 평가의 대상이 되는 모든 것 즉, 가치를 갖는 모든 것을 이르는 말이다. 선 또는 선한 것은 가치를 갖기 때문에 사람들은 그것을 소유하거나 누림으로써 행복을 얻게 된다. 이와 같이 선이나 선한 것은 사람들을 행복하게 만들어 주기 때문에 보편 타당성을 얻는다. 또한 선(善)이라는 한자어가 온순한 양(羊)을 표상하여 만들어졌듯이 선은 어질고 고운 마음씨를 뜻하기도 한다.

선(善)이란 단어를 최초로 사용한 사람은 원래 모세(BC 1527~1407)였다. 모세는 기원전 1400년경 창세기를 기록하면서 선이란 단어를 창조하였으며 인격적인 신인 여호와로부터 나오는 어떠한 본질적으로 '좋은 성질'에 대하여 이 말을 사용하였다. 그렇기에 모세가 기록한 모세 5경(창세기, 출애굽기, 레위기, 민수기, 신명기)을 비롯한 모든 성경이 말하는 '선'은 인격적인 여호와 자신이나 그의 성품을 의미함과 동시에 그의 뜻을 행하는 인간의 옳은 행위를 지칭하는 것으로 되어 있다.

서양에서 신의 개념과 선의 개념을 구별하기 시작한 것은 윤리적 자연주의자였던 스피노자다. 스피노자는 선과 악의 구별이란 단순히 인간의 욕구와 감정에 따라 나타난다고 봄으로써 선을 신의 영역에서 분리하였다. 이것이 스피노자의 자연주의적 윤리관에 입각한 주관적 가치설이다. 이후 선의 개념은 의무론과 목적론으로 구별되었다.

칸트를 중심으로 하는 의무론자들은 의무의 가치를 중시하면서 선(善) 의지에 의해 동기화된 자발적인 행동만이 진정한 의미에서 선과 옳음을 창출할 수 있는 가치 있는 행동이라고 하였다. 의무론에서는 도덕가치의 규범을 엄격하게 준수하였다. 그들은 '살인하지 말라' 는 규범은 인간에게 자명한 규범인 이상 한 사람의 살인을 통하여 다수의 살인을 막는 경우라 하더라도 살인은 정당화될 수 없다는 논리를 펴고 있다.

반면 목적론자였던 벤담은 만일 선한 것, 옳은 것, 그리고 정의로운 것 등의 가치를 갖는 것은 느낄 수 있어야 하고, 소유할 수 있어야 하고, 측정할 수 있어야 한다는 생각을 갖기 시작하였다. 이러한 목적론에 따르면 다수의 유태인의 학살을 막기 위하여 히틀러 같은 사람의 암살은 정당화될 수 있는 것이다.

반면 동양에서의 선에 대한 논의는 다음과 같다. 먼저 노자와 공자는 '도(道)' 또는 '하늘(天)' 을 자연을 초월하는 절대자 또는 신으로 보았으며 이 하늘의 이치(理致)나 도(道)가 선(善)이라고 보았다. 맹자가 "인간의 본성은 선하다(性善)"고 했을 때, 그가 말하는 본성의 선은 '남에게 차마 하지 못하는 마음(不忍人之心)' 을 뜻하는 것인데, 이렇게 어진 마음을 그는 선으로 보았다.

위와 같이 동서고금을 막론하고 선(善)에 관한 수많은 담론들이 존재하는데 무엇이 정답이고, 무엇이 그릇된다고 말할 수는 없다. 저자는 종합적 관점에서 선순환 리더십의 선(善)을 다음과 같은 의미로 정리하였다.

선(善)이란 자율적인 의지에 의하여 생겨나는 것이다.

자율적인 의지로부터 생겨난 행위가 행복, 슬기로움, 아름다움, 효용, 그리고 건강 등등의 결과를 초래하였다면 그 행위는 도덕적인 행위로 간주할 수 있다. 즉, 북한 주민, 수재민, 또는 결식 아동들을 돕는 행위는 도덕적이다. 그러나 본인의 의지와는 상관없이 직장상사의 강요에 의연금의 갹출(醵出), 자신의 체면을 유지하기 위한 구제활동 등은 선의 실천과는 거리가 멀다고 하겠다.

선(善)이란 정언명령(定言命令)을 따르는 것이다.

정언명령에 따른다는 것은 상황에 관계없이 항상 옳은 도덕법칙을 따르는 것을 의미한다. 칸트도 "당신이 동시에 보편법칙이 되기를 바라는 그러한 기준에 따라 행위하라"고 하여 정언명령의 준수를 강조하였으며, 정언명령을 "만일 당신이 그것을 원하거든 그렇게 하라"는 식의 가언명령(假言命令)과 구별하였다. 우리가 '정직을 행하라', '약속을 준수하라', '자녀들은 부모를 공경하라'와 같은 보편타당한 법칙을 정언명령에 따라 지키고 따르는 것은 선이지만 "회계처리의 투명성도 중요하지만 정치권과의 좋은 관계유지를 위하여 필요할 때는 비자금을 조성해야 한다"와 같은 가언명령에 따르는 것은 선이 아니다.

선(善)이란 목적의 달성이며 자아실현이다.

인간은 올바른 활동을 통해 자신의 목적을 달성함으로써 자아실현을 이루며, 이 자아실현이 이루어질 때 행복을 얻을 수 있다. 이것이 바로 선이다. 또한 개인의 목적을 실현하는 것도 가치 있는 일이지만, 조직이나 사회를 위하여 목적을 실현하는 것은 더욱 가치 있는 일이다.

2. 연쇄적 상승효과: Good+α

연쇄적 상승효과는 한 요소 내에서, 즉 개인적인 면에서 고려해 볼 때 개인이 실천한 선(善)한 언행이 타인이나 팀 그리고 조직으로 확대되어 영향을 미치고 재생산되면서 그 상호작용으로 인해 상승효과가 연쇄적으로 반복되어지는 것을 말한다. 즉 연쇄적 상승효과는 한 단계에서 달성한 성과(成果)나 그 유발 요인이 그 단계를 넘어, 전체과정의 성과 발생과 동기유발효과를 발생시킴으로써 연쇄적 반응을 초래하는 것을 말한다. 즉, ⅰ) 수량이 많아졌거나 ⅱ) 품질이 더 좋아지거나 ⅲ) 불가능한 일이 가능해질 때 효과는 더욱 커지게 되며 우리는 이러한 현상을 연쇄적 상승효과라고 말할 수 있다.

연쇄적 상승효과는 서로가 대치하는 상충(相衝)이나, 서로가 병렬적으로 나란히 가고 있다는 협동(協同)을 뛰어넘어 '서로가 융합하고 화합하여 공동창조와 상승(上昇)'을 이룩하는 것을 의미한다. 즉, 개인으로부터 비롯된 선(善)이 타인과 팀, 그리고 조직으로 확대 재생산되어 모든 사람에게 자긍심과 성취감을 심어 주어 결과적으로 조직 생산물의 양과 질을 배가시키는 것을 말한다.

경제학에는 승수효과라는 것이 있다. 승수효과는 투자의 증가가 파급효과를 낳아, 궁극적으로는 처음의 몇 배나 되는 소득의 증가를 가져오는 것을 의미한다.

케인스가 말하는 승수효과는 투자증가가 초래하는 소득증가를 의미한다. 예를 들어 100억 원의 투자증가가 있으면 100억 원의 소득증가가 발생하는데, 이 소득증가는 사람들의 구매욕을 자극하여 소비재 수요를 낳게 된다. 이렇게 소비재 수요가 증가하면 이 수요를 충족시키기 위하여 소비재 생산이 이루어지게 되고 이에 따라 다시 소득증가가 발생하는 것이다. 이러한 연쇄적인 소득의 증가를 승수효과라 한다.

선순환의 상승효과는 바로 이런 것이다. 한 명의 개인이 스스로의 변화를 통하여 좋은 결과를 얻게 되었다면 이것은 자신에게도 긍정적인 동기부여를 할 뿐 아니라 타인과 조직 전체를 자극하고 긍정적인 동기부여를 하게 된다. 또한 가정이나 직장, 국가의 한 요소가 선(善)순환이 시작되어 상호작용으로 타요소에 영향을 미치는 것도 동일한 현상이다. 이 결과에 따라 노력과 동기부여가 반복되면 예상을 훨씬 뛰어넘는 긍정적 성과를 내게 되는 것이다. 따라서 선순환이 일으킬 수 있는 상승효과(Good+α)는 그 한계를 규정지을 수 없는 무한대가 될 수도 있는 것이다.

3. '순환(循環)'은 인과율(因果律)에 따른다: cycle

불교의 업행설에 비추어서 선순환의 순환을 지배하는 인과의 법칙을 설명해 볼 수 있다. 불교에서는 사람이 한 평생을 살아가면서 내세에 받게 될 업을 만들어 가는데 이 업은 반드시 그 영향에 의한 과보를 받는다고 한다. 업은 마치 식물과도 같아서, 일단 씨앗이 뿌려지면 과보라는 열매를 맺는다는 것이다. 다시 말해 의지를 지닌 인간은 자신이 쌓은 선악(善惡)업에 따라 생사를 유전하면서 고락(苦樂)의 과보를 받는다는 것이 곧 업행설의 의미이다.

이 업행설은 선순환이라는 측면에서 다음과 같은 의미를 가진다. 업과 보 사이에는 필연적인 인과관계가 있다는 것이며 과거 · 현재 · 미래 삼세에 걸쳐 계속된다는 것이다. 선한 행위는 언젠가는 꼭 행복한 결과를 맺으리라는 확신으로 이어진다. 어떤 일을 할 것이냐는 자유의지이지만 일단 지어진 업은 그에 해당하는 과보를 반드시 받는다고 하는 업의 의미는 선의 추구가 반드시 긍정적인 행복을 초래할 수 있다는 강한 확신을 준다.

개인이 선을 추구한다면 합당한 응분의 보상을 받게 될 것이다. 이러한 메커니즘을 지배하는 것이 인과율이다. 이러한 선이 타인에게 영향을 끼치고 퍼져 나갈 수 있는 것은 모든 존재가 상의성(相議性)을 지니고 있으며 인과응보의 원칙 지배 하에 있기 때문이다.

이 순환(循環)과정의 의미를 신진대사 작용에 적용해 보자. 혈액은 인간의 신체에 산소를 공급하는 역할을 하고 있다. 혈액은 혈관을 통하여 신체 곳곳에 산소를 공급한다. 만약 혈관이 콜레스테롤과 지방질에 의한 협착으로 꽉 막힌다면 이를 제거하기 위한 인위적인 약물치료나 극단적으로는 수술이 필요할 것이다. 혈관 협착의 원인을 제거한다면 병들어 있던 신체는 건강을 되찾게 된다. 마찬가지로 개인이나 조직도 선순환의 고리가 좌절감, 패배의식, 도덕적 불감증 등으로 인해 단절될 수 있다. 악의 고리로 인하여 선(善)순환이 방해받는다면 그 원인을 제거하여야만 선의 원활한 흐름이 보장될 수 있다. 악의 고리는 차단되어야 하고, 선(善)이 연쇄적으로 반복될 수 있도록 순환(Cycle)이 이루어지도록 하여야 한다.

선순환의 개념

● 긍정적이고 근면 성실한 사람은 긍정적이고 근면 성실한 삶을 살게 되고, 요령과 기회주의에 능숙한 사람은 그 그릇에 맞는 인격이 형성된다. 인간의 마음 속에는 선(善)과 악(惡)이 동시에 존재하고 있으므로 우리가 선한 마음을 먹으면 이것이 선한 행동으로 나타나는 것이다.

● 선이란 무엇인가. 뒷맛이 좋은 것이며 선한 일을 하면 마음이 기쁘고 흡족하다. 남에게 좋은 일을 했다는 긍지와 자긍심, 그리고 만족감이 반드시 따른다. 선을 행하면 보람과 즐거움을 느낀다. 그러면 악이란 무엇인가. 뒷맛이 나쁜 것이다. 악한 일을 하면 마음이 괴롭고 가책을 느낀다.

● 개인들이 선(善)을 실천하고 나아가 이것이 사회 지도원리가 되고 이 원리에 입각하여 인간사회가 물 흐르듯 순환(循環)된다면, 선순환이 이루어지는 밝고 명랑한 사회가 이루어질 것이다. 선순환이 일상화되면 이것은 구성원 상호간의 지속적인 긍정적 동기부여의 요인으로 작용하여 각자가 지닌 힘 이상의 효과를 창출해 낼 것이며 이것은 더욱 사회를 아름답게 만든다. 이것이 바로 선순환의 요체다.

● 기업의 선순환(善循環)은 직원의 만족도에서 출발한다. 기업에서 보람과 성취감이 가득한 직원은 최선을 다하여 양질의 제품을 생산할 것이다. 양질의 제품은 소비자로부터 큰 인기와 관심을 끌어 고객만족으로 이어질 것이며, 이에 따라 많은 제품들이 판매되며 기업의 이익이 창출되고 이는 임직원에게 임금의 향상이나 복지혜택의

향상으로 돌아가게 될 것이다. 이와 같은 연쇄과정을 통해 선순환이 제대로 이루어지는 기업은 지속적인 상승효과를 얻게 될 것이다.

● 선순환 리더십에서 선(善)의 의미

- 선(善)이란 자율적인 의지에 의하여 생겨나는 것이다.
- 선(善)이란 상황에 관계없이 항상 옳은 도덕 법칙(정언명령: 定言命令)을 따른다.
- 선(善)이란 인간이 올바른 활동을 통해 자신의 목적을 달성함으로써 자아실현을 이루는 것이다.

● 인간 행동의 근본 법칙은 바로 선(善, Good)이며, 연쇄적 상승효과(+α)는 개인의 선한 언행이 타인과 조직에 확대되어 상호작용을 일으켜 상승효과가 연쇄적으로 반복되도록 하는 힘이다. 그리고 선에 대한 합당한 응분의 보상을 받게 되는 메커니즘이 바로 인과율(Cycle)이다.

제 2 절 선순환 리더십의 개념

선순환 리더십이란 "선(善)을 기본 바탕으로 하여 개인이나 가정, 직장(기업), 나아가서는 사회나 국가가 기본에 충실과 악의 고리 차단 등으로 선순환이 창출되고 반복되도록 하여 그 영향이 상호작용함으로써 개인이나 조직 구성원들이 도덕성과 윤리성 함양 하에 조직의 목표에 헌신하고 추구하고자 하는 행복한 삶을 이루도록 하는 리더십"을 말한다. 개인, 개인 대 개인 및 가정, 팀 · 부서 및 기업(직장), 사회 및 국가 등 선순환 리더십 구성 요소들이 상호 밀접한 관계를 유지하고 있으므로 한 요소가 선(善)순환이 달성되면 타 요소에 긍정적 영향을 미쳐 관련요소 전체가 선순환을 이루게 된다는 것이다. 일부 리더십에서 주장하는 외부에서 팔로워들의 내면으로 전파에 의존한다거나 전적으로 리더 내면에서 외부로 확산되는 것

선순환 리더십의 구성요소 및 상호관계

● 한 요소가 선(善)순환이 시작되면 타 요소에 연쇄적 영향
● 특히 개인 관리는 교직 생애와 자기계발 선(善)순환 주체

이 아니다. 외부나 내부로 전파 및 확산이 상황 및 여건에 따라 적용될 수 있고 중간의 어느 한 요소로부터도 시작될 수 있다는 것이다.

어느 개인이 정직과 근면 성실 그리고 창의력을 바탕으로 개인 스스로 성취감과 보람 속에서 모범적인 선순환 생활을 반복한다면 그가 이루고 있는 가정은 가족간의 화목과 평화와 행복이 가득할 것이다. 가족 각자가 각 개인이 준수하고 시행해야 할 본분을 기쁨 속에서 이행하게 될 것이며

구성요소	내 용
개인적 차원	• 기본에 충실한 삶 실천 • 기본욕구의 관리 및 수신(修身) • 열등감과 화(火)의 억제 및 생산적 에너지화 • 자기보상과 자기 강화 • 도전의식과 개척정신 • 전문성을 바탕으로 한 자신감
개인 대 개인 및 가정	• 본분(本分)의 충실한 이행 • 애정과 관심 및 배려 • 희생과 봉사 및 상호 기대 • 발전과 행복을 추구하는 공동목표 달성 노력 • 감정이입적 커뮤니케이션
팀 · 부서 및 직장(기업)	• 본분(本分)의 충실한 이행 • 기업의 비전과 직원의 목표 일치 • 상호간 협력 및 파트너십 • 적극적 임파워먼트 • 기업의 이윤창출 및 복지향상(이윤 분배) • 공명정대한 인사관리 및 투명한 경영
사회 및 국가 발전	• 법과 질서 준수 및 정의 실현 • 균형과 조화 및 기회의 균등 • 통합과 상생의 시민문화 함양 • 국민 및 환경 친화적 사회구현 • 국가 안보 및 경제 활성화 • 국가 미래에 대한 비전 제시 및 애국심 함양

개인의 성취감과 행복한 가정의 가장인 그는 직장에서 긍정적인 자세로 서로 협력하고 직장에서 추구하는 목표를 향해 자기 역할을 충실하게 할 것이다. 그럼 선순환이 되기 위한 구성요소별 기본 조건은 앞의 표와 같다.

또한 기업(직장)이 크게 성장하면 사회나 국가가 안정된 가운데 성장과 발전이 거듭되어 선순환 리더십에서 추구하는 연쇄적 상승효과(+α)를 창출하게 될 것이다. 구성요소 내에서 이러한 기본 조건들이 올바로 작용되어 제대로 이행되고 시행이 되어 한 요소가 선순환이 시작되면 상호작용에 의해 전체적인 선순환이 이루어지게 되어 있으며 선순환 리더는 개인 스스로뿐만 아니라 구성원 모두가 자발적이고 긍정적인 자세에서 선(善)이 시작이 되고 순환이 되도록 환경조성과 동기 유발 및 임파워먼트를 부여하여야 한다.

만약 4가지 요소 중에서 기업에서 퇴출한 가장은 가정의 빈곤이나 갈등으로 이어지고 사회적 · 국가적 문제로 악영향을 미치게 되어 있다. 그 상황에서 또 다른 새로운 선순환 주기로 진입하지 못하면 개인 파멸에 이르게 됨을 우리는 수없이 지켜보았다. 정치가 혼란스러우면 경제가 어려워지고 국가 지도자가 제시한 비전이 현실성이 없어 국민이 공감하지 않는다면 그 국가는 갈등과 분열이 만연하게 되어 악순환이 반복되게 되어 있다.

어느 한 요소에서 선(善)순환의 장애요소가 발생하였을 때는 원인을 분석하고 현 상태에서 선(善)의 방향으로 기본개념을 정리하고 실천함으로써 악순환의 고리를 차단하고 선순환 주기에 재진입을 하여야 한다. 예를 들어 직장동료간에 다툼이 있었을 때 서로 비방하고 악감정으로 지속 유지되면 상호간에 패-패가 될 수 있다. 그러나 조기에 서로의 잘못을 인정하고 양보하여 협력함으로써 악감정이 풀리고 상호간 신뢰가 쌓이게 되면 그 상태에서 선순환이 다시 시작되는 것이다. 다음 도표에서 선순환 리더십과 기존 리더십의 특징을 비교해 보자.

선순환 리더십과 기존 리더십의 특성 분석

구 분	선순환 Leadership	기존 Leadership
분석수준	다중 수준 –개인에서 국가사회까지 분석	단층 수준 –집단이나 조직에 한정
핵심영역	관련요소별 선순환 및 상호영향	제도를 통한 인간 관리기법
핵심가치	선(善)과 효율성을 통한 행복 추구	조직효율성 제고
행동전략	개인/직장/사회/국가 등 다중적 층위에서 행동전략	리더에 한정(일부 개인/조직 연계)
의사소통	감정을 이입한 이해와 배려의 의사소통	정확하고 긍정적인 의사소통
평가기준	수량적 + 질적(Quantity + Quality) – 매출증대 / 이익실현 – 개인의 자아실현 및 행복 – 가정, 기업, 사회 및 국가의 발전	수량적(Quantity) – 매출증대 / 이익실현
조직목표	개인, 가정, 조직, 사회의 긍정적인 변화	조직성과 달성 및 체제유지

깨끗한 생각은 깨끗한 습관을 만들어 낸다.
자신의 마음을 씻지 않는 성자는 성자가 아니다.

-제임스 알렌

제 3 절 선순환 리더십의 패러다임

1. 개인의 선순환

싱가포르는 부패와의 전쟁에서 가장 이상적인 승리를 거둔 나라로 인정받고 있다. 각종 국가경쟁력 조사에서 가장 깨끗하고 경쟁력 있는 정부로 평가받고 있다. 싱가포르가 작은 인구에도 불구하고 살기 좋은 나라가 된 데에는 리콴유(李光耀) 수상의 역할이 지대한 공헌을 하였다. 1959년 리콴유 수상이 취임하였을 때 싱가포르는 “부정부패가 생활의 일부”라는 말을 들을 정도로 기강이 문란하였다. 그는 부패야말로 국가경쟁력을 무너뜨리는 가장 큰 적이라는 신념 하에 수상 직속으로 「부패행위조사국」을 설치하고, 부패와의 전쟁을 선포하였다. 또한 부정축재몰수법을 제정하여 부정재산을 추적, 동결, 몰수할 수 있는 근거를 마련하였다. 싱가포르의 엄격한 법질서는 부패와의 전쟁을 성공적으로 수행하는 데 결정적인 역할을 하였으며 결과적으로 싱가포르를 지탱해 주는 기둥이 되었다. 이것은 독재자라고 비판받을 정도로 부패척결에 철저했던 리콴유 수상과 그것을 믿고 신뢰해 준 국민들이 있었기에 가능하였던 것이다. 국민들이 수상을 믿고 따른 것은 리콴유 수상 자신이 청렴한 생활로 솔선수범하였기 때문이다. 그는 스스로 "개인재산은 없다"고 공언하였으며, 비리에 연루되는 인척이나 측근을 가차없이 처벌하였다. 31년간 총리를 지내는 동안 부친이 소규모 시계점에서 일했다는 사실을 보더라도 그의 강직함을 엿볼 수 있다. 그는 집권기간 동안 국민들의 인기에 영합하거나 자신의 인기를 높이려고 애쓴 적이 없었음에도 총리생활을 마감할 때까지 국민들의 뜨거운 지지와 존경을 받았다. 결과적으로 리콴유 수상의 개인에서 출발한 선(善) 실천이 싱가포르의 국민과 국가에 영향을 미쳐 국가적 규모의 선순환을 이룬 것이다.

인간에게 보편적으로 적용되는 기본과 원칙을 준수하고 적극적이며 진취적인 자세로 삶을 주도한다면 필연적으로 나타나는 결과에 성취감과 자신감을 느끼게 되고 나아가 더 높은 목표와 비전을 가지게 되며 궁극적으로 더 커다란 그릇의 인물로 변화하게 되는 것이다.

개인이 악의 고리를 끊고 선순환 사이클에 돌입하기 위해서는 인간 삶의 가장 기본적 원칙인 정직, 성실, 봉사, 겸손, 친절, 인내, 공정성, 인간존중, 책임, 양심의 엄격한 준수가 선행되어야 한다.

악의 특징을 버리고 기본에 충실한 삶을 살게 되는 계기로는 i) 선순환을 이룩한 모범적이고 본보기적인 인물로부터 영향을 받은 경우, ii) 종교적인 이유, iii) 스스로의 체험에 의한 성취감 획득 iv) 꿈과 목표에 대한 간절한 소망과 이를 달성하기 위한 자기통제로부터 비롯되는 경우 등을 들 수 있다.

이러한 기본의 준수는 선순환 리더십의 전제요건이다. 하지만 선순환 리더십은 궁극적으로 기본의 준수라는 정적인 과정을 통하여 자아를 발견하고 나아가 자아를 실현(selfership)해 나가는 다이내믹한 변화과정에 초점이 맞추어져 있다. 문명의 발전에 힘입어 먹고사는 문제가 예전처럼 심각하지 않은 현실에서 현대인들은 자신을 가꾸고 타인으로부터 사랑을 받고, 인정받고, 자신의 한계를 초월하기를 꿈꾼다. 선순환 리더십은 이러한 자기실현욕구를 발현할 수 있도록 스스로를 독려한다. 이러한 개인의 자아실현 의지는 다중의 네트워크로 연결된 사회구조 속에서 상호간의 긍정적인 동기부여의 동인(動因)으로 작용하여 궁극적으로 신뢰가 넘치는 사회, 타인을 배려하는 사회, 연쇄적 상승효과가 반복되는 사회로의 변혁을 이끌어낼 수 있다.

가. 선순환과 자아실현

우리 인생의 항로는 유년시절과 사춘기, 청년시절을 거치면서 형성되어 나간다. 유년기에는 부모로부터 행동을 배우고 사춘기에는 친구들이나 이성과의 상호관계를 통하여 생각을 공유하고 청년기에는 다양한 인간관계와 경험을 통하여 사물을 바라보는 인식, 지각 태도가 결정되고 인생관, 세계관, 가치관이 형성된다. 이렇게 형성된 가치관은 자신의 삶을 주도하고 이끌어 나간다. 올바른 가치관이 형성되어 있는 사람은 궁극적으로 작은 틀 속에 갇혀 있는 자아를 찾아내어 자아실현의 꿈을 달성하게 된다.

로저스(Rogers)는 "진정한 자아를 구현하기 위해서는 먼저 자신이 누구인가에 대한 존재론적 성찰과 무엇을 할 수 있는가 하는 자기 자신의 능력에 대한 인식이 중요하다"고 하였다. 이러한 인식을 전제로 "주변의 여러 환경적 영향을 받으면서 완전히 자신의 능력을 발휘하는 성숙한 인간으로 되는 것"이 자아실현이며 이것이 바로 '훌륭한 삶'인 것이다.

인간은 행동의 자유로운 주체로서 도덕적 성격을 지닌 존재이다. 이때의 도덕기준은 사회적 유용성이나 쾌락이 아닌 인간 본연의 품성으로서의 선(善)인 것이다. 선순환 리더십의 자아실현관은 도덕성과 자율성 신뢰감을 바탕으로 자기실현을 추구하는 가운데, 사회적 인간(social people)으로서 사회생활의 완전성을 추구하는 것이다. 무엇보다도 개인적 품성과 인격이 우선이 되지만 개인의 자질과 인격 우수성만으로는 완전한 자아의 실현을 이룰 수 없으며, 인간은 사회적 존재이기에 개인의 선은 공공의 선에 포함되어 있어야 한다. 선순환의 자아실현인은 삶의 목표와 방향이 공공선에 정렬되어 있어야 한다. 결국 공공선을 통해서 자아실현은 가능해지는 것이며 여기서 선순환의 자아실현론은 주체적 자아만을 강조한 심리학적 자아실현론과 차별성을 지니는 것이다.

군(軍)에서는 많은 투자를 통해 인재를 양성했으나 개인적인 도덕성 결함으로 인해 그 인재를 중도에서 도태시키는 경우가 종종 있다. 그 인재는 미처 자신의 능력을 다 발휘해 보기도 전에 그 기회를 잃은 셈이다. 이와 같이 우리 사회에서 개인적인 선(善)의 선행 없이 온전한 자아실현을 이루기는 어렵다.

선순환의 자아실현인은 다음과 같은 특징을 지닌 사람이라고 할 수 있다.

1) 높은 도덕적 성품을 소유하고 이를 실천해 나가는 사람
2) 끊임없는 도전의식과 개척정신으로 삶을 주도해 나가는 사람
3) 자신의 역량과 전문성을 구비하기 위하여 최선을 다하는 사람
4) 타인을 능동적으로 이해하고 신뢰와 협력을 내면화하는 사람
5) 지기 변혁이 사회 변혁의 첫걸음이라는 긍정적 인식을 지닌 사람

나. 개인의 선순환 구성요소

1) 기본(基本)에 충실한 삶 실천

기본의 사전적 의미는 '사물의 근본, 본바탕'으로 인간의 삶과 행동의 근간을 이루는 것들을 뜻하며 궁극적이고 절대적이며 타당성 있는 근본진리를 의미한다. 실제적으로 기본은 학문, 인간윤리, 어학, 과학기술, 스포츠, 건축 등 우리가 일상생활에서 접할 수 있는 인간 활동의 모든 영역에 관련되어 있다. 기본이란 모든 인간활동 분야에 있어서 성공 또는 효과적인 목적 달성을 위해서 반드시 우선적으로 숙지하고 구비하며 실천해야 하는 기초적인 지식, 행동원칙, 능력을 의미한다. 즉 영어의 알파벳, 바둑의 정석, 물리의 기본공식, 화학의 원소기호, 태권도의 기본형 및 테니스의 기본동작 그리고 골프 스윙의 원리, 국가의 헌법 등이 기본의 범주에 속하는 것이며, 윤리와 도덕성도 이에 포함된다.

인간 삶의 기본은 정직, 성실, 겸손, 친절, 인내, 공정성, 인간존중,

기본 개념 및 인간 삶의 기본 요소

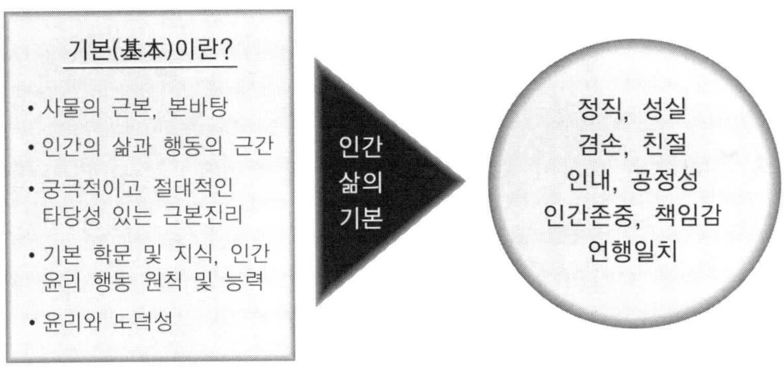

— 기본(基本)에 충실은 선(善)순환의 근본바탕 —

도덕성을 나타내는 지표

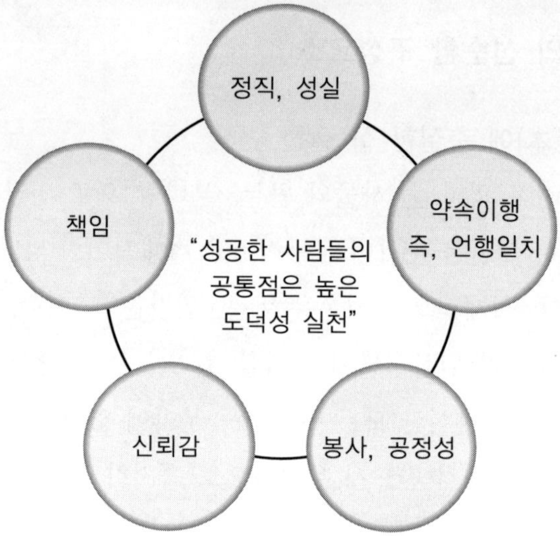

책임감이며 성공한 사람들의 공통점은 높은 도덕성을 바탕으로 각자의 위치에서 기본에 충실한 삶으로 선순환을 반복하였다는 것이다. 누군가가 도덕성(morality)을 갖추었다는 말은 그가 내세우는 가치와 그의 행동이 일치하며, 매사에 정직하고 윤리적이며 신뢰할 수 있다는 것을 의미한다.

따라서 도덕성을 나타내는 첫 번째 지표는 자기 기만적이지 않고, 얼마나 정직하고 성실한가이다. 도덕성의 두 번째 지표는 약속을 지키는 것, 즉 언행일치이다. 세 번째 지표는 봉사와 공정성을 이행하는 정도이다. 네 번째는 비밀을 털어 놓지 않을 것으로 기대되는 신뢰감의 정도이다. 마지막으로 도덕성은 자신의 행동과 결정에 대해 책임을 지는지를 보면 알 수 있다. 콕스와 카퍼(Cox & Copper)라는 학자는 45명의 영국의 최고경영자들을 대상으로 실시한 연구에서 도덕성을 최고경영자가 갖추어야 할 가장 중요한 가치 덕목으로 언급하였다.

"내가 그것을 행할 것이라고 말할 때에는 나는 내가 행할 것이라고 말하는 것을 정확히 행할 것이다. 만약 내가 마음을 바꾼다면, 나는 내가 취한 조치에 의해 여러분이 상처입지 않도록 하기 위해 사전에 여러분에게 충분히 이야기할 것이다." 이 말에는 정직과 언행일치, 책임과 타인에 대한 배려가 함축적으로 담겨 있다. 다시 말해 삶의 기본이 이 짧은 말 속에 녹아 있다.

개인의 윤리적 양심이 바로 서지 않은 상태에서는 목표의식이나 자신감, 도전의식 모든 것이 왜곡되어 나타날 수 있다. 도덕성은 선(善)으로 나아가는 방향키, 나침반의 역할을 하기 때문이다. 추진에너지가 아무리 강하다 할지라도 방향이 잘못 설정되어 있다면 결과는 더욱 나빠질 수밖에 없다. 히틀러는 독일의 세계 제패라는 비전과 강한 카리스마, 추진력을 모두 소유하고 있었지만 인간존중이라는 기본을 무시하였기 때문에 수백만의 유태인을 무참히 학살하였던 것이다.

누구나 몇 번쯤 들어 보기도 하고 한 번쯤 인용해 보기도 하였겠지만, 한때 세계를 지배했던 로마제국의 멸망은 외부의 힘에 의해서라기보다는 내부의 부패와 방향감각의 상실로 인해 악순환이 반복된 결과다. 빈민들은 빵 한 조각도 못 먹어 거리에서 굶어 죽거나 얼어 죽어 갔지만 귀족이나 상류층 사람들은 화려한 삶을 살고 있었다. 이들은 오후 4시경부터 새벽 3시까지 먹는 연회(宴會)를 즐겼다. 고급 음식들을 먹고는 '브리기니우스'라는 의사가 발명한 고통 없이 토하는 약을 먹고 음식을 토한 후 다시 먹는 것을 반복하였다. 이들이 토한 음식은 노예들이 수거하여 하수구에 버렸다. 그 결과 로마가 자랑하는 하수도는 유독성 플랑크톤이 번성하고 급기야 로마를 관류하는 티벨강은 적조현상을 일으켜 붉게 변하였다. 그래서 로마 사람들은 그 붉은 강을 '브리기니우스의 피'라고 불렀다.

이렇듯 로마의 시민들은 방향감각을 상실했다. 그들은 자기 나라의 운명이 어떻게 될 것이라는 비전도 없었고 자기 한 몸 향락에 도취되면 그만이었다. 방종한 성생활로 사생아들이 생겨났고 나라에서는 사생아를 버리는 곳을 만들어 방종을 더욱 부채질하였다. 버려진 아이들은 데려다가 노예, 검투사, 군인을 만들었다.

전성기 로마시대에는 자유민 또는 시민이 군에 복무하는 것 그 자체가 단순한 의무에 그치는 것이 아니라 특권이었다. 군인이 된다는 것은 명예로운 것이고, 군복무는 시민의 제일의 의무였으며 동시에 시민만이 가지는 특권이었던 것이다. 이런 기풍이 시민들 사이에 풍미했을 때, 로마는 강력한 군대를 보유함으로써 '팍스 로마나(Pax Romana)'를 구가할 수 있었던 것이다.

그러나 로마시대 몰락기에는 로마의 시민들이 군인이 되기를 꺼려하고 그 대신 전쟁포로나 농민들에게 주로 병역을 담당시켰다. 심지어 그들은 자기들의 조국을 외국에서 흘러 들어온 용병에게 지키게 했고, 결국 이들 용병들은 로마에 반기를 들어 거대한 로마를 쓰러뜨리는 결정적인 원인을 제공하였다. 또한 로마 시민들은 군인이 되는 것을 불명예로 여긴 결과 군대와 시민과의 유대관계는 끊어지고, 국가에 대한 책임감을 상실했다. 이런 상황에서 군대가 국가를 위하여 목숨을 바쳐 싸울 리가 만무했던 것이다. 결국 로마는 로마에 영광을 가져다 주었던 군대와 운명을 함께 한 것이다.

전세계를 호령했던 기대 로마가 몰락한 이유는 지명하다. 사회를 이끌어 가는 기본 원칙이 붕괴하였기 때문이다. 기본의 붕괴 이면에는 개인의 도덕적 타락이 내재되어 있었다. 인간이라면 반드시 준수해야 할 정직과 청렴, 성실함은 이미 사라져 버렸고 사회 지도층의 국가 흥망에 대한 책임감 역시 찾아볼 수 없었던 것이다. 로마 몰락의 예에서 우리는 무엇을 배울 수 있는가? 지금 우리 사회에서도 로마시대와 같이 일부 부유층의 호화 · 과소비가 도를 넘은 것은 아닌지, 그리고 병역기피 현상이 심화되어 가고 있는 것은 아닌지 살펴볼 일이다. 다른 로마에 살고 있을지도 모르는 우리는 로마 멸망의 교훈을 타산지석으로 삼아야 한다.

선순환은 멀리서 시작되는 것이 아니다. 나부터 기본에 충실한 삶에 대한 의지가 필요하다. 인간과 인간 사이에 존재하는 기본적인 룰이 지켜지고 있는지, 법과 상식이 통하고 있는지 스스로 자문해 보아야 한다. 기본이 무너진 사회에서는 미래에 대한 비전이 형성될 수 없으며 붕괴의 나락으로 떨어질 수밖에 없다.

2) 악순환의 원인으로부터 자기보호관리 삶 실천

인생을 모범적으로 살아가다가도 순간의 실수 또는 인내심 부족으로 낭떠러지로 추락해 버리는 삶을 산 사람들을 우리들은 안타까운 심정으로 종종 보았다. 순간을 참지 못하고 악으로 빠져드는 데에는 인간이 태어나면서 가진 욕구를 통제하지 못했기 때문인 경우가 대부분이다.

지구상에 생명체가 나타난 이래 우리는 단세포에서부터 지금의 호모 사피엔스에 이르기까지 진화에 진화를 거듭하였다. 인간은 동물에서 진화했기 때문에, 우리에게는 동물적 본능(animal instinct)이 잠재하고 있는 것이다. 식욕, 성욕, 수면욕, 관계욕 등이 바로 그것이다. 뿐만 아니라 인간이 사냥, 채집생활을 마감하고 농경생활을 시작하면서 사유재산제도가 생겨나게 되었고, 재산의 정도에 따라 인간에 대한 평가가 갈리게 되면서 재화는 많으면 많을수록 좋다는 인식이 확산되었다. 이것은 공동생산 공동분배의 평등한 사회에서 남보다 많은 것을 소유하고 싶어하는 물욕이 지배하는 사회를 초래하였다.

이러한 변화 속에서 원시적 부족들은 자신의 영역을 확장하기 위한 전쟁을 빈번히 치루었다. 전쟁은 부족의 통합을 낳았고, 그 규모가 확대되면서 서서히 국가의 모습이 형성되었다. 국가와 국가간에도 영토문제와 재물문제로 전쟁이 발발하였으며, 승자가 모든 것을 차지하는 승자독식(winner takes all)의 세계가 전개되었다. 국가의 규모가 커지게 되면서 천하를 호령하는 왕의 자리, 사회의 특권층인 고관대작의 자리를 탐하는 권력욕 또한 등장하게 되었다.

이 이외에도 인간은 편하게 쉬고 싶은 욕구, 쾌적한 생활을 영위하고 싶은 욕구, 비밀스런 사생활을 영위하고 싶은 욕구 등 다양한 욕구를 동시에 소유하고 있다. 지구상에 모든 자원이 풍부하지는 않기 때문에 모든 사람이 가진 욕구를 다 충족시킬 수는 없다. 개인 스스로가 타인을 배려하지 않고 자신의 욕구 관철만을 주장한다면 홉스가 말하는 '만인의 만인에 대한 투쟁상태'가 일어날 것이다. 신(神)과 악마(惡魔)가 싸우고 있고 그리고 그 전쟁터야말로 인간의 마음이라고 도스토예프스키는 말했다. 또한 누구나 가지고 있는 열등의식과 화(火)를 극복하여 인생 성공의 에너지, 긍정적 에너지로 전환하지 못한다면 인간과 인간사회는 부정적 에너지의 악순환을 면치 못할 것이다. 악순환의 고리를 끊고 욕망의 누더기를 벗어버리고 훨훨 날 듯이 살아가는 사람, 비어 버린 마음과 자연의 순수함으로 돌아가 평화와 편안함이 함께 하는 맑고 푸르기가 호수 같은 사람, 그에게는 무한히 솟구치는 예지가 있어 이 세상의 어떤 것에도 물들지 않는 법이다.

2. 조직(가정, 기업, 사회, 국가)의 선순환

가. 나비효과와 원칙

선순환의 시작은 개인인 "나"로부터 가정이나 직장 그리고 사회나 국가로 확대되거나 다른 어느 한 요소에서 시작이 되면 주체인 나를 통하여 이러한 상호 요소들이 타요소에도 긍정적 영향을 주어 연쇄적으로 상승(+α)효과가 반복되어 행복한 삶을 영위하는 것이다.

카오스 이론에서 말하는 나비효과를 생각해 보자. 중국에 나비 한 마리가 날아다닌다. 이 나비의 날갯짓은 하찮아 보이지만 미세한 공기흐름을 바꾸어 놓는다. 이 미세한 변화가 미국에서는 토네이도를 일으킬 수 있다는 것이다. 마찬가지로 한 요소의 변화와 영향력의 파급효과는 일견 미미해 보일 수 있다. 그러나 작은 변화가 주변에 좋은 일을 연쇄적으로 불러일으켜 선순환이 반복하는 전체를 만들어 낼 수 있다.

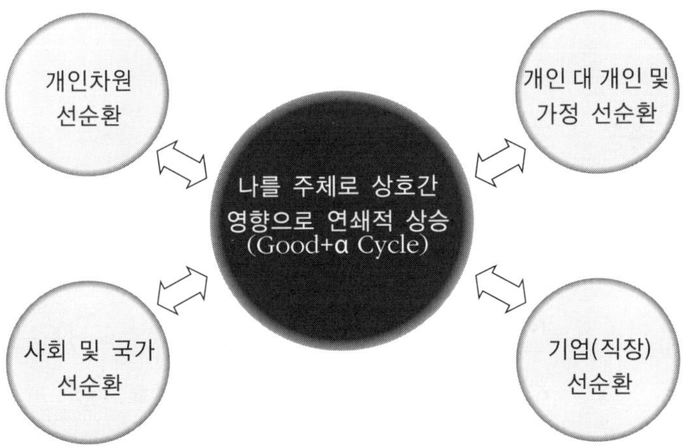

한 요소에서 선(善)순환이 시작되면 나를 주체로 하여
타요소에 영향을 미쳐 연쇄적 선순환으로 행복(幸福)한 삶 추구

조직을 둘러싼 환경은 급격하게 변화하고 있으며 우리는 하루, 아니 단 몇 분 앞을 내다볼 수 없는 예측불허의 불확실성(uncertainty) 속에 존재한다. 주식시장에서도 유가의 변동, 반도체 가격의 변화, 투자심리의 변화로 인하여 하루에 주가가 수십 포인트씩 급등락하는 경우도 있다. 시장의 불확실성이 높을수록, 전문투자자들은 원칙에 따른 투자 전략을 구사한다. 상관계수가 낮은 종목끼리 포트폴리오를 구성하여 개별기업 위험을 완화시키거나, 주가의 낙폭이 커지고 있다면 손실이 있더라도 보유주식을 팔아서 손절매를 하는 것이다. 불확실한 시장환경 속에서 원칙을 무시한 대가는 엄청난 경제적 손실로 나타난다. 한 예로 한 투자자는 코스닥시장에 등록된 소형기업에 머지 않아 작전세력이 들어온다는 정보를 입수하고 전 재산을 투자했다. 이 불법세력들은 금융감독원의 감사에 의해 사전 적발되었고 그 여파로 주가는 바닥을 모르고 추락하기 시작하였다. 이것은 편법으로 돈을 벌려다 자기 꾀에 망해 버린 사례다. 원칙을 지킨다면 항시 정상이윤을 상회하는 고수익을 얻는 것은 아니지만 패가망신할 정도의 투자손실은 면할 수 있다. 사회가 선순환 사이클을 타기 위해서는 무엇보다도 개인의 원칙 준수에 대한 의지가 바로 서 있어야 한다는 것을 다시 한번 강조한다.

나. 순응과 조화: 조직성공의 완성전략

변화와 불확실성의 상황에서 어느 한 요소의 선순환은 전체로 확장되고 그 중심에는 자기 자신이 주체가 되어 타인에게, 그리고 조직문화에 파급효과를 미치게 된다고 했다. 그 파급효과가 효율적으로 나타나려면 구성원과 리더 모두가 긍정적 에너지를 발산하고 이를 수용하는 마음의 자세가 선행되어야 한다. 조직 구성원 모두는 내면 또는 외부로부터의 진지한 성찰을 통해 자신이 선순환의 주체가 될 수 있다는 확신을 갖고 선순환이 반복확산되는 행위 패턴들을 명확히 인식하고 이것이 조직 문화로 정착될 수 있도록 노력해야 한다.

선순환을 유발하는 리더의 역할은 두말할 나위 없이 중요하다. 하지만 조직의 대다수를 차지하고 실무를 담당하는 구성원 각자의 품성과 역량이 부족하다면, 조직의 성공은 기대할 수 없다. 오케스트라는 뛰어난 지휘자가 있을 때 아름답고 조화로운 곡이 연주된다. 하지만 오케스트라의 구성원들이 지휘자를 따르지 않고 제멋대로 연주를 해 버린다면 결국엔 청중이 들어 줄 수 없는 소음이 되어 버리는 것은 너무도 당연한 사실이다. 선장이 가리키는 방향이 동쪽인데, 조타수가 서쪽으로 키를 돌린다면 배는 엉뚱한 곳에 다다르게 된다. 모든 구성원들이 리더를 신뢰하고 리더는 부하를 애정으로 독려하고, 동료간에는 협력이 이루어져야 그들이 속한 조직은 지평선 너머의 유토피아로 향해 갈 수 있는 것이다.

노르망디 상륙작전을 성공적으로 수행하여 제 2차 세계대전을 승리로 이끌었던 아이젠하워 장군은 스스로의 노력도 많았겠지만, 그의 뒤에는 월터 B. 스미드 참모장이 있었다. 미 육군 참모총장 마샬 장군이 "만일 스미드 참모장이 없었더라면 아이젠하워 장군은 중장 이상의 승진이 불가능했을지도 모른다"고 말할 정도로 아이젠하워와 스미드 간의 호흡은 잘 맞았다. 그렇다면 스미드 소장은 어떻게 지휘관을 보좌하였으며, 아이젠하워 장군은 그를 어떻게 지도하였던가?

1942년 5월 유럽 주둔 미군 총사령관으로 내정되었던 아이젠하워 소장은 참모총장에게 건의하여 당시 그의 부하였던 스미드 준장을 소장으로 승진시켜 자신의 참모장으로 발탁하였다. 사령관으로 부임한 아이젠하워 장군의 모토는 '순응과 조화'였는데 그는 부하들을 부하로 대하기보다 친구로 대하였고, 복종관계보다도 신뢰관계를 더욱 중요시하였다. 이러한 지휘관의 의도에 따라 스미드는 참모들을 조율하여 조직이 일심동체의 조화를 유지해 나가는 데 온갖 노력을 기울였다. 이는 지휘관에 대한 존경심과 신뢰에서 비롯되었다고 할 수 있다. 아이젠하워의 뛰어난 리더로서의 역량과 동시에 그의 지휘철학을 존경하는 스미드를 비롯한 부하들의 결집된 역량이 2차 대전을 승리로 이끌었던 것이다. 아이젠하워 사령관의 순응과 조화의 모토를 외부로부터(Out Side-in Approach) 참모와 관계 장병들의 내면에 적응한 사례라고 본다.

조직의 선순환도 마찬가지다. 연쇄적 선순환의 반복추구는 리더 자신의 리더다운 언행과 조직구성원 전체의 조화와 순응이 필요한 것이다.

다. 변화와 개혁

"변해야 한다"는 진리만 변함이 없고 모든 것은 계속해서 변하고 있다고 앞서 지적한 바 있다. 특히 현대는 환경이 전광석화(電光石火)와 같이 변해 갈 뿐 아니라 이 시대의 사람들도 변화의 흐름을 쫓기 위해 부단히 노력하는 사회라는 것이다. 변화와 개혁은 급변하는 현대사회에 대처하기 위한 제일의 방책이다. 제 2차 세계대전을 이끌었던 패튼 장군(Geoge Patton)은 부대의 대소(大小)를 막론하고 고목(枯木)은 잘라야 한다고 하였다. 대군의 고목을 잘라야 하는 이유는 지식이 쇠퇴하였기 때문이 아니라 머리가 굳어져서 급격하게 발전하는 지식의 템포를 따라갈 수 없기 때문이라고 하였다. 변화에 발맞추기 위해서는 우리는 고목이 되어버린 관행과 타성을 개혁하여야만 한다. 변화와 개혁의 출발은 타성에 젖어 있는 생각과 문화를 바꾸는 데서부터 시작된다. 다음의 예를 통하여 발상의 전환을 시도해 보자.

당신은 거센 폭풍우가 몰아치는 밤길에 운전을 하고 있었다. 마침 버스 정류장을 지나치는데 그 곳에서는 세 사람이 버스를 기다리고 있었다. 죽어 가고 있는 듯한 할머니, 당신의 생명을 구해 준 적이 있는 의사, 당신이 꿈에 그리던 이상형의 이성(異性), 당신은 단 한 명만 차에 태울 수 있다. 당신은 어떤 선택을 할 것인가?

어느 기업의 입사시험에 출제된 적이 있는 이 시험에서 200명의 경쟁자를 제치고 최종 채용된 사람의 답은 "의사선생님께 차 열쇠를 드려서 할머니를 병원으로 모시도록 하고 난 내 이상형과 함께 버스를 기다릴 겁니다"였다.

변화는 현재의 틀을 깨는 것에서부터 시작된다. 모든 조직은 러닝머신 위에서 뛰고 있는 사람에 비유할 수 있다. 러닝머신이 계속적으로 움직이고 있는데 우리가 달리는 것을 멈춘다면, 그 자리에 서 있을 수 없다. 곧바로 러닝머신 바깥으로 밀려나게 된다. 이 비유에서 얻을 수 있는 교훈은 결국 최소한의 현상유지를 위해서라도 변화의 속도에 맞추어 계속적으로 뛰어야 한다는 것이다.

'제록스'라는 회사가 있다. 제록스는 1970년대 복사기로 세계를 제패했던 회사이다. 1980년대 제록스는 다른 일본 복사기 회사의 도전으로 어려움에 처했을 때에도 그것을 성공적으로 극복하며 일어섰다. 그러나 그런 경쟁력을 가진 제록스가 최근 몇 년간 사무환경이 디지털 중심으로 바뀌면서 다시 어려움을 겪게 되었다. 디지털 환경에서는 복사기 대신 프린터가 더욱 중요한 사무용품이 되었기 때문이다. 제록스는 '복사 전문회사(The Document Company)' 전략으로 복사기에 대해서만 집중해 왔는데 어느새 환경이 바뀌어 버린 것이다. 이메일(e-mail)이 보편화되기 전만 해도 문서를 복사해서 다른 사람에게 보내야 했지만 이제는 그럴 필요가 없다. 파일로 전송하면 되기 때문이다. 만약 문서를 수신한 사람이 컴퓨터로 보는 것을 싫어한다면 프린터로 출력하면 된다. 제록스는 이러한 환경의 변화에 무심했고, 스스로 변화해야 한다는 필요성을 인식하지 못했다. 계속해서 다른 복사기 업체만을 경쟁 상대로 보았다. 프린터 업체가 경쟁자가 될 수 있다는 환경변화를 미리 감지하지 못하고, 그에 대한 적절한 변화와 개혁을 시도하지 않은 것이 제록스가 난관에 봉착하게 된 가장 큰 원인 중 하나이다.

라. 조직 성공의 followership

1) 역할의 유동성 인식

조직에서의 개인은 조직 내에서 자신의 위치가 고정적이고 확정적이라는 인식에서 벗어나야 한다. 현재 역할이 영구적인 것이 아니고, 미래에는 자신의 역할이 변동된다는 사실을 인정하여야 한다. 개인은 한 조직에서 리더와 팔로워의 이중적인 위치를 동시에 점유하고 있다는 것과 이 역할의 비중이 변화된다는 사실을 자각하라는 것이다.

2) 감정이입적 커뮤니케이션

커뮤니케이션(communication, 의사소통)이란 조직 내에 있어서 정보를 교환하며 횡적 관계의 협조를 구하고, 동시에 상하관계의 철저를 기하기 위한 기술을 뜻한다. 석가모니는 출가한 지 6년의 고행을 통하여 인생과 우주에 관한 깨달음을 얻었다. 노인이 늙음에서 벗어나는 길, 병자가 병에서 해방되는 길, 그리고 죽음에 이른 사람이 영원히 사는 길이 무언지 깨닫게 되었다. 그러나 깨달음의 순간은 잠깐, 은은하고 신비한 미소도 잠깐이었고 근심이 앞을 가렸다. 편견과 선입견, 욕망과 아집으로 가득찬 사바

세계의 중생들에게 석가의 깨달음을 이해, 전도시키는 일은 만만치 않았던 것이다. 고대의 성현들도 이같이 타인을 설득하고 이해시키는 데 무한히 참담고심(慘憺苦心)하였던 것이다. 이처럼 주위의 이해를 구하고 자신의 의사를 전달하는 일은 결코 쉬운 일이 아니다. 조직의 선순환이 이루어지기 위해서는 타인을 배려하면서도 오류 없이 정확한 커뮤니케이션이 이루어져야 하는 것이 필수적이다. 왜냐하면 선순환이 이루어지는 조직은 한 개인의 능력보다는 주위의 협조를 우선시하는 팀워크가 중요하기 때문이다. 한 조직 속의 개인에게 피드백은 무엇보다 중요하며 이를 통하여 자신의 가치를 스스로 느낄 수 있어야 하는 것이다.

선순환 리더십의 의사소통 양식은 타인의 마음을 배려하는 가운데 역지사지(易地思之)의 입장에서 의사소통해야 한다는 것이다. 이는 의사소통의 발신자와 수신자가 모두 서로 상대방의 신념과 성격, 가치관을 헤아려 타인의 입장에서 듣고 말해야 하는 감정이입적인 커뮤니케이션이 이루어질 때 가능하다. 감정이입적 커뮤니케이션은 나와 타입이 서로 다름을 이해하는 데서 시작된다. 누군가의 머리를 쓰다듬어 주는 행동이 친근함의 표현일 수도 있지만 어떤 사람은 이를 성희롱이라고 생각할 수도 있는 것이다. 나와 '다름'을 이해하는 데서부터 이해와 커뮤니케이션, 나아가 공유관계가 시작되는 것이다. 의사소통의 당사자들은 상대방을 잘 알고 있다고 성급하게 판단하지 말고 상대의 견해를 귀 기울여 듣고, 완전히 이해하도록 노력해야 한다. 간결한 문장과 평이한 용어를 사용하여야 하며 중요한 사항은 여러 번 강조하는 것이 좋다.

3) 리더에 대한 신뢰

타인에 대한 신뢰는 상호의존성에 기초한다. 점차 거대해지고 복잡화된 조직형태 속에서 개인은 점점 타인들과 동떨어져 혼자 일을 처리할 수 없는 상호의존성이 점차 심화되고 있다. 타인에 대한 신뢰성은 타인과의 상호의존성을 인정하고 이해하며 상호간에 신뢰감과 연대감을 갖고 있는 상태를 지칭한다.

버틀러(Butler)라는 학자는 리더에 대한 신뢰감의 구성요소로 다음 4가지를 제시하였다.

첫째, 리더가 특정 직무에서 요구되는 능력과 기술을 소유하고 있다고 부하들이 자각하는 정도인 역량(competence)이다.

둘째, 리더가 부하들에게 도움을 주려 한다고 부하들이 지각하는 정도인 충성(loyalty)이다.

셋째, 부하가 리더의 도움을 필요로 할 때, 언제든지 도움을 청할 수 있도록 가까움을 느끼게 하는 이용가능성(availability)이다.

넷째, 리더가 부하들과 합의된 사항에 대해 약속을 지킨다고 부하들이 지각하는 정도인 약속준수(promise fulfillment)이다.

리더는 무엇보다도 업무지식을 명확히 숙지하여 업무에 대한 탁월한 역량을 가져야 하며, 충심으로 부하에게 도움을 주어야 한다. 또한 합의된 사항에 대해서는 반드시 약속을 이행하는 언행일치의 모습을 각인시켜야 한다. 이러한 신뢰의 전제조건이 갖추어진다면 부하들은 자발적으로 리더를 신뢰하게 된다.

그러나 이러한 역량에 중점을 둔 신뢰도 중요하지만 과거와 같은 위계적 권위구조가 해체되는 네트워크 사회에서는 리더와 팔로워간의 동반적 관계로의 전환이 필요하다. 리더란 곧 상사라는 등식에서 벗어나 리더는 조직 구성원들과 수평적인 관계를 가지고 있는 동반자라는 파트너십 마인드의 향상이 필요하다. 최근 조직관리의 축이 X이론(인간의 본성은 일하기 싫어한다)이 아니고 Y이론(인간의 본성은 일하기 좋아한다)에 입각하고 있는 것도 신뢰와 믿음을 근간으로 한 인간 중심의 경영흐름과 무관하지 않다. 상호간의 믿음과 신뢰는 조직원을 부품이 아닌 파트너로 변화시킴으로써 조직의 생산성을 극대화하고 수평적 가치관을 조직 내에 심어 주는 촉매제가 된다. 팔로워와 리더는 긴밀한 상호연관과 신뢰 관계의 구축으로 동반자적 관계를 형성해야 한다.

4) 협력과 파트너십

어느 패션회사의 마케팅 부서에서 커다란 전략홍보이벤트를 계획하였다. 재무 부서에서는 자금이 부족하다고 차후로 미루자고 제안하였지만 마케팅 부서에서는 브랜드 인지도가 우선이라는 생각으로 무리한 업무를 밀어 붙였다. MC와 개그맨, 모델들을 섭외하고, 장소를 최고급 호텔로 잡았다. 화려한 조명과 무대설치로 많은 비용이 소요되었으며, 섭외비용과 임대비용도 만만치 않았다. 대금 결제일을 늦출 수 없어 약속어음을 발행하였다. 어음의 만기일이 가까워졌지만 재무 부서에서는 대부분의 유동성 자금을 이미 기계와 장비를 사는데 사용해 버렸다. 결국 회사를 살리기 위해 시작한 홍보이벤트가 회사를 부도로 몰아갔다. 업무의 승패는 결코 자신만의 문제가 아니다. 현재 우리에게 협력은 당위성 차원을 넘어서 협력하지 않으면 누구도 성공할 수 없다는 필요불가결한 일이 되었다.

협력은 너와 내가 다름을 인정하고, 상호 공동이익을 창출하자는 데서 시작한다. 이해득실의 문제에 직면할 때 대립과 갈등이 나타나는 것은 당연하다. 이를 최소화하기 위해서는 효율적인 협상이 전제되어야 한다. 협상의 역사적 기원은 확정적으로 말하기 어려우나 명시적인 협상장면은 구약성서의 창세기에서 아브라함(Abraham)이 소돔읍을 구하려고 노력하는 과정에서도 나타나며, 학술적으로는 1723년경 드 펠리스(De Felice)에 의해 설득과 이해관계의 개념화를 통하여 연구되기 시작하였다.

조직의 구성원이 자신의 욕구만 충족시키려는 동기를 앞세우거나 우군 아니면 적이라는 식의 흑백논리를 내세운다면 상호이득이나 결합이득의 도출은 요원한 일이 아닐 수 없다. 따라서 협력은 상대가 나에게 하지 않았으면 하는 행위를 자신이 상대에게 하지 않는다는 상호성의 원칙(principle of reciprocity)에 따라야 한다는 것을 의미한다. 이는 상호 이해와 배려에서 시작되며 이것이 내면화, 신념화, 가치화의 과정을 거치게 되면 파트너십으로 발전하는 것이다. 함께 승리하자. "함께 나아가자. 당신이 없다면 나도 없다. 당신과 좋은 관계를 유지하고 싶다"는 호의가정(好意假定)이 파트너십의 출발이다.

협력과 파트너십은 구성원 상하, 그리고 수평적으로 충분한 커뮤니케이션과 정보공유를 전제로 원칙협상이 준수되고 상호성의 원칙이 지켜질 때 협력마인드는 자연스럽게 내면화된다. 이로 인해 개인과 조직 전체의 효율과 생산성은 높아질 것이며 양자 모두 이득을 얻는 시너지효과가 나타날 수 있다. 이러한 파트너십에 대한 이해가 선행되어야 선순환이 반복 확산되는 것이다.

선순환 리더십의 패러다임

● 개인 선순환의 핵심은 인간 삶의 가장 기본인 정직, 성실, 봉사, 겸손, 친절, 인내, 공정성, 인간존중, 책임과 같은 불변의 행동법칙을 준수하고 권력욕, 재물욕, 이성욕으로 대변되는 악순환의 원인으로부터 자기보호관리의 삶을 실천하는 데서 시작한다.

● 도덕성(morality)을 갖추었다는 말은 가치와 행동이 일치하며, 매사에 정직하고 윤리적이며 신뢰할 수 있다는 것을 의미한다. 도덕성을 나타내는 첫 번째 지표는 자기 기만적이지 않고, 얼마나 정직하고 성실한가이며 두 번째 지표는 약속을 지키는 것, 즉 언행일치이다. 세 번째 지표는 봉사와 책임을 이행하는 정도이고 네 번째는 비밀을 털어놓지 않을 것으로 기대되는 신뢰감의 정도이다. 마지막으로 도덕성은 자신의 행동과 결정에 대해 책임을 지는지를 보면 알 수 있다.

● 선순환 리더십은 결국 자아를 실현하는 것이며 이것은 도덕성과 자율성 신뢰감을 바탕으로 자기실현을 추구하는 가운데, 사회적 인간(social people)으로서 사회생활의 완전성을 추구하는 것이다. 선순환의 자아실현인은 다음과 같은 특징을 지닌 사람이라 할 수 있다.

1) 높은 도덕적 성품을 소유하고 이를 실천해 나가는 사람
2) 끊임없는 도전의식과 개척정신으로 삶을 주도해 나가는 사람
3) 자신의 역량과 전문성을 구비하기 위하여 최선을 다하는 사람
4) 타인을 능동적으로 이해하고 신뢰와 협력을 내면화하는 사람

5) 자기 변혁이 사회 변혁의 첫걸음이라는 긍정적 의식을 지닌 사람

● 변화는 현재의 틀을 깨는 것에서부터 시작되므로 모든 조직은 러닝머신 위에서 뛰고 있는 사람에 비유할 수 있다. 러닝머신이 계속적으로 움직이고 있는데 우리가 달리는 것을 멈춘다면, 그 자리에 서 있을 수 없다. 곧바로 러닝머신 바깥으로 밀려나게 된다. 이 비유에서 얻을 수 있는 교훈은 결국 최소한의 현상유지를 위해서라도 변화의 속도에 맞추어 계속적으로 뛰어야 한다는 것이다. 변화와 개혁의 출발은 타성에 젖어 있는 생각과 문화를 바꾸는 데서부터 시작된다.

제 3 장
선순환 리더십 어떻게 추진해야 하는가

> 고결한 꿈을 꾸어라. 그러면 꿈꾸는 바로 그 사람이 될 것이다. 현재의 이상(理想)은 바로 당신의 미래를 예언하는 것이다.
>
> -제임스 알렌

제 3 장 선순환(善循環) 리더십 어떻게 추진해야 하는가

제 1 절 나(개인)로부터의 '선순환'

1. 모든 것의 시작은 마음에서부터

헬리 워즈워드 롱펠로우는 하바드대학의 교수를 지내면서 건전한 인생관을 시로 표현하여 미국인은 물론 세계의 많은 사람들로부터 사랑을 받고 있는 시인이다. 그는 두 젊은이의 비련을 노래한 장시 「생의 찬가」에서 다음과 같이 말하고 있다.

"인생에는 세 가지 싸움이 있다. 첫째는 자연과 인간의 싸움이요, 둘째는 인간과 인간의 싸움이요, 셋째는 자기와의 싸움이다. 이 중에서 가장 어려운 것이 자기와의 싸움이다." 그래서 플라톤은 인생 최대의 승리는 내가 나를 이기는 것이라고 했으며 자기와의 싸움에서 승리하는 것처럼 위대한 승리는 없다고 말했다. 자기와의 싸움에서 승리한 자는 삶의 운명을 바꿀 수 있다.

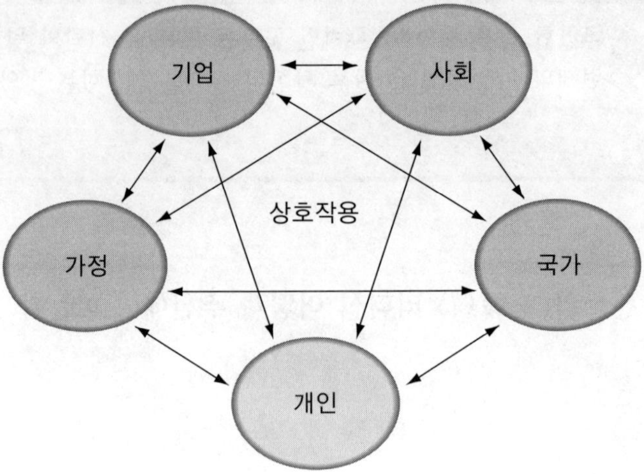

자기와의 싸움의 승패는 생각과 마음가짐을 어떻게 가지느냐에 따라 결정된다. 우리는 자신의 삶에 대하여 비관하고 불평하고 괴로워하는 경우가 많다. 이 세상 어느 누구도 자기 인생에 100% 만족할 수는 없다. 남부러울 것 없는 백만장자도 그들만의 고충과 애로가 있는 것이다. 우리 중에는 "나는 가진 것이 없어서, 나는 얼굴이 못생겨서, 나는 가방끈이 짧다"는 이유로 세상을 경멸하거나 자신이 처한 환경을 비관하는 사람들이 있다. 이러한 경멸과 비관이 심화되면 자폐증, 우울증으로까지 발전하기도 한다. 이러한 사람들은 역경을 두려워하고 희망과 보람이 함께하는 패러다임으로의 획기적인 전환을 시도하지 못한 채, 현재의 위치를 피할 수 없는 운명으로 받아들이는 특성을 지닌다. 결국 이들은 자신의 운명을 스스로 결정해 버린 셈이 된다. "위기는 곧 호기다"라는 격언이 있거니와 유능한 선장은 폭풍우가 몰아칠 때 유감 없이 그 실력을 발휘하는 법이다.

70년대 이후 우리나라 대중 가수 중 지병인 간경화로 사망한 김현식 씨는 '비처럼 음악처럼', '가리워진 길' 등 많은 곡들이 그의 죽음을 애도하는 대중들에게 널리 알려졌는데, 대부분의 곡이 이별과 허무를 노래하는 슬픈 곡조여서 자신의 죽음을 일찍부터 예견하였던 것 같은 생각이 들 정도였다. 또한 '흐린 가을 하늘에 편지를 써', '서른 즈음에'와 같은 주옥같은 곡을 남겼던 가수 김관석 씨나 '이름모를 소녀', '하얀나비' 등 슬프고 나약한 노래를 발표했던 가수 김정호 씨는 비관주의적 색채가 짙은 노래를 부르다가 젊은 나이에 세상을 떠났다. 가수의 노래 가사대로 인생이 변화한다는 것은 무엇을 의미하는가? 노랫말은 자기 생각의 진지한 투영이었다. 지금 현재 내가 머릿속으로 생각하고 느끼는 것, 바로 그것이 우리의 운명에 반영되는 것이다.

우리가 언제나 웃고 밝게 살아간다면 인생도 밝고 웃음이 넘치게 될 것이다. 혹자는 우리가 웃는다는 것은 이 우주의 웃음채널에 자기를 맞추는 결과가 되어 언제나 기쁨과 웃음이 가득찬 삶이 되고 반면 슬픔 속에 지내는 자는 슬픈 채널에 영감이 맞추어져 삶이 괴롭고 슬퍼진다고 했다. 일소일소(一笑一少)라는 말이 있다. 한번 웃으면 그만큼 젊어진다는 말이다. 독일의 의학전문지에서도 "웃음이야말로 몸 전체를 이완시키고 심장박동을 진정시키며, 고혈압을 막는다"고 이야기한다. 동맥이 이완되면 혈액 순환이 원활해지고 결과적으로 인체를 골고루 건강하게 만든다. 뿐만 아니라 웃음은 소화액 분비를 촉진시켜 식욕을 돋게 하고, 스트레스를 줄여 주며 인체의 면역능력을 향상시켜 준다. 웃음은 뇌하수체에서 '엔돌핀'과 같은 천연 진통제를 분출한다는 사실도 오래 전부터 잘 알려진 사실이다. 웃음을 억지로 웃더라도 진짜 웃음에 비해 70%의 엔돌핀이 분출된다는 연구결과는 다름 아닌 '웃음이 명약'이라는 것을 실증해 준다. 우울하고 비관적이며 슬픈 생각을 하기보다는 긍정적으로 웃고 지내는 것이 좋다는 사실은 명약관화(明若觀火)한 진리다. 내가 기쁜 마음을 갖느냐, 괴로운 마음을 갖느냐에 따라 삶이 긍정적일 수도 부정적일 수도 있는 것이다. 암 예방에 특효약도 암세포가 좋아하는 음식을 먹지 않으면서 즐겁고 기쁘게 사는 것이라고 한다.

2. 운명을 바꾸는 5단계

미국의 실용주의 철학자이며 유명한 심리학자인 윌리엄 제임스(W. James)는 생각이 바뀌면 행동이 바뀌고 행동을 반복하다 보면 습관이 되고, 습관에 의해서 성품이 결정되고, 성품이 바뀌면 운명이 바뀐다고 말했다. 생각이 바뀌면 행동이 바뀐다. 어떻게 생각하느냐에 따라서 어떻게 행동하느냐가 결정된다. 적극적 사고(思考)를 하면 적극적 행동을 하고, 소극적 사고를 하면 소극적 행동을 한다. 생각의 변화가 무엇보다 중요하지만 더욱 중요한 것은 이를 실천하고자 하는 의지이다. 올바른 가치관에 의해서 형성된 생각을 행동으로 옮겨야지 실천이 없는 생각은 공상에 불과한 것이다. 우리는 타인과의 관계 속에서 자신의 행동에 의해 올바른 사람이 되거나 올바르지 못한 사람이 된다. 가령 위험에 처해 있을 때 태연하게 대처하느냐 아니면 두려워하느냐에 따라 용기 있는 사람이 되거나 아니면 겁쟁이가 되기도 한다. 즉, 자기가 처한 상황에 어떻게 행동하느냐에 따라, 절제 있고 온화한 사람이 되기도 하고 방종하고 성미 급한 사람이 되기도 하는 것이다.

행동이 지속되어 일관성을 가지게 되면 습관이 된다. 습관은 행동의 반복적 활동을 의미한다. 갑작스레 이루어진 행동이나 일회적인 행동 혹은 우연한 기회에 발생한 행동은 습관이 아니다. "세살 버릇 여든까지 간다"는 말처럼 어렸을 때 형성된 습관은 쉽사리 고쳐지지 않는다. "될성부른 나무는 떡잎부터 알아본다"는 속담은 어린 시절 형성된 습관이 인격과 성품을 좌우하고 그 사람의 미래까지도 좌지우지한다는 이야기다. 습관은 제

2의 천성이다. 습관은 한마디로 무서운 힘이 되어 우리와 우리의 운명을 지배한다.

성품이 일련의 습관으로부터 조성되면 이것은 다시 행동경향을 조정한다. 행동경향이란 자극의 조건이 여러 가지인데도 불구하고 행동 방식에 일정한 유형을 지속시키는 바로 흔히 말하는 성격인 것이다. 우리는 외적으로 드러나는 성격만을 가지고 사람을 평가하는 경향이 있다. "이 사람은 활기찬 사람이야, 이 사람은 대인관계가 좋아, 혹은 저 사람은 매사에 의욕이 없어, 성격이 내성적이야" 등등으로 평가하고는 한다. 이러한 외적 경향성은 일시적으로 나타나거나 단기간에 바뀔 수 없는 것이다. 외적으로 드러나는 성격(personality)은 내적성품(character)의 표현이기 때문이다. 나의 외부는 나의 내면의 거울이다. 밖에서 보이는 자신을 가꾸고 싶으면 내 내면을 가꾸어야 한다. 우리의 성품이 바뀌면 삶과 운명이 바뀐다. 성품은 운명의 바탕인 것이다.

밖에서 아름답게 보이는 자신을 보고 싶으면 내 내면을 아름답게 가

꾸어야 한다. 즉 선(善)순환은 내 마음에 선한 생각을 갖는 것이 첫 번째 시작이므로 선(善)한 마음을 갖고 자기 자신과의 싸움에서 항상 승리하는 삶이 되도록 하여야 한다. 이것이 바로 궁극적인 행복을 추구하는 기본이요 시작이다.

개인적 측면에서 궁극적인 행복한 삶을 추구하려면 다음과 같이 7단계의 추진요소에 의한 선순환이 반복되어야 한다. 크게 분류하면 스스로 주도하고 실천해야 할 개인 내부적 실천 추진요소와 상대와 더불어 추진해야 할 외부적 실천 추진요소로 구분이 되는데, 먼저 개인 내부적 추진요소로서 정직, 근면, 성실 등이 있으며, 이는 인간으로서 반드시 갖추어져야 하고 기본적으로 수행해야 할 근본에 충실한 삶을 살아야 한다. 이러한 기본에 충실한 삶을 살다보면 선순환의 장애요소인 기본욕구, 열등감, 화(火) 등에 의해 악순환에 빠질 수 있으므로 자기 관리 및 자기 통제를 철저히 하여 악의 고리를 차단하여야 하며 주인정신을 갖고 자기주도로 올바르게 살아야 한다. 이러한 내부적 요소가 추진됨과 병행하여 개인 외부적 요소

로서 나와 상대가 모두 승-승(win-win)할 수 있도록 승-승 전략 실천과 자기 자신뿐만 아니라 상대방에 대한 칭찬과 격려를 긍정적 동기부여 및 성취감을 갖도록 하며 신명문화와 자성예언 등으로 효과적인 임파워먼트를 극대화하고 연쇄적 상승효과가 이루어지도록 하여 선(善)순환이 반복되어 행복한 삶이 되도록 하여야 한다.

나로부터의 선순환

● 인생에는 3가지 싸움이 있는데 첫째는 자연과의 싸움이고 두 번째는 인간과 인간간의 싸움이며 셋째는 자기 자신과의 싸움이다. 이 중에서 인생 최대의 승리는 자기 자신과의 싸움에서 이기는 것이며 이 승리가 자기의 운명을 바꾼다. 그런데 자기와의 싸움의 승패는 생각과 마음가짐을 어떻게 가지느냐에 따라 결정된다.

● 어떻게 생각하느냐에 따라 어떻게 행동하느냐가 결정된다. 생각도 중요하지만 행동으로 옮기는 실천이 더욱 중요하며, 행동이 지속되어 일관성을 가지게 되면 습관이 된다. 습관은 제 2의 천성이 되고 습관에 의해서 성품이 결정되며, 성품이 바뀌면 운명이 바뀐다.

● 모든 것은 마음먹기에 달려 있다. 우리가 언제나 웃고 밝게 살아가면 이 우주의 웃음 채널에 자신을 맞추는 결과가 되어 언제나 기쁨과 웃음이 가득 찬 삶이 된다. 웃음을 억지로 웃더라도 진짜 웃음

에 비해 70%의 엔돌핀이 분출된다고 한다. 암 예방에도 기쁘게 사는 것이 특효약 중 하나라고 한다.

● 우리에게 중요한 것은 내적 성품이다. 외적으로 드러나는 성격은 내적 성품의 표현이기 때문에 나의 외부는 내면의 거울임을 인식하고 밖에서 보이는 아름다운 자신의 모습을 갖고 싶으면 내면을 아름답게 가꾸어야 한다.

> 평온한 마음은 진실의 깊은 바다 속 수면에서
> 아주 멀리 떨어진 어떠한 폭풍도 영향을
> 미치지 못하는 영원한 정적 속에 살고 있다.
>
> -제임스 알렌

제 2 절 기본(基本)에 충실한 삶

1. 기본(基本)의 본질

정직하고 근면성실하며 겸손한 사람을 보고 우리들은 통상 "기본이 된 사람"이라고 말한다. 또한 "기본이 된 사람"이라는 칭찬 및 격려의 내면에는 장래성이 매우 밝다는 뜻이 내재되어 있기도 하다. 그렇다면 기본

이란 무엇인가? 기본의 사전적인 의미는 '사물의 근본(根本), 본바탕' 을 말하며, 실제적인 적용상의 의미를 살펴보면 모든 인간의 활동분야에서 성공 또는 효과적인 목적 달성을 위해서 우선적으로 숙지하고 실천하고 구비해야 하는 기초적인 지식, 행동원칙, 능력을 의미한다. 건축으로 치면 기초공사를 포함한 건물의 본질을 이루는 골격이며, 경제에서 보면 펀더멘탈(fundamental)로 생산, 투자, 소비, 국제수지 등을 말한다. 집을 지을 때 기초공사가 잘못되면 모래 위에 성을 쌓는 것과 다를 바가 없고, 펀더멘탈이 튼튼하지 않은 상태에서의 경제행위는 그 결과를 예측할 수 없는 불확실성 아래에 놓이게 한다. 마찬가지로 인간의 삶 속에서 기본이라는 것은 궁극적 · 절대적이며 타당성 있는 근본 진리(眞理)를 의미하고 또한 성숙한 인간이 되기 위해서 필요한 보편적이면서도 절대적인 가치를 의미한다. 이것은 모든 것이 변하여도 변하지 않으며 삶의 기준이 된다는 점에서 근본, 본질이라 할 수 있다. 외견적으로는 기본 법과 기본 규정, 기본 절차이며, 내면적으로는 덕(德)과 선(善), 의무와 책임 등을 포괄하는 개념이다.

우리는 자신이 요령과 기회주의에 능숙한 사람인지 아니면 정직하고 성실한 사람인지, 타인을 험담하고 깍아내리는 데 익숙한 사람인지 아니면 칭찬하고 배려하는 것을 즐겨하는 사람인지 스스로 알고 있을 뿐 아니라 무엇이 올바른 것인지를 기본에 비추어 알 수 있다. 기본에 충실하다는 것이 얼마나 중요한가에 대해서는 인간의 신체를 구성하고 있는 이목구비(耳目口鼻)를 비롯 장기(臟器)와 각 부분을 보면 알 수 있다. 저자는 인간의 신체가 얼마나 신비스러운 것인가를 잘 알고 있으며 조물주께서 창작하신 최고의 작품이 바로 사람의 신체라고 생각하고 있다. "코는 왜 있고 콧구멍은 왜 두 개고, 서로 붙어 있을까? 귀는 왜 두 개고, 양쪽으로 떨어져 있을까? 눈과 입은 그리고 손과 발은 어떻게 구성되어 있고 손톱과 발톱이 없다면 어떤 현상이 나타날까?" 등을 깊게 생각해 볼수록 내가 얼마나 고귀하고 신비스러운 존재인가를 느낄 수 있다.

그래서 자살한 사람에 대한 뉴스를 접할 때면 "이 세상에서 또 하나의 신비로움이 사라졌고 조물주에 대한 배신행위가 일어났구나" 하는 안타까움을 갖지 않을 수 없다. 인간이 기본적으로 갖추어야 할 신체조건이 있다. 일일이 부연 설명할 필요도 없는 사항으로서, 이 중에서 하나라도 제대로 기능을 발휘하지 못하면 그 기능의 중단으로 사망하거나 장애인이 된다. 심장은 인간이 만들어지는 순간 맨 처음 고동치기 시작해서 80년이고 100년이고 생명이 다하는 맨 마지막 순간까지 쉬지 않고 작동한다.

손과 발은 어떠한가? 발은 무거운 신체를 지탱하면서 평생동안 봉사한다. 생각해 보건대, 우리가 자기 몸의 일부분이지만 발에게 해준 것이라곤 양말과 신발을 신겨 준 것 이외에 무엇이 더 있는가? 심지어는 목욕을 하고 난 이후에 물기를 닦을 때, 발부터 닦는 사람이 얼마나 될 것인가를 생각해 보면 발에게 미안한 생각이 든다. 그러나 발은 신체의 다른 부분과 자신을 비교해서, 가령 맛있는 음식을 먹는 입과 그 기능을 바꾸어 달라고 한 적이 없다. 불평 한마디 없다. 묵묵히 발이 해야 할 일을 뇌에서 지시한 대로 성실히 수행할 뿐이다. 인체가 기본적으로 갖추어야 할 신체의 각 부분들이 자기의 역할에 순응하면서 그 역할을 균형 있게 제대로 수행해 주어야 신체적으로 건강한 한 인간이 된다. 가정과 기업 그리고 사회와 국가경영에 있어서 각 개인의 기능과 역할을 건강한 신체와 그 각 부분과의 관계에 견주어 보면, 내가 무엇을 어떻게 행동해야 할 것인가 하는 해답이 보인다.

또한 우리는 삶의 자명한 기본 진리들을 성장하면서 그리고 학창 시절에 부모, 스승, 친구 등 주변 사람들과 책 등을 통해 배웠다. 이때가 바로 한 인간으로서 기본을 갖추는 시기라고 생각한다. 그리고 처음 시작하는 사회생활이나 처음 시작하는 군대생활에서 다시 그 생활의 기본을 일정기간 배우기도 한다. 그러나 시간이 지나면서 환경에 의해 기본이 변질이 된다. 어느 운동선수가 처음 배운 기본을 그대로 유지한다면 코치의 역할이 크게 필요하지 않을 것이다. 시간이 지나면서 망각하거나 스스로에게 편리하도록 변화하므로 기본에서 벗어나게 된다. 코치는 사전에 벗어나지 못하도록 예방도 하지만 기본에서 벗어났을 때는 교정을 해주게 된다. 이러한 의미에서 혼돈스럽고 올바르게 여건이 돌아가지 않을 때 기본으로 복귀(Back to the Basic)하자, 또는 초심(初心)으로 돌아가자고 한다. 미국이 1980년대의 재정과 경상수지라는 쌍둥이 적자의 위기를 극복하고 1990년대의 대호황을 누릴 수 있었던 이유 중 하나도 클린턴 정부에서 시작한 기본으로의 복귀(Back to the Basic)운동 때문이었다. 정부가 앞장 서서 불필요한 서류작업을 줄이고 고객만족을 추구하였으며, 창의성을 앞세운 성과중심의 정부를 추구한 것은 우리가 흔히 알고 있는 기본들을 실천에 옮겼을 뿐인 것이다.

그야말로 기본은 만물의 근본이다. '해와 달' 그리고 '공기와 물'이 없다면 만물이 존재할 수 있을 것인가? 또한 남자와 여자가 있고 기본적인 번식의 욕구가 있기 때문에 사랑이라는 아름다움 속에서 인간이 잉태되고 존재하게 되는 것이다. 인간이 인간답게 살아가기 위해 필수적인 기본적 인권, 종교상의 근본적 이치인 기본 교리 그리고 물리적 양(量)의 기초인 기본단위 등 기본이라는 어휘의 쓰임을 살펴보는 것만으로도 기본에 대한 정의 및 의미를 짐작하기에 충분하다. 우리는 맑고 신선한 공기를 마시지 않으면 죽을 수밖에 없듯이 기본을 지키지 않으면 정상적인 삶을 살 수가 없다. 인간의 삶과 관계된 기본은 시공을 초월하여 항상 존재하는 것이며, 누가 가르쳐 주지 않아도 우리는 그 기본을 준수해야 하는 것이다

기본의 정의 및 근원

- 만물의 근본: "해" 와 "달", "공기" 와 "물"
- 인간의 존재: "남" 과 "여", 번식의 욕구
- 기본적 인권: 인간이 인간으로 살아가기 위한 필수적 권리
- 기본교리: 근본이 되는(종교상) 이치
- 기본단위: 물리적 양(量)의 기초
- 자명함, 없으면 존재불가: 기초 없는 건물
- 훌륭한 선수: "기본기" 가 근본

우리 삶에 있어서 기본이 중요하다는 사실은 스포츠를 통해서도 확인해 볼 수 있다. 테니스 경기에서 강한 스트로크와 화려한 발리를 구사하는 사람이라도 기본이 약하면 실수가 잦고 결국 게임에서 패하는 경우를 종종 볼 수 있다. 테니스의 기본을 처음부터 제대로 배운 사람과 기본을 쌓지 않은 채 소위 독학을 통해 화려한 기술만 익힌 사람과는 근본적인 실력 차이가 발생하는데 시간의 경과에 따라 이 실력 차이는 더욱 커지게 되어 있다. 골프도 마찬가지다. 골프를 잘 하려면 반드시 골프 스윙의 기본원리를 알아야 하고, 추가적으로 하반신의 튼튼한 기초체력이 있어야 하는 것이다. 이상에서 설명한 바와 같이 모든 만물의 존재이치 및 운영절차에 필수적인 조건이 있는 것처럼 인간사회를 지배하는, 선(善)을 본 바탕으로 하는 불변의 행동지침이 있다. 그것이 바로 '정직, 성실, 봉사, 겸손, 친절, 인내, 공정성, 인간존중, 책임감' 이다.

모든 것이 변해도 만물의 근본과 대자연의 존재이치는 변할 수 없으

며 인간의 존엄, 인간과 인간의 평등한 상호 관계 역시 마찬가지로 역사의 흐름 속에서 단절되지 않는다. 인생 문제에 접근하는 근본적인 방법은 과거-현재-미래를 불문하고 인생의 모체인 자연으로부터 배우고 자연이 보여 주는 것과 같이 순리에 순응하고 조화를 이루면서 행동하는 것이다.

자연의 기본 법칙을 거스를 때 나타나는 재앙은 인간의 생존을 위협한다. 환경학자들은 인류가 세계의 허파라 불리는 아마존강 유역을 마음대로 벌목하고 개발한다면 머지않아 이산화탄소가 늘어나고 오존층이 파괴될 것이라고 경고하였다. 마찬가지로 우리가 기본원칙을 준수하지 않을 때 초래되는 결과는 한 개인의 인생은 물론 인류의 문명을 위협할 수도 있다. 자연의 무분별한 개발이 필연적으로 환경 재앙을 가져오듯이 인간의 삶에 있어서 기본을 저버린 비원칙과 변칙적 처사에 대해서는 필연적인 악의 결과들이 나타난다. 일견 사소해 보이는 기본을 무시했을 때, 그것이 원인이 되어 초래되는 재앙은 상상을 초월하는 막대한 결과를 불러오기도 하는 것이다.

우리 인간은 기본에 충실하며 살아갈 때, 삶이 풍요로워지고 자신을 통제할 수 있게 되는 것이며 나아가 타인을 이끌어 나가는 보이지 않는 영향력을 행사할 수 있는 것이다. 즉, '기본에 충실' 은 선(善)순환 삶의 기초이고 그것 없이 인생의 성공은 이루어질 수 없다.

기업이나 국가 수준에서도 마찬가지이다. 기본과 원칙을 지킨다는 것은 법과 규정, 절차와 상식을 준수한다는 것이다. 이것이 바로 서지 않을 때 사회 곳곳에서 문제가 발생한다. 비행기 활주로 공사를 맡은 적이 있는 한 건설회사 사장의 경험담을 들은 적이 있다. 같은 공사인부를 동원해 쓰고 감리만 한국측과 미국측이 각각 다르게 책임을 맡았는데, 공사 후의 결과는 큰 차이가 있었다고 한다. 한국측 감리자의 경우, 가까운 곳에서 대충 샘플링 검사를 하고 만다는 것을 아는 시공자들이 해당 부분만을 정성들여 공사하고 나머지 부분은 그렇게 하지 않았던 것이다.

반면에 미국측 감리자는 철저하고 엄격하게 검사를 실시한다. 우선 과학적인 통계에 의해 검사 지점을 선택하는데, 가령 공사구역을 여러 개의 대각선으로 나누고 그 선상의 앞부분, 뒷부분, 중간부분, 3분의 2 지점 등을 검사 지점으로 설정해 표본검사를 치밀하게 실시하는 것이다. 공사 관계자들은 문제가 발생하면 이유 여하를 불문하고 다시 작업을 해야 하기 때문에 적당히 하는 것보다 차라리 처음부터 철저하게 하는 것이 자신에게 유리하다고 판단하게 되는 것이다.

미국 감리자가 담당한 공사의 경우 선진국에서는 감리자나 시공자 모두가 기본을 지킨 것이다. 사람이란 가능하면 편한 길을 걷고 싶어한다. 예수님도 이 점을 경계하여 "넓은 문으로 가지 말고 좁은 문으로 가라"고 말씀하셨다. 원칙이든 변칙이든 습관에 달려 있다. 기본이 몸에 베면 기본 이행이 가장 편하고 순리라는 것을 느끼게 한다. 자기에게 평화를 줄 수 있는 사람은 오직 자기 자신뿐이다. 불변의 기본과 원칙이 삶을 이끌어 갈 때에만 평화를 누릴 수 있다. 마찬가지로 기본이 올바로 서지 않은 기업은 사상누각(砂上樓閣)과 같다.

국민의 정부시절에 '제 2건국 운동'이라는 슬로건을 내걸고 전 국민의 동참을 촉구하면서 대통령부터 몸소 실천하고자 노력하던 국가정책이 있었다. 이 '제 2건국운동'의 모토가 바로 '기본이 바로 선 나라' 건설이었다. 그러나 이론 정립이 미흡하였고 국민의 참여도가 낮아 큰 성과를 달성하지 못한 채 정부가 바뀌어 지금은 유명무실해져 버렸다. 이 정책의 추진

목표는 정직과 신뢰를 통하여 투명한 사회를 만들고, 도덕성과 윤리성의 가치를 회복하는 데 있었다. 우리나라 현실을 감안해 볼 때, 좀더 치밀한 추진계획과 지속적인 실천으로 전 국민의 정서에 내면화하고 새로운 문화로 정착될 수 있도록 하였더라면, 국민의 정부가 남긴 업적 중에 가장 큰 성과가 되었을 것이라는 아쉬운 마음을 저자는 가져 보았다.

가. 기본(基本)의 유형

명심보감(明心寶鑑)에 명시된 기본에 관한 내용을 살펴보자.

첫 번째, 예(禮)는 백사(百事)의 기본이라 할 수 있다.

공자가 말하기를 "집에 예(禮)가 있기 때문에 어른과 어린이가 구별되고, 집안에 예가 있기 때문에 삼족(三族)이 화합하고, 조정(朝廷)에 예가 있기 때문에 벼슬의 차례가 있고, 군대에 예가 있기 때문에 무공(武功)이 이루어진다고 하였다.

두 번째, 효(孝)는 출세(出世)의 근본이다.

공자가 말하기를 "출세하여서는 의리가 있어야 하는데 효를 근본으로 해야 하고, 상(喪)을 당해서는 슬픔을 근본으로, 싸움터에서는 용기를, 정치에서는 농사를 근본으로, 나라에서는 후사(後嗣)와 재물을 생산하는 데에 힘쓰는 것을 근본으로 삼아야 한다고 했다.

세 번째, 독서(讀書)는 집안을 일으키는 근본이다.

"독서(讀書)는 집안을 일으키는 데 근본이요, 이치를 따르는 것은 집안을 보존하는 근본이요, 근검은 집안을 다스리는 근본이요, 온화(溫和)하고 유순함은 집안을 다스리는 근본이다"라고 했다.

네 번째, 청렴(淸廉)은 관리(官吏)의 기본윤리이다.

충자(忠子)가 말하기를 "관청에서 다스리면서 공평한 것보다 나은 것이 없고, 재물을 보면 청렴한 것보다 나은 것이 없다"고 했다.

다섯째, 인류사회의 기본질서는 노소장유(老少長幼)이다.

"노소장유는 하늘이 나누어 준 질서이니, 이치를 어긋나게 해서 도리를 해쳐서는 안 된다. 늙은이와 젊은이 사이의 구별은 가장 기본적인 사회질서이며, 어른들은 다음 세대를 사랑하고 이해해야 하며, 젊은이들은 한 세대를 이끌어간 어른들의 경험과 노고를 존경하고 인정해야 한다"고 하였다.

명심보감에서는 위와 같이 인간사회를 지배하는 기본에 대하여 논하고 있다. 기본이 무엇인가에 대하여 확정적인 답이 있는 것은 아니지만 개인 스스로의 선(善)순환이 반복되도록 하기 위해서 다음 9가지 항목은 누구나 필수적으로 준수하고 이행해야 할 기본 덕목이고 행복한 삶이 되기

개인 스스로 선순환 반복을 위한 9가지 기본 덕목

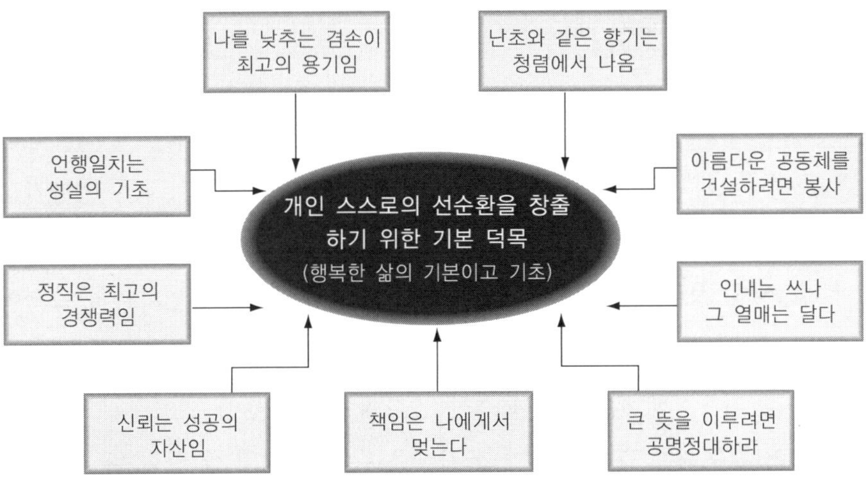

위한 가장 중요한 기초이고 기본이라 생각한다.

1) 정직이 최고의 경쟁력이다

정직은 '올바르고 곧은 것'이다. 영어로는 honesty라는 단어를 사용하지만 soundness라 하여 건전한 것, 성실한 것(integrity), 기만이나 술책을 부리지 않는 것(artlessness)을 의미하기도 한다. 자기 자신에 대한 정직은 성실함으로 나타난다. 자기를 속이는 것이 나태와 태만으로 나타나듯이 올바른 양심에 의해 행하는 것이 바로 정직인 것이며, 이것은 근면함과 성실함으로 나타나게 되어 있다. 타인에 대한 정직은 언행일치와 약속준수로 나타난다. 인간관계에 있어서 말한 대로 행동하고 실천하는 사람이 바로 정직한 사람인 것이다. 사람이 정직하다면 믿음이 가게 되고 여기에서 신뢰가 싹튼다. 그리고 신뢰는 성공을 낳는다. 이런 의미에서 정직은 인생 삶의 기본 중의 기본이라 할 수 있다.

정직은 근시안적으로 생각하면 어리석고 바보같은 일처럼 보일 수도 있다. 남을 속여서 한순간 커다란 이득을 얻을 수도 있는데 왜 굳이 정직이라는 비효율적인 방법을 택할까? 속임과 기만은 오래가지 못하며 결국에는 정직이 승리하기 때문이다.

정직이라는 덕목은 글로벌 기업 환경에서 필수적이다. "정직은 글로벌 스탠다드다"라고 말한 성주 인터내셔널사의 김성주 사장의 이야기는 정직이 글로벌 시장에서 얼마나 경쟁력 있고 가치 있는 덕목인지 알 수 있게 해 준다. 성주 인터내셔널사가 300억 원의 손실을 내고 회사의 운명이 풍전등화의 위기에 처해 있었을 때, 기적처럼 구찌(Gucci)사에서 합작을 제의해 왔다. 결국 회사는 M&A를 통하여 265억 원을 벌어들일 수 있었다. 그러나 구찌는 그처럼 막대한 자금을 손쉽게 건네 줄 만한 나긋나긋한 회사가 아니었지만, 구찌가 결정적으로 성주 인터내셔널사의 손을 들어 주게 된 계기가 있었다. 회사를 인수하려면 무형자산과 유형자산 모두를 팔아야 하기 때문에, 성주측에서 자산리스트를 파일로 넘기자 구찌에서는 바로 세계적인 회계법인에 의뢰하여 실사를 보냈다. 놀라운 사실은 성주측이 제시한 금액이 세계적인 회계법인에서 실사한 금액보다 작은 것이었다. 구찌는 이해하기가 힘들었다. 한국회사들은 부정직하여 무언가를 숨겨 놓고, 또 분명히 깎일 것을 예상하고 금액을 부풀려 산정하기 마련인데, 어떻게 이 회사는 자신들이 주겠다는 금액보다 더 적게 써 냈는지 이해하지 못했다고 한다. 금액의 차이는 실사자들이 감가상각을 하지 않은 데 있었는데, 그만큼 성주측이 정직하게 자산을 적어 낸 것이다. 그때서야 구찌는 "10년 동안 함께 일하면서 모든 계약사항을 준수한 정직한 파트너라는 사실은 익히 알고 있었지만 이렇게 작은 것 하나까지 정직할 줄은 몰랐다"며 성주를 다시 한번 인정하였던 것이다.

기업 경영에서 정직은 경쟁력인 것이다. 만약 구찌의 물건을 뒤로 팔아 이중장부를 만들어 두었다거나 다른 약점이라도 잡혔더라면 아마 성주측은 한 푼도 받지 못했을 것이다. 300억 원을 날려서 떠내려가던 회사가 구찌와의 기적적인 거래로 구원받게 된 것이다. 정직은 언뜻 보기에 바보스러운 짓인 것처럼 보일 수 있지만 정직한 사람은 남이 평가하고 역사가 평가한다.

2) 언행일치는 성실의 기초가 된다

언행일치란 자신이 내뱉은 말과 행동이 일치해야 한다는 것이다. 즉 타인에 대한 약속을 지키고 자신에 대한 기대를 충족시키는 것이다. 서양의 철학자 칸트(Kant)는 다음과 같은 논리로 약속지키기의 중요성을 이야기하였다. "만일 한 사람이 자기가 거짓말하는 것이 자신에게 유리하다고 생각하여 거짓말을 하는 것이 좋은 것이라는 생각을 하게 되면 사람들간에 진실을 말하는 관행은 완전히 파괴될 것이다. 다시 말하면, 내가 다른 사람들에게 거짓말을 하는 것처럼 모든 사람에게 보편적으로 거짓말을 하는 것이 허용된다면, 다른 사람들도 나에게 거짓말을 하게 될 것이다. 이런 상황에서는 약속을 하는 것이나 약속을 지키는 것 모두가 무의미해진다." 이런 의미에서 칸트는 약속을 인간이 보편적으로 지켜야 할 불변의 법칙으로 보았던 것이다.

약속을 지키는 데는 몇 가지 기본원칙이 있다. 그 중에 한 가지는 지키지 못할 약속은 절대로 하지 말라는 것이다.

저자의 둘째 아이가 중학교를 졸업하였을 때, 저자는 직업상 전속을 가게 되었다. 그래서 고등학교 입학 후 약 1주일이 지나 아이를 새로 이사한 곳 근처의 학교로 전학시켰다. 그러나 아이는 어린 시절부터 친하게 지내던 친구들이 다니는 고등학교를 떠나기 싫어하였다. 새로 전학한 학교에는 아는 친구도 없고, 적응도 안 된다며 하소연을 하기도 했다. 우리 부부는 아이를 설득하려고 노력하였으며, 시간이 지나면 스스로 적응하리라 믿었다. 그러나 그 후 2개월이 지났는데도 아이의 부적응은 변함이 없고 아이의 성격도 어두워지고 학업에 대한 관심도 떨어져 가는 듯했다. 그래서 약속을 하나 했는데, 그 약속은 만약 반에서 1등을 하면 전학을 시켜 주겠다는 것이었다. 당시 성적이 그리 좋지 못했기 때문에 불가능한 일이라고 생각되어 쉽게 말했는데, 놀랍게도 이 아이가 기대감을 갖고 집중하여 공부를 하더니 정말 학급에서 1등을 하게 된 것이다. 솔직히 1등이라는 결과 자체도 부모로서 기분 좋은 일이었지만, 목표를 달성하기 위해 스스로 몰입하고 집중하는 과정, 그리고 거기서 얻게 된 성취감, 자신감이 보기 좋았다. 그러나 실제 한 번 떠나온 학교로 다시 전학을 시킨다는 것은 내키지 않는 일이어서 우리 부부는 아이를 설득하기로 하였다. 진지한 대화를 나누는 동안 아이는 "내 부모님이 약속을 지키지 않는 분들이라는 것이 실망스럽다"고 했다. 저자는 아이의 이 한 마디 말에 아내의 반대를 무릅쓰고 아이의 뜻대로 전학을 하게 하였다. 아이는 전학한 후에 매우 밝은 모습으로 공부도 열심히 하였고, 선생님들의 관심 속에서 친구들도 많이 사귀고 신바람 나는 학교생활을 해 나갔다. 즉, 학생으로서 매우 성실한 자세를 갖게 되었다. 만약 그 때 약속을 지키지 않았더라면 어떤 결과가 되었을지는 모르겠지만, 저자가 얻은 교훈은 바로 지키지 못할 약속은 하지 말고 한번 약속을 했으면 끝까지 지키라는 것이다. 무엇보다도 아이와 한 약속을 지켰다는 것이 저자를 두고두고 보람 있게 했고 행복하게 했다.

언행일치는 자신의 성실성과 자신에 대한 믿음을 측정하는 척도로서 말(言)을 하기는 쉽지만 이것을 행동으로 옮기기는 쉽지 않다. 언행일치는 철저한 자기 통제와 절제 그리고 실천의지가 함께 해야만이 가능하며 행동으로 실천할 수 없는 말은 하지 않는 것이 상책이다. 이솝우화에 나오는 이야기이다. 어느 날 주인이 하인에게 말했다. "아주 귀한 손님을 초대했으니, 이 세상에서 가장 귀한 음식을 준비하라." 그런데 정작 손님을 초대한 날에 하인이 내놓은 음식은 모두 소의 혀로 만든 음식뿐이었다. 손님을 보낸 후 화가 난 주인이 하인을 불러 꾸짖었다. "이 세상에서 가장 귀한 음식을 준비하라고 당부했는데, 어찌하여 전부 소의 혀로 만든 것뿐이냐?" 하인이 대답했다. "이 세상에서 가장 귀한 것은 말(言)입니다. 말이 없다면 사람은 짐승과 다름이 없을 것이며, 이성적인 행동이나 사회생활도 하지 못할 것입니다. 따라서 말을 하게 하는 혀는 세상에서 가장 귀한 것이기 때문에 주인님의 당부대로 혀만으로 요리를 했습니다." 다음에 또 손님을 초대하게 되자, 주인은 하인이 혓바닥 요리를 내놓지 못하게 하기 위하여 이번에는 이 세상에서 가장 천한 것으로 요리를 하라고 당부했다. 그런데 이번에도 하인은 혓바닥 요리만을 잔뜩 내 놓았다. 주인은 화를 내며 하인에게 다그쳤다. "혀가 이 세상에서 가장 귀한 것이라고 하더니, 어찌된 일이냐?" 그러자 하인은 이렇게 말했다. "말이란 것은 꼭 필요한 말만 한다면 가장 귀중하지만 함부로 내뱉은 말은 그 이상 천한 것이 없기 때문에, 그렇게 지껄이게 하는 천한 혓바닥으로 요리를 했습니다."

말이란 인간을 만물의 영장이 될 수 있도록 만들어 준 도구이기도 하지만 피해를 주는 흉기가 되기도 한다. 선(善)한 말을 실천에 옮기면 선한 행동이 될 것이고 이러한 선한 언행은 선순환의 초석이 될 것이다. 그러한 까닭에 저자는 부대를 지휘하면서 언제나 외유내강(外柔內剛)의 태도를 가지려고 노력했다. 부드러운 언행과 강인한 의지를 겸비하는 일은 스스로의 위엄과 권위를 만들어 내는 가장 좋은 방법임과 동시에 한 조직을 이끌어 나가는 데 중요한 기술이 되고 자기가 한 말을 실천에 옮기는 것은 바로 성실의 기초가 되기 때문이다.

3) 나를 낮추는 겸손이 최고의 용기이다

겸손이란 '자신을 낮추고 타인을 높이는 태도'로 자신을 자랑하고 드러내기보다는 타인의 마음을 헤아려 타인을 배려하는 마음이다. 또한 겸손이란 마음으로부터 부단히 배우려는 자세이다. 인간은 진리(眞理) 앞에 겸허(謙虛)해야 한다. 파브로프는 "나는 아무것도 모릅니다"라고 말할 수 있는 용기를 가지라고 강조하였다.

벤자민 프랭클린은 미국 건국 초기의 지도자였다. 그는 학교라고는 1년여밖에 다니지 못한 처지였지만 미국 건국 초기에 대통령직 빼고는 중요한 직책을 두루 역임하였던 인물이다. 학문적 배경이 전혀 없었던 그가 성공할 수 있었던 데에는 남다른 노력이 뒷받침되었다. 그는 자기 자신의 인격을 닦는 일에 피나는 노력을 기울였다. 스무 살이 되었을 때 그는 자신의 사람 됨됨이를 갈고 닦기 위해서 심사숙고 끝에 인생에서 가장 소중히 여겨야 할 12가지 실천 덕목을 정했다. 그 덕목이란 "절제, 침묵, 질서, 결단, 절약, 근면, 성실, 정의, 중용, 청결, 평정, 순결"이었다.

프랭클린이 이 12가지 덕목을 종이에 적어 가까운 친구에게 보여 주었다. 그 친구는 12가지 덕목들을 하나씩 눈여겨 보더니 한 가지가 빠져 있다고 충고했다. 평소에 그는 자신의 유능함을 믿고 타인의 말을 귀담아 듣지 않고 언쟁을 통해 남을 누르려는 성격을 가지고 있었다고 한다.

"네가 말한 이 12가지 덕목들을 한결같이 실행한다고 해도 이 한 가지가 없으면 성공할 수 없을 거야. 그건 바로 겸손이야!"

이 말을 들은 프랭클린은 바로 13번째 항목으로 겸손을 추가하고 "예수와 소크라테스를 본받는다"는 설명을 덧붙였다. 그 후로 프랭클린은 13가지 실천사항을 지키고 가꾸는 데 마음을 쏟았다. 자신이 얼마나 오만했던가를 반성하고 행동을 바꾸자 주변의 많은 사람들이 그와 친해지길 바랬다. 그러한 수행의 결과 그는 성공이라는 다디단 열매를 맛보았다. 겸손은 활화산처럼 타오르는 야망을 누그러뜨리고 타인의 약함을 배려하는 마음의 보석이다. 예수님께서도 "매사를 유순하게 처리하여라. 그러면 하느님께서 인정하시는 사람들에게 사랑을 받으리라. 훌륭하게 되면 될수록 더욱 더 겸손하여라. 주님의 은총을 받으리라"고 말씀하셨다. 오만한 자의 불행에는 약이 없으니, 악의 뿌리가 그에게 깊이 박혀 있는 까닭이다. "누구든지 자기를 높이는 사람은 낮아지고 자기를 낮추는 사람은 높아질 것이다." 총명한 사람은 격언의 뜻을 되새기고, 지혜로운 사람은 귀 기울여 남의 말을 듣는다.

4) 난초와 같은 향기는 청렴에서 나온다

청렴의 사전적 의미는 "성품이 고결하고 탐욕스럽지 않음"을 뜻한다. 청렴이란 난초의 향기와 같이 높은 인품에서 그윽하게 우러나오는 인품의 향기이다. 다산 정약용도 『목민심서』에서 "청렴이란 만선(萬善)의 원천이며, 모든 덕(德)의 근본이다"라고 하였다. 얼마 전 우리사회는 과거 수십여 년 동안 일종의 관례처럼 묵인되어 오던 각종 부조리들이 한꺼번에 드러나면서 나라 전체가 부패의 소용돌이에 휘말려 드는 듯하였다. 순간의 실수인지 계획된 범죄인지는 모르겠지만 정치인이 재물에 눈을 떠 자신의 탐욕스런 욕구를 채우기 위하여 국가의 혈세를 유용하거나, 은행직원이 고객의 계좌에서 자금을 멋대로 인출하여 주식투자를 하는 등 기본 원칙이 무너진 혼란스런 상황이 연이어 일어났었다. 그러나 이러한 부정한 욕망충족은 자신의 인생에 먹구름을 드리우고 사회에 어두운 그림자를 만든다.

강력한 의지로 청렴의 삶을 실천한 대만의 정치인으로 장개석을 들 수 있다. 중국 국민당 정부가 공산당과의 싸움에서 패하고 본토에서 대만섬으로 퇴각한 후, 중국의 총통인 장개석은 이 패배의 가장 큰 이유를 관료와 군인들의 부정부패로 보았다. 그는 부패척결을 제 1의 국정과제로 내걸고 부패군인들을 광장에서 공개 처형함으로써 강력한 부패척결의 의지를 보였다. 또한 그는 주변 친인척의 부정부패까지도 성역 없이 척결하는 솔선수범을 보였다. 대표적인 사건은 며느리의 자살사건이다. 며느리가 보석을 좋아하고 각종 뇌물의 온상이 되고 있다는 사실을 알게 되자 장개석은 그녀의 생일날 그녀를 집으로 불러서 보석상자를 주었다고 한다. 그녀가 기대에 차 집에 가서 열어 본 보석상자에는 한 자루의 권총이 들어 있었다. 더 이상 국정에 누를 끼치지 말고 자살을 택하라는 시아버지의 암시였다. 결국 그녀는 자살을 선택하였다. 이런 청렴의 덕목을 솔선수범한 장개석 총통의 모범적 정신은 지금까지 대만을 지탱하는 투명하고 깨끗한 공직사회의 기초가 되었다.

5) 아름다운 공동체를 건설하려면 봉사하라

봉사는 "남의 뜻을 받들어 섬긴다" 혹은 "국가나 사회 또는 남을 위하여 헌신적으로 일한다"는 의미를 가지고 있다. 공동체 생활을 영위하는 인간은 누구든지 직 · 간접적으로 다른 사람에게 도움을 주며, 동시에 다른 사람으로부터 도움을 받으며 살아간다. 봉사란 바로 이러한 관계를 형성시켜 주는 핵심적인 덕목으로 공동체 생활에 있어 어둠을 밝혀 주는 촛불과 같고 또한 소금과 같은 것이다.

"한 사람이 못을 박으면 다른 사람은 그 못에 모자를 건다 (One man knocks in the nail, and another hangs his hat)"는 영국속담이 있다. 이 속담은 봉사의 속성이 '타인에 대한 배려와 사랑' 으로부터 출발한다는 것을 의미하고 있다. 타인을 위하는 마음에서 출발하는 봉사정신은 한 국가와 민족의 발전과 번영을 가능하게 만드는 원동력이다.

또한 봉사는 자발성을 그 속성으로 한다. 마지못해 어쩔 수 없이 하는 일이나, 어떤 보상을 바라고 하는 일은 봉사가 아니다. 봉사는 스스로의 마음에서 우러나오는 행동이어야 한다. 저자의 큰아이가 초등학교 5학년이었고 둘째 아이가 1학년이었을 때의 경험이다. 자발적인 봉사가 무엇인지, 봉사로 얻게 되는 기쁨이 무엇인지 일깨워 주기 위하여 남을 위해서 할 수 있는 일이 있다면 이를 실천해 보라고 하였다. 결혼을 늦게 하였으므로 우리집 두 아이가 태어났을 때 저자는 벌써 군조직의 중견간부가 되어 있었기에 비교적 경제적으로 어려움을 적게 느끼고 있었다. 그래서 아이들에게 사회에서 소외된 사람들을 돕는다는 것이 얼마나 뿌듯한 일인지 일깨워 주기 위하여 15개월간 아파트 5개 동에 대하여 신문을 돌리게 하였다. 아이들은 이 일을 하면서 책임감이 강해졌고, 노동에 대한 보람을 느끼는 듯했다. 당시에는 일요일에도 신문이 발간되었으므로 아이들은 주말에 친척집 방문이나 여행을 가도 당일로 집에 돌아오자고 했다. 아이들은 노동의 대가로 받은 돈의 일부를 장애자 복지시설인 충북 음성 꽃동네에 각자 구좌로 보냈고, 일부는 동네 무의탁 할머니들이 계신 곳으로 보냈다. 아이들은 노동의 소중함과 함께 봉사의 즐거움도 동시에 깨닫게 된 것이다. 10여 년이 지난 지금 아이들은 어렸을 때의 봉사 체험이 소중하고 값진 추억이었다며 그러한 기회를 준 우리 부부에게 감사하고 있다. 미래에 이 아이들이 어두운 곳을 밝히는 선순환의 주역이 되기를 기대해 본다.

6) 인내는 쓰나 그 열매는 달다

우리는 세상을 살면서 성공장애 및 유혹요소로부터 일시적인 충동을 참지 못해 낭패를 당하거나 극단적인 행동으로 한 번뿐인 인생을 그르치는 사람들을 종종 보게 된다. 때로 성공의 결정적인 열쇠가 끈기와 인내심을 어느 정도 발휘하느냐에 달려 있기에 우리는 참고 견디는 슬기로운 지혜를 쌓지 않으면 안 된다. 인내는 i) 목표달성을 위하여 땀을 흘리는 성취를 위한 인내 ii) 이성이나 물욕, 명예욕을 참고 견디는 도덕성과 윤리에 바탕을 둔 인내 iii) 돌발적이거나 극한 상황을 참고 견디는 인내로 구별할 수 있다.

"인내는 쓰나 그 열매는 달다"라는 말은 성취를 위한 인내로서 미래를 위해 땀을 흘리는 인내의 고결함을 일컫는 말이다. 데일 카네기(Dale Carnegie)도 "세상에서 가장 중요한 일들은 대개 전혀 가망이 없는 것처럼 보이는 일에도 끝까지 노력을 기울이는 사람들에 의해 이루어졌다"라고 말하여 묵묵히 노력하는 인내의 가치를 높이 샀다. 봄에 씨앗을 뿌리고 김을 매야 가을에 풍성한 수확을 거둘 수 있다. 지루한 인고(忍苦)의 시간을

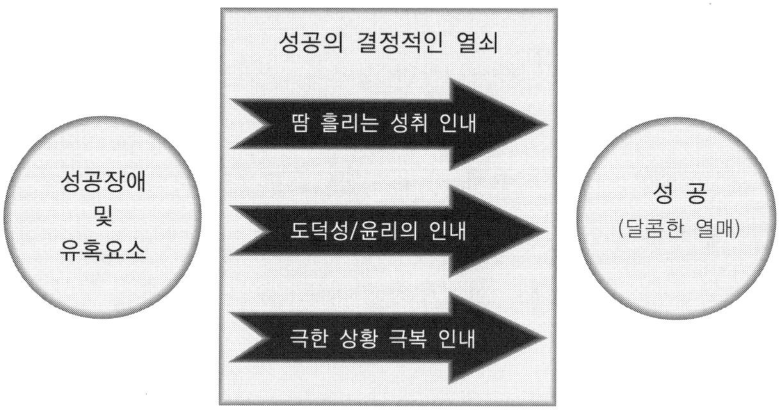

거치지 않으면 성공이라는 수확의 달콤한 열매를 맛볼 수 없다.

두 번째의 도덕성과 윤리에 바탕한 인내는 인간이 가지고 있는 욕구와 욕망을 자기절제하는 것을 의미한다. 아쉬울 때 숟가락을 놓는 용기는 정말 쉽지 않다. 재물, 돈, 이성을 향한 욕구에 대한 인내는 다음 절의 '악의 고리차단' 에서 구체적으로 살펴보기로 한다.

세 번째는 돌발적이거나 극한 상황을 참고 견디는 인내이다. 세조 때, 황희 정승의 일화는 우리에게 순간의 인내가 얼마나 중요한지 일깨워 준다.

황희가 말단 관직에 있을 때, 결혼생활을 하면서도 자기 직분에 충실하느라 밤늦게까지 일을 하는 때가 많았다. 여느 날과 같이 밤늦게 집에 돌아왔을 때의 일이다. 외딴 남자의 신발과 자기 부인의 신발이 가지런히 놓여 있지 않는가? 황당하게 느낀 황희는 슬그머니 방문을 열고 들어갔다. 아니나 다를까, 자기의 부인이 외딴 남자와 잠을 자고 있지 않는가. 순간 황희는 화가 머리끝까지 치밀어 올라 부엌으로 가서 식칼을 집어들었다.

그 순간 부엌에 붙여 놓은 '참을 인(忍)자' 가 보여 퍼뜩 옛 생각이 떠올랐다. 황희가 어렸을 때 시주하러 왔던 스님이 "저 아이는 잘 참으면 대승할 수 있겠으나 그렇지 못하면 평생 죄인의 신세를 면치 못하겠노라"고 예언했다. 그러자 어머니가 어떻게 해야 되겠느냐고 애원하다시피 물으니 "인(忍)자" 세 개를 부엌과 방바닥 그리고 잘 보이는 방벽에 붙여 놓고 황희로 하여금 그 글자의 의미대로 실행토록 하라고 했다는 것이다. 황희는 그 일을 떠올리며 참으려고 애를 썼지만 도저히 참을 수가 없었다. "참을 일이 따로 있지"라고 생각하며 식칼을 들고 방에 들어선 순간 벽에 부착한 인(忍)자가 또 보였다. 한참을 망설이다가 "그래도 참을 수 없는 일이야"라고 생각하며 낯선 사내의 목을 치기 위해 이부자리를 들치는 순간 방바닥에 부착된 세 번째 인(忍)자가 보였다. 순간 그는 또 망설이기 시작했다. 이때, 부인이 인기척에 일어나면서 "당신 오셨군요. 죄송합니다. 누워서 얘기하다가 그만 잠이 들었어요" 하면서 사내를 깨우는 것이었다.

"매형 오셨으니 어서 일어나 인사드려라"고 하는 것이 아닌가. 식칼을 든 황희는 어찌할 줄을 몰랐다. 그는 마음 속으로 "나 같은 졸장부가 이 세상에 또 있을까? 내가 실수로 처남을 죽일 뻔했구나, 살인자가 될 뻔했어" 하면서 크게 뉘우쳤다. 후에 황희는 인내를 제일의 신조로 하여 모든 일에 신중하였고, 청렴을 바탕으로 지식과 덕망을 높이 쌓아 훌륭한 정승이 되었다. 그 사람의 여건이 좋을 때 그를 평가하지 말라는 말이 있다. 이 말은 어려운 상황에서 높은 인내심, 자기 절제, 극한 상황극복 능력을 보고 그 사람의 인품을 평가하라는 뜻일 것이다.

7) 큰 뜻을 이루려면 공명정대하라

공정성이란 마음이 공명하여 사사로움이나 편협됨이 없이 공정하고 명백하며, 바르고 옳아서 조금도 치우침이 없다는 의미이다. 즉, 매사에 치우침이 없이 기준을 준수하라는 것으로 공명정대라는 용어로 사용되기도 한다. 개인 차원에서의 공정성이란 개인의 감정, 선입관, 주관적 판단, 불공정한 태도를 개입시키지 않는 것을 의미하며 조직이나 사회에서의 공정성이란 법, 규정, 절차와 원칙을 준수하여 공과 사를 명확히 구분하는 것을 뜻한다.

오늘날 우리사회는 각종 차별을 타파하기 위하여 많은 노력을 기울이고 있지만 아직도 망국병이라 할 수 있는 지연, 혈연, 학연, 종교, 출신에 의한 차별이 존재한다. 특히 인사문제와 관련하여 어느 학교 출신이냐, 어느 지역 출신인가를 따져 사람을 기용하는 일이 없지 않다. 또한 헌법이 '법 앞의 평등'을 규정하고 있음에도 아직 유전무죄(有錢無罪), 무전유죄(無錢有罪)라는 말을 시대착오적인 것으로 쉽게 넘겨버릴 수 없다는 점이 마음을 씁쓸하게 만든다.

공정성 하면 효종 때 이완 장군을 빼놓을 수 없다. 그가 수어사(守禦使)로 있을 때 휘하에 있는 무관 한 사람이 죽음을 면치 못할 죄를 범했다. 그런데 마침 그 죄인의 지인이 현종의 비(妃)인 인선왕후(仁宣王后)의 시녀였기에 왕후를 통하여 구명운동을 하였다. 이때, 이완 장군 누이의 며느리가 숙경공주였다. 왕후는 숙경공주를 보내어 구명을 청하게 되었다. 이완 장군은 공주에게 이렇게 말했다.

"왕후께서 직접 그 죄인을 살려 주라고 하명을 해도 그 뜻에 맞추어 법을 어길 수 없는 일인데, 하물며 샛길로 들어온 말로 어떻게 법을 굽힌단 말이오" 하고는 공주께 다시는 그러한 심부름을 하지 말라고 충고하여 돌려 보냈다.

이 말을 전해 들은 왕후는 "이완 장군이 강직하고 공정하기로 이름났

다손 치더라도 내가 부탁한 것을 거절하다니" 하고 불쾌하게 생각하였다. 그래서 왕후는 그 날 밤 왕에게 자초지종을 애기하면서 이완 장군을 비난하였다. 이 말을 들은 효종은 오히려 왕후를 질책하였고, 이완 장군의 준법정신과 공정성을 높게 평가하여 후하게 상을 내림과 동시에 중신들에게 그를 본받도록 공시하였다.

공정성은 많은 권한을 가진 사람일수록 더욱 요구되는 것이다. 권력이나 재물을 이용한 편법은 동서고금을 막론하고 끊임없이 제기되어 왔고 높은 자리일수록 유혹의 강도는 컸을 것이다. 세종대왕도 사관이 작성한 사초(史草)를 국왕이 볼 수 없다는 규정이 있음에도 불구하고 사초를 보고자 하였다. 물론 사관의 "전하가 보시면 후대의 왕들도 사초를 보고자 할 것"이라는 간언을 듣고 이를 그만두었지만 조선의 가장 위대한 왕도 공정성을 철저하게 지켜 공과 사를 구별하기란 쉽지 않았음을 짐작할 수 있다. 공정성에 대한 기준이 흔들리면 법이나 규정, 절차는 "코에 걸면 코걸이 귀에 걸면 귀걸이"가 되어 권위를 상실하게 된다. 소크라테스가 제자들의 감옥 탈출 권유에도 불구하고 '악법도 법' 이라며 독배를 마신 까닭은 후세에 법의 권위를 손상시키지 않으려는 의지로 받아들일 수 있다. 소크라테스는 개인의 생명보존이라는 사적 가치와 법의 준수라는 공적 가치간에 무엇이 우선이어야 하는지를 죽음을 통해 보여 주었다고 할 수 있겠다.

인간은 자신이 공정한 대우를 받고 있다고 생각하면, 자신이 맡고 있는 일에 더욱 열의를 보이게 된다. 경영학에서는 이러한 공정성과 생산성의 상관관계를 이용, 공정성을 동기부여의 중요한 요소로 활용하고 있다. 아담스(Adams)라는 학자는 공정성 이론을 통하여 인간이 어떻게 동기부여되는지를 규명하였다. 그는 1963년에 인간은 자신에게 할당된 분배가 공정하다고 느낀 만큼만 노력한다는 인지 일관성의 원칙에 따라 '공정성 이론'을 개념화하였다. 이 이론은 개인과 개인 또는 개인과 조직간의 교환관계에 초점을 두어 한 개인이 다른 사람들에 비해 얼마나 공정하게 대우를 받느냐 하는 느낌을 중시하였다. 이 이론에 따르면 인간은 자신의 행위가 타인의 그것과 비교할 때 공정한 수준 이상으로 보상받으면 더욱 노력을 투입하게 되고, 적게 보상받으면 노력 수준을 낮춘다는 것이다. 이렇게 볼 때, 공정성이라는 기본 원칙이 개인과 조직, 사회에 적용되고 이것이 불변의 규범으로 확산될 때 모든 사람은 긍정적으로 노력할 수 있는 것이다. 국가가 기회의 균등과 분배의 공정성을 보장할 때, 사람들은 근면 성실한 노력을 통하여 자신의 목표를 실현하고자 할 것이다.

8) 책임은 나에게서 멎는다(The buck stops here)

책임감(responsibility)이란 자신에게 맡겨진 일과 의무에 대한 책임을 중히 여기는 마음으로서 자기 일에 최선을 다하고 근면하고 또 자신의 과오에 대하여 진실되게 인정하는 열린 마음을 의미한다. 책임감이 높은 사람은 독립적, 자주적이고 신뢰할 수 있으며 자기 행동에 대한 책임을 중시한다. 그러나 책임감이 없는 사람은 문제가 발생하면 자발적으로 생각하고 행동하기보다는 해결책이 주어지거나 외부의 지시가 있을 때까지 기다리려고 한다.

책임의식에는 "부여된 역할과 임무를 성실히 수행한다"는 적극적인 책임과, "일이 잘못된 경우에 그에 따르는 모든 불이익을 감수하겠다"는 소극적인 책임이 있다. 그렇다면 책임의식은 어떻게 형성되는가? 버나드(C. I. Barnard)는 책임의식을 구비하는 첫째 요건으로 강한 도덕성을 꼽는다. 책임이란 "반대의 행동을 하고 싶은 강한 충동이 있을지라도 개인의 행동을 규제하는 내면의 도덕성이 행동으로 나타나게 하는 각각의 자질"이라고 생각했기 때문이다. 다음으로 '결과에 대한 책임'을 의미하는 소극적 책임은 자신이 행한 일이 언제 면책(免責)될 수 있는가에 대한 판단기준을 제공해 줄 수 있다. 책임의 소재와 관련해 일찍이 아리스토텔레스는 '본의가 아닌(involuntary)' 행위에 대해서는 책임을 물을 수 없다고 보았다. 고의적인 행위에만 책임을 물을 수 있다는 것이다. 하지만 모르고 있었다거나 무지를 핑계로 책임을 회피하는 일은 용납될 수 없다.

책임은 모든 것은 "내 탓이오"에서 출발하며 자기 자신에 대한 책임, 팔로워에 대한 책임, 업무에 대한 책임 등 세 가지 차원으로 분류할 수 있다. 자신에 대한 책임은 자신의 행동과 그에 따른 평가와 결과를 정당한 것으로 받아들이는 자세이며, 현재 자신의 위치에서 바람직한 최선의 결과를 이루기 위해 항상 노력하고 맡은 업무에 긍지와 자부심을 갖는 것이라 할 수 있다.

업무에 대한 책임감은 자신의 역할에 대한 자각에서 비롯되며, 이것은 자신의 업무에 최선의 노력을 다해야 하는 이유를 제공해 준다. 피디아스(Phdias)라는 그리스 최고의 조각가가 있었다. 그는 유명한 다이애나 신

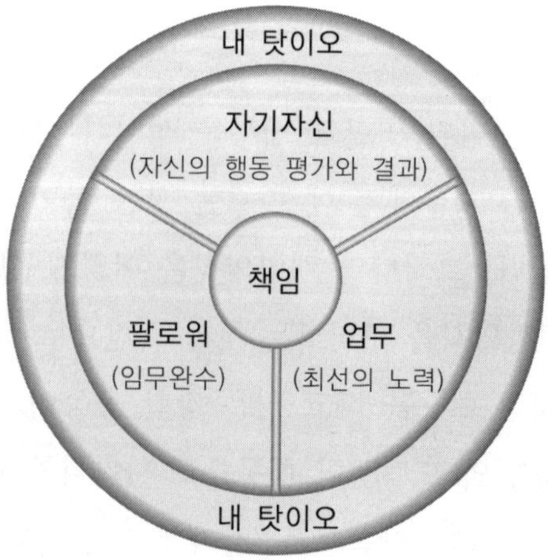

상을 조각한 사람으로 그에 대한 다음과 같은 일화가 전해진다. 다이애나 신상이라는 거대한 조각상은 지상 100피트 높이 위에 세워질 작품이었다. 사람들이 보기에는 어느덧 그 조각품이 거의 완성되었다고 생각하는데도, 피디아스는 아직도 멀었다는 듯이 조각 뒷부분의 머리카락을 한올 한올 정성스럽게 다듬고 있었다. 그 모습을 지켜보던 제자 중의 한 사람이 답답한 나머지 이렇게 물었다. "선생님, 예술도 현실적이어야 하는데, 100피트 위에 세워질 조각의 머리 뒷부분에 있는 머리카락을 누가 본다고 그렇게 정성과 시간을 들이십니까?" 이에 피디아스는 조용히 이렇게 말하였다. "첫 번째는 내가 알고, 두 번째는 역사가 평가하기 때문이네!"

기업의 중견 간부들이 신입 사원에게 느끼는 가장 큰 불만 중 하나가 '책임감 부족'이라고 한다. 자신의 권리만 챙길 줄 알고, 정작 자신의 업무에 대해서는 책임을 지지 않으려 한다는 것이다. 비단 회사뿐만 아니라 어느 조직이건 "남 탓이오"만을 외치는 문화에서는 그 어떠한 발전도 꾀할 수 없음을 잊지 말아야 한다.

군대에서 책임은 특히 강조되는 덕목이다. 군인에게 책임이란 "국가의 안전을 확보하고 국민의 생명과 재산을 보호하는 사명의 주체"임을 자각하여 자신에게 주어진 임무를 완수하는 것을 말한다. 군인의 책임완수는 전시에 전쟁의 승패와 직결되고 국가의 존망과 직접 관련되기에 무엇보다도 중요하다. 1852년 버큰헤이드호가 침몰할 때, 91스코틀랜드 연대의 라이트 대위는 부녀자와 아이들을 모두 구출하고 다음과 같이 말했다. "진정한 군인은 내 말을 들어라! 너희들이 바다에 뛰어들어 보트에 매달리면 보트가 침몰할 것이다. 국민을 아끼고 지키는 군인은 이 자리에 서 있어라!" 군인의 책임은 이와 같다. 사지에서 목숨이 위태로울지라도 혹은 목숨을 내던지더라도 자신에게 주어진 임무를 반드시 완수해 내는 것이 바로 군인의 책임이다.

9) 신뢰는 성공의 자산이다

경영학자 워런 베니스(Warren Bennis)는 20세기 인류 생존의 코드가 '파워' 였다면 21세기의 코드는 '신뢰' 라고 주장한 바 있다. 20세기의 산업사회는 위계와 수직적 명령 전달체계로 대표되는 계급사회였는 데 반하여, 21세기의 정보사회는 네트워크와 수평적이고 상호의존적인 의사전달체계로 대표되는 '네트워크 사회' 이기 때문에 신뢰가 그 무엇보다도 중요해졌다는 것이다.

하지만 신뢰는 단순히 21C가 네트워크 사회로 수평화되었기 때문에 중요해진 가치는 아니다. 신뢰는 시공을 초월하는 불변의 가치로서 이를 져버렸을 때 초래되는 비극에 대해서는 역사의 수많은 일화들이 증언하고 있다.

신뢰는 일상적인 사회생활에서 지속되고 있는 사회적 관계속에 내포되어 있다. 안정적인 신뢰관계라는 것은 사회적 협동을 통하여 이익을 누릴 수 있다는 인식과 상대방의 신뢰가능성을 지지해 주거나 담보해 주는 객관적인 조건을 필요로 한다. 즉, 신뢰관계가 형성되기 위해서는 내가 하기 싫은 일은 타인에게 강요해서는 안 되며, 동시에 양자가 이득을 추구하는 방향으로 나아가자는 호혜성(reciprocity)의 규범이 형성되어야 하고, 서로간에 신뢰받고 있다는 것을 인지하며, 신뢰를 존중하는 의무감과 능력이 있어야만 하는 것이다. 이 경우에 신뢰는 자체 강화적이고(self-enforcing) 자체 확산적(self-expanding)인 성격을 지니게 된다.

신뢰는 일단 하나의 신뢰의 축이 성립하면 이를 매개로 확산되는 경향을 보인다. 신뢰는 일종의 사회적 자본(social capital)으로 개인과 개인간의 협력과 의사소통에서 거래비용을 낮추는 역할을 하게 된다.

나. 보편(원칙)주의와 특수(현실)주의 논쟁

우리가 행동을 함에 있어 원칙을 따를 것인가? 아니면 나름의 기준으로 융통성을 부릴 것인가? 아직 우리사회에서는 보편원칙을 준수하려는 의지가 그렇게 높지는 않은 것 같다. 원칙주의와 현실주의의 사례를 통하여 스스로를 진단해 보자.

원칙주의란 상황에 관계 없이 객관적이고 보편적인 기준이나 원칙을 따르는 행동양식이며, 특수주의(현실주의)는 상황에 따라 주관적으로 기준을 바꾸는 경향을 의미한다. 다음의 예를 통하여 자신의 평균적인 원칙지향성이 어느 정도 되는지 진단해 보자.

당신은 친구가 운전하는 차를 타고 있었는데 제한속도 30km 구간에서 길을 건너는 보행자를 치고 말았다. 친구가 55km로 과속을 하고 있었는데 그 당시 현장의 목격자는 아무도 없었다. 친구는 구속되었고 그의 변호사가 "만약, 당신이 법정에서 친구가 30km 속도를 지키면서 운전을 하고 있었다고 증언을 해 준다면 친구는 중대한 벌을 면할 수 있다"고 말해 주었다. 이런 상황에서 당신은 어떤 행동을 취할 것인가?

1. 친한 친구를 위하여 거짓증언을 하겠다.
2. 친한 친구를 위하여 사실대로 말하겠다.

한국에서 태어나 한국에서 자란 사람이면 '친한 친구를 위하여 거짓증언을 하겠다' 는 편이 압도적으로 많았을 것이다. 저자가 강의를 하면서 청중을 살펴본 결과 대략 70% 정도는 특수주의에 따르는 경향이 짙었다. 이 질문에 대한 한국리더십센터의 통계자료에 따르면 캐나다, 미국의 영미권 국가와 스위스, 스웨덴의 북유럽국가들은 90% 이상이 원칙지향성을 나타냈으며, 일본, 홍콩, 말레이시아의 아시아권 국가도 50% 이상의 원칙지향성을 나타내었다. 그러나 한국은 26%로 OECD국가 중 가장 낮은 수치를 기록하였다.

한국인에게 있어서 '의리'나 '안면'이 공적인 부분에 상당한 영향을 끼치고 있음은 부인할 수 없다. 이것은 상호간의 신뢰나 믿음과는 엄격히 구별되어야 한다. 마피아나 조직폭력배들은 범죄 행위의 공유를 통하여 유대감을 형성한다. 우리도 이러한 범법행위의 공유를 통하여 유대감을 쌓고

각 국가별 보편주의와 현실주의

보편(원칙)주의

상황에 관계 없이 객관적이고 보편적인 기준이나 **원칙**을 따르는 행동양식

특수(현실)주의

상황에 따라 주관적으로 행동을 바꾸는 성향

	보편(원칙)주의	특수(현실)주의
캐 나 다	96%	4%
미 국	95%	5%
스 위 스	94%	6%
스 웨 덴	93%	7%
오스트레일리아	93%	7%
독 일	91%	9%
영 국	90%	10%
프 랑 스	68%	32%
포르투갈	68%	32%
스 페 인	65%	35%
일 본	67%	33%
싱 가 폴	67%	33%
홍 콩	56%	44%
말레이시아	55%	45%
중 국	48%	52%
인도네시아	47%	53%
한 국	***26%***	***74%***

자료: 한국리더십센터

있는 것은 아닌지 반문해야 할 필요가 있다. 지인에게는 편의를 봐주거나 부정한 돈이 감사의 표시라는 명목으로 오가는 뇌물수수의 문제는 사실 어제 오늘일만은 아니다. 사회가 원활하게 돌아가기 위해 필요한 당연한 관행으로 생각해 오고 있는 것이다. 이러한 관행이 기본이 아니라는 사실은 누구나 인식하고 있지만, 무언가 크게 잘못된 것이라고는 생각하지 않는 것 같다. 그렇다면 한국사회는 악한 신뢰를 통하여 결과적으로 많은 것을 잃어버리는 '신뢰의 적자' 상태에 놓여 있는 것은 아닌가 생각해 볼 필요가 있다.

2. 기본원칙은 승리한다

불변의 행동법칙으로서 기본원칙을 지킨 결과는 한 인간을 인류의 스승으로 만들 수도 있고 국제평화에 기여하도록 만들 수도 있다.

"간디(Gandhi)는 폭력은 동물의 법칙이요, 비폭력(非暴力)은 인간의 법칙이다"라고 말했다. 그는 어떠한 고난과 역경 속에서도 비폭력이라는 원칙을 고수함으로써 결국에는 원칙이 승리한다는 사실을 생생하게 보여주었던 모범적인 인물이다.

80세의 성웅(聖雄) 간디는 힌두교도들과 같이 저녁기도를 드리고 있었다. 편협되고 과격한 힌두교의 한 청년이 기도하는 간디를 총으로 쏘았다. 그는 오른손을 이마에 대고 신(神)의 이름을 조용하게 세 번 부르면서 쓰러져 죽었다. 손을 이마에 대는 것은 상대방을 용서해 주라는 인도의 풍습이다. 자신에게 폭력을 행사하여 죽음으로 몰고간 자에게도 용서의 비폭력으로 맞섰다.

시인 타고르는 간디의 생일날 간디를 예찬하는 시를 써서 보냈다. 타고르는 이 시에서 간디를 마하트마(mahatma)라고 불렀으며 이는 위대한 영혼이란 뜻이다. 그 후부터 인도인은 간디를 마하트마라고 호칭한다. 그가 위대한 영혼이 된 데에는 평화에 대한 그의 애절한 갈망이 있었기 때문이다. 폭력은 동물의 법칙이다. 동물 사회는 폭력의 법칙이 지배한다. 아프리카 밀림사회를 보면 먹느냐, 먹히느냐 하는 싸움에서 이기기 위해 이빨과 이빨, 발톱과 발톱이 서로 맞부딪히는 가운데 결국은 상대방을 폭력으로 살해한다. 그것은 잔인과 비정(非情)과 야만의 세계이다. 그러나 인간의 세계는 그렇지 않다는 것을 간디는 몸소 실천하여 보여 주었다. 간디는 우리를 파멸시키는 원인을 다음과 같이 일곱 가지로 정리하였다.

"첫 번째는 원칙 없는 정치, 두 번째는 근로 없는 축재(蓄財)이며, 세 번째는 양심 없는 쾌락(快樂) 그리고 네 번째는 인격 없는 지식(知識)이며 다섯 번째는 도의(道義) 없는 기업(企業), 여섯 번째는 인간성 없는 과학(科學), 그리고 일곱 번째는 희생 없는 신앙(信仰)이다."

영국의 역사가 토인비는 이렇게 말했다. "20C의 인물 중 가장 위대한 인물을 한 사람 선택하라면 나는 간디를 고르겠다." 이것은 간디가 기본적인 원칙을 일관되게 실천하였기 때문인지 모르겠다. 위의 7가지 간디의 지적은 현대문명에 대한 준엄한 비판이면서 현대사회의 위기에 대한 예리한 진단이다. 우리는 이 철인의 말에 귀를 기울일 필요가 있다.

원칙 없는 정치는 횡포로 끝나기 쉽다. 정치는 마땅히 철학과 윤리를 가져야 한다. 근로 없는 축재(蓄財)는 불로소득의 착취로 전락한다. 정당한 활동으로 정당하게 번 재물만이 축복 받은 재물이다. 양심 없는 쾌락은 인간을 추잡한 동물로 타락하게 한다. 우리는 쾌락을 누리되 양심에 어긋나지 않아야 한다. 인격 없는 지식은 악의 도구가 되고, 악마의 지식이 되기 쉽다. 지식은 건전한 인격과 잘 결부될 때 선한 목적으로 선하게 쓰여질 수 있다. 도의(道義) 없는 기업은 사회에 해(害)와 악(惡)을 파는 악덕업자로 전락한다. 인간성 없는 과학은 인류를 파멸케 하는 악의 세력이 된다. 희생 없는 신앙은 노력하지 않고 복락(福樂)을 누리려는 천박한 이기주의로 전락한다.

반면에 레닌은 폭력이라는 비원칙을 고수하여 역사의 시계추를 반대로 돌려 놓았다. "민주주의란 무엇이냐. 한 계급이 다른 계급에 대하여, 또는 국민의 일부가 다른 일부에 대하여 힘을 의도적으로 사용하기 위한 조직이다. 민주주의는 프롤레타리아에 의한 독재요, 당의 독재다. 독재의 과학적 정의는 어떤 법률에도 어떤 규칙에도 제약되지 않고, 직접 폭력에 의거하는 권력이다."

레닌이 볼셰비키 혁명 전야에 쓴 『국가와 혁명』이라는 책에서 한 말이다. 이렇게 민주주의라는 체제를 잘못 적응한 레닌은 우리에게 두 가지 악의 유산을 남겨 놓았다. 하나는 공산당의 일당독재요, 또 하나는 폭력과 공포의 정치이다.

공산주의가 제창하는 민주주의는 폭력에 의한 독재를 의미한다. 공산주의는 계급 없는 자유사회를 건설한다고 호언장담(豪言壯談)했지만 정치의 기본과제인 빵의 문제도 해결하지 못하고 끝내는 독재자들만 양산하고 붕괴해 버렸다.

기본(基本)에 충실한 삶

● 기본이란 무엇인가? 기본의 사전적인 의미는 '사물의 근본(根本), 본바탕'을 말하며, 실제적인 적용상의 의미는 모든 인간의 활동 분야에서 성공 또는 효과적인 목적 달성을 위해서 우선적으로 숙지하고 실천하고 구비해야 하는 기초적인 지식, 행동원칙, 능력을 의미한다.

● 외유내강(外柔內剛)의 태도를 가지려고 노력하라. 부드러운 언행과 강인한 의지를 겸비하는 일은 스스로의 위엄과 권위를 만들어 내는 가장 좋은 방법임과 동시에 한 조직을 이끌어 나가는 데 중요한 기술이 되기 때문이다. 지휘관의 부드러운 언행과 굳센 의지는 너그러움과 자신감의 표현이다. 반면에 지휘관의 짜증 섞인 폭언이나 호통, 그리고 앞뒤 안 가리는 저돌적 용어 사용은 부하로 하여금 군에 대한 염증을 느끼게 하고 스트레스를 유발시켜 비문화적인 폭언 · 구타 · 가혹행위 · 인권침해를 유도하게 된다. 언행의 부드러움, 언행의 일치는 신뢰를 쌓는 데 중요한 요소이다.

● 겸손이란 '자신을 낮추고 타인을 높이는 태도'로 자신을 자랑하고 드러내기보다는 타인의 마음을 헤아려 타인을 배려하는 마음이다. 예수님께서도 "매사를 유순하게 처리하여라. 그러면 하느님께서 인정하시는 사람들에게 사랑을 받으리라. 훌륭하게 되면 될수록 더욱 더 겸손하여라. 주님의 은총을 받으리라"고 말씀하셨다. 오만한 자의 불행에는 약이 없으니, 악의 뿌리가 그에게 깊이 박혀 있는 까닭이다. "누구든지 자기를 높이는 사람은 낮아지고 자기를 낮추는 사람은 높아질 것이다."

● 청렴의 사전적 의미는 "성품이 고결하고 탐욕스럽지 않음"을 뜻한다. 청렴이란 난초의 향기와 같이 높은 인품에서 그윽하게 우러나오는 인품의 향기이다. 다산 정약용도 『목민심서』에서 "청렴이란 만선(萬善)의 원천이며, 모든 덕(德)의 근본이다"라고 하였다.

● 성공의 결정적인 열쇠가 끈기와 인내심을 어느 정도 발휘하느냐에 달려 있다. 인내는 i) 목표달성을 위하여 땀을 흘리는 성취를 위한 인내 ii) 이성이나 물욕, 명예욕을 참고 견디는 도덕성과 윤리에 바탕을 둔 인내 iii) 돌발적이거나 극한 상황을 참고 견디는 인내로 구별될 수 있다.

● 큰 뜻을 이루려면 공명정대하라. 공정성이란 마음이 공명하여 사사로움이나 편협됨이 없이 공정하고 명백하며, 바르고 옳아서 조금도 치우침이 없다는 의미이다. 개인 차원에서의 공정성이란 개인의 감정, 선입관, 주관적 판단, 불공정한 태도를 개입시키지 않는 것을 의미하며 조직이나 사회에서의 공정성이란 법, 규정, 절차와 원칙을 준수하여 공과 사를 명확히 구분하는 것을 뜻한다.

● 책임의식에는 "부여된 역할과 임무를 성실히 수행한다"는 적극적인 책임과, "일이 잘못된 경우에 그에 따르는 모든 불이익을 감수하겠다"는 소극적인 책임이 있다. 버나드(C. I. Barnard)는 책임의식을 구비하는 첫째 요건으로 강한 도덕성을 꼽는다. 책임이란 "반대의 행동을 하고 싶은 강한 충동이 있을지라도 개인의 행동을 규제하는 내면의 도덕성이 행동으로 나타나게 하는 각각의 자질"이라고 생각했기 때문이다. 다음으로 '결과에 대한 책임'을 의미하는 소극적 책임은 자신이 행한 일이 언제 면책(免責)될 수 있는가에 대한 판단 기준을 제공해 줄 수 있다.

● 신뢰는 일상적인 사회생활에서 지속되고 있는 사회적 관계 속에 내포되어 있다. 신뢰 관계가 형성되기 위해서는 내가 하기 싫은 일은 타인에게 강요해서는 안 되며, 동시에 양자가 이득을 추구하는 방향으로 나아가는 호혜성(reciprocity)의 규범이 형성되어야 하고, 서로간에 신뢰받고 있다는 것을 인지하며, 신뢰를 존중하는 의무감과 능력이 있어야만 하는 것이다.

> 만약 당신이 성공을 목표로 하고 있다면
> 욕망의 상당 부분을 희생하지 않으면 안 된다.
>
> –제임스 알렌

제 3 절 악(惡)의 고리(악순환) 차단(遮斷)

1. 악(惡)의 고리 정의

선(善)순환 리더십은 개인으로부터 국가에 이르기까지 선(善)의 실천으로 스스로뿐만 아니라 관련되는 상호간 선의 상승 효과가 연쇄적으로 확산 반복되어 인간의 궁극적인 목표인 행복(幸福)을 추구하기 위한 리더십이다. 그러나 인간이 살다보면 열등감, 콤플렉스 등 자기 부정과 화(火),

미움, 시기, 질투 등 타인에 대한 부정 그리고 잘못된 제도적 관행 등 선순환 장애요소가 발생할 수 있다. 이러한 요소들이 바로 악순환으로 빠져들어가게 하는 악(惡)의 고리이다. 이 악의 고리를 초월하고 극복할 수 있는 인내와 능력의 소유자가 진정 선(善)과 행복(幸福)을 추구할 수 있는 것이다.

악의 고리에 의해 악순환이 시작된다. 그렇다면 악순환이란 무엇일까? 사전적인 의미로는 나쁜 현상이 반복되는 것을 말한다. 또는 밀접한 관계에 있는 두 가지 일이 서로 나쁜 영향을 주고받으며 거듭 악화되는 현상을 일컫는다. 악순환이라는 용어는 일상 생활에서도 자주 들어봤을 것이다. 여기서 말하는 악순환도 일상적인 개념의 연장으로 보면 된다. 악의 고리 원인으로는 기본욕구 통제력 상실, 열등감, 화(火), 윤리 및 도덕 불감증 등을 들 수 있다. 10년 공부 하루 아침에 물거품이 된다는 말이 있다. 우리가 어떤 목표를 달성하고 뜻을 이루는 데는 많은 노력과 시간이 필요하다. 그러나 유혹에 현혹된다든지 욕심을 자제하지 못해서 이루어 놓은 뜻을 허물어 버리는 것은 한순간에 발생할 수 있다. 인간은 '선과 악'을 동시에 소유하고 있다고 했다. 내가 선(善)을 선택하면 선한 사람이 되는 것이고 악을 선택하면 악한 사람이 되고 악순환의 시작이 되는 것이다. 그래서 환경의 자극에 대한 반응 과정에서 긍정적이고 생산적인 가치를 창출해야 하고, 결심과 선택의 연속인 우리 인생에서 순간의 선택이 평생의 운명을 좌우함을 명심해야 한다. 이제부터는 악순환을 일으키는 근본적인 욕구에 대해 살펴보고, 이런 욕구가 어떻게 악의 고리로 이어지는지 살펴보고자 한다.

2. 상삼요(桑三搖)로 본 인간의 욕구

중국 명나라의 태조 주원장이 천하를 평정하고 나서 황후 마씨와 정승 상우춘을 한자리에 불러모았다. 세 사람은 궁궐 안에서 뽕나무 밭을 바라보며 술잔을 기울이고 있었다. 술자리가 무르익자 주원장이 소위 진실게임을 제안했다. "우리 셋은 이미 생애 최고 목적을 이루었소. 그래도 무슨 욕망이 더 있다면 솔직히 말들을 해보오. 만약 그 말이 진실이라면 저기 뽕나무가 흔들릴 것이오."

정승 상우춘이 먼저 말했다. "폐하 앞에서 이런 말씀 드리기 송구스럽습니다만, 제 속뜻을 말씀드리겠습니다. 저는 황손이 아닌 사람으로서는 오를 최고의 자리까지 다 오른 사람입니다. 하지만 가끔은 황제가 되어 이 나라를 직접 다스리고 싶은 생각이 들기도 합니다. 제가 정승이 아니라 황제의 자리에 앉으면 어떨까 하고 말입니다." 상우춘은 권세에 대한 자신의 욕망을 말했다. 그러자 뽕나무가 흔들렸다.

이어서 황후 마씨가 답했다. "제 말을 듣고 화 내지 마십시오. 저는 한 나라 황제의 아내로서 모든 것을 다 가졌습니다. 그럼에도 불구하고 욕망이 하나 있다면 이 궁궐을 드나드는 문무백관(文武百官)들 중에서 잘생긴 사람을 보면 언제 저 남자와 한 번 동숙할 수 없을까 하는 마음을 갖게 됩니다." 황후는 이성(異性)에 대한 욕구, 곧 색(色)을 소원하였다. 이번에도 뽕나무가 흔들렸다.

두 사람의 솔직한 답변을 들은 주원장이 마지막으로 말했다. "나는 물질적으로 풍요롭다. 황제로서 갖고 싶은 것, 먹고 싶은 것 모두 내 마음대로 할 수 있다. 그래도 재물에 대한 욕심은 계속 생겨서 나를 찾아올 때 빈손으로 덜렁덜렁 오는 신하보다는 멸치 몇 마리라도 가져오는 신하가 더 좋더라"고 하여 재물을 욕심으로 들었다. 이번에도 어김없이 뽕나무가 흔들렸다.

상삼요(桑三搖)라 일컬어지는 이 일화는 권력과 이성, 재물 욕심은 인간의 기본 욕구로서 무한정하다는 것을 강조하기 위한 고사성어라고 생각된다. 그래서 이 일화는 권력과 이성 그리고 물욕은 인간의 기본 욕구로서 욕심이 무한(無限)하니, 절제하고 자제하는 등 자기 관리를 철저히 하지 않으면 이 요소들이 원인이 되어 인생을 망치게 된다는 교훈을 우리에게 느끼게 해준다. 아무리 기본에 충실하여 선(善)순환이 반복되도록 살아가도 이 3가지 중 한가지에라도 유혹에 현혹되어 악의 고리를 차단하지 못한다면 인생은 낭떠러지로 떨어지고 만다.

상삼요에서 거론된 3가지는 동양에서뿐만 아니라 서구에서도 경계의 대상이었다. 리처드 포스터(Richard Foster)는 '돈, 섹스, 권력' 이라는 저서를 통해 세 가지 유혹을 경고했다. 기본적인 욕구의 충동을 절제하라는 가르침은 동 · 서양이 다르지 않은 것이다.

가. 권력(權力)

권력이란 둘 이상의 사람이 모였을 때 그 관계를 지배 · 복종의 관계로 구분지어 주는 개념이다. 어떤 개인이 타인과의 관계에서 영향력을 행사하여 타인으로 하여금 자신의 뜻에 맞추어 행동하도록 했을 때 그는 권력을 가졌다고 볼 수 있다. 라마나와 리드만(Lamanna & Riedman)은 권력이란 자신의 의지를 행사하는 능력이라고 하였으며, 블루드와 울프(Blood & Wolfe)는 상대방의 행동에 영향을 끼칠 수 있는 잠재적인 능력이라고 하였다. 또 스트라우스(Straus)는 다른 사람의 행동을 통제하고, 주도하며, 변화시키고, 수정하는 행동을 권력이라고 정의했다. 즉, 권력이란 조직체 내의 다른 사람의 행동에 영향을 끼치는 개인의 잠재적인 또는 실제적인 능력을 의미한다.

네덜란드 과학자인 프란스 드 발(Frnas de Waal)은 1976년, 네덜란드 아넴 지방에 있는 부르거스 동물원 야외 사육장 안에 들어가 침팬지들의 생활을 관찰하였다. 그는 그곳에서 침팬지도 인간과 매우 유사한 정치적 투쟁을 하고 있음을 발견하였다. 침팬지 이에론(Yeroen)은 침팬지 세계의 장(長)이었다. 그런데 젊은 침팬지 루이트(Luit)가 니키(Niki)와의 연맹을 통해 1인자 자리 찬탈에 성공한다. 새로운 지도자가 된 루이트는 2인자 니키의 세력 확대를 막기 위해 다시 이에론과 손을 잡는다. 하지만 니키는 루이트 몰래 다시 이에론과 결탁하여 루이트를 몰아내고 자신이 왕의 자리에 오른다. 권력투쟁, 지배전략, 계급구조, 동맹, 배반, 음모, 거래, 타협 등 침팬지도 인간처럼 권력 유지와 획득을 위해 다양한 방법을 동원하고 있다는 결과가 알려지면서 동물 세계에도 권력에 대한 투쟁이 매우 구체적인 형태로 진행되고 있음을 알게 되었다.

아리스토텔레스는 인간을 정치적 동물이라고 규정했다. 여기에서 '정치'는 국회를 중심으로 이루어지는 좋은 의미의 '정치'라기보다는 모든 인간 관계에서 우위에 서고 싶어하는 인간의 근본적인 성향으로서의 '정치'를 말한다. "인간은 자유롭게 태어났음에도 불구하고 도처에서 사슬에 얽매어 있다." 루소의 '사회계약론' 제1편의 주제 첫머리에 나오는 이 말은, 인간이 필연적으로 인간과의 관계에 종속될 수밖에 없음을 암시하고 있다. 그 관계에서 권력이란 이름의 위계질서는 자연스러운 현상일지도 모르겠다.

권력에 집착하여 투쟁이 난무하고 타협과 상생의 논리가 배제된 정치를 우리는 그 동안 많이 지켜 보아 왔다. 인간의 권력에 대한 탐욕은 마치 침팬지의 정치 논리를 연상시킬 정도이다. 20세기 후반의 정치적 양태를 봐도 그렇다. 31년간 집권한 인도네시아의 수하르토 전 대통령은 재임기간에 수백억 달러를 횡령해 국제투명성 기구(Transparency International)에서 '세계 최악의 부패 지도자'로 낙인 찍혔으며, 닉슨 대통령은 워터게이트 사건으로 대통령직에서 사임하는 수모를 당했다. 자신의 권력 유지를 위해 인종 청소를 자행한 유고 연방의 밀로세비치는 전범으로 몰려 세계적인 비난을 받았고, 이라크 독재자 후세인의 말로는 비참했다. 최고의 자리에 올라도 권력에 대한 욕구는 집요했던 것이다.

권력은 난로와 같다. 그리고 그 난로에 뛰어드는 나방은 종국엔 타 죽는다. 이 말은 권력 주변을 맴도는 사람들에게 권력에 대한 집착을 경계시키고 신중한 처신을 강조할 때 정치권에서 자주 회자된다. 침팬지 식의 권력투쟁은 나방의 죽음으로 끝난다는 사실을 잊어서는 안 될 것이다.

나. 재물(財物)

"부자 되세요!"라는 말이 유행하는 황금만능주의 사회에서 돈은 필수불가결한 요소이다. 재물은 자신의 생계와 직결되는 문제로, 재물이 없으면 당장 기본적인 의식주 문제도 해결할 수 없다. 그렇다고 해서 돈이 곧 인생의 행복을 의미할까? 재벌 총수마저 목숨을 끊는 모습을 보면 분명 돈이 인생의 목표는 아닐 것이다. 돈으로 모든 것이 해결 가능하다는 물질주의의 폐해는 곳곳에서 드러나고 있다. 돈은 순간적인 쾌락이나 생활의 편리함을 줄 수 있을지언정, 행복이나 평안을 줄 수는 없다.

풍요로움의 대명사인 미국에는 '어플루엔자(affluenza)' 라고 불리는 신종 병이 있다. 굳이 우리나라 말로 옮기면 '부자병' 정도가 되겠다. 풍요로움을 뜻하는 'affluent' 와 유행성 독감을 뜻하는 'influenza' 의 합성어인 이 말은, 지난 97년 미국 PBS 다큐멘터리에서 소개한 이후 유행했는데, 물질적으로 남부러울 것 없는 미국 부유층들이 물질적으로는 더 이상 바랄 것이 없게 되자 이후 겪게 되는 무력감, 권태감, 자책감 그리고 공허함을 일컫는다. 적절한 소비는 개인의 삶을 유지하는 데 필수 불가결하고 경제에도 도움을 주겠지만, 계속되는 과소비는 개인의 삶을 피폐하게 만드는 것이다. 소비 이후의 허무를 극복하기 위해서는 다른 방법을 찾아야 하는데, 이들은 어리석게도 소비의 양을 극단적으로 증가시키는 방법으로 이를 극복하려다가, 스스로 악순환의 구렁텅이로 빠져들었다.

이것은 다른 나라의 문제로 치부할 것이 아니다. 우리나라에서도 끊임없이 쇼핑을 하고, 그것이 불가능할 때면 육체적, 정신적 부작용이 일어나는 쇼핑 중독증(Compulsive Buying, 구매광)에서부터 해외 유명 브랜드 제품 구입에 혈안을 올리는 명품족 출현까지 잘못된 소비 문화로 얼룩진 병폐가 가시적으로 나타나고 있다. 특히 자신의 분수나 내면보다는 남에게 어떻게 비치는가를 중시하는 한국인의 사회 심리적 특성도 이러한 왜곡된 소비문화를 조장하는 데 한몫하고 있다. 그래서 프랑스의 문명비평가인 기 소르망은 "한국인은 세계에서 유례가 없는 호모 아파런투스(Homo apparentus : 겉모습 지향적 인간)"라고 지적한 바 있다.

2003년 세계가치조사(World Value Research)의 행복도 조사에 의하면

전 세계에서 가장 행복한 사람들은 나이지리아인으로 나타났다. 행복이 부(富)와 반드시 일치하지 않는다는 점을 상기시켜 준 이 조사는 돈과 행복을 동일시하는 우리의 사고에 신선한 충격을 준다. 제자리걸음을 하는 선진국의 행복지수와는 대조적이다.

재물은 신체를 편리(便利, convenient)하게 해줄 수는 있으나, 마음을 편안(便安, comfortable)하게 해줄 수는 없다. 재물이 인간의 가치를 대체할 때 인간은 교환 가능한 수단적 존재로 전락한다. "나는 생각한다. 고로 존재한다"는 데카르트의 유명한 명제는 장 보들리야르(J. Boudlliard)의 "나는 소비한다. 고로 존재한다"는 명제로 대체된다. 돈으로 모든 것을 해결하려는 모습은 인간의 진정한 가치를 잃게 하고, 본질조차 왜곡시킨다.

현대 소비 사회의 더 큰 문제는 소비가 필요에 의한 것이 아니라 미디어나 다른 요소에 의해 조장된다는 사실이다. 보들리야르에 따르면, 소비사회에서 상품은 상징적 기호와 이미지에 의해 가치가 결정되며, 이 때문에 소비자가 소비하는 것은 상품이 아니라 미디어에 의해 생산된 상징적 기호와 이미지라는 것이다. 즉 소비사회에서 사람들은 실체가 없는 물건을 소비하는 것이다. 쇼핑 중독증이나 명품족의 출현도 이런 맥락에서 이해할 수 있다.

알레지아 가빌 지방의 농부들은 원숭이를 사로잡기 위해 호리병을 나무 기둥에 묶어 놓은 다음 그 안에 쌀을 넣어 둔다고 한다. 호리병 주둥이는 원숭이가 겨우 손을 넣을 정도의 크기이다. 원숭이는 나무 기둥 옆에 접근하여 이 주둥이에 손을 넣고 쌀을 움켜쥔 채 손을 빼내려 한다. 하지만 주둥이가 너무 좁은지라, 쌀을 움켜쥔 손이 빠져 나올 수 없다. 그냥 쌀을 버리면 될 것을, 원숭이는 끝까지 쌀을 포기하지 못하고 팔을 빼지 못한다. 그러면 그 다음날 농부들이 와서 끙끙대는 원숭이를 생포해 간다고 한다. 쌀을 버리지 못하는 원숭이의 모습은 끝없는 재물 욕심에 사로 잡힌 인간의 모습을 떠올리게 한다.

다. 이성(異性)

용병술을 모아놓은 옛 병서(兵書)인 삼십육계에는 미인계(美人計)라는 계책이 나온다. 전세가 열세일 때 사용하는 전술로 미모의 여성을 내세워 손쉽게 군사적 목적을 달성한다는 병법이다. 또한 미모로 한 국가를 좌우하는 경국지색(傾國之色)의 일화도 많다. 은나라 달기, 주나라 포사, 당나라 양귀비 등이 그 대표적인 예이다. 이처럼 전쟁의 승패와 국가의 존망을 결정할 만큼 이성에 대한 욕구는 동서고금을 막론하고 통제하기 힘든 인간의 대표적인 욕구이다.

현대는 이성에 대한 절제력을 더욱 요하고 있다. 성에 대해 개방적인 환경이 되면서 순결(純潔)의무를 지키고자 하는 사람이 대폭 감소되고 있지 않은지 모르겠다. 순결을 지키고자 하는 도덕적인 사람이 적어지면 적어질수록 이혼, 가정파탄이 증가할 수밖에 없고 결국은 여기에서 파생되는 많은 문제들이 사회와 국가의 심각한 문제가 될 수밖에 없다. 그런데 일부에서는 개방적인 태도를 일종의 방임으로 해석하여 욕구에 이끌리는 대로 이성 관계를 유지해도 된다고 착각하기도 한다.

이성에 대한 유혹이 얼마나 강한지는 사회에서 존경받는 인사들의 실수에서도 알 수 있다. 교황 요한 바오로 2세는 2002년 부활절을 앞두고 전 세계 성직자들에게 보내는 연례 메시지에서 침통한 목소리로 "성직자들이 가장 통탄할 만한 악의 미스터리에 굴복했다"고 비난했다. 미국에서 불거진 가톨릭 사제의 성추행 파문이 일파만파로 번지자 교황은 이례적으로 침묵을 깨고 성직자들을 공개적으로 비난한 것이다. 미국 경제 호황을 이끈 클린턴 대통령은 케네스 스타 특별검사의 집요한 추적에 의해 르윈스키와 '부적절한 관계'를 시인했다. 그는 도덕성에 치명타를 입었고, 이로 인해 대통령직까지 상실할 뻔했다. 대만에서도 총통 스캔들의 비화가 생겼고, 영국의 찰스 왕자는 황색 잡지의 주요 소재거리가 되기도 했다.

이성 문제는 자신의 내면화된 확고한 의지가 있어야 해결할 수 있다. 이성 문제는 어떻게 다루느냐에 따라 로맨스(romance)일 수도, 스캔들(scandal)일 수도 있다. 각자의 영역을 존중하면서, 건전한 사랑을 이끈 사람들에게 이성은 아름다운 로맨스의 대상이다. 그러나 가정이 있는 사람이 배우자에 대한 신뢰를 깨고 바람을 피운다든지, 성욕에 이끌려 이성에게 다가간다든지 하는 행위는 사회적 지탄의 대상이다. 사랑은 단순히 육체의 향락을 통해서만 이루어지는 것이 아니라 상대방에 대한 진심 어린 배려가 있어야만 가능함을 명심해야 할 것이다.

일찍이 마하트마 간디는 언젠가 "이 세상은 우리들의 필요를 위해서는 풍요롭지만 탐욕을 위해서는 궁핍한 곳이다"라고 했다. 인간의 욕구는 무한하다. 그래서 인간의 기본 욕구는 모든 죄(罪)의 근본이다. 저자의 40대인 지인 가운데에도 외도로 인한 가정 파괴, 그리고 종국에는 자살로까지 이어지는 악의 고리에서 벗어나지 못한 이가 있었다. 외도의 시작으로부터 자살이라는 최악의 상황까지 단 2개월이 소요되었다. 고위 공직자들의 잇따른 부정부패와 자살도 결국은 순간의 유혹을 떨쳐 버리지 못했거나 자신의 욕구를 통제하지 못한 데서 기인한 경우가 많다. 그래서 저자는 앞에서 언급한 상삼요 일화에서 예로 제시된 욕구 중 권력을 술로 바꾸어 '술, 돈, 이성 조심하기' 운동을 부대 장병들을 대상으로 지속적으로 추구해 왔다. 부대 장병들의 사고 원인 중 80% 이상이 술, 돈, 이성 문제로 인하여 발단되고 있는 실정에서 이 운동은 부대의 사고 최소화라는 목표 달성에 크게 기여했다고 생각한다. 부처님도 “술은 독약(藥)이고 독수(水)이며 독기(氣)가 된다. 모든 잘못의 시초이며 모든 악의 근본이다. 술은 현명함을 몰아내고 성스러움을 깨뜨리며 도덕을 흐리고 망령된 행위로 화를 부르는 근본이 된다”고 하였고 또한 “습한 땅에 잡초가 무성하듯, 애욕(愛慾)의 습지에는 번뇌의 잡초가 무성하다. 애욕은 꽃밭에 숨어 있는 독사와 같다. 사람들은 독사에 물려 죽는 줄도 모르고 꽃을 꺾으러 꽃밭으로 달려간다. 이처럼 애욕이 숨어 있는 곳에는 항상 유혹이 뒤따른다”고 하여 술과 이성의 위험성에 대해 말씀하셨다. 자신에게 부여된 의지를 확고히 한다면, 악순환의 시작인 욕구는 지혜롭게 차단할 수 있을 것이라고 확신한다. 기둥이 약하면 집이 흔들리듯 의지가 약하면 목표가 흔들린다. 밥맛이 좋을 때 숟가락을 놓을 수 있는 결단을 할 줄 아는 사람이 현명한 사람이다. 이것이 바로 선(善)순환 삶을 보장하는 중요한 요소이다.

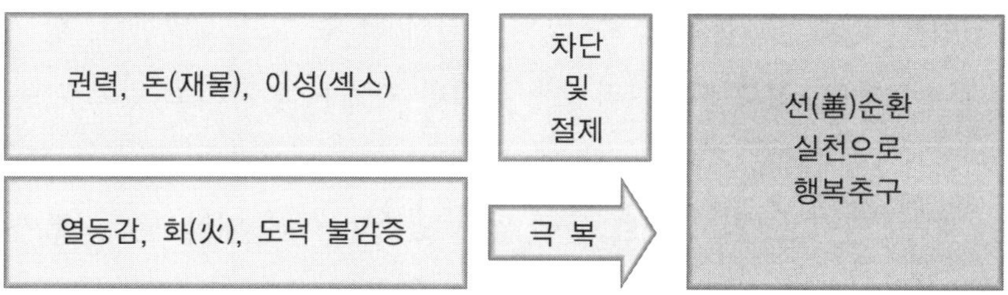

3. 열등감을 성공의 에너지로 전환

악의 고리의 또 다른 원인으로 열등감을 들 수 있다. 열등감은 정도의 차이만 있을 뿐, 누구에게나 존재한다고 한다. 열등감이라는 말은 오스트리아의 정신분석학자 아들러(Alfred Adler)에 의해서 처음으로 사용되었는데, 그는 자기 자신을 무능, 무가치한 존재로 여기는 만성적 자기 개념으로서 열등감을 정의하였다. 그에 따르면 열등감에 사로잡힌 사람은 무의식에서 부정적 자기 개념에 잡혀 있기 때문에 중요한 경쟁 상황 속에 처하게 되면 자기는 실패할 것이라는 불안과 염려가 그의 마음에 떠나지 않고 그것이 자기 충족적 예언(self-fulfilling prophecy)으로 작용하여 실패를 가져오게 한다는 것이다.

열등감은 부모로부터 시작될 수도 있다. 부모가 완벽한 기준과 목표를 요구하거나 "너는 아마 실패할 것이야"라고 부정적인 표현을 하는 경우, 그리고 칭찬과 격려로 동기부여하는 방법 대신 지속적으로 가혹하게 벌을 가할 경우 자녀들은 자신에게 부적절한 감정을 갖게 되면서 열등감이라는 무거운 짐을 안게 되는 것이다.

게리 콜린스(Gary Collins)라는 학자는 사회적 영향력이 그 집단의 구성원에게 열등감을 심어 줄 수 있는 터전이 될 수 있다고 말한다. 한 사회는 가정, 학교, 정부에서 나타내는 확실한 가치관을 가지고 있고 이는 대중매체에 의해서 강조된다. 한 개인의 가치가 그 사람의 지식, 외모, 교육, 재력, 권력, 그리고 명예 등에 달려 있으며 이에 대한 성취여부가 인생의 성공여부를 재는 잣대로 통용되는 문화 속에는 다수의 사람들에게 열등감을 갖게 한다. 우리 역시도 보이지 않는 열등감 속에 살아가고 있는 것이다.

하마첵(Hamachek)이라는 심리학자는 열등감의 특성을 다음과 같이 말했다. 독자 여러분도 자신의 열등감 척도를 측정해 보기 바란다.

- 비난(criticism)에 대하여 민감하게 반응하는가?

- 아첨에 대하여 과민하게 반응하는가?
- 남을 혹평하는 태도(hypercritical attitude)
- 남을 비난하려는 경향(tendency toward blaming)
- 누군가로부터 박해받는다고 느끼는가(feeling of persecution)?
- 경쟁을 나쁜 것으로 생각하는가(negative feelings about competition)?
- 혼자 지내는 것을 좋아하고 대중 앞에서 수줍어하는가?

그러나 이 열등감은 객관적인 지표가 아니라 오직 자신이 주관적으로 생각하는 방식의 산물이다. 사람들은 이런 열등감에 사로잡혀 스스로의 생각을 객관화시키는 어리석은 일을 자초한다. 사람들이 콤플렉스를 갖고 스트레스를 받는 것도 스스로의 잘못된 세뇌 방식에서 기인하는 경우가 많다.

미국의 교육 심리학자 길포드는 어느 누구나 최고가 될 수 있는 능력은 다 지니고 있다고 지적한다. 한 개인 내에도 150가지가 넘는 지적 능력이 각각 다르게 있고 그 가운데는 일등 할 수 있는 능력도 있고 꼴찌 할 수 있는 능력도 있다는 것이다. 신은 인간에게 공평하게 재능을 부여하고 기회를 준다고 한다. 또한 똑같은 재능을 모든 인간이 동일하게 갖고 있을 때 과연 인간 사회가 성립되고 인류가 존속할 수 있을 것인가를 생각해 본다면 개인별 능력의 차이는 정말 다행스러운 현상이다.

각 분야에서 세계적인 명성을 떨친 사람들 중에는 객관적으로 보아도 치명적이라 할 수밖에 없는 장애 내지는 약점을 가진 사람들이 많았다. 그들은 객관적인 면에서는 일반인들보다 나을 것이 없다 할지라도 여러 가지 위대한 업적을 이루었다. 나폴레옹이 그 대표적인 예이다. 코르시카 섬 촌

놈에 심한 사투리, 160cm도 안 되는 작은 키, 가난한 집 등 내세울 게 하나도 없는 나폴레옹이 만약 키도 크고 명문가의 부유한 사람이었다면 과연 자신의 노력과 투지로 황제에 등극할 수 있었을까? 추남에 단신으로 여성들에게 늘 퇴짜만 맞으며 비참한 삶을 살았던 안데르센은 좌절감과 열등감을 주옥 같은 동화를 쓰는 일로 풀어 냈다. 말년에 귀머거리가 된 베토벤은 불멸의 교향곡 9번 '합창'을 창조했고, 물리학의 태두 스티븐 호킹은 온 근육이 마비되는 루게릭 병에 걸려 말도 제대로 못하지만 오늘날 현대 물리학의 선구자로 칭송 받는다. 루스벨트 대통령은 다리를 절었다. 이처럼 여러 위인들도 열등감의 원인이 될 만한 객관적인 약점이 있었지만, 슬기롭게 극복했던 것이다.

미 교육부 산하 '전국장애인자문협회' 의장인 강영우 씨는 시각 장애라는 어려움을 딛고 국내 시각장애인 박사 1호가 된 인물이다. 그는 중학교 재학중 외상에 의한 망막 박리로 실명한 후, 오랜 기간 고통을 겪고 좌절을 맛보아야 했다. 그러나 그는 이를 굳은 의지로 극복하여 서울맹학교 고등부를 졸업하고, 연세대 교육학과에 입학하여 문과 대학 차석으로 졸업하는 영광을 누렸다. 이후 결혼을 하고 한국 장애인 최초 정규 유학생으로 도미, 3년 8개월 만에 피츠버그대에서 교육학 석사, 심리학 석사, 교육 전공 철학 박사 학위를 취득했다. 그가 일하는 장애위원회(National Council on Disability)는 백악관 직속 연방정부 독립기구로 대통령이 임명하고 상원 인준을 받은 차관보급 15명이 운영위원이 된다. 5,400만 장애인들의 권리 증진을 위하여 일하는 유일한 연방 정부기구로서 유엔을 비롯한 국제기구에서도 미국의 공식 입장을 대변한다. 오늘도 강영우 씨는 다음과 같이 말한다. "비록 나는 불빛도 구별할 수 없는 완전한 맹인으로 40년을 살아 왔지만 이 세상에서 가장 축복받은 사람 중 하나라고 말하고 싶다."

굳이 장애를 논할 필요도 없다. 학창시절 공부를 못해 공립중학교에 겨우 진학했고 거기서도 성적이 나빠 대학 진학에 실패, 육군사관학교를 세 번만에 들어간 사람. 이 정도면 별 볼 일 없는 사람이라고 단정지을 지 모르겠지만, 그가 영국의 수상을 지낸 처칠이라는 사실을 알면 얘기가 달라진다. 동경대 물리학과를 꼴찌로 졸업해 대학원 입학이 거의 기적에 가까웠던 사람. 하지만 고시바 마사토시(小柴昌俊)라는 이 학생은 2002년에 노벨 물리학상을 받았다.

심리학자 아들러(Alfred Adler)는 "인간의 행동과 발달을 결정하는 것은 인간 존재에 대한 보편적인 열등감을 보상 또는 극복하려는 의지"라고 했다. 인간의 자아 실현(self-realization)을 강조한 그는, 인간은 열등의식을 극복하고 우월성(superiority)과 힘에의 의지(will to power)를 추구하는 데서 행동이 나타나고 인격이 발달된다고 강조했다. 열등감이 때로는 발전의 원동력이자 행동의 실질적인 기폭제가 될 수 있는 것이다.

대부분의 사람들은 남과의 비교를 통해 열등감을 느낀다. 캠브리지 대학의 영문학자이자 철학자인 루이스(C. S. Lewis)는 현대인의 인격과 의식을 파괴하는 가장 큰 무기는 '비교의식' 이며 이는 열등감의 배후 세력이라고 했다. 열등감은 영어로 inferiority인데, 여기서 -ior는 라틴어의 비교급을 나타내는 것으로 그 속에 이미 다른 대상과의 비교가 함축되어 있는 것이다.

따라서 열등감을 극복하기 위해서는 자신에 대한 신뢰가 우선되어야 한다. 남과의 비교에서 벗어나 스스로에 대한 신뢰를 형성하고 그에 따른 노력을 경주한다면 열등감으로 시작하는 악의 고리를 차단하고 열등감을 인생성공의 에너지로 전환하여 선순환이 반복되는 삶이 가능하리라 확신한다.

4. 화(火)를 긍정적인 에너지로 승화

음양오행(陰陽五行) 사상은 음(陰)과 양(陽)의 소멸 · 성장 · 변화, 그리고 음양에서 파생된 오행(五行) 즉, 수(水), 화(火), 목(木), 금(金), 토(土)의 움직임으로 우주와 인간생활의 모든 현상과 생성소멸을 해석하는 사상이다. 음양오행 사상은 중국 전국 시대에 형성되었을 정도로 그 역사와 전통이 깊다. 동양 철학에서는 자연의 구성을 오행으로 나누고, 이 중 화(火)에 총체적인 의미를 부여했다. 음양오행의 사상적 맥락을 이어받은 우리나라도 화에 대해 그 어느 민족보다 많은 관심을 두고 연구했다. 음양오행의 관점에서 본다면, 인간의 마음 속에 있는 화(火)는 일상을 규정짓는 중요한 요소이다.

'홧병' 이라는 용어가 따로 있을 정도로 우리나라는 과거부터 화를 잘 다스려야 한다고 생각했다. 1995년 미국정신의학회는 홧병(hwa-byung)을 정식 의학용어로 등록하면서 "분노의 억압에서 기인하는 한국인에게 나타나는 특이한 현상"으로 정의했다. 의학 용어로 등록될 만큼 우리나라에서는 화를 낼 일도 많고 화를 내는 사람도 많다는 반증일 것이다. 감정의 표출보다 절제를 강조해 온 우리 전통 문화의 영향이 크다고 할 수 있다.

화(火)가 지나치면 화(禍)가 된다. 화(火)는 기본적으로 적극적인 감정의 반응 산물로, 흥분과 긴장 상태를 유발하는 공격성을 내포한다. 화를 잘 다루지 못할 경우 보복이나 우울 등 극단적인 현상으로 연결되기도 한다. 그리고 기본적인 의사 결정에도 부정적인 효과를 주어 최적의 선택을 할 수 없게 한다. 모든 현상을 비관적이고 부정적으로 보기 때문에 타인과의 관계에서도 많은 문제점이 발생하기도 한다.

또한, 화(火)는 습관의 산물일 수 있으며 악의 고리로 연결되어 연쇄적 반응을 불러오기도 한다. 화가 일회성이 아닌 반복성을 지닐 경우, 화는 악습으로 변질되기도 한다. 또한 개인의 화는 자신의 문제로 그치지 않고 연쇄적 파급 효과를 일으켜 타인의 감정 반응에도 영향을 준다. 화를 쉽게 내는 사람 곁에 오래 있다 보면 자신도 쉽게 화를 낸다. 틱낫한(Thich Nhat Hanh)의 저서 『화』에 나오는 일화가 이를 증명한다.

여름철마다 플럼빌리지에 와서 다른 청소년들과 함께 수련을 하는 열두 살짜리 소년이 있었다. 그는 아버지와의 관계에 문제가 있었다. 어렸을 적에 가령 길을 가다가 넘어져서 다친다든가 하는 실수를 저지르면 아버지는 아들을 위로하기는커녕 고래고래 소리를 지르면서 온갖 욕설을 퍼부었다. "이 바보 같은 놈! 넌 어떻게 하는 짓이 늘 그 모양이지?" 고작 길을 가다가 넘어져서 다친 정도의 실수를 갖고 그처럼 험악한 사태가 벌어진 것이다. 그러니 그가 아버지를 자애롭고 훌륭한 아버지로 볼 수가 없었다. 그는 이 다음에 커서 결혼을 하고 자식들을 갖게 되면 자신은 절대로 그렇게 행동하지 않을 것이라고 다짐했다. 아들이 놀다가 다쳐서 피를 흘리더라도 고래고래 소리를 지르지 않을 것이며, 아들을 품에 안아서 위로해 줄 것이라고 다짐했다.

플럼빌리지에 두 번째로 왔을 때 그는 여동생을 데리고 왔다. 여동생이 다른 소녀들과 함께 그물 침대에서 놀다가 떨어졌다. 돌멩이에 머리를 부딪혀서 얼굴에 피가 철철 흘렀다. 갑자기 그는 화가 치밀어오르는 것을 느꼈다. 그는 여동생한테 "바보 같은 계집애! 넌 어떻게 하는 짓이 늘 그 모양이지?"라고 곧 소리를 지르려 했다. 아버지가 그에게 했던 바로 그 말을 그도 여동생에게 하려 했던 것이다. 그러나 그는 플럼빌리지에서 두 번이나 수련을 한 덕분에, 그 순간에 스스로를 억제할 수 있었다. 그리고 불과 5분 만에 그는 어떤 깨달음의 순간을 경험했다. 그는 여동생이 다친 데 대해 그가 보인 과민한 반응이 바로 그가 그의 아버지에게서 물려받은 습관적 에너지라는 사실을 깨달았다.

화(火)를 긍정적 에너지로 보는 견해도 있다. 일본의 교육 전문가 하이케 바움은 아이들의 화를 긍정적인 입장에서 해석한다. 어른들은 화내며 싸우는 아이들의 공격적인 행동을 도덕적인 규범에 어긋난다고 여기는 경우가 많다. 그러나 공격성은 긍정적인 면과 부정적인 면을 동시에 지니고 있다. 공격성을 의미하는 영어의 aggression이라는 단어는 라틴어의 aggredi에서 온 말로, 어떤 관계가 있기 때문에 적극적으로 변한다는 뜻이다. 그렇기 때문에 아이가 화를 내고 공격적으로 행동하는 것을 무조건 나쁘게만 바라보면 안 된다고 한다. 공격성은 인간이 성장하고, 발전하기 위해서 반드시 필요한 에너지이기 때문이다.

그러나 이는 성장기에 해당되는 사항이며, 일반적으로 화(火)는 부정적으로 나타나기 마련이다. 따라서 우리는 화라는 거대한 에너지를 긍정적으로 전환하기 위한 방법을 찾아야 한다. 전문가들은 먼저 충동성이나 분노, 흥분을 느낄 때에는 중요한 결정을 하지 말고 무조건 연기하라고 조언한다. 정신과 전문의인 이상혁 교수는 "말 그대로 생각을 중단하기 위해 자신에게 멈추자고 외쳐보라. 그리고 한 발자국 떨어져 자신을 바라보라. 실제로는 전혀 그렇지 않음에도 저 사람이 날 무시한다고 생각하는 것처럼 충동적인 상황에서는 생각이 잘못된 경우가 많다. 따라서 이런 경우 생각을 중단하는 것이 필요하다"고 한다. 즉, 화가 났을 때 섣불리 말하거나 행동하지 않는 것이 중요하다는 말이다.

다음으로 역지사지(易地思之) 입장에서 생각하는 자세가 필요하다. 상대방의 입장에서 상황을 본다면 화를 내지 않아도 될 경우가 많다. 남을 미워하면 나도 미움을 받으며, 반대로 남을 사랑하면 나 역시 사랑을 받게 된다. 긍정적인 에너지는 자신의 상대방에 대한 배려가 전제될 때 가능함을 잊지 말아야 한다.

화(火)를 계속 마음에 품고 있으면 마음의 병이 된다. 화도 하나의 에너지인 이상 이를 올바른 방향으로 분출하는 일이 필요하다. 그렇다고 해서 과격한 행동을 취하는 근시안적인 행동은 오히려 상황을 더욱 악화시킬 뿐이다. 저자 개인적으로는 '화를 가둬두는 노트'를 써볼 것을 추천한다. 화가 나면 노트를 펴서, 내가 왜 화가 났는지, 정말로 화를 내야 하는 일인지, 화를 내지 않고 해결할 수 있는 방법은 없는지, 남의 입장에서는 어떻게 해석할 수 있는지 등을 구체적으로 기술한다. 이렇게 노트를 작성하다 보면 당장 분출할 것 같은 감정도 서서히 누그러지고, 또한 자신의 상황을 객관적으로 돌아볼 수 있는 기회를 갖게 된다. 가정에서는 부인이나 아이들과 함께 TEN-TEN 방법, 즉 동일주제를 10분 동안 적어 보고, 10분 대화하는 방식으로 서로의 갈등을 해결하는 것도 좋은 방법이 될 것이다. 부처님은 "몸은 마른 나무와 같고 노여움은 성난 불길과 같다. 노여움이 일어나면 남을 태우기 전에 먼저 자기 자신을 태운다"고 하여 화(火)를 경고했다.

언젠가 프란스 드 발은 두 원숭이를 통해 '화'에 대해 얘기했다. 붉은털원숭이와 짧은꼬리마카쿠원숭이는 같은 마카카 속에 속하며 외모는 흡사하지만, 성격은 전혀 딴판이다. 붉은털원숭이는 난폭하고 호전적이어서 쉽게 싸우고, 화해하는 데도 시간이 걸린다. 마카쿠원숭이는 그보다 훨씬 유순하며, 다툰다 해도 10분 안에 서로의 엉덩이에 손을 갖다 대고 껴안는 등 화해의 몸짓을 보낸다. 드 발은 몇몇 어린 붉은털원숭이들을 다섯 달 동안 마카쿠원숭이들 무리 속에 넣어 길렀다. 다섯 달이 지난 후, 사교적인 마카쿠원숭이들의 영향을 받아 붉은털원숭이는 화해 행동을 배웠고, 몸도 매만져 주고 엉덩이에 손을 갖다 대는 등 모든 면에서 마카쿠원숭이에 비할 만한 평화주의자가 되었다. 이를 지켜본 드 발은 다음과 같은 결론을 내린다. "화를 잘 내고 난폭한 성격은 유전적인 것이 아니라 어디까지나 후천적인 사회적 기술이다." 즉, 화를 잘 내는 사람이 애초부터 정해진 것은 아니라는 것이다.

틱낫한은 "화는 날감자와 같아 날 것 그대로 먹을 수는 없다. 먹기 위해서는 냄비에 넣고 익기를 기다려야 한다. 당장 화가 났다고 감정을 주체하지 못해 괴로워하지 말고 일단 숨을 고르고 마음을 추슬러야 한다"고 충고한다.

화(火)내는 습관은 선천적으로 얻은 것이 아니라 자신의 감정을 이기지 못한 악습관이다. 순간의 충동을 억제하지 못해 타인에게 화를 낸다면, 이는 자신에게도 타인에게도 악영향을 주는 악의 고리로 이어진다. 따라서 쉽게 화를 내는 감정적인 반응을 보이기보다는 한 발짝 물러서서 자신의 모습을 돌아볼 줄 아는 지혜가 필요한 것이다. 즉, 화(火)를 잘 다스리는 사람이 선(善)순환의 반복을 통해 성공을 거둘 수 있다는 것이 선순환(Good + α Cycle) 리더십의 소결론이다.

5. 도덕 불감증

도덕의 정의는 '사람이 마땅히 해야 할 일'로 정의할 수 있다. 동시에 도덕의 필요성도 그 정의와 다를 바 없다. 인간이 마땅히 해야 할 일이기 때문에 도덕이 필요한 것이다. 그러나 도덕의 당위성에도 불구하고 도덕 실현에 대한 개인의 차이는 현격히 다르게 나타난다. 심리학자 콜버그(Kohlberg, Lawrence)는 도덕성 발달론을 다음의 6단계를 다음과 같이 제시한 바 있다.

단 계	내 용
1단계: 벌과 복종 지향	행위가 가져다주는 물리적 결과가 선악판단의 기준
2단계: 개인적 보상 지향	자신이나 타인에게 이익이 되는 행위가 선이라고 판단
3단계: 대인관계 조화 지향	다른 사람을 기쁘게 하고 도와주며 이를 통해 다른 사람의 승인을 획득
4단계: 법과 질서 지향	자신의 의무와 책임 수행, 합법적 권위 존중
5단계: 사회계약정신 지향	개인의 기본 권리와 사회 전체가 합의에 도달한 도덕 기준 제시
6단계: 보편적 도덕원리 지향	스스로 선택한 도덕원리에 따름. 여기에는 인간의 존엄성에 대한 존중 전제

콜버그가 도덕을 체계적으로 정리했다면, 콜스는 대중에게 친숙한 언어로 도덕발달을 이야기한다. 지능지수(IQ), 감성지수(EQ)에 이어 최근 도덕지수(Morality Quality, MQ)의 등장은 이런 맥락에서 이해할 수 있다. 하

버드 의대 정신의학과 및 사회윤리학과 교수인 로버트 콜스는 지능지수나 감성지수처럼 인간의 도덕적 잣대를 평가할 수 있는 도덕지수를 소개했다. 그에 따르면 개인의 도덕성이란 선천적으로 결정되는 것이 아니라 사회의 다양한 영향력을 통해 후천적으로 양성되며, 도덕지수가 뛰어난 사람들은 일반인에 비해 역량도 뛰어나다고 한다.

사실 콜버그의 도덕 단계나 콜스의 도덕지수는 그리 새로운 개념이 아니다. 일찍이 맹자는 '사단설(四端說)'에서 '자신의 옳지 못함을 부끄러워하고, 남의 옳지 못함을 미워하는 마음이 없다면 사람이 아니다(無羞惡之心 非人間)'고 했다. 유교 문화에 뿌리를 두고 있는 우리 전통 문화에서 도덕은 선택사항이 아닌 인간으로서의 기본적인 도리였다.

그러나 현대 사회의 도덕 불감증은 이러한 당위론을 무시한 채 위험 수위에 이르고 있다. 국제투명성기구가 발표하는 부패인식지수(CPI)에 따르면, 2003년 한국 윤리지수는 10점 만점에 4.3점이었다. 뿐만 아니라 반부패국민연대에 따르면 우리나라 중고생들의 16.8%는"10억을 벌 수 있다면 감옥에서 10년도 살 수 있다"는 충격적인 대답을 했다. 사회 지도층에서부터 일반인에 이르기까지 만연된 도덕 불감증이 청소년들에게도 부정적 학습 효과를 유발하고 있는 것이다.

우리는 흔히 양심(良心)을 심장(心臟)에 비유한다. 양심이 인간의 정신적 생존을 책임진다면, 생물학적 생존을 책임지는 소중한 장기는 심장이다. 심장은 주먹만한 크기에 불과하나, 1분에 5L에 가까운 피를 하루에도 10만 번씩 펌프질하여 내보내고 받아들이는 활동적인 장기이다. 하지만 양심의 활동지수는 개인에 따라 큰 차이가 있다.

도덕 불감증에 의해 인간의 마지막 보루인 양심이 해제되면 악의 고리를 정당화하며 악의 고리로 이어지는 나락에 빠질 수밖에 없다. 결과만을 중시하는 풍조가 팽배하면서 한탕주의를 비롯한 반도덕적인 행위들이 자행되고 있다. 그러나 한탕주의는 일시적인 결과에 집착한 근시안적인 결론일 뿐 근본적인 해결책이 될 수 없음을 상기해야 한다. 도덕은 우리 사회를 이루는 근간으로, 도덕이 무너질 경우 악의 고리에서 벗어날 수 없다. 부처님도 "높기로는 도(道)보다 높은 것이 없고 아름답기로는 덕(德)보다 아름다운 것이 없다. 도덕이 있으면 비록 필부(匹夫)라도 궁색하지 않지만 도덕이 없으면 천하를 다스려도 원활하지 못하다"고 말씀하셨다. 정상적인 사람이라면 옳고 그름을 분간할 수 있는 능력이 있다. 도덕성에 기준하여 잘못되고 그릇된 행동을 하지 않도록 자기 리드를 잘하는 것이 선(善)순환 리더로서의 올바른 자세이고 이것이 바로 자신의 평화(平和)와 행복(幸福)의 초석이 된다.

악의 고리

● 상삼요(桑三搖)라는 고사성어는 인간의 기본 욕구인 권력과 이성, 재물 욕심은 인간의 기본 욕구로서 무한정하다는 것을 강조한 것이며 기본 욕구에 대한 욕심이 무한(無限)정하므로, 절제하고 자제하는 등 자기 관리를 철저히 하지 않으면 이 요소들이 원인이 되어 인생을 망치게 된다.

● 권력이란 둘 이상의 사람이 모였을 때 그 관계를 지배 · 복종의 관계로 구분지어 주는 개념이다. 즉, 권력이란 조직체 내의 다른

사람 행동에 영향을 끼치는 개인의 잠재적인 또는 실제적인 능력을 의미한다. 그러나 권력은 난로와 같으며 그 난로에 뛰어드는 나방은 종국엔 타 죽는다. 이 말은 권력 주변을 맴도는 사람들에게 권력에 대한 집착을 경계시키고 신중한 처신을 강조할 때 정치권에서 자주 회자된다.

● 황금만능주의 사회에서 돈은 필수불가결한 요소이다. 재물은 자신의 생계와 직결되는 문제로, 재물이 없으면 당장 기본적인 의식주 문제도 해결할 수 없다. 그렇다고 해서 돈이 곧 인생의 행복을 의미할까? 돈은 순간적인 쾌락이나 생활의 편리함을 줄 수 있을지언정, 행복이나 평안을 줄 수는 없다. 돈은 어디까지나 삶을 위한 수단에 불과하다는 사실을 잊어서는 안 될 것이다.

● 현대는 이성에 대한 절제력을 더욱 요하고 있다. 성(性)에 대해 보다 개방적인 태도를 지니게 되면서 현대인들은 마음만 먹으면 언제든지 이성과의 시간을 보낼 수 있기 때문이다. 그런데 일부에서는 개방적인 태도를 일종의 방임으로 해석하여 욕구에 이끌리는 대로 이성 관계를 유지해도 된다고 착각하기도 한다. 이성 문제는 자신의 내면화된 확고한 의지가 있어야 해결할 수 있다. 사랑은 단순히 육체의 향락을 통해서만 이루어지는 것이 아니라 상대방에 대한 진심 어린 배려가 있어야만 가능함을 명심해야 할 것이다.

● 열등감에 사로잡힌 사람은 무의식에서 부정적 자기 개념에 사로잡혀 있기 때문에 중요한 경쟁 상황 속에 처하게 되면 자기는 실패할 것이라는 불안과 염려가 그의 마음에 떠나지 않고 그것이 자기 충족적 예언(self-fulfilling prophecy)으로 작용하여 실패를 가져오게 하는 것이다. 그러나 열등감은 객관적인 지표가 아니라 오직 자신이 주

관적으로 생각하는 방식의 산물이다. 열등감을 극복하기 위해서는 자신에 대한 신뢰가 우선되어야 한다. 남과의 비교에서 벗어나 스스로에 대한 신뢰를 형성하고 그에 따른 노력을 경주한다면 열등감으로 시작하는 악의 고리를 차단하고 열등감을 인생성공의 에너지로 전환하여 선순환이 반복되는 삶이 가능하리라 확신한다.

● 화(火)가 지나치면 화(禍)가 된다. 화(火)는 기본적으로 적극적인 감정의 반응 산물로, 흥분과 긴장 상태를 유발하는 공격성을 내포한다. 화를 잘 다루지 못할 경우 보복이나 우울 등 극단적인 현상으로 연결되기도 한다. 우리는 화(火)라는 거대한 에너지를 긍정적으로 전환하기 위한 방법을 찾아야 한다.

● 도덕의 정의는 '사람이 마땅히 해야 할 일'로 정의할 수 있다. 도덕 불감증으로 의해 인간의 마지막 보루인 양심이 해제되면 악의 고리를 정당화하며 악의 고리로 이어지는 나락에 빠질 수밖에 없다. 정상적인 사람이라면 옳고 그름을 분간할 수 있는 능력이 있다. 도덕성에 기준하여 잘못되고 그릇된 행동을 하지 않도록 자기 리드를 잘 하는 것이 선(善)순환 리더로서의 올바른 자세이다.

회사를 위한 최고의 인재는 자원봉사자처럼 일하는 사람들이다. 이들은 어디서나 훌륭한 일거리를 찾아낼 수 있다.

–맥스 디프리

제 4 절 주인정신으로 자기 주도적 삶 실천

1. 주인정신의 개념

“나는 주인이다.” 이 말처럼 힘찬 선언은 없다. “운명아 비켜라! 내가 나아간다!” 이 말처럼 강한 의지가 없다. 한 인간, 한 가정, 한 회사의 성패는 그 주체가 되는 사람들의 주인정신이 얼마나 강하냐 약하냐에 의해서 좌우된다. 또 한 나라의 흥망성쇠는 그 국민들의 주인정신이 얼마나 강하냐에 의해서 결정된다고 할 수 있다.

주인정신이란 무엇이냐. 첫째는 자립 정신이요, 둘째는 책임정신이다. 주인정신의 반대가 무엇이냐. 예속 정신이요, 방관 정신이다. 독립운동을 위하여 청춘을 바쳤던 도산 안창호 선생도 "어느 민족 사회든지 그 사회에 주인이 없다면 그 사회는 망하고, 그 민족이 누릴 권리를 딴 사람이 취하게 된다"고 말하여 "조선(朝鮮) 독립이 국가를 사랑하고 자신과 국가를 동일하게 여기는 주인정신에서부터 시작된다"고 말하였다. 인생은 자작자연(自作自演)의 연극이다. 내가 각본을 쓰고, 내가 주인공이 되어 연출하고 행동한다. 내가 남의 인생을 살아 줄 수 없듯이, 남이 내 인생을 살아 줄 수 없다. 내 인생은 내가 주도해서 사는 것이다. 그래서 잘 되고, 잘못되는 것은 남에게 달린 것이 아니라 자신에게 달려 있다. 그렇기 때문에 나 개인에서 시작해서 나라의 주인에 이르기까지 그때 그때의 입장에 따라서 다음과 같이 의무와 책임을 다해야 한다.

첫째로 나는 내 인생의 주인이요, 내 운명의 주인이다. 내가 나의 노력으로 내 운명을 개척하고 미래를 건설하며 승리를 쟁취하고, 성공을 획득하여 행복을 창조하는 것이다. 하늘은 스스로 돕는 자를 돕는다고 했다. 영광의 생애를 사느냐, 생의 낙오자가 되느냐, 승리의 기념비를 세우느냐, 패배의 나락으로 전락하느냐, 그것은 오직 나의 의지와 노력에 달려 있다. 운명의 신은 강자 앞에서 약하고, 약자 앞에서 강하다. 인생의 싸움터에서, 역사의 행동 무대에서 항상 쫓기기만 하는 나약한 존재가 아니라 당당한 주인공으로서의 자기 주도적 삶을 살도록 해야 한다.

주역(主役)은 "자강불식(自强不息)," 즉 스스로 힘써 쉬지 않는다고 하였다. 쉬지 말고 나 자신을 강화하고, 도전하는 등불이 되고 개척자가 되도록 하여야 한다. 요컨대 수작(秀作)의 인생을 만드느냐, 졸작(拙作)의 인생을 만드느냐 하는 것은 전적으로 나 자신에게 달려 있다는 것이다. 숙명주의를 버리고 노력주의로, 체념주의를 버리고 사명주의로, 소극주의를 버리고 적극주의로 방향 전환을 해야 한다. 나의 운명은 나의 수중에 있으며 나의 행복은 나의 노력으로 건설해야 한다. 이를 위해서는 유한적(有限的) 삶에 대한 인식이 유용하다. 그때 비로소 우리는 생의 순간순간 최선을 다하는 자세를 견지할 수 있기 때문이다.

둘째로 나는 나의 가정의 주인이다. 행복한 가정의 건설은 인간의 고귀한 의무요 책임이다. 가정은 인생의 즐거운 안식처다. 기쁨과 사랑과 감사와 보람의 향기가 넘치는 아름다운 가정을 건설하는 것처럼 세상에 의미 있는 일은 없다. 가정은 사회의 근본이요, 인간의 성격 형성의 도장이요, 사람의 근본이 만들어지는 인생의 교실이다. 가정이 파괴될 때, 인생의 행복이 파괴된다. 가정이 원만할 때 사회가 건전해진다. 가정은 도덕의 학교다. 우리는 도덕의 원형을 가정에서 배운다. 질서, 협동, 봉사, 우애, 사랑, 신뢰, 권위, 순종, 희생 등의 덕목을 가정에서 익힌다. 좋은 가정을 건설하는 것은 우리 일생 동안 힘써야 할 아주 중요한 사업 중에 하나이다. 우리는 저마다 행복한 가정을 만드는 주인이 되어야 한다.

셋째로 나는 내 직장의 주인이다. 나의 꿈을 실현하며 생계를 유지하고, 삶의 보람을 느끼며, 많은 친구를 발견하고, 잠재력을 개발하고, 성공의 기회를 만들며, 사회에 기여하고 공헌하는 기쁨을 느낄 수 있는 곳, 그곳이 바로 직장이다. 직장은 제 2의 가정이다. 그러므로 저마다 천직사상을 가지고 자기 일에 심혈을 기울이고 정성을 쏟아야 한다. 산다는 것은 일하는 것이며, 창조적 활동 속에 생의 의미와 보람이 있다. 우리는 주인정신을 가지고 자기 일에 헌신, 몰두해야 한다.

넷째로 나는 내가 사는 마을과 지역의 주인이다. 우리는 누구나 지역사회의 한 구성원으로서 어느 마을에서 살아간다. 내가 사는 마을을 깨끗한 마을, 아름다운 마을, 살기 좋은 마을, 번창하는 고장으로 만들어야 한다. 문명은 질서다. 문명이 발달한다는 것은 질서가 확립된다는 것이다. 자기 집을 깨끗이 하고 자기 집 앞을 청소하고 자기가 사는 마을을 청결하게 가꾸는 것은 시민의 의무요 책임이다.

이솝우화에 나오는 이야기다. 이솝이 머슴살이를 하고 있었는데, 주인이 목욕을 하려고 하니, 동네 목욕탕에 가서 사람이 몇 명이나 있는지 확인하고 오라고 했다. 이솝이 목욕탕에 도착하기 전 100여 미터쯤에 이르렀을 때 목욕하고 나오는 어떤 사람이 목욕탕 앞에서 넘어지는 모습을 목격했다. 들어가고 나오는 사람들을 지켜보고 있노라니 계속해서 목욕탕 앞에 있는 돌부리에 걸려서 넘어지거나 넘어질 뻔한 사람들이 돌부리를 향해 인상 한 번 찌푸리고는 그냥 돌아가 버린다는 것이다. 그중 한 사람이 다른 사람들이 넘어지지 않도록 돌부리를 치워놓고 목욕탕에 들어가는 것을 보고 돌아온 이솝은 주인에게 "목욕탕에는 한 사람만 목욕하고 있습니다"라고 했다. 이 말을 들은 주인은 심심할 것 같아, 이솝을 데리고 목욕탕에 들어갔는데, 이솝의 말과 달리 그곳에는 많은 사람들이 있었다. 주인이 이솝에게 왜 거짓말을 했느냐고 묻자 이솝은 자초지종을 말하면서 목욕탕 안에 인간은 많지만 사람다운 사람은 딱 한 사람뿐이어서 그러했노라고 대답했다. 바로 주인정신을 강조하기 위한 우화가 아닌가 생각된다. 그래서 저자는 지휘관 생활을 하면서 장병들의 생활 신조를 정해 놓고 실천하도록 하였는데 그 첫 번째가 "주인정신을 갖고 정성을 다하자"로 하였다.

타율은 부끄러운 일이요, 자율은 보람이 있고 행복을 초래한다. 성숙한 시민이 되어 성숙한 사회를 건설해야 한다. 두 사람만 있어도 줄을 설

줄 아는 민주시민이 되고 자기의 분수를 지키고, 남과 협동할 줄 아는 자치적 시민이 되어야 한다. 또한 나라의 주인이요, 민족의 주인이요, 역사의 주인이 되어야 한다. 헌법을 준수하고 국익을 위해 개인을 희생할 수 있는 국민이 되어야 하고 애국심을 가져야 한다. 인류 발전에 크게 기여하여 존경을 받을 수 있는 세계의 모범 민족이 되어야 한다.

영조 때의 일이다. 청나라에서 칙사가 와 임금이 몸소 지금의 독립문 자리에 있던 모화관(慕華館)까지 나가 영접을 하고 있는데 갑자기 돌멩이 하나가 날아오더니 정통으로 청나라 칙사의 이마를 맞췄다. 맞은 사람도 맞은 사람이지만, 영접 나와 있던 사람들의 당황과 놀라움은 정말 천지개벽이라도 일어난 것 같이 컸다. 당장 장안이 발칵 뒤집혀진 것은 말할 것도 없었다. 그러나 먼발치에 엎드려 있던 구경꾼들 사이에서 날아온 것이라 범인을 잡아내는 것도 쉬운 일이 아니었다. 포도대장은 곰곰이 생각해 보았다. 돌을 던진 자는 보통 사람이 아니고 적어도 우국충정(憂國衷情)이 있는 뜻 있는 사람이라는 생각이 들었다. 또 부근에서 활을 쏘며 어울려 지내는 모화관 한량패들 가운데 한 사람일 것 같았다. 장안에서도 항상 우두머리 노릇을 하며 이름을 날리던 것이 모화관 한량패들이었기 때문이다. 그래서 은밀하게 조사를 한 끝에 서유대라는 청년을 유력한 범인으로 지목하고 어느 날 술자리에 그를 초대하였다. 술들이 거나하게 취했을 때 포도대장은 "청나라 사신도 이번에 혼이 났을거야. 누가 한 짓인지 모르나 정말 가슴이 후련한 일이었네" 하면서 슬그머니 서유대의 마음을 떠보았다. 서유대도 맞장구를 쳤다. 포도대장은 그 순간 불쑥, "그거 사실은 자네가 한 짓이 아니었나?" 하면서 서유대의 얼굴을 정면으로 쳐다보자, 서유대는 자백을 했다. "청나라 사신이라고 해서 우리 임금께 거만하게 구는 꼴을 보고 참을 수가 있어야지요."

이렇게 해서 범인을 잡기는 잡았으나 솔직 담백하고 앞날이 유망한 청년이었기에 차마 처형할 수가 없었다. 포도대장은 옥에 갇혀 있는 사형수의 죄목을 바꿔치기 하는 꾀를 내었다. 사형수 역시 기왕에 죽을 바에야 후세에 이름이라도 남기고 죽겠다는 생각으로 쾌히 투석범인을 자청하고 나섰다.

포도대장은 그 사형수를 청나라 칙사 앞으로 끌고 가 엎드려 사죄하게 하였다. 이제 그 앞에서 목을 쳐야 할 판이었다. 그런데 천만 뜻밖에도 칙사는 "이 자의 소행은 괘씸하나 자기 나라 임금께 대한 충정으로 한 짓이니 풀어 주도록 합시다" 하고 오히려 부탁을 하는 것이었다. 포도대장의 지혜는 이렇게 해서 두 사람의 목숨을 구하고 서유대는 나중에 훈련대장의 직위에까지 이르렀다.

2002년 한 · 일 월드컵에서 우리나라 축구 선수들이 조국의 명예를 걸고 최선을 다해 4강의 신화를 이루어 우리 국민들에게 자부심과 영광을 느끼게 해 주었는데, 이것이야말로 타오르는 애국심의 발로가 아닌가 생각된다. 또한 '유로 2004' 축구대회에서 약체로 평가되던 그리스 팀이 우승하였는데, 그 역시 전 선수가 애국심을 갖고 국가를 위해 헌신진력한 결과였다고 한다. '유로2004' 가 시작되기 전 '우승 확률 150 대 1', 'FIFA 랭킹 35위' 의 그리스 팀 감독 레하겔이 '우리의 목적은 참가가 아니라 우승이다' 라고 말했을 때 그 말을 진지하게 듣는 사람은 아무도 없었다. 그러나 '유럽축구의 변방' 그리스는 모든 이들의 예상을 깨고 2004년 7월 5일 포르투갈 루즈스타디움에서 열린 결승전에서 주최국인 포르투갈 팀을 꺾고 '2004년판 그리스 신화' 를 창조했다. 이후 많은 전문가들이 그리스 팀 우승의 비결을 분석했는데, 모두 강력한 조직력을 그 결론으로 내놓았다. 그리스 팀의 조직력 강화는 2001년 레하겔 감독이 처음 그리스 팀의 지휘봉을 잡게 된 때부터 시작되었다고 한다. 그는 인기 있는 유명 선수보다는 기초 체력이 뛰어난 선수들을 중심으로 팀의 진용을 새롭게 짜기 시작했다. 그리고 숱한 비난 여론 속에서도 선수들을 일일이 만나며 "개인이나 소속 프로팀보다는 국가를 위해 최선을 다해야 세계적으로 유명한 선수가 될 수 있다"고 설득했다.

그는 '강한 정신력과 상호신뢰'를 중요시하는 그의 축구 철학을 차차 선수들로 하여금 공유하게 만들었고, '전체를 위한 하나, 하나를 위한 전체'라는 모토를 내세워 조직력 강화를 위한 선수들의 열정을 이끌어 냈다. 그리하여 레하겔 감독은 마침내 3년간 갈고 닦은 특유의 조직력을 무기로 그리스 국민들에게 우승의 영광을 바칠 수 있었다. 결국 애국심을 근간으로 한 주인정신이 '찰흙같이 응고된' 조직력을 이끌어 낸 것이다.

이 두 가지 예에서 알 수 있듯이 애국심은 자존심이다. 애국이란 결국 자신에 대해서, 국가와 민족에 대해서 강한 자존심을 지키는 일이다. 또한 주인정신이 강해 자기 주도적 삶을 사는 사람들은 주변 환경에 의해서 일희일비하지 않고 자극과 반응 사이에서 자기 감정 통제를 잘 하는 사람들이고, 자기가 좋아하는 일을 찾지 않고 현재 자기가 수행하고 있는 일을 좋아하는 일로 만들어 가는 삶을 사는 사람들이다.

2. 주인정신의 기본

가. 나는 내 인생의 주인공

우리 인생에는 세 가지의 중요한 선택과 결정이 있다. 첫째는 인생관의 선택이요, 둘째는 배우자의 선택이요, 셋째는 직업의 선택이다. "나는 어떤 인생을 살아갈 것이냐? 나는 누구를 내 인생의 반려자로 맞을 것이냐? 나는 이 세상에서 무엇을 할 것이냐?" 이것은 우리가 해야 할 세 가지의 중요한 선택이요, 인생의 핵심적 결정이다. 어떤 선택과 결정을 하느냐에 따라서 승리와 패배, 행복과 불행, 인생의 흥망성쇠가 좌우된다. 그렇기 때문에 교육을 통해 인생의 모든 문제에 대해 스스로 올바른 선택을 할 수 있는 지혜와 능력을 길러야 한다.

우리는 이와 같은 인생의 근본 문제에 대하여 기본적인 물음을 던지고 또 던져야 한다. 가령 나는 어디서 와서 어디로 가느냐, 나는 누구요, 또 나는 무엇이냐, 나의 설 자리가 어디며, 나의 할 일이 무엇이냐, 내가 살아가야 할 목표가 어디냐, 인생은 성실하게 살 만한 가치가 있느냐, 어떻게 사는 것이 가장 보람 있게 사는 것이냐, 인생의 최고선(最高善)이 무엇이냐, 행복은 어디에 있으며 나는 과연 인생을 옳게 살아가고 있는냐 하는 원론적인 물음을 우리는 끊임없이 스스로에게 던지고 그에 대한 명확한 답을 찾아야 한다. 고민이 없다는 것은 인생을 성실하게 살아가고 있지 않다는 증거다.

인생은 연습이 없다. 인생에는 재수생이 있을 수 없다. 그날 그날이 시합이요, 한해 한해가 결승전이다. 인생은 스페어 타이어가 없다. 처음이자 마지막이요, 알파인 동시에 오메가다. 인생 벽두에 우리가 제일 먼저 선택하고 결정해야 할 일은, 자신의 인생을 어떤 태도와 어떤 자세로 살아갈 것인가 하는 문제다.

우리는 인생에 대하여 여러 가지 태도와 자세를 가질 수 있다. 이상과 목표 없이 인생을 허무적 기분으로 살아가는 이가 있는가 하면, 도박꾼처럼 불성실하게 살아가는 이도 있다. 정열과 삶에 대한 애정 없이 회의적 자세로 살아가는 이도 있다. 자포자기하는 이도 있고 향락에 몰두하면서 살아가는 이도 있다.

그렇다면 어떤 태도와 자세로 나의 인생을 살아가야 하는가? 인생은 예술처럼 살아야 한다. 우리는 생명의 예술가가 되어야 한다. 예술가는 하나의 명작을 만들기 위하여 심혈을 기울이고 온 정성을 쏟는다. 각고(刻苦)의 노력과 면려(勉勵)의 조탁(彫琢) 끝에 아름다운 작품이 창조된다. 우리는 모름지기 예술가처럼 창조적 인생을 살아야 한다. 먼저 작품을 만들겠다는 강렬한 이데아(idea)가 나의 머릿속에 있어야 한다. 하나의 명작이 만들어지면 많은 사람들에게 미(美)와 기쁨을 줄 수 있으리라. 나에게 인생이라는 소중한 대리석이 주어졌다. 이 대리석을 가지고 나는 아름다운 작품을 만들어야 한다. 걸작을 만드느냐, 졸작(拙作)을 만드느냐, 평범한 작품을 만드느냐, 실패작을 만드느냐 그것은 오로지 나 자신에게 달린 문제다. 또한 내가 내 인생의 주인공이란 말은 내 주도적 인생을 산다는 의미다. 내 인생을 남의 영향에 끌려 다니는 것이 아니라 내가 주도해서 계획하고 실천하고 또한 결과에 대한 성취감과 책임을 지는 것이다. 그래서 모든 언행에 있어서 신중해야 한다. 특히 외부에서 자극이 주어졌을 때 이에 대한 반응을 현명하게 해야 한다. 남이 화(火)나게 한다고 화를 내면 내가 주도한 행동이 아니라 화를 발생시키는 매개체에 내가 끌려 다니는 결과가 된다. 이것이 바로 감정이 있는 사람이 즉각 반응을 하는 짐승들과의 차이이다. 아무리 감정이 격한 상황이더라도 차분하게 판단하고 감정을 추스린 후 대응해야 한다.

나. 자기 자신에 대한 신뢰로 적극적인 삶 실천

주인정신의 기본전제는 신뢰이다. 인류사회에 있어 빵의 문제만큼이나 신뢰는 중요한 문제였다. 일찍이 성서는 믿음(신뢰)을 인간사의 첫출발에서부터 문제 삼았고, 공자 역시 군주에게 있어 가장 중요한 것, 최후까지 남아 있어야 하는 것이 무엇이냐는 제자의 물음에 '신뢰'라고 답했다.

신뢰가 구체적으로 어떻게 형성되는가에 대한 연구는 수많은 학자들에 의해 진행됐다. 버틀러(Butler)는 신뢰의 구성요소로 역량, 충성, 개방성, 수용성, 이용가능성, 공정성, 정직성, 약속준수 등 무려 10가지 항목을 열거할 정도로 신뢰를 고차원적 개념으로 보았다. 신뢰에 대한 정의는 여러 가지가 있을 수 있지만, 다양한 이론을 종합해 볼 때 신뢰란, 교환당사자가 불확실한 상황에서도 타인의 행동에 대해 기꺼이 취약성을 감수하려는 자발성이다. 다시 말해 남을 믿고 따를 수 있는 능력을 일컫는다. 그러나 상대, 즉 타인간의 신뢰도 중요하지만 더욱 중요한 것은 자기 자신에 대한 신뢰이다.

자기 삶에 대한 주체적인 향유(享有)는 자기 스스로에 대한 큰 신뢰와 믿음에서 비롯된다. 자신에 대한 믿음이 약하면 스스로를 불신하고, 모든 행동에 자신감을 잃게 될 것이다. 자신에 대한 신뢰를 상실한 행동은 소극적인 대응으로 연결되며, 업무를 추진하는 데 있어 큰 제약요소로 작용한다. 우리가 가진 기본적인 본성을 스스로 주체가 되어 행동하는 것이지 남의 행동에 의해 이끌려 가는 것은 아니다. 자기 자신에 대한 신뢰는 곧 자신감을 의미한다. "나는 할 수 있다," "하면 된다"는 자기신뢰는 자기 긍정적이고 적극적인 행동을 유발하게 되어 있다. 적극적이 된다는 것은 무모하게 밀어붙이고 다른 사람을 불쾌하게 하며 공격적이 된다는 의미는 아니다. 이것은 어떠한 일을 완수하기 위해 최선을 다한다는 것이며 완수할 책임을 인식한다는 것이다. 어떤 일을 솔선해서 적극적으로 하는 사람과 그렇지 못한 사람간의 차이는 문자 그대로 하늘과 땅만큼이나 크다. 그 차이의 정도는 효과성에서 25%나 50%만 나는 것이 아니라 5,000% 이상 난다고 스티븐 코비 박사는 『성공하는 사람들의 7가지 습관』에서 밝힌 바 있다. 특히 영리하고 사려 깊고 다른 사람에게 섬세한 사람이 적극적으로 일하는 경우 그 차이는 크게 되어 있다. 선(善)을 밑바탕으로 하는 적극적인 삶, 바로 선순환 촉진으로 행복은 무한대로 커져 갈 것이다.

다. 균형과 조화로운 삶(The Life of Balance and Harmony)

자기에게 부여된 일에 주인정신을 가지고 정성을 다하기 위해서는 일상에서 균형(balance)과 조화(harmony)를 이루어 낼 수 있도록 노력해야 한다. 이 과정에서 선순환 리더십을 실천하는 사람들은 "나는 혼자가 아님"을 알게 되고 넓은 시각에서 자기 자신을 바라볼 수 있게 되며, 자신에게 부여된 일의 가치를 확실하게 깨달을 수 있게 된다. 여기에서 자신의 일에 대한 애착과 사명감을 갖게 되는 주인정신이 싹트게 된다. 만약 어떤 사람이 쉼 없이 업무에만 매달려 살아간다면 삶의 주인이 되는 것이 아니라 업무의 노예가 될 수 있다. 균형과 조화가 잡힌 삶을 살게 되면 넓은 포용력으로 매사를 주도해 나갈 수 있다.

일상에서 균형을 잡는다는 말은 한쪽으로 치우치지 않는 중용(中庸)의 삶을 지향한다는 말이다. 직장의 경우 고객의 만족, 사원의 복지, 회사의 이윤 추구 등 다수의 지향 목표가 있을 터인데, 이들을 적절히 조율하여 타협점을 찾는 것이 균형을 잡는 것이다. 그런데 많은 경영자들의 경우 다수의 목표 가운데 한 가지만을 선택하고, 그것에 매진하여 그리 좋지 않은 결과에 직면한다고 한다. 고객 만족만을 추구하다가 적자에 허덕일 수도 있고, 사원의 복지에 주력하다가 기술 개발을 등한시하여 타사(他社)에 뒤쳐질 수도 있다. 회사의 이윤만을 추구하다가는 윤리 경영을 도외시하여 고객들에게 버림받을 수도 있고, 사원들의 정당한 파업에 속수무책의 상황을 맞을 가능성도 높다.

개인의 경우 크게 일과 가족, 그리고 자기 계발이라는 3가지 지향점이 있다. 일에만 매진한다면 그는 쓸쓸하고 괴로운 노년을 맞게 될 것이다. 가족에만 매진한다면 가족애는 많겠지만, 곤궁함을 벗어날 수 없을 것이다. 그리고 자기 계발에만 매진한다면 그는 가족이나 친지, 그리고 동료로부터 이기주의적이라는 비난에 직면하게 될 것이다. 이 세 가지를 고루 균형 있게 추구해야 한다. 그렇지 않으면 세월이 흐른 후 소홀히 했던 분야에서 나타나는 문제들로 인하여 어려움을 겪게 되고 삶의 주인이 되기 힘들 것이다.

이렇게 균형을 잡는 것은 선순환 리더십을 실천하는 사람에게 다양한 시각에서 삶을 바라볼 수 있는 유연한 사고방식을 제공해 준다. 특히 자기 자신뿐만 아니라 타인의 시각에서 자신의 삶을 바라볼 수 있게 해주며, 자신의 삶과 맡은 임무를 조감(鳥瞰)해 볼 수 있는 기회를 제공해준다. 나무만 바라보던 사람이 숲을 보게 되는 과정이라고도 할 수 있겠다. 이 과정에서 선순환 리더는 자신의 위상을 깨닫게 된다. “나는 혼자가 아니다”라는 생각과 “내가 맡은 일은 이러이러한 가치를 지니고 있으며, 이러이러한 결과를 낳아 공동체에 기여하게 된다”는 생각을 하게 되는 것이다. 이러한 깨달음은 자신의 삶을 주도적으로 이끌어 나가는 것을 가능케 한다.

조화로운 삶을 영위한다는 것도 같은 맥락에서 이해될 수 있겠다. 타인과의 관계를 조화롭게 이끌어 나가기 위해서는 자연스럽게 집단 속에 속해 있는 나와, 나의 행동, 그리고 나의 역할이 지닌 가치를 생각하게 되는 것이다. 결국 조화로운 삶을 추구하다 보면 자신이 맡은 일에 대한 가치를 깨달아 자부심과 주인정신을 갖게 되기 마련인데, 이것은 균형잡힌 삶의 추구가 주인정신의 강화로 이어지는 과정과 유사하다고 볼 수 있겠다. 물론 선순환 리더가 균형잡힌 삶을 이루기 위해 개인차원의 노력을 기울이는 반면, 조화로운 삶을 위해서는 타인과 적극적으로 교류한다는 점이 다르다.

그런데 일상에서 균형을 꾀하려 하고 조화로운 삶을 살아가려 의도적으로 애쓰지 않아도 자신의 일에 대해 자부심을 가지고 정성을 다하다 보면 균형과 조화가 자연히 삶에 자리하게 되는 경우도 있다. 이는 타인(他人)이 주인정신을 가지고 생활하는 사람에게 감화되어 스스로 조화를 꾀하기 때문이거나, 주인정신 자체에 배려와 봉사정신이 내재되어 있기 때문이다. 이것 또한 바람직한 현상이라 볼 수 있다. '주인정신을 가지고 정성을 다하는 삶'과 '균형잡힌 조화로운 삶'은 이렇듯 서로 원인과 결과의 역할을 수행하기 때문에 양자 가운데 한 가지에 충실하면 다른 것 역시 자연스럽게 충족되는 것이다.

라. 공산주의 몰락은 주인정신 결여가 원인

19세기 독일 철학자 니체는 『권력에의 의지』라는 저서에서 인간을 주인도덕(master morality)과 노예도덕(slave morality)을 가진 사람들로 구분하면서 주인정신을 가진 엘리트들이 사회를 이끌어 가는 것이 옳다는 견해를 피력하였다. 즉, 일을 주도적으로 해 나가는 사람은 그 사회에서 리더로서의 자격을 가진 반면, 일을 수동적으로 처리하는 사람은 노예 이상의 역할을 담당할 수 없다는 것이다. 니체는 이러한 주체의식의 중요성을 강조하면서 주체적인 삶을 통하여 불완전한 자아를 뛰어넘는 '초인이론'을 제시하였다. 그는 초인이론에서 주체적으로 삶을 살아간 세 명의 초인의 모델을 제시하였는데, 고난 속에서도 사랑을 실천하였던 청년 예수, 열등감을 극복하고 유럽을 제패하였던 위대한 황제 나폴레옹, 그리스 신화에서 술의 신, 열정의 신으로 대변되는 디오니소스(바커스)가 바로 그들이다. 이들은 우리에게 주인의식을 심어 주는 모델이 될 수 있다. 실제로 우리 사회에서도 자신의 일에 책임감을 갖고 적극적으로 임하는 사람은 리더로서의 역할을 충분히 수행하고 있지만, 그렇지 못한 경우 조직에서조차 퇴출당하는 경우를 빈번하게 목격할 수 있다.

한때 지구 면적의 30%, 세계인구의 42%를 차지할 정도로 영향력을 확대하며 무려 1억 명 이상의 삶을 처형하거나 희생시킨 공산주의(프랑스의 피에르 리굴러가 『공산주의 흑서』라는 책에서 고발함)는 근본적인 오류와 모순을 내재하고 있음이 입증되었다. 저자는 본서에서 체제의 문제를 논하자는 것이 아니라 공산주의의 몰락 원인이 어디에 있는가를 알아보자는 것이다. 자본주의 체제에서는 개인의 소유권을 인정하여 개개인이 주인정신을 함양할 수 있는 기회를 제공한 반면, 공산주의 체제는 사유 재산제를 폐지하였기 때문에 주인정신을 유발하는 동기 중 가장 큰 동기를 원천적으로 차단했던 것이다.

이와 관련해 재미있는 일화가 있다. 고르바초프가 어느 지방 농업담당 서기로 있었을 때였다. 그 지방의 감자 생산량은 수요량의 170%로 과잉 생산되고 있었는데도 실제로는 항상 30%가 부족하여 수급에 차질이 생겼다. 어느 날 고르바초프가 지방출장을 갔을 때, 앞서 가는 감자수송 트

럭에서 감자가 떨어지는 것을 보았다. 고르바초프는 운전사에게 다가가 감자 떨어지는 것을 보지 못했냐고 물었다. 그런데 운전사는 알고 있었다고 당당하게 대꾸하더니, 자신은 정시에 감자를 창고까지 수송하기만 하면 된다고 떳떳하게 답했다고 한다. 이와 같이 감자의 생산과 수송과정에서 주인정신이 없는 작업자들에 의해서 엄청난 양의 감자가 버려지고 있었던 것이다.

3. 정성(精誠)을 다하는 삶

음식도 '손 끝' 정성에 의해 맛이 다르듯이, 인생도 정성 여부가 '질'을 결정한다. 똑같은 시간에 같은 일을 하여도 얼마나 긍정적인 자세로 사명감을 갖고 수행하느냐에 따라 그 결과는 달라진다. "내가 보낸 오늘의 헛된 시간은 어제 죽은 사람이 그렇게 살기를 갈망했던 내일"이었다. 얼마나 소중하고 값진 오늘인가. 인생을 정성스럽게 산다는 것은 삶의 궁극적 목표인 행복을 추구하기 위하여 효과적으로 시간 관리를 한다는 것을 의미한다. 지금 우리 사회의 한켠에서는 조용히 자신의 현 위치를 확인하고 인생 여정을 되돌아 볼 수 있는 기회를 갖기 위해 '유서 쓰기 운동'을 벌이고 있다. 실제로 유서를 쓰면서 올바른 삶의 방향을 인식하고 삶의 소중함을 새삼스레 깨달았다는 사람들이 많다.

자신의 삶을 정성스레 살기 위해서는 자신에게 주어진 시간을 효과적으로 활용해야 한다. 우리의 하루는 세계의 모든 사람과 꼭 마찬가지로 24시간이다. 시간에 관한 한 인류는 '만인평등(萬人平等)'을 유감없이 누리고 있다. 흑인도, 백인도, 남자도, 여자도 24시간을 쓰고 나면 하루가 지나가 버린다. 그러나 시간을 사용하는 한 개인의 주관(主觀)에 따라 만인에게 똑같이 나누어진 시간도 그 길이가 달리 느껴질 수 있다. 가령 할 일 없이 한가하게 소일하는 사람의 1시간은 바쁜 사람의 1시간과는 차이가 난다.

일각여삼추(一刻如三秋)라는 말도 있다. 쏜살같이 지나가 버리는 시간을 말한다. 더구나 오늘의 세계는 문명의 발전속도에 따라 어지러운 변화를 겪고 있다. 독일의 한 철학자는 『이상세계(理想世界)에의 도전』이라는 그의 저서에서 현대의 시간을 자연자원에 비유해 이렇게 주장하고 있다. "우리는 오늘날 자연자원 보전의 필요성을 그 어느 때보다도 절실히 느끼고 있습니다. 모든 사람이 갖고 있는 자원들 중에서도 가장 값진 것은 바로 시간입니다. 이 세상의 모든 사람들이 너와 나를 가르지 않고 똑같이 나누어 가진 것이 또한 시간입니다." 그 시간, 우리가 생애를 통해 무엇인가 값진 일을 할 수 있게 하는 그 시간을 우리는 어떻게 이용할 것인가? 위 인용 구절은 모든 사람들의 시간관념에 경각심을 불어넣어 주고 있는 말이다. 시간을 아껴 활용하는 자에겐 모든 시간이 짧게만 느껴지고, 시간을 쓰레기처럼 버리는 사람에겐 한 시간도 한해같이 생각될 것이다.

고난과 기적은 누구든지 만날 수 있고, 어디서나 존재한다. 그러므로 어렵다고 느끼는 상황에 부딪혔을 때, 끝까지 슬기롭게 해결해 나가려는 자세가 중요하다. 이러한 끈기 있는 자세가 바로 정성을 다하는 삶이라 할 수 있다. 이 세상에서 볼 수 있는 모든 실패에 공통점이 있다면 그것은 사람들이 그 실패를 일시적인 것으로 생각하고 다시 일어서려고 하지 않았다는 것이다. 미국의 한 실업가의 이야기는 끝까지 최선을 다하는 삶의 태도가 얼마나 중요한 가를 일깨워 준다. 'R.U. 다비' 라는 사람은 금광(金鑛)에 미쳐 있었다. 그는 광산에서 언젠가는 금맥(金脈)을 찾아 부자가 되겠다는 신념에 불타 있었다. 다비는 채광권을 내고 한 광산에서 금을 파내는 작업을 서두르고 있었다. 몇 주일 뒤에 드디어 그는 빛나는 황금맥을 찾아냈다. 그는 이 황금을 지상으로 운반할 기계가 필요했기 때문에 남의 눈을 피해 흙으로 금맥을 덮고, 자기집이 있는 메릴랜드의 월리엄스버그로 돌아갔다. 그리고 친척들과 이웃들에게 자기의 성공담을 얘기했다. 사람들은 앞을 다투어 그에게 돈을 대겠다고 나섰다. 다비는 채굴기를 사가지고 금광으로 갔다. 금은 채굴되어 제련소로 보내졌으며 나중에 그곳은 콜로라도에 있는 부광(富鑛) 중에 하나로 판명되었다. 금이 많이 쏟아져 나왔기 때문에 그는 빚도 거의 갚게 되었다. 다비가 거부가 되는 것은 이제 시간 문제처럼 보였다.

그런데 어느 날 뜻하지 않은 일이 벌어졌다. 금맥은 뚝 끊어지더니 종적을 감추고 흙덩이만 나왔다. '다비'의 금빛 무지개가 순식간에 사라져 버린 순간이었다. 그들은 구멍을 계속 뚫어가며 금맥을 찾으려고 피땀어린 노력을 했다. 그러나 무지개는 다시 나타나지 않았으며, 마침내 다비는 금맥 찾는 일을 단념해 버렸다. 그는 채굴기마저 팔아 버리고 허망하게 고향으로 돌아갔다. 그런데 채굴기를 산 고철상은 그 좋은 금맥이 그렇게 쉽게 사리진 것에 대해 의문을 품고 광산기사를 초청해 그 산의 특성을 조사하도록 했다. 광산기사는 금맥의 단층을 찾아야 한다는 결론을 내렸으며, 고철상은 그 조언대로 단층을 찾는 작업을 시작했다. 과연 기사의 예상은 적중해 고철상은 다비가 중도에서 포기했던 지점으로부터 바로 3피트 밑에서 금맥의 단층을 찾아내었다. 고철상은 그 광산에서 나온 금으로 수백만 달러의 돈을 벌었다.

다비는 자신이 실패한 원인을 곰곰이 생각해 보았다. 그에겐 두 가지의 잘못이 있었다. 중도에 자기의 계획을 쉽게 포기했던 것과 그 좌절을 딛고 일어서려는 노력을 게을리 했던 것이다. 다비가 만일 좌절의 순간에 광산전문가를 초청해 새로운 시도를 해보았다면, 행운은 그의 것이 되었을 것이다. 그러나 다비는 쉽게 주저앉고 말았다. 바로 3피트 앞에 있는 성공을 그는 놓쳤던 것이다. 이 교훈은 후에 다비에게 제 2의 성공을 안겨 주었다. 생명보험회사를 설립한 다비는 "3피트를 더 뛰어라"라는 신념으로 일했다. 실패에 직면할 때마다, "한 발만 더 뛰어 보라"고 스스로를 채찍질했다. 미국의 어떤 저술가는 "성공한 미국인 5백 명"을 인터뷰한 일이 있었다. 그들의 성공은 모두 좌절을 극복한 다음에 온 것을 알 수 있었다. 다비도 그런 사람 중의 한 사람이 되었다.

그는 후에 금광을 파는 사람보다 더 많은 부(富)를 쌓을 수 있었다. 보험에 가입하기를 거절하는 사람이 그의 눈에는 꼭 3피트 앞에 있는 금맥처럼 생각되었다. 그때마다 손톱이 빠지는 아픔을 감내하며 그는 땅을 팠다. 다시 설명하고 다시 설득해서 끝내 보험에 끌어들였다. 다비 자신도 그랬고 그가 고용한 사원들도 그런 정신으로 일했다. 과연 금맥은 그의 손에 닿았다. 그는 연간 1백만 달러 이상의 보험금을 유치하는 보험가가 되었다.

사람들은 자신의 생애를 통해서 반드시 일시적인 좌절과 실패를 수없이 겪게 된다. 그것은 성공과 실패를 가늠하는 하나의 분수령이며, 시금석이기도 하다. 좌절이 닥칠 때 가장 안일하게 그대로 주저앉는 사람에겐 다시는 성공의 기회가 찾아오지 않는다. 실패와 좌절 밖에 선택의 여지가 없다고 느끼는 위기 상황이 새로운 기회를 선택할 수 있는 호기임을 명심하고 끝까지 돌파구를 찾으려고 노력하는 끈질긴 자세도 인생을 정성(精誠)스럽게 사는 한 방법이다. 그것이 바로 선(善)순환 리더가 행할 기본 행동이다.

주인정신

● 한 인간, 한 가정, 한 회사의 성패는 그 주체가 되는 사람들의 주인정신이 얼마나 강하냐 약하냐에 의해서 좌우되며, 한 나라의 흥망성쇠도 그 국민들의 주인정신이 얼마나 강하냐에 의해서 결정된다. 주인정신이란 첫째는 자립 정신이요, 둘째는 책임정신이다.

● 나는 내 인생의 주인이요, 내 운명의 주인이다. 내가 나의 노력으로 내 운명을 개척하고 미래를 건설하며 승리를 쟁취하고 성공을 획득하여 행복을 창조하는 것이다. 하늘은 스스로 돕는 자를 돕는다고 했다. 영광의 생애를 사느냐, 생의 낙오자가 되느냐, 승리의 기념비를 세우느냐, 패배의 나락으로 전락하느냐, 그것은 오직 나의 의지와 노력에 달려 있다.

● 나는 나의 가정의 주인이다. 행복한 가정의 건설은 인간의 고귀한 임무요 책임이다. 가정은 인생의 즐거운 안식처다. 기쁨과 사랑과 감사와 보람의 향기가 넘치는 아름다운 가정을 건설하는 것처럼 세상에 의미 있는 일은 없다. 가정은 사회의 근본이요, 인간의 성격 형성의 도장이요, 사람의 근본이 만들어지는 인생의 교실이다. 가정이 파괴될 때, 인생의 행복이 파괴된다. 가정이 원만할 때 사회가 건전해진다.

● 나는 내 직장의 주인이다. 나의 꿈을 실현하며 생계를 유지하고 삶의 보람을 느끼며, 많은 친구를 발견하고, 잠재력을 개발하고, 성공의 기회를 만들며, 사회에 기여하고 공헌하는 기쁨을 느낄 수 있는 곳, 그 곳이 바로 직장이다. 저마다 천직사상을 가지고 자기 일에 심혈을 기울이고 정성을 쏟아야 한다.

● 타율은 부끄럽고 자율은 자랑스러운 일이다. 성숙한 시민이 되어 성숙한 사회를 건설해야 한다. 두 사람만 있어도 줄을 설 줄 아는 민주시민이 되고 자기 분수를 지키고, 남과 협동할 줄 아는 자치적 시민이 되어야 한다. 또한 나라의 주인이요, 민족의 주인이요, 역사의 주인이 되어야 한다. 헌법을 준수하고 국익을 위해 개인을 희생할 수 있는 국민이 되어야 하고 애국심을 가져야 한다.

● 개인의 경우 크게 일과 가족, 그리고 자기 계발이라는 3가지 지향점이 있다. 일에만 매진한다면 그는 쓸쓸하고 괴로운 노년을 맞게 될 것이고, 가족에만 매진한다면 가족애는 많겠지만 곤궁함을 벗어날 수 없을 것이다. 그리고 자기 계발에만 매진한다면 그는 가족이나 친지, 그리고 동료로부터 이기주의적이라는 비난에 직면하게 될 것이다. 이 세 가지를 고루 균형 있게 추구해야 한다.

● "내가 보낸 오늘의 헛된 시간은 어제 죽은 사람이 그렇게 살기를 갈망했던 내일"이었다. 얼마나 소중하고 값진 오늘인가. 인생을 정성스럽게 산다는 것은 삶의 궁극적 목표인 행복을 추구하기 위하여 효과적으로 시간 관리를 한다는 것을 의미한다.

● 사람들은 자신의 생애를 통해서 반드시 일시적인 좌절과 실패를 수없이 겪게 된다. 그것은 성공과 실패를 가늠하는 하나의 분수령이며, 시금석이기도 하다. 좌절이 닥칠 때 가장 안일하게 그대로 주저앉는 사람에겐 다시는 성공의 기회가 찾아오지 않는다. 실패와 좌절밖에 선택의 여지가 없다고 느끼는 위기 상황이 새로운 기회를 선택할 수 있는 호기임을 명심하고 끝까지 돌파구를 찾으려고 노력하는 끈질긴 자세도 인생을 정성(精誠)스럽게 사는 한 방법이다. 그것이 바로 선(善)순환 리더가 행할 기본 행동이다.

남의 착한 일은 드러내 주고 허물은 숨겨 주라.
남의 부끄러운 점은 감추어 주고 중요한 이야기는 발설하지 말라.
작은 은혜라도 반드시 갚을 것을 생각하고, 자기를 원망하더라도
항상 착한 마음을 가져라. 자기를 원망하는 자와 자기를 칭찬하는 자가
똑같이 괴로워하거든 먼저 원망하는 자를 구원하라.

-우바새계경

제 5 절 승-승 전략으로의 전환

1. 제로섬 게임

대부분의 사람들은 남이 져야 내가 이길 수 있다는 이분법적 사고를 갖고 있다. 다시 말해 나의 이익을 위해선 타인의 희생을 강요할 수밖에 없으며, 그렇기 때문에 타인을 굴복시켜야 한다는 것이다. 이른바 '제로섬' 게임이라 불리는 이 논리는 그 동안 우리 사회에 만연해 있었다. 협력이나 상생의 모습보다는 치열한 경쟁이 우리에게 더 익숙해져 있는 것도 여기에서 기인한다.

이러한 제로섬 게임은 법정에서 명확하게 나타난다. 판사는 피고와 원고, 둘 중 하나의 손을 들어 줄 수밖에 없다. 원고가 이기면 피고가 지고, 원고가 져야 피고가 이기는 단순 구조에서 양측은 어떻게든 남을 이기기 위해 많은 돈을 들여 변호사를 선임하고 악착같이 소송에 매달린다. 결과적으로 둘 중에 하나는 패소하기 때문이다. 사회에도 이런 법정적 승-

패 논리가 그대로 통용되어 가능한 수단과 방법을 동원하여 남을 이겨야만 내가 승리할 수 있다는 생각이 팽배해 있다. 등수 위주의 교육 풍토에서부터 일반 조직의 치열한 승진 경쟁에 이르기까지 제로섬 게임은 곳곳에 존재하고 있다.

그런데 제로섬 게임이 극단으로 갈 경우, 종종 수단과 방법이 경시되기도 한다. 게임의 공정한 룰을 따르지 않고 승리를 쟁취하기 위해 원칙을 무시했다가 오히려 낭패를 보는 경우도 허다하다. 선거 후보자가 당선만을 위해 불법 선거 운동을 한 경우, 운동선수가 약물을 복용한 경우, 학생이 시험에서 부정 행위를 저지르는 경우 등 맹목적인 승리지상주의로 인해 법률과 사회 규칙을 어기는 경우를 우리는 심심치 않게 목도하는 것이다.

2. 상호 작용 4가지 패러다임

그러나 앞에서 언급한 제로섬 게임은 실상 우리의 상호 작용에서 일어날 수 있는 많은 경우 중에 한 가지에 불과하다. 제로섬 게임은 승-패, 패-승, 즉 내가 이기고 남이 지거나, 남이 이기고 내가 지는 이분법적인 결론으로 귀결되지만, 사회는 제로섬 게임만으로 진행되는 것은 아니며, 남과 내가 동시에 승(勝)을 취하거나 또는 패(敗)한 경우도 존재한다.

2인 상호 작용 경우의 수

	승	패
승	승-승	패-승
패	승-패	패-패

남과 내가 만나 건곤일척(乾坤一擲)의 승부를 벌여야 할 경우, 결과는 '승-패' 혹은 '패-승' 뿐이다. 즉, 내가 이기든, 남이 이기든 둘 중 하나이다. 이는 스포츠 경기에서 명확하게 드러난다. 1984년 5월 8일, 미국 메이저리그 팀인 시카고 화이트삭스와 밀워키 브루어스는 무려 8시간 6분, 25이닝 동안 경기를 진행해 승부를 갈랐다. 승부를 갈라야 하는 스포츠의 원칙상, 이들은 이틀에 걸쳐 치열한 승부를 벌였던 것이다. 타협이 있었다면 이렇게까지 경기를 치를 필요는 없었을 것이다. 전쟁도 마찬가지이다. 14세기 유럽에선 프랑스 왕위 계승의 정통성을 포함한 여러 문제를 놓고 잉글랜드와 프랑스가 대립을 했는데, 이 전쟁은 1337년에 시작되어 1453년에 끝났다. 이른바 '100년 전쟁'이라 불리는 이 전쟁은 승리를 위해 무려 한 세기 이상 소요되었던 것이다. 남을 누르지 않고서는 내가 이길 수 없기에, 스포츠나 전쟁에서는 아무리 많은 시간이 걸려도 제로섬 게임의 법칙이 적용될 수밖에 없다.

제로섬 게임과 달리 양측에 모두 이익 혹은 손해를 가져다 주는 승-

승과 패-패 전략도 있다. 패-패 전략은 나와 남, 모두에게 해를 주는 전략으로서 둘 다 이익을 얻지 못하는 최악의 시나리오이다. 패-패 전략은 이른바 타인의 이익을 막기 위해서는 자신의 손해도 감수하겠다는 근시안적인 발상에서 비롯되는 경우가 많다. 즉, 자신의 승-패에 관계 없이 타인에게 '패'를 주는 것만이 자신의 목적인 셈이다. 이 경우 당사자는 극단적인 전략을 택하게 되며, 상대방이 맞대응할 경우 최악의 결과가 도출된다.

반면 승-승 전략(win-win 전략)은 모든 관계에서 서로의 이익을 추구하는 사고 방식이다. 승-승(勝-勝) 전략은 참여자 모두에게 유익하고 만족할 만한 결론을 도출하기 위해 노력하는 것을 의미한다. '나의 이익뿐만 아니라 상대방의 이익도 동시에 모색한다' 혹은 '나는 다른 사람들과의 관계에서 개인 대 개인으로 경쟁하기보다는 상호 의존적인 협력을 통해 더 나은 결과를 창출해 낸다'가 승-승 전략의 요체이다. 이 승-승 전략은 구성원 상호간에 협력관계를 강조하는 선(善)순환 리더십에서 매우 중요한 요소이다.

제로섬 게임이 '내가 이기면 네가 진다'는 승-패 혹은 패-승적 사고방식이라면, 승-승 전략은 '내가 이기고 너도 이긴다'는 상호 이익 도모를 중시한다는 점에서 선순환 리더십의 한 원리가 되기에 충분하다. 두 전략의 차이는 상대방에 대한 인식 태도의 차이에서 비롯된다. 제로섬 게임에서는 상대방을 적(敵)으로 규정하고 있는 반면, 승-승 전략에서는 상대방을 동반자 내지는 협력자로 인식하고 있다. 즉, 제로섬 게임에 따른다면 인간 사회는 약육강식의 장으로서 만인에 대한 만인의 투쟁을 피할 수 없지만, 승-승 전략은 효과적인 파트너십 구축을 가능케 한다.

3. 승-승 전략의 이론적 접근

승-승 전략은 두 지역에서 일어난 전쟁을 동시에 승리로 이끈다는 미국의 군사적 전략을 설명할 때 처음 사용되었다. 1991년 당시 국방장관이었던 체니(Dick Cheney)와 합참의장 파웰(Colin Powell)이 주도한 군사보고서에서 처음 제기된 개념으로, 예를 들어 중동과 한반도에서 동시에 전쟁이 일어난다고 하더라도 두 전쟁에서 모두 승리할 수 있도록 평시에 병력과 전투기, 전함 등의 충분한 역량을 갖추고 있어야 한다는 것이 그 내용이었다. 미군의 승-승 전략은 2001년 초반까지 유지되다 최근에 신축성을 발휘할 수 있는 대응전략 개념으로 바뀌었다. 승-승 전략은 군사 전문용어로 등장한 이후 정치, 경제, 사회 각 분야에서 활발하게 응용되었으며, 이제는 대중 용어화되었다.

승-승 전략은 동양 철학의 '음양 오행론' 중 상생(相生) 원리와 유사하다. 오행(五行)에 따르면, 세상에 존재하는 만물은 금(金), 수(水), 목(木), 화(火), 토(土), 이렇게 다섯 가지 범주로 분류된다. 이 요소는 개별적으로 존재하는 것이 아니라, 상호 영향을 주어 다른 요소의 존재를 가능하게 한다. 금생수(金生水, 금을 단단한 모든 것으로 해석하며, 금에서 물이 나온다), 수생목(水生木, 물은 생명을 자라게 한다), 목생화(木生火, 생명은 소멸하게 되어 있으며), 화생토(火生土, 사라진 생명은 흙으로 돌아가고), 토생부금(土生復金, 흙은 다시 단단해진다)로 이어지는 오행의 법칙은 어느 한 구성 요소도 개별적으로 존재할 수 없음을 입증하고 있다. 승-승 전략은 오행의 논리와 같은 맥락에서 해석할 수 있다. 독립체는 다른 독립체와 유기적으로 얽혀 있으며, 이러한 유기성에 의해 다른 독립체에 가해진 한 작용은 종국엔 자신에게 다시 돌아오게 된다. 따라서 독립체가 자신의 이익만을 위해 다른 독립체에게 해악을 끼치는 행동을 한다면 결국은 자신도 그 해악에 의해 피해를 입게 될 것이다.

4. 승-승 전략의 현실적 적용

인간 혼자서는 인간으로서의 가치를 유지할 수 없으며, 로빈스 크루소처럼 혼자서 살아갈 수도 없다. 내가 한 집단의 일원인 것처럼 타인도 다른 집단의 일원이다. 즉, 나와 타인은 경쟁 관계 이전에 존재론적으로 동일한 위상의 존재, 즉 각 집단의 구성원이라는 평등한 개체인 것이다.

오로지 성과에만 급급해 치중하는 자들은 조직에서 높은 자리에 오를 수 있을지는 몰라도 팔로워의 신뢰를 얻지 못해 조직을 역동적이고 효과적으로 이끌어 갈 수 없다. 팀워크가 없는 스타 플레이어는 개인 성적은 올릴 수 있을지언정 팀의 성적에는 별 도움을 주지 못하는 것과 같다. 그는 과열된 경쟁 과정에 몰두한 나머지 소중한 협력자들을 놓치기도 한다. 따라서 제로섬 게임의 전략은 단기적인 이익에만 도움을 줄 수 있을 뿐, 그 이상을 가져다 주지는 못한다.

승-승 전략은 자연 세계에서도 쉽게 발견할 수 있다. 콩과(科) 식물의 뿌리에 기생하는 뿌리혹박테리아는 상리 공생(相利 共生)을 하며 서로에게 의존한다. 콩과식물은 뿌리에 들어와 뿌리혹을 형성하여 이 안에서 증식한 뿌리혹박테리아에게 당류를 광합성하여 공급하고, 뿌리혹박테리아는 그 당류를 재료로 이용해서 아미노산을 만들어 콩과식물에게 제공한다. 바닷게 위에 고착하여 사는 말미잘은 바닷게의 이동에 의해 풍부한 먹이를 얻게 되고, 바닷게는 말미잘의 촉수에 의해 보호받는다. 악어새는 악어의 먹이 찌꺼기를 제거해 줌으로써 먹이를 얻고, 악어는 치아 청소를 간단하게 처리한다. 이처럼 생태계에서의 공생은 자연스러운 현상으로서 승-승 전략의 대표적인 예라고 할 수 있다.

승-승 전략을 몸으로 실천한 대표적인 사람은 전설적인 마라토너인 에티오피아의 아베베 비킬라일 것이다. 그는 '아프리카의 해' 였던 1960년 로마 올림픽에서 세계 기록을 5분 이상 단축하며 금메달을 목에 걸었고, 이어서 1964년 도쿄 올림픽에서도 맹장 수술의 후유증을 극복하고 2연패를 달성했다. 그리고 1968년 멕시코시티 올림픽에서 3연패에 도전했다. 그러나 몇 주 전 입은 왼쪽 다리 골절상으로 아베베는 17km 지점에서 경주를 포기한다. 그러나 그는 에티오피아의 다른 선수인 마모 월데 선수를 위해 골절상을 무릅쓰고, 기꺼이 그의 페이스메이커(pace maker : 마라토너 옆에서 같이 뛰어 주는 사람)가 되어 주었다. 마모 월데는 이에 큰 힘을 얻었고, 결국 금메달을 목에 걸게 된다. 만약 아베베가 페이스메이커가 되어 주지 않았다면 자기 조국 에티오피아에 마라톤 올림픽 3연패라는 영광을 안겨 주지 못했을 것이다.

저자도 승-승 전략의 중요성을 몸소 체험한 적이 있다. 저자가 사령관으로 부임하기 전, 어느 한 예하부대 이전 문제로 해당 지역 주민과 지역 기관 그리고 군(軍)간에 갈등이 심각한 상태로 치닫고 있었다. 이미 3년 전에 부대 이전 합의 각서가 군부대와 해당지역 단체간에 체결되었지만, 지역 주민의 반대가 강력해 이전 사업의 추진이 중단된 상태였다. 저자는 이러한 어려운 문제를 지역 기관장과 주민 그리고 부대간의 대화를 통해 상호신뢰를 구축하고 승-승-승(win-win-win) 전략에 의한 협상타결을 위해 노력했다. 그 결과 국가 및 지역의 효율적 발전, 주민 복지 증진, 균형

국방이라는 세 마리 토끼를 한꺼번에 잡을 수 있었다. 이 보람된 협상을 통해 선순환이 무엇인가를 다시 한번 느끼게 되었고, 지금도 관련 기관 및 개인 모두에게 따뜻한 인간애를 느끼고 있다.

군대 내에서 통상 지휘관이 어떤 종교를 믿느냐에 따라 신앙 생활에 관심이 달라지고 상대적인 갈등이 발생할 수 있다. 저자는 천주교 신자이나 관심을 개신교나 불교에 더 우선을 두고 종교 활동 활성화에 노력을 기울였다. 성직자 분들도 종교를 초월하여 업무체계가 확립될 수 있도록 하였으며 주기적으로 지휘관과 합동으로 운동 및 대화와 친교 시간을 가져 서로 경청하고 상호 이해하는 분위기를 형성하였으며 종교를 초월 성직자 분들의 1박 2일 합동 야유회를 개최함으로써 서로간 친밀감과 이해하고 인정해주는 화합 분위기를 형성해 나갔다. 성직자 분들의 화합하는 모습은 자연히 신자들에게 전파되어 부대 장병들간의 상호 존중하고 협력하는 분위기는 인화 단결에도 큰 도움이 되었다.

또한 종교시설 건립으로 승-승한 사례도 소개해 둘 만하다. 저자가 지휘한 예하 부대는 임무 특성상 전국의 ○○곳에 분산 배치되어 있었다. 종교시설이 없는 부대도 많았지만, 있다 하더라도 1960년대에 건축된 노후 건물이 많아 여름에는 덥고 겨울에는 추우며, 심지어 우천시에는 비가 새는 등 종교의식 행사를 치르기에는 열악한 환경이었다. 또한 종교간 시설물의 격차가 심하여 갈등이 내재되어 있었다. 반면에 부대 내의 성직자 분들은 종교에 관계 없이 모두가 이러한 환경을 극복하고자 열성적으로 노력하고 있었고 종교별 후원회에서도 적극 협조하는 분위기였다.

성직자 분들의 적극적인 노력과 협력으로 11개소의 교회 및 성당, 5개소의 법당을 각각 신·개축할 수 있었다. 종교시설의 현대화로 신앙 전력화 및 장병 정서 함양에 획기적인 개선이 이루어졌으며, 종교간 갈등 해소는 물론 부대 환경이 산뜻해지는 효과 또한 얻게 되었다. 이와 같은 목사님, 법사님 그리고 신부님들의 헌신적인 노력과 종교를 초월해 서로 인정하고 협력하는 아름다운 모습을 보면서 종교간 승-승 및 선순환 그리고 신앙의 참뜻을 일부분이나마 느낄 수 있었고 종교를 통해 평화와 행복을 가질 수 있었다.

5. 파트너십

승-승 전략 구현의 가장 대표적인 예가 파트너십(partnership)이다. 파트너십은 인간과 인간의 관계를 승-승 전략으로 구현한 대표적인 개념이다. 디지털 사회에서의 조직은 수평적인 구조로 전환하고 있다. 따라서 과거의 일방적 명령과 지시라는 수직적 의사 결정은 요즘 사회에 그리 효과적으로 적용되지 않는다. 파트너십은 수평적 시스템을 위한 대표적인 승-승 전략이다.

파트너십은 일반적으로 정치에서 잘 드러난다. 미국 대통령 선거는 대통령, 부통령 두 후보가 한 팀을 이뤄 출마하는데, 대통령 후보자의 개인 역량 못지않게 그 후보자가 러닝 메이트와 얼마나 뛰어난 파트너십을 이룰 수 있는가도 중요한 관심사로 다뤄진다. 빌 클린턴 대통령이 미국을 잘 이끌 수 있었던 것도 엘 고어라는 든든한 파트너가 있었기에 가능했다. 일반적으로 부통령은 2인자의 위치로 그치는 경우가 많지만, 고어는 클린턴과 뛰어난 공조를 이루며 중요한 정책 결정 과정에서 핵심적인 역할을 맡았다. 클린턴 역시 고어의 역량을 누구보다 잘 알고 있었으며, "내가 읽고 들었던 모든 것에 기초해 볼 때 고어는 어떤 부통령보다 실질적으로 더 많은 역할과 큰 영향력을 가지고 있다. 내가 자서전에 쓰기 전까지 미국 국민들은 고어가 부통령으로서 해온 모든 훌륭한 일들을 알지 못할 것"이라고 말하기도 했다. 미국 정치사를 보면 이런 파트너십의 중요성을 다시 한 번 인식할 수 있다. 미국 독립 초기, 토머스 제퍼슨과 존 애덤스는 미국 혁명의 이상을 위해 기꺼이 파트너십을 구축했다. 버지니아 귀족인 제퍼슨과 무뚝뚝한 뉴잉글랜드인인 애덤스는 의견 차이로 잠시 헤어져 있었지만, 공화국의 근본방침을 마련하기 위해 의기투합했으며 오늘날 미국의 시초를 닦았다. 이러한 파트너십의 역사는 미국의 선진 정치를 이끄는 원동력으로 작용하고 있다.

파트너십 없는 기업은 더 이상 존재할 수 없다. 마이크로소프트사도 결코 빌 게이츠 혼자만의 작품은 아니었다. 그의 뒤에는 폴 앨런이라는 신뢰할 만한 파트너가 있었다. 빌 게이츠와 폴 앨런은 단순한 학교 친구를 넘어서 같은 꿈을 가지고 있는 파트너였다. 둘 다 컴퓨터를 광적으로 좋아했고, 이를 사업으로 연결하고 싶어했다. 앨런은 졸업 후 워싱턴 주립 대학교에, 게이츠는 하버드 대학교에 들어갔으나, 둘은 만남을 꾸준히 유지했다. 게이츠가 1학년을 마친 1974년 여름, 앨런과 게이츠는 보스턴 근교의 소규모 컴퓨터 업체 허니웰에서 함께 일을 시작했는데, 이는 둘이 실질적으로 함께 일한 첫 번째 경험이었다. 여름 방학이 끝나고 앨런은 시애틀로, 게이츠는 보스턴으로 복귀했지만 둘 다 컴퓨터 사업에 대한 애정은 더욱 강해졌다. 얼마 후, 대학생인 게이츠와 앨런은 마이크로 소프트(Micro Soft)라는 회사를 세우고 학업과 사업을 병행한다. 그리고 그로부터 1년 반이 지나 본격적인 거래선을 확보하기 시작한다. 사업이 어느 정도 커진 이상, 두 사람은 학업과 사업 중 하나를 선택해야 했다. 사업이냐 졸업이냐를 고민하던 이들은 결국 서로를 믿고 학업을 포기하는 모험을 택했다. 그만큼 그들은 자신과 상대방의 역량에 대한 믿음이 강했고, 어떠한 경우에도 사업을 성공시킬 수 있다는 확신이 있었다.

게이츠와 앨런은 컴퓨터를 매우 능숙하게 다룬다는 공통점이 있지만, 각기 자신만의 스타일이 있었다. 앨런이 컴퓨터 기술에 정통한 엔지니어라면, 게이츠는 기술보다는 제품을 어떻게 만들어야 하는지를 아는 사업가적 수완이 뛰어났다. 게이츠는 분명 뛰어난 프로그래머였지만, 천재는 아니었다. 게이츠의 프로그래머로서의 이력은 1982년 휴대용 컴퓨터 라디오 색(radio shack)의 문서 편집기 개발을 위한 부호화 작업이 마지막이었다. 당시에도 게이츠와 비슷한 결과물을 도출한 프로그래머들은 많이 있었다. 그러나 마이크로소프트는 여타 다른 기업보다 특출난 실적을 올린다. 이는 게이츠의 판매 기술 및 영업 능력과 앨런의 기술 개발이 이룬 파트너십의 놀라운 결과였다.

현재 마이크로소프트는 세계 최고의 소프트회사이다. 게이츠는 20세기 후반의 최고 부자로 발돋움했고, 앨런은 지병으로 인해 사업에서 물러났지만 여전히 마이크로소프트의 대주주로 게이츠와 끈끈한 파트너십을 유지하고 있다. 만약 이 둘의 파트너십이 없었더라면 오늘날의 마이크로소프트는 숱한 중소 기업 중 하나로 남았을지도 모른다.

파트너십이 개인간의 파트너십만으로 한정되는 것은 아니다. 위에서 소개한 예들은 개인적인 파트너십에 한정되었지만 리더와 팔로워 혹은 조직과 조직간의 파트너십 역시 중요하다. 최우수 부대장의 파트너는 당연히 그 부대원들이고, 기업 회장의 최고 파트너는 당연히 그 기업 사원들이며, 훌륭한 나라 대통령의 파트너는 당연히 그 국민들이다.

이처럼 파트너십은 우리 생활 곳곳에 자리잡고 있다. 특히 현대 사회는 개인의 능력만으로 모든 것을 처리하기에는 복잡한 세상이 되어 버렸다. 남과의 경쟁을 강요하던 논리가 이제는 파트너십의 중요성을 강조하는 패러다임으로 전환하고 있다. 상대방과 나에 대한 전적인 신뢰, 그리고 둘의 만남을 통한 승-승 전략이 배합되어야 한다. 우리 주위의 다른 사람을 경쟁자로 의식하기보다는 협력자, 파트너로 생각할 때 더욱 바람직한 선(善)순환의 결과를 도출할 수 있다.

6. 승-승 전략을 위한 자세

천국과 지옥에 관한 이야기다. 천국과 지옥의 영혼들에게 똑같은 음식으로 잔칫상이 차려졌다. 천국에 사는 영혼들은 아주 정다운 분위기 속에서 맛있게 먹고 있는 반면, 지옥에 사는 영혼들은 전혀 먹지를 못하고 있었다. 그 이유는 1m 젓가락을 사용하도록 되어 있었는데 지옥에 있는 영혼들은 각자가 음식을 집어서 자기 입에 넣으려고 하니 아무도 음식을 입에다 넣을 수가 없었던 것이다. 반면에 천국에 있는 영혼들은 음식을 집어서 자기 앞에 있는 영혼의 입에 상호간에 넣어 주었다. 그 결과 천국에 있는 모든 영혼들은 맛있게 음식을 먹을 수가 있었으나 똑같은 조건이었음에도 불구하고 지옥의 영혼들은 전혀 먹지를 못하였다.

이 이야기에 등장하는 천국의 영혼들의 행동처럼 승-승 전략은 상대방에 대한 호의에서 시작한다. 대립과 충돌이 예상되는 모임에서 모두 서로에게 좋은 감정을 가지고 있다고 가정하는 호의 가정도 승-승 전략을 위한 예비 단계가 될 수 있다. 내가 남에 대해 호의를 가지고 접근한다면, 상대방 역시 처음에는 모르지만 나의 영향을 받아 점점 호의를 갖고 접근할 것이다. 따라서 승-승 전략을 추구하기 위해서는 상대를 적이나 경쟁자로 인식하는 데서 벗어나 상대를 긍정적으로 받아들이는 자세가 무엇보다 필요하다. 승-승을 위한 대인 관계의 구체적인 방안은 다음과 같다.

- 정직, 성실성, 충성심 등을 기본으로 일관된 행동을 한다.
- 다른 사람들의 훌륭한 점을 보도록 한다.
- 모든 것을 공개한다.
- 기대치를 분명하게 말한다.
- 다른 사람들의 아이디어를 구하고 공감적으로 경험한다.
- 정확하고 시의적절하며 정직하게 의사소통한다.
- 다른 사람들을 존중하고 그들의 욕구에 응답한다.
- 긍정적으로 생각하며 개선점에 대해 건설적인 피드백을 제공한다.

승-승 전략은 경쟁 사회로 정의되는 현대 사회에 다소 낯선 개념일 수도 있다. 그러나 장기적인 안목에서 접근했을 때 승-승 전략은 가장 이상적이고 합리적인 선택이다. 물론 사회의 모든 현상에 승-승 전략만을 적용할 수는 없을 것이다. 때로는 제로섬 게임이 필요한 경우도 있다. 그러나 승-승 전략으로 많은 문제를 해결할 수 있음은 분명한 사실이다. 또한 승-승을 추구하고자 하는 자세로 문제에 접근한다면 각종 문제들은 훨씬 수월하게 해결할 수 있을 것이다. 이렇듯 승-승 전략은 악의 고리를 차단하고 선순환을 이룰 수 있는 효과적인 방법이다. 나와 남이 동시에 잘될 수 있는 법을 추구한다면 이보다 더 보람 있는 일은 없을 것이다.

승-승(勝-勝) 전략

● 제로섬 게임이 '내가 이기면 네가 진다'는 승-패 혹은 패-승적 사고 방식이라면, 승-승 전략은 '내가 이기고 너도 이긴다'는 상호

이익 도모를 중시한다는 점에서 선순환 리더십의 한 원리가 되기에 충분하다. 두 전략의 차이는 상대방에 대한 인식 태도의 차이에서 비롯된다. 제로섬 게임에서는 상대방을 적(敵)으로 규정하고 있는 반면, 승-승 전략에서는 상대방을 동반자 내지는 협력자로 인식하고 있다.

● 승-승 전략 구현의 가장 대표적인 예가 파트너십(partnership)이다. 파트너십은 인간과 인간의 관계를 승-승 전략으로 구현한 대표적인 개념이다. 디지털 사회에서의 조직은 수평적인 구조로 전환하고 있다. 따라서 과거의 일방적 명령과 지시라는 수직적 의사 결정은 요즘 사회에 그리 효과적으로 적용되지 않는다. 파트너십은 수평적 시스템을 위한 대표적인 승-승 전략이다.

● 파트너십이 개인간의 파트너십만으로 한정되는 것은 아니다. 리더와 팔로워 혹은 조직과 조직간의 파트너십 역시 중요하다. 최우수 부대장의 파트너는 당연히 그 부대원들이고, 기업 회장의 최고 파트너는 당연히 그 기업 사원들이며, 훌륭한 나라 대통령의 파트너는 당연히 그 국민들이다.

● 승-승을 위한 대인 관계의 구체적인 방안은 다음과 같다.
- 정직, 성실성, 충성심 등을 기본으로 일관된 행동을 한다.
- 다른 사람들의 훌륭한 점을 보도록 한다.
- 모든 것을 공개한다.
- 기대치를 분명하게 말한다.
- 다른 사람들의 아이디어를 구하고 공감적으로 경험한다.
- 정확하고 시의적절하며 정직하게 의사소통한다.
- 다른 사람들을 존중하고 그들의 욕구에 응답한다.
- 긍정적으로 생각하며 개선점에 대해 건설적인 피드백을 제공한다.

> 성공과 칭찬을 향한 욕망은 사람들을 지휘하는 데 있어 가장 소중한 자산 중 하나이다.
>
> -미 공군 교범 중에서

제 6 절 칭찬과 격려로 아름다운 세상 창조

1. 칭찬과 꾸중의 기능 비교

칭찬과 꾸중은 모두 교육의 수단이지만, 그 기능은 크게 다르다. 칭찬은 바람직한 행동의 육성이라는 '증가의 원리' 라면, 꾸중은 바람직하지 않는 행동의 제거라는 '삭감의 원리' 다. 이 두 가지 방식의 핵심적 차이라면 칭찬은 상대로 하여금 바람직한 행동을 더욱 더 많이 하게 할 수 있지만, 꾸중은 지금까지의 바람직하지 않은 행동을 덜 하게 할 수는 있어도 그것

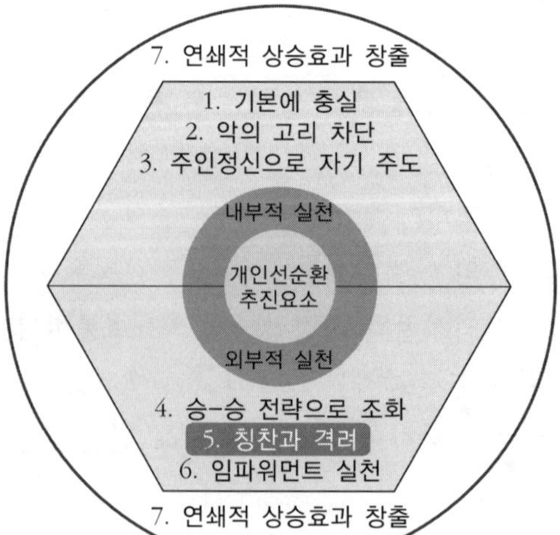

이 곧 바람직한 행동을 유발하는 것은 아니라는 것이다. 꾸중을 많이 들은 직원의 최종 상태는 소극적이고 자신감이 결여된 움츠린 모습일 가능성이 높다.

선(善)순환 리더십에서 칭찬과 꾸중을 어떻게 하느냐 하는 것도 역시 매우 중요한 요소이다. 통상적으로 가정이나 직장에서 꾸중보다는 칭찬을 더 많이 하라고 권고하면 "나도 칭찬을 하고 싶지만 도대체 칭찬받을 만한 행동을 해야 칭찬을 할 것이 아니냐"는 반응을 보인다. 이것은 관점의 문제이다. 칭찬은 특별하게 훌륭한 행동이나 성취를 했을 때만 하는 것이라는 생각을 갖고 있다면 평생 동안 칭찬할 일이 몇 번 없을 것이다.

그러나 자녀문제를 놓고 조금 달리 생각해 보라. 만약 자녀가 이 순간 바람직하지 않은 행동을 하지 않고 있다면 그것은 곧 그의 노력에 의하여 현재 바람직한 행동을 하고 있다는 뜻이 된다. 이런 시각으로 본다면 자녀의 많은 행동은 칭찬의 대상이 될 수 있다. 자녀들이 서로 자주 싸우는 부모 입장에서 생각해 보면 그래도 싸우고 있는 시간보다는 싸우지 않고 있는 시간이 더 길 것이다. 따라서 꾸중보다 칭찬의 기회가 더 많다는 것을 인정해야 한다. 결국 부모가 자녀와 같이 있으면서 화(火)를 내고 있지 않다면, 바로 그 순간에 자녀가 칭찬받을 만한 행동을 하고 있는 것으로 보아야 한다. 그러나 칭찬을 찾아서 적극적으로 실시하도록 노력하되, 현실생활에서 꾸중을 전혀 하지 않을 수는 없다. 꾸중을 완전히 없앨 수 없다면 하기는 하되 자녀에게 상처나 피해를 덜 주는 방법을 모색해야 한다. 다음은 토마스 고든(Thomas Gorden)이 분류한 12가지의 의사소통 장애반응을 참고하여 한국상황에서 빈번하게 사용되는 바람직하지 않은 꾸중 언어 방식을 5가지의 유형으로 재정리한 것이다.

(가) 두렵게 하는 말

"너 엄마 말 안 들으면 저녁에 아버지한테 이른다," "텔레비전만 계속 보면 텔레비전 갖다 버릴거야," "공부 안하고 그렇게 놀기만 하면 다음부터 등록금 안 준다" 등등. 이런 말은 부모가 한번 한 지시와 명령, 즉 "공부해!" "텔레비전 꺼!" "숙제 빨리 안 할래!" 등과 같은 부모의 요구가 즉각적으로 이행되지 않았을 때 그 강도를 높이기 위하여 사용하는데, 이것은 자녀에게 두려움을 안겨 줄 뿐만 아니라 부모에 대한 적개심을 갖게 한다.

(나) 비아냥거리는 말

"넌, 어떻게 이런 유치한 옷만 좋아하니?" "공부를 못 하면, 잘 하는 게 뭐 하나라도 있어야지," "나이 값 좀 해라. 언제나 철이 들래?" "넌, 구제불능이야," 이런 말은 자녀에게 자극을 주기 위하여 사용한다고 하지만 그 결과는 항상 애초의 의도와는 정반대로 나타나기 십상이다.

(다) 어느 상대와 비교하는 말

"너는 어찌 이 모양이니? 같은 형젠데 어쩜 이렇게 다를까?" "너는 어째 동생만도 못하니? 창피하지도 않니?" "네 사촌 철수는 만날 밤 1시까지 공부한다더라. 그래서 항상 1등 하잖아," "얘, 옆집 태수 좀 보고 배워라, 배워. 태수는 집에서 만날 책만 본다잖니?" 등등 이런 말은 자녀를 분발시키기는커녕 비교 대상에 대한 반감을 갖게 하여 형제나 친구간의 우애를 크게 손상시킬 뿐이다.

(라) 설교, 훈계하는 말

"아버지가 학교 다닐 때는 차비가 없어서 만날 걸어 다녔다. 그러면서도 공부는 열심히 했지," "인내는 쓰다, 그러나 그 열매는 달다라는 말을 명심하도록 해" 등등. 누구나 알고 있는 이런 상투적인 조언은 단지 잔소리로 취급되며, 자녀로 하여금 부모와의 대화를 피하게 만드는 역기능을 한다. 자녀들은 부모의 상투적인 조언에 대개의 경우 이렇게 반응한다. "엄마, 옛날하고 지금하고 똑같아요?"

(마) 심리를 분석하는 말

"너, 표정을 보니 엄마 말이 말 같지 않다는 거구나," "너, 남자애들한테 잘 보이려고 그러는 거지?" "너, 지금 동생한테 질투하는 거니?" 등등. 이런 말은 자녀를 당황하게 하여 마음에 상처를 줄 뿐만 아니라 마음의 문을 더욱 굳게 닫도록 만든다.

그럼 이에 대한 대책을 알아보자. 먼저 자녀에게 정확하게 말하는 방법, 특히 꾸짖을 때 현명하게 꾸짖는 방법은 어떤 것인지 살펴보도록 한다. 첫째, 자녀를 꾸짖되 '흥분하지 않고 객관적으로' 꾸짖어야 하고, 둘째, 자녀의 잘못된 행동에 대해 부모가 자신의 생각이나 기분을 솔직하게 말해야 한다. 셋째, 자녀에 대한 부모의 바람을 짧고 분명하게 덧붙이는 것도 좋은 방법이다. 그러기 위해서 부모는 감정의 폭발을 억제할 수 있는 자제력과 함께 자신을 있는 그대로 보여 줄 수 있는 용기가 있어야 하고, 또한 가능한 한 좀더 구체적으로 이야기하려는 마음 자세를 가져야 한다. 이러한 태도는 대화과정에서는 물론 그 외의 부모가 자녀를 대하는 모든 상황에서 일관되게 나타나야 한다. 그러면 지금부터 올바른 꾸중법에 대해 구체적으로 알아보고자 한다.

첫 번째로 자녀의 잘못을 지적할 때 흥분하지 말고 객관적으로 말한다. 자녀의 사람 됨됨이나 성품에 대해 말하는 것이 아니라 그의 현재 행동이나 상태에 대해서만 말하는 것이다. 예를 들자면 아이가 아침에 늦게 일어났을 때 '너는 왜 그렇게 게으르니?' 라고 말하는 것이 아니라 '너, 10시까지 자고 있니?' 라고 하는 것이다. 한번 늦잠을 잤다고 해서 그가 곧 게으른 사람은 아니지 않은가? 정확하게 말하기 위해서는 자녀의 행동이나 상태만을 구체적으로 지적해야 한다.

둘째, 자신을 솔직하게 표현해야 한다. 화가 났으면 화가 났다고, 고마우면 고맙다고, 미안하면 미안하다고 자신의 마음 있는 그대로를 자녀에게 말하는 것이다. 그것은 곧 '진실됨' 이며, 그래야만 부모 자녀간에도 마음의 교류가 바르게 이루어진다. 부모가 자신의 감정이나 생각을 올바르게 표현하기 위해서는 '너' 가 아니라 '나' 가 주어가 되는 말을 해야 한다. "너 참 답답한 애다"가 아니라 "너 때문에 내가 참 답답하다"이어야 하고, "너 참 착하구나" 대신에 "네가 일을 도와주니 내가 기분이 매우 좋구나" 라고 해야 한다. 그것이 올바르고 솔직한 표현인 것이다. 자녀 때문에 속이 상했을 때뿐만 아니라 자녀 덕분에 기분이 좋을 때도 똑같이 적용해야 한다.

셋째, 현재 상황에서 부모가 자녀에게 기대하는 행동을 짧고 명료한 말로 덧붙이는 것도 좋다. 예컨대 자녀가 10시까지 자고 있는 상황이라면 "아침 식사는 같이 할 수 있게 9시에는 일어났으면 한다"라고 할 수 있을 것이며, 아이가 하염없이 TV만 보고 있다면 "엄마는 네가 지금 보고 있는 프로그램까지만 보았으면 좋겠어"라고 말할 수 있을 것이다. 행동에 관해서만 이야기를 해야 내용이 명료해지며, 성격이나 습관에 관해 언급하면 내용이 추상적이고 모호해진다. 더 중요한 것은 말이 너무 길어져서는 안 된다는 점이다. 길어지다 보면 어느새 말투가 설교나 두려움으로 느끼게 되어 또 한 번의 잔소리가 되기 쉽다.

또한 칭찬과 꾸중 과정에서 자신의 말을 정확하게 하는 것 못지않게 상대방의 이야기를 잘 들어 주는 것 역시 매우 중요하다. 자녀가 어머니나 아버지에게 어떤 이야기를 한다는 것은 그의 상황이나 생각, 감정 등을 전하여 부모로부터 이해를 받고 싶다는 것이다. 설령 충고나 조언을 바란다고 말할지라도 그보다는 이해받고 싶은 마음이 우선이며 충고나 조언은 항상 그 다음이다. 그렇다면 자녀의 이야기를 들을 때 가장 먼저 갖추어야 할 것은 무엇일까?

첫 번째는 자녀와의 대화의 중요성을 인정하여 시간을 투자하는 것이다. 그러려면 조급함이나 짜증을 참는 인내심과 마음의 여유를 가져야 한다. 두 번째로는 자녀의 처지와 심정을 그와 함께 느끼려는 자세를 가져야 한다. 자녀가 말하고 있는 내용뿐만 아니라 그의 속마음까지 이해하려는 적극적인 노력이 필요하다. 그러려면 자녀의 이야기에 귀를 기울이는 것은 물론 자녀의 삶 전체에 대하여 관심을 가져야 한다. 자녀에게 따뜻한 관심을 가지면 그에 관해 궁금한 것이 많아지고, 그러다 보면 자녀의 말허리를 자르거나, 부모가 자기 이야기를 가지고 선불리 끼어들지는 않게 된다. 부모의 말은 자연스럽게 줄어들게 되고 많은 시간을 자녀의 이야기를 경청하는 데 쏟을 수 있게 된다.

특히 자녀가 자신의 고민을 이야기할 때 부모가 지켜야 할 중요한 원칙은 '입 다물고 있기' 이며, 대화 과정에 있어 그 중요성은 아무리 강조해도 지나치지 않다. 부모는 입을 다문 상태에서 진지한 자세로 호응과 관심을 보이며 자녀의 이야기를 들어야 한다.

부모가 자녀의 이야기를 잘 듣기 위해 두 번째로 따라야 할 기본은 '자녀의 말이나 마음을 되돌려 주기' 다. 이것을 상담 용어로 '공감적 표현' 이라고 하는데, 구체적인 기법으로는 재언급, 환언, 요약, 반영 등을 들 수 있다. '재언급' 이란 자녀가 한 말을 부모가 그대로 반복해 주는 것인데, 예를 들면 자녀가 "요즈음 저는 몹시 외롭습니다"라고 말했을 경우, 부모는 "음-, 네가 요즈음 몹시 외로운 모양이구나"라고 똑같이 말을 받는 것이다.

잘 듣기의 세 번째 기본은 '질문하기' 이다. 자녀들은 많은 경우 중요한 내용을 빼놓거나 또는 자신의 경험을 요약 정리하여 대강의 줄거리만 이야기하는 경향이 있다. 혹은 많은 이야기를 하기는 하지만 매우 모호하거나 추상적으로 말하기도 한다. 이럴 경우 부모는 자녀의 이야기를 듣는 도중 적절한 시점에 적절한 질문을 던짐으로써 자녀의 이야기 중 빠진 부분을 채우게 하고 모호한 부분을 구체화시켜야 한다. 이렇게 함으로써 자녀로 하여금 자신의 이야기를 완성하도록 하는 것이다.

지금까지 부모와 자녀간의 칭찬의 중요성과 꾸중의 방법에 대해 살펴보았다. 부부간의 칭찬에 대한 사항은 다음 장에서 다루었다. 다만 살다 보면 부부간의 의견 차이로 언쟁을 할 수 있는데, 이어서 부부간의 현명한 언쟁의 방법에 대해 살펴보기로 한다. 올바른 방식의 칭찬 혹은 꾸짖음은 부모와 자식간의 관계뿐만 아니라 모든 인간관계에서 공통적으로 적용된다. 특히 부부간에 상대방에 대한 불쾌한 감정이 있을 때, 이것을 올바르고 현명하게 표현하고 전달하지 못할 경우 바로 부부 싸움으로 이어질 가능성이 높아지는데, 부부 싸움을 하더라도 현명하게 싸우는 기본 자세가 필요하다.

첫째, 상대방을 비난함이 없이 당신의 감정만을 말하라.

만약 아내가 남편에게 "당신은 이제 아예 내게 관심조차 없죠?"라고 말한다면 이것은 일종의 선전 포고로 작용하여, 남편은 남편대로 다음과 같은 반격을 가해 올 것이다. "당신에게 관심조차 보여 주지 않다니, 당신 지금 무슨 소리를 하는 거요? 지난 토요일을 잊어버렸소? 기억 안 나요? 머리 속에는 밀린 일에 대한 생각이 가득 차 있었는데도 일찍 귀가하여 당신을 병원에 데리고 가준 것이 그래 당신에게는 아무 일도 아니었단 말이오? 솔직히 말해서 난 어떻게 해야 당신을 행복하게 해줄 수 있을지 도대체 모르겠소. 내가 무엇을 하든지 당신은 불평만 해대니까." 남편이 이렇게 화를 내는 까닭은 그가 아내로부터 공격을 받았기 때문이다. 사람은 누구나 "당신은 아예 ……도 않는다," "당신은 한 번도 ……한 적이 없다," "당신은 언제나 ……하기만 한다"는 식의 극단적 일반화를 통한 비난을 들으면 화가 나게 된다. 그렇다면 아내는 어떻게 말을 하는 것이 더 좋았을까? 다음과 같이 단지 자신의 감정만을 표현하는 것이 더 나았을 것이다. "나는 요즘 정말 외로워요. 나는 당신의 관심 밖으로 밀려난 느낌이에요." 앞의 말과 의미는 같으나 표현방식은 전혀 다르다. 두 번째 방식에서는 아내가 남편을 조금도 비난하지 않고 그저 자기의 느낌, 감정만을 나타냈을 뿐이다. 자신의 느낌이나 감정은 강하게 표현해도 좋으나, 상대방에 대한 비난은 피해야 한다.

둘째, 상대방을 비난하기보다는 자신의 바람을 정확하게 표현하는 것이 바람직하다.

문제 해결의 대화가 진행될 때, 상대방의 잘못보다는 자신이 달성하려는 목표에 초점을 맞추면, 성과가 훨씬 커진다. 일반적으로 불평보다는 요구를 할 때 상대방의 협력을 얻을 가능성이 커진다. 예를 들면, "이제는 나와 이야기도 하지 않는군요" 하고 말하지 말고 "아이들이 잠든 후에 맥주라도 한 잔 하시면서 이야기를 좀 하면 어떨까요?" 하고 말하는 것이 더 좋다. 어떤 요구를 할 때는 모욕적인 말이나 아픈 데를 찌르는 말을 피해야 한다. 예를 들면, 아내가 남편에게 다음과 같이 말할 수 있다. "당신은 언제나 바쁜 사람이지, 뭐. 그래서 주말에 가족과 한 번이라도 놀러 갈 수가 없을 거야." 이처럼 상대방을 비아냥거리면 해결의 길은 더욱 요원해진다. 그보다는 "이번 달에는 주말에 한 번쯤 우리 가족이 다 같이 어디라도 한 번 나갔다 왔으면 좋겠어요"라고 말하는 것이 좋다.

셋째, 한 번에 한 가지 문제만 끄집어 내라.

"한 번에 한 가지 범죄만을 다루라"는 법정의 원칙은 사랑하는 사람들 사이의 갈등을 해결하는 데에도 그대로 적용할 수 있다. 만일 검사들이 과거의 범죄, 전과 기록, 그와 관련된 모든 사람들을 법정 안으로 끌어들인다면 문제는 손댈 수 없을 정도로 복잡해질 것이다. "당신이 게으르다는 것만 갖고 내가 이러는 게 아니야. 당신은 나쁜 습관이 얼마나 많은 줄 알아. 밥을 먹고 나서 앉은자리에서 당신이 이를 쑤시는 모습을 보면 정이 떨어져." 이런 식으로 자꾸 다른 문제를 끌어들이는 것은 두 사람 사이를 급격히 악화시킴으로써 해결을 점점 더 어렵게 만든다. 두 사람 사이에 어떤 문제가 생겼을 때는 그 문제에 관해서만 이야기해야 한다. 그래야만 분노가 증폭되지 않는다.

넷째, 상대방이 반응할 기회를 주어라.

싸움 중에 일방적으로 자리를 피해버리는 것은 매우 좋지 않다. 부부가 다툴 때는 자신도 자신의 감정을 표현할 권리가 있듯이, 상대방이 말할 때는 나도 계속 머물러 상대방의 이야기를 귀담아 들어 줄 의무 또한 있는 것이다. 상대방에게 반응할 기회도 주지 않고 혼자서만 떠들어대는 것도 규칙 위반이다. 자기 혼자 퍼부어 대고는 이제는 끝났다는 듯이 방안으로 들어가 문을 꽝 닫아 버린다든가, 밖으로 휭 나가 버리는 행동 등은 하지 않아야 한다.

다섯째, 말다툼의 목적은 나의 감정 해소이지 상대방을 굴복시키려는 것이 아니다.

상대방에게 분노를 표현하는 것은 상대방을 꺾고 이기려는 데 목적이 있는 것이 아니라 그저 나의 감정을 씻어내기 위한 것이라는 것을 마음에 새겨 두어야 한다. 부부간에 언쟁을 할 때라도 이 기본 원칙을 명심하면 싸움을 한 후에 서로가 며칠씩 침묵으로 냉전을 연장하는 일은 피할 수 있다. 많은 사람들은 부부 싸움을 할 때마다 자신이 꼭 이겨야 한다는 태도를 보인다. 그러나 부부 싸움에 항상 승자와 패자가 있을 필요는 없다. 많은 경우 말다툼은 두 사람의 감정을 정화시키는 순기능을 한다. 서로에게 품고 있던 섭섭한 마음이나 오해를 풀어 줌으로써 오히려 두 사람을 더욱 굳건히 사랑으로 묶어 줄 수도 있다. 그런 말다툼에서는 모두가 승자일 수 있는 것이다.

여섯째, 다툰 후에는 더 많은 애정을 쏟아라.

취중 실수로라도 친구에게 화를 낸 경우에는 그 다음날 먼저 전화를 하여 상대방의 마음을 풀어 주어야 우정이 계속될 수 있다. 실제로 많은 사람들은 그렇게 하고 있다. 친구 사이에서도 이럴진대, 부부 사이라면 어떻겠는가? 나의 사랑하는 반려자에게 어쩔 수 없이 화를 내게 되었다면 그 다음에는 두 배의 사랑을 표현함으로써 상대방의 마음의 상처를 아물게 해 주는 것이 당연한 일이다.

2. 칭찬은 사람의 인생을 바꾼다

칭찬! 실로 이것만큼 아름다운 것도 세상에 없는 것 같다. 연애도, 사업도, 예술도, 일도, 모든 미덕도 결국 이 아름다운 말을 듣기 위해 존재한다고 한다. 많은 학자들은 사람들로 하여금 최선을 다하도록 만드는 방법으로 물질적 보상보다 칭찬과 긍정적인 것에 대한 강조가 중요하다고 말한다. 실제로 칭찬과 같은 격려를 통해 신바람이 나면 과학적으로 설명할 수 없는 에너지가 발생하고 생산성이 올라간다는 사실은 학계에서도 널리 인정되고 있다.

사람은 누구나 상대방이 자신을 인정해 줄 때, 자신감을 갖게 되고 하고자 하는 욕구가 충천할 것이다. 팔로워를 대할 때, 업무상의 장점을 우선 칭찬해 주면서 "수고했어, 잘했어"라는 말 한 마디를 잊지 않는다면, 그 팔로워는 고생한 것에 대한 보람을 느낄 수도 있고, 장차 임무를 더 잘하겠다는 자극을 받을 수도 있는 것이다. 단점을 표현할 때도 "다 잘했는데, 이러저러한 것은 이렇게 약간 보완했으면 좋겠다"로 표현한다면 더욱 열심히 할 것이다. 즉 개인이나 이해관계가 있는 상호간 긍정적인 동기부여로 연쇄적 상승효과를 가져오게 될 것이다.

지금은 세계축구 명문구단인 영국 멘체스터유나이티드 팀에서 뛰고 있는 박지성 선수, 사실 그는 처음부터 국내에서 두각을 나타내었던 선수가 아니었다. 그러나 히딩크 감독에 의해 월드컵대표팀에 합류하게 되고 조금씩 자신의 기량을 인정받게 되자 "자신도 최종 엔트리에 들 수 있겠다"는 희망을 품게 되었다고 한다. 그런데 그는 월드컵 본선을 몇 개월 앞두고 치뤄진 미국 골드컵 대회, 한 번이라도 더 뛰어서 자신의 능력을 보여 주어야 할 중요한 시점에 그만 경기 도중 발목부상을 당하고 만다.

모든 꿈을 포기해야 할지도 모른다는 깊은 패배감 속에서 박지성 선수는 라커룸에 혼자 앉아 있었다. 그때 히딩크 감독이 통역관을 대동하고 나타났다. 성큼성큼 그에게 다가온 히딩크 감독은 영어로 박지성 선수에게 무언가를 이야기했는데, 무슨 말인지 몰라 통역관을 바라보던 박 선수에게 통역관은 다음과 같이 말했다고 한다.

"박지성 선수는 정신력이 훌륭하대요. 그런 정신력이면 반드시 훌륭한 선수가 될 수 있을 거라고 말씀하셨어요." 박지성 선수는 "미역국보다 더 따뜻한 말"이라는 글에서 히딩크 감독의 이 칭찬이 자신의 삶을 바꾸었다고 회상하며 당시의 기분을 이렇게 표현했다. "얼떨떨했다. 뭐라 대답도 하기 전에 감독님은 뒤돌아 나가셨고 나는 그 흔한 생큐 소리 한번 못했다.… 그 말을 생각하면 머리가 쭈뼛 설 만큼 나 자신이 대단해 보였다."

그 후 그는 월드컵 경기 내내 감독의 칭찬을 생각했고, 포르투갈전에서 결승골을 넣고는 자신도 모르게 히딩크 감독에게로 달려갔다고 한다. 칭찬 한 마디가 실의에 빠져 있던 선수에게 희망과 용기를 불어넣어 주었던 것이다. 혹시 힘겨워하는 사람이 우리 주위에 있는지 살펴보자. 그리고 그에게 "당신은 이런 장점을 지니고 있습니다. 당신은 이겨낼 것입니다"라며 따뜻한 칭찬 한 마디를 건네 주자. 칭찬은 사람의 인생을 바꿀 수도 있기 때문이다. 이것이 바로 선(善)순환이 되게 하는 원동력이다.

칭찬은 귀로 먹는 보약이다. 인간은 누구나 자기를 칭찬해 주는 사람을 좋아하는 법이다. "바보라도 칭찬해 주면 훌륭한 사람으로 변한다"는 영국의 속담이 있듯이 사람은 누구나 칭찬에 굶주려 있다. 칭찬은 곧 능력의 인정과 호의를 뜻하므로 칭찬을 받으면 자아의식이 자극받아 더 능동적으로 행동하게 된다. 세계적인 문호 톨스토이와 빅토르 마리 위고는 칭찬에 힘입어 위대한 인물이 된 좋은 사례이다. 톨스토이는 남러시아 툴라 근처의 야스나야 폴랴나 출생으로 도스토예프스키와 함께 19세기 러시아 문학을 대표하는 세계적 문호이며, 동시에 문명 비평가 · 사상가로서도 위대한 존재였다. 그는 명문 백작가의 4남으로 태어났으나 어려서 부모를 잃고 친척집에서 자랐다. 이러한 톨스토이가 유년시절에 특별한 재능을 발견할 수 없어 진로를 결정하지 못하고 방황할 때, 이모가 찾아와 "너는 글쓰는 재능이 있는 듯하니, 그 방향으로 노력하면 장차 훌륭한 작가가 될 수 있을 것이다"라는 덕담을 남기고 갔다. 그때부터 소년 톨스토이는 작가의 꿈을 안고 열심히 공부했으며 1851년 형의 권유로 군에 입대해 카프가스에서 사관 후보생으로 복무하고, 다음 해 처녀작 『유년시대』를 익명으로 발표하여 주위 사람들로부터 격찬을 받았다. 이것이 힘이 되어 그 후에 지속적으로 작품을 집필하다가 1862년에 불후의 명작 『전쟁과 평화』를 발표함으로써 작가로서 절정에 이르게 된다. 결국 이모의 덕담과 주변 사람들의 칭찬과 격려가 세계적인 문호를 탄생시킨 것이다.

또한 빅토르 마리 위고의 어린 시절은 부모의 비정상적인 생활로 인하여 방황의 연속이었다고 한다. 그러던 그가 13살 때 학교 백일장에서 우수상을 받았고 그것을 계기로 그는 서사시, 희곡, 소설 등을 써 냈는데, 그때마다 선생님들은 '탁월한 소년' 이라고 칭찬을 아끼지 않았다고 한다. 이에 힘입어 계속 노력한 결과 그는 불후의 명작 『레미제라블』을 남기게 된다. 선생님들의 칭찬이 명작을 탄생시키는 힘이 되었던 것이다. 일반적으로 사람들은 칭찬을 주고받고 싶어할 것이다. 그러나 정작 직장이나 가정에서 칭찬을 제대로 실천하는 사례는, 드문 것이 현실이다. 오히려 우리 삶은 무관심과 부정적 반응으로 둘러싸여 있는 것 같다. 왠지 긍정해 주기보다 부정함으로써 자기 권위를 세우려 하고, 다독거려 주기보다 파헤치고, 싸매 주기보다 상처를 덧내는 일들을 우리 스스로 쉽게 행하고 또 그런 일을 보기도 한다. 실제로 많은 사람들이 직장에서 상사로부터 긍정적인 말보다는 부정적인 말과 태도로 인해 스트레스를 받고 인간관계까지 파괴되는 일이 심심찮게 벌어지는 것이 사실이지 않은가?

『칭찬은 고래도 춤추게 한다』라는 책은 칭찬이 발휘할 수 있는 긍정적이고 놀라운 효과를 잘 설명해 준다. 이 책은 무게가 3톤이 넘는 범고래가 관중들 앞에서 멋진 쇼를 펼쳐 보일 수 있는 것은 고래에 대한 조련사의 긍정적인 태도와 칭찬이 있기 때문이라는 것을 보여 준다. 이 책은 긍정적 관계의 중요성을 깨우쳐 주고, 칭찬의 진정한 의미와 방법을 알려 주고 있다. 다시 한 번 말하지만 칭찬은 보약과 같다. 직장에서 상사나 팔로워에게 그리고 사랑하는 배우자와 자녀들에게 칭찬과 찬사의 보약을 먹여주면서 행복한 가정과 직장을 만들어 보자. 이러한 칭찬에도 기술이 필요하다. 저자는 효과적인 칭찬의 방법으로 다음과 같은 8가지 원칙을 제안하고자 한다.

● 칭찬할 시기를 놓치지 마라.

선순환 리더는 잘한 일에 대해서는 즉시 칭찬을 하여 심적 보상을 해주어야 한다. "지난 송년회때 준비하느라 수고 많았겠군," 봄 야유회를 준비하면서 이렇게 철지난 일이 생각난 듯, 칭찬하면 오히려 섭섭했던 감정만 되살아나게 한다. 칭찬할 일이 있으면 바로 칭찬하라. 즉 타이밍이 중요하다.

● 잘한 점을 구체적으로 칭찬하라.

"그래 잘 했다"라고 짧게 말하기보다는 "최선을 다하는 모습이 자랑스러웠고 회장님을 비롯 회사원 전체가 참 기쁨을 맛 보았다"라고 구체적이고 기쁘게 칭찬하라. 또한 모호한 칭찬은 자신이 무엇 때문에 칭찬을 받는지 알지 못하기 때문에 잘 받아들여지지 않는다. "자네는 괜찮은 사람이야"보다는 "자네의 기안문은 간결하고 설득력이 있어. 특히 이런 문장에서는 말야"하고 구체적으로 칭찬하는 것이 훨씬 더 상대방을 감동시킨다.

● 가능한 균형 있게 칭찬하라.

직장에서 한 개인이나 특정 팀에 칭찬이 집중되면 당사자나 해당 팀은 성취감을 맛 볼 수 있으나 나머지는 상대적인 피해의식과 열등감을 느끼게 된다. 리더는 조직 전체나 각 개인에게 균형된 임파워먼트를 부여해야 하므로 본인들도 모르고 지났던 부분을 찾아서 균형 있게 칭찬하라. 칭찬도 노력이요, 관심이요, 습관이다. 상급자가 균형 있고 조화로운 칭찬을 아끼지 않으면, 동료 상호간에도 상호 질투 없이 칭찬하는 분위기가 이루어질 것이며, 이것이 바로 인화단결하는 초석이 될 것이다.

● 결과보다는 과정을 칭찬하라.

결과와 함께 과정을 칭찬함으로써 그 일을 달성하기 위해서 공을 들인 노력을 세세히 감안해 주는 마음 씀씀이가 선순환 리더에게는 필수적이다. 예를 들면 "오늘은 어제보다 블록을 더 높이 쌓았네. 노력 많이 했구나" 하며 최선을 다하는 모습을 칭찬하라.

● 애정이 담긴 칭찬을 하라.

"그 동안 야근을 하는 등 정성을 들여 준비하던데 정말 훌륭한 설명회가 되었네. 수고 많았네." 진심이 담긴 칭찬으로 관심을 기울여 주면 상사를 더 신뢰하게 되고 부서와 집단을 결속시키게 된다. 칭찬으로 조직을 활성화시켜라.

● 거짓 없이 진실한 마음으로 칭찬하라.

칭찬은 진심어린 것이어야 한다. 의미 없이 흘러가 버리는 좋은 말로서의 칭찬은 그 가치를 떨어뜨리고, 심지어는 "비꼬는 것이 아닌가"라는 오해를 낳을 수도 있다. "사장님께서 자네 칭찬을 하시더군. 그 분 기분이 아마 좋았던 모양이지," "이건 꽤 잘했는데, 자네 작품치고는 걸작이야," "야, 놀랬어. 자네 축구 선수 출신인가? 일도 이 정도로 해주면 좋겠는데." 이상의 세 가지 언사는 칭찬이라 할 수 없으며 모욕에 지나지 않는다.

그리고 칭찬할 때는 순수한 칭찬의 뜻이 전달되도록 신중해야만 된다. 칭찬의 뒤에 토를 달아서 그 효과를 반감시키지 마라. 칭찬은 그냥 칭찬으로 끝나야 한다. 이것이 문제되는 이유는 많은 사람들이 칭찬 다음에 "하지만 이렇게 했으면 더 잘할 수 있었을 텐데"라는 말을 하며 비판을 가하기 때문이다. 물론 이것은 듣는 사람의 마음을 상하게 하지 않으려는 대화 기법의 하나라 볼 수 있다. 그러나 이런 기법이 너무 많이 쓰이다 보면 대부분의 사람은 칭찬이란 비판의 전주곡(前奏曲)이라는, 즉 좋은 말 뒤에는 반드시 안 좋은 말이 나올 것이라고 예상하게 된다. 결국 그들은 처음의 칭찬을 진정한 것으로 받아들이지 않게 되며, 이것이 반복되면 어떤 칭찬도 믿지 않게 된다. 그러므로 자신과 다른 사람들에게 진실로 순수하고 확신에 찬 칭찬만을 하도록 노력하라.

● 일이 잘 풀리지 않을 때 더욱 격려하라.

선순환 리더는 일이 잘 풀리지 않는 팔로워를 더욱 격려하고 관심을 보여 줌으로써 그에 대한 믿음이 변치 않고 있다는 것을 보여 주어야 한다. 그래야 그는 어떤 역경에도 흔들림 없이 과업을 추진할 것이며, 결국 성공하게 될 것이다.

● 가끔씩은 자기 자신을 칭찬하라.

직장 생활에서의 칭찬은 곧 업무능력의 인정을 뜻하는 것이므로 기업 전체에 커다란 이익을 가져다 준다. 상대에 대한 칭찬으로 임파워먼트를 부여하는 것도 중요하지만 아침에 일어나 세수를 하고 거울을 보며 또는 출근하면서 자신을 칭찬해 보라. 하루가 달라질 것이다. 본인 기분이 달라지므로 사무실 분위기도 달라질 것이다. 어떤 의미에서는 자기 자신이 양심에 비추어 부끄러움 없이 스스로를 칭찬할 수 있는 사람은 자신감이 생기고 적극적으로 업무 추진을 할 수 있을 것이다..

칭찬은 배신하지 않는다. 칭찬은 나와 조직을 살리는 힘이다. 칭찬은 선순환을 이루는 파문(波紋)의 물결과 같은 것이니 선순환 리더는 그 중심에서 적절한 칭찬을 끊임없이 발산해야 한다. 저자가 이러한 칭찬기술을 기본으로 지휘관 생활을 하면서 신바람이 창출되도록 한 경험 몇 가지를 소개하고자 한다. 예하부대가 전국에 분산 배치되어 있으므로 1년에 한번 정도만 부대 현장 방문을 할 수 있다. 상급부대와 원거리에 이격되어 독립부대로서 작전임무수행 및 부대 관리가 이루어지고 있기에 현지 지휘관의 역할이 대단히 중요하다. 그 지휘관들이 역할에 비해 계급구조가 낮은 듯 하나, 그 병과의 최고직위인 사령관은 이 일선 지휘관을 전적으로 신뢰한 가운데 권위를 보장해 주면서 부대운영 및 관리를 맡겨야 한다. 그래서 사령관은 평소 현장 지휘관이 긍정적 자세로 임파워먼트(Empowerment)를 발휘하도록 부단한 관심을 갖고 지도해 주어야 한다. 이와 관련해 저자가 경험했던 사항은 다음과 같다.

첫째는 예하부대 방문시 잘한 점 위주로 적극 칭찬을 하고 미흡사항에 대해서는 현장지도 개념으로 지도를 함으로써 현지 지휘관의 권위를 보장해 주면서 보완이 이루어지도록 하였다. 예를 들어 초소가 잘못 설치되어 있다면 초소설치시 고려사항을 현장에서 같이 토의하면서 스스로 무엇이 잘못되었는가를 느껴서 보완토록 하였으며, 용모가 단정치 못한 장병에 대해서는 옆에 있는 용모가 단정한 장병을 칭찬함으로써 그 스스로가 반성하여 시정하도록 하였다.

또한 현지에서 모범 간부 1명에 대해 포상을 실시하였는데, 해당 부대의 지휘관이 사전에 장병들의 뜻을 모아 추천토록 하여 미미한 사항이지만 지휘권 확립에 도움이 되도록 하였으며 선발된 모범 간부에게는 장병들이 지켜보는 가운데 모범 장병 메달과 포상휴가, 격려금을 수여하여 전체적 동기부여에 기여할 수 있도록 하였다.

그리고 부대 방문시에는 장병들과 같이 병사식사를 하면서 취사병들과 칭찬, 격려 위주의 대화를 하고 취사병 스스로 사용할 수 있는 격려금을 지급하여 다과회를 실시토록 하였다. 그래서 그런지는 몰라도 우리 예하 전부대의 취사병이 거의 200명이 되는데 7년 연속 지휘관 생활 중 취사병에 의한 군기사고나 안전사고가 단 한 건도 없었던 것으로 기억된다.

또한 공중전화 카드 등 기념품을 만들어 경계병 등 비교적 힘든 직책에서 모범적으로 근무하고 있는 장병들에게 현지 방문시 나누어주기도 했다. 그래서 상급 지휘관이 방문을 하고 난 이후에는 보람과 성취감 그리고 자신감과 인화단결이 되도록 하였다. 그리고 휴무일이나 야간에는 당직 근무자를 포함해 불가피하게 훈련이나 작업을 하는 인원에게 직접 전화를 걸어 위로와 격려 그리고 당부사항을 전하여 상급 지휘관이 관심을 갖고 있음을 솔선하여 보여 줌으로써 중간 지휘관들도 관심을 갖게 했다. 통상 지휘관은 1단계 하급 지휘관들하고만 통상 주 단위로 정기 지휘통화를 실시하는데, 이외에도 2단계 하급 지휘관들과도 월 1회 정기적(저자의 입장에서는 주 1회)으로 순환 지휘통화를 실시하였다. 소속이 다른 3~4명 단위의 2단계 하급 지휘관과의 합동통화를 통해 주요추진업무를 비롯 부대 자랑거리, 애로사항 등 현장의 목소리를 좀더 정확히 들을 수 있었고 합동 통화자끼리도 정보교류 및 상호관심사항에 대한 정보 공유 효과가 있었고 잘한 지휘관의 자랑 뒤에는 칭찬을 아끼지 않았다.

또한 권위적 용어나 폭언의 사용을 자제하였으며 이런 가운데에도 "모든 것을 용서한 상급자는 모든 것을 용서 안 한 상급자보다 더 위험하다"는 말을 유념해 정(情)과 엄(嚴)이 조화되도록 하여 부여된 임무 수행 및 부대 관리는 최상으로 하고 사고는 최소화하는 부대를 육성하기 위해 노력했다. 그래서 칭찬과 격려를 통해 선순환이 반복되는 부대를 이룰 수 있었다고 자부한다.

3. 칭찬받을 때의 표정관리

칭찬을 받으면 당황한 표정을 짓거나 심지어 얼굴을 찡그리기까지 하는 경우가 있다. 쑥스럽고 때로는 자신은 칭찬받을 자격이 없다고 생각하기 때문이다. 나름대로 겸손의 표현인 셈이지만 칭찬한 이에게는 의외의 반응으로 비쳐 불쾌할 수도 있다. 칭찬을 받았을 때에는 미소를 띠고 자연스럽게 감사하다는 표현을 잊지 않아야 선(善)순환 리더다운 태도라 할 수 있다.

칭찬과 격려로 아름다운 세상 창조

● 칭찬과 꾸중은 모두 교육의 수단이지만, 그 기능은 크게 다르다. 칭찬은 바람직한 행동의 육성이라는 '증가의 원리'라면, 꾸중은 바람직하지 않는 행동의 제거라는 '삭감의 원리'다.

● 자녀를 현명하게 꾸짖는 방법은 첫째, 자녀를 꾸짖되 '흥분하지 않고 객관적으로' 꾸짖어야 하고, 둘째, 자녀의 잘못된 행동에 대해 부모가 자신의 생각이나 기분을 솔직하게 말해야 한다. 셋째, 자녀에 대한 부모의 바람을 짧고 분명하게 덧붙이는 것도 좋은 방법이며 부모는 감정의 폭발을 억제할 수 있는 자제력과 함께 자신을 있는 그대로 보여 줄 수 있는 용기가 있어야 한다.

● 칭찬과 꾸중 과정에서 자신의 말을 정확하게 하는 것 못지않게 상대방의 이야기를 잘 들어 주는 것 역시 매우 중요하다. 자녀가 어머니나 아버지에게 어떤 이야기를 한다는 것은 그의 상황이나 생각, 감정 등을 전하여 부모로부터 이해를 받고 싶다는 것이다. 설령

충고나 조언을 바란다고 말할지라도 그보다는 이해받고 싶은 마음이 우선이며 충고나 조언은 항상 그 다음이다.

● 부부간에 상대방에 대한 불쾌한 감정이 있을 때, 이것을 올바르고 현명하게 표현하고 전달하지 못할 경우 바로 부부 싸움으로 이어질 가능성이 높아지는데, 부부 싸움을 하더라도 현명하게 싸우는 기본 자세가 필요하다.

- 상대방을 비난함이 없이 당신의 감정만을 말하라.
- 상대방을 비난하기보다는 자신의 바람을 정확하게 표현하는 것이 바람직하다.
- 한 번에 한 가지 문제만 끄집어 내라.
- 상대방이 반응할 기회를 주어라.
- 말다툼의 목적은 나의 감정 해소이지 상대방을 굴복시키려는 것이 아니다.
- 다툰 후에는 더 많은 애정을 쏟아라.

● 많은 학자들은 사람들로 하여금 최선을 다하도록 만드는 방법으로 물질적 보상보다 칭찬과 긍정적인 것에 대한 강조가 중요하다고 말한다. 실제로 칭찬과 같은 격려를 통해 신바람이 나면 과학적으로 설명할 수 없는 에너지가 발생하고 생산성이 올라간다는 사실은 학계에서도 널리 인정되고 있다.

● 칭찬은 보약과 같다. 직장에서 상사나 팔로워에게 그리고 사랑하는 배우자와 자녀들에게 칭찬과 찬사의 보약을 먹여 주면서 행복한 가정과 직장을 만들어 보자. 칭찬에도 기술이 필요하다.

- 칭찬할 시기를 놓치지 마라.
- 잘한 점을 구체적으로 칭찬하라.

- 가능한 균형 있게 칭찬하라.
- 결과보다는 과정을 칭찬하라.
- 애정이 담긴 칭찬을 하라.
- 거짓 없이 진실한 마음으로 칭찬하라.
- 일이 잘 풀리지 않을 때 더욱 격려하라.
- 가끔씩은 자기 자신을 칭찬하라.

● 칭찬을 받으면 당황한 표정을 짓거나 심지어 얼굴을 찡그리기까지 하는 경우가 있다. 쑥스럽고 때로는 자신은 칭찬받을 자격이 없다고 생각하기 때문이다. 나름대로 겸손의 표현인 셈이지만 칭찬한 이에게는 의외의 반응으로 비쳐 불쾌할 수도 있다. 칭찬을 받았을 때에는 미소를 띠고 자연스럽게 감사하다는 표현을 잊지 않아야 선(善)순환 리더다운 태도라 할 수 있다.

> 부하들과 하나가 되지 않으면 그들을 움직일 수가 없다.
>
> -잭 브론튼

제 7 절 임파워먼트(empowerment)로 잠재력/창의력 일깨워 선순환 유도

선(善)순환 리더십에서 임파워먼트는 조직 구성원에게 업무와 관련된 자율성을 보장하여 잠재능력 발휘를 극대화하고 자신감과 공동체 의식을 갖게 하며 스스로 수행한 일에 대해 즐거움을 느끼게 하는 대단히 중요한 요소이다.

임파워먼트를 성공적으로 실행하기 위해서는 조직 구성원들이 능동적

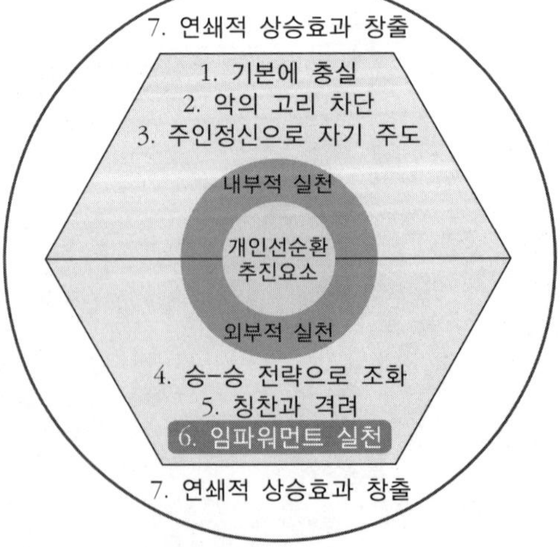

으로 자신의 역할 수준을 정립하고 업무를 추진해 나갈 수 있도록 해야 한다. 요즈음 기업들이 큰 관심을 두고 있는 사항 중의 하나는 어떻게 하면 조직 구성원들이 담당 과업을 보다 의미 있게 느끼고, 자율적으로 조직에 헌신할 수 있도록 만드느냐 하는 것이다. 이러한 관점에서 중요하게 부각되고 있는 개념이 바로 임파워먼트(empowerment)이다.

임파워먼트(empowerment)를 단어 그대로 해석하면 '파워(power)를 부여하는 것' 이라고 말할 수 있다. 그런데 여기에서 파워는 권한과 능력이라는 두 가지 의미를 가지고 있다. 실제로 웹스터(Webster) 사전은 'empower' 의 뜻을 '권한을 부여하다(give authority to)' 와 '능력을 부여하다(give ability to)' 의 두 가지로 설명하고 있다. 따라서 임파워먼트란 실무자들의 업무 수행 능력을 제고시키고, 관리자들이 지니고 있는 권한을 실무자에게 이양하여 그들의 책임 범위를 확대함으로써 종업원들이 보유하고 있는 잠재능력 및 창의력을 최대한 발휘하도록 하는 방법이라고 말할 수 있다.

또한 임파워먼트는 부하에게 권한 공유와 격려를 통하여 힘을 실어주어 나타나는 마음의 상태이다. 따라서 임파워먼트는 1) 구성원들에게 자신의 가치에 대한 의미(significance)를 부여하고, 2) 자신의 직무능력 향상에 의한 자신감(competence), 3) 직장과 자신이 하나라는 공동체(community) 의식, 4) 자신의 일을 스스로 수행함으로써 느끼는 즐거움(enjoyment) 등이 복합된 태도로 나타난다. 다시 말해 임파워먼트는 조직의 직무환경에서 부하의 직무수행 에너지를 신장시켜 선순환이 반복되도록 하는 것이다.

임파워먼트

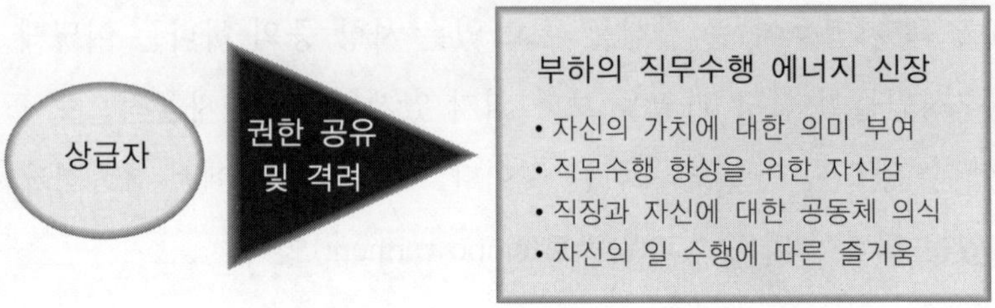

1. 임파워먼트 리더십

"임파워먼트는 곧 조직 개개인의 몰입을 가져오며, 그것은 모든 개인이 중요하다는 믿음에서 출발한다."고 GE의 회장인 잭 웰치(Jack Welch)는 말한다. 또한 임파워먼트 리더십은 실수를 두려워 하지 않는 조직문화에서 강력한 힘을 발휘할 수 있다 즉, 임파워먼트는 조직 공통의 목표를 향해 팀간의 신뢰와 개방된 상호관계 속에서 가장 잘 시행될 수 있다. 임파워먼트는 위임에서부터 출발하는데 권한위임과 책임위임이 동시에 이루어진다는 점에서 자유방임과는 구별되고, 책임 뿐 아니라 권한도 주어진다는 점에서 책임전가와도 다르다. 권한위임의 구체적인 기술은 아래와 같다.

- 일을 개별 작업으로 세분하라.
- 규칙적으로 위임하라.
- 공평하게 위임하라.
- 일을 맡길 사람을 신중하게 선택하라.
- 저항을 극복하라.
- 일에 대하여 당신이 가지고 있는 기대를 분명하게 전달하라.
- 위임할 때는 교육도 함께 하라.
- 사기를 높여 주고 신뢰를 보여 주어라.

- 잘못에 대한 책임은 자신이 져라.
- 창의를 장려하고, 칭찬하라.
- 성장을 장려하고 실수를 이해하라.
- 각 개인에게 권한을 부여하라.
- 일을 끝까지 챙기라.

리더는 전략이라는 '큰 목표'를 가지고 '생각하는 시간'을 많이 가져야 한다. 리더는 매일 현실을 파악하고, 조직이 올바로 돌아가는지 확인하여 질문하고 의사결정을 내려야 한다. 또한 미래를 예측하며, 적소에 최고의 팀을 만들어 업무를 추진하도록 자원을 제공하는 등의 책임이 있다. 그러나 일을 하는 과정에서 리더가 세세한 부분에까지 모두 관여할 수는 없다. 따라서 목표를 달성하기 위해서는 업무의 위임을 통해 운영 인력을 효과적으로 활용해야 한다.

크라이슬러(Chrysler)사의 CEO인 로버트 이튼(Robert Eaton)은 회사 수익을 246%, 즉 37억 달러나 증가시킬 수 있었던 방법에 대해서 질문을 받았을 때 다음과 같이 대답했다. "한 마디로 대답하면, 그것은 권한위임 때문에 가능했다." 고객들에게 보다 나은 서비스나 제품을 제공하기 위해서는 직원 개개인의 독창력을 발휘하게 하거나 혹은 어려운 상황에 처하였을 때 지원을 한다면 직원들의 활력을 더 빠르고 완벽하게 고양시킬 수 있다. 현명한 사업가들은 직원들이 실수를 하더라도 그들에게 권한을 위임하는 것이 올바르다는 것을 알고 있다. 1,200명의 미국 근로자들을 대상으로 한 갤럽 조사에 따르면, 응답자의 66%가 관리자들에 의해서 의사결정과정에 참여하도록 요청을 받았지만, 겨우 14%만이 의사결정을 할 수 있도록 권한을 위임받았다는 느낌을 받은 것으로 밝혀졌다. 결국 말만 앞서서는 안 되며 직원들에게 실제적인 독립성과 자율권을 부여해야만 진정한 권한

위임이 가능한 것이다.

일상적인 업무에서는 실무 담당자가 리더이며, 최종적인 책임을 진다는 투철한 책임의식을 조직구성원들에게 심어 주어야 한다. 이는 구성원들로 하여금 자신이 의사결정과정에 참여하고 있다는 참여의식을 갖게 하며, 이를 통하여 자신이 조직에서 중대한 역할을 담당하고 있다는 가치를 신념화할 수 있는 것이다.

2. 임파워먼트 실천

임파워먼트는 많은 기업들에 의해 도입되어 성공적으로 정착된 경우도 있으나, 그렇지 않은 경우도 많이 있다. 임파워먼트가 종종 실패를 겪는 이유는 임파워먼트의 실천방법이 잘못되었기 때문이지, 임파워먼트 개념이 잘못되었기 때문은 아니다. 과거의 전통적인 조직이 임파워먼트 조직으로 바뀌려면 조직의 구조는 물론이고, 조직과 인간에 대한 가정, 사고방식, 대인관계, 직무수행방법 등 조직 전반에 걸친 변화가 따라야 한다. 임파워먼트는 단순한 기술이나 프로그램이 아니라, 철학이고, 인식틀이며, 문화인 것이다. 그러므로 임파워먼트를 시행할 때, 부분적으로 조직에 유리한 것만 도입하지 말고(piecemeal approach), 전체조직의 시스템을 함께 고려해야 한다. 전체시스템과 일관성이 없는 상호 모순적인 프로그램은 혼란을 야기하고, 경영자의 임파워먼트 의지에 대한 종업원의 신뢰수준을 떨어뜨리는 요인이 된다.

임파워먼트는 조직의 변화만으로 쉽게 달성되는 것은 아니다. 철저한 준비와 교육, 훈련을 바탕으로 시행하고, 도입으로부터 정착에 이르기까지 조직변화의 단계별로 발생하는 많은 문제들을 극복해야 한다. 그럼, 임파워먼트와 실천 요령에 대하여 몇 가지 원칙을 제시하고자 한다.

- 위로부터 임파워먼트, 아래로부터 임파워먼트
- 조직과 직무에 따라 차별적인 적용
- 사람에 따라 차별적인 적용
- 권한의 이양에 따른 책임의 이양
- 중간관리자에 대한 배려

가. 자성예언(自成豫言) 및 신바람으로 임파워먼트 실천

임파워먼트 실천은 자성예언과 신바람의 큰 두 축을 중심으로 이루어진다. 먼저, 선순환을 이루는 밑바탕에는 무엇보다 나는 할 수 있다는 '자기 달성적 예언'이 필요하다. 자성예언이라 불리기도 하는 자기 달성적 예언은 꿈, 이상, 비전을 갖게 하고 현실화하는 원동력이다. 자신의 일을 주도하기 위해서는 무엇보다 내가 그 일을 확실히 할 수 있다는 자기 긍정이 있어야 가능하며, 자기 긍정 없이 주체적으로 산다 함은 어불성설이다. 선순환 리더는 스스로에게, 그리고 팔로워들에게 이런 자성예언을 통한 임파워먼트가 가능하도록 노력해야 한다.

자성예언은 자신 스스로나 상대방에게 격려의 의미를 부여하면서 진취적인 자신감을 부여하는 효과이기도 하고, 오랫동안 가슴에 담고 살아가면서 인생의 지표 역할을 하기도 한다. 저자는 고등학교 재학시절 학생회 간부로서 지역 내에 위치한 부대에 위문 방문을 한 적이 있었다. 부대장으로부터 부대소개와 국방의 중요성을 교육받고 장교가 되겠다던 꿈을 더욱 구체화시키는 기회가 되었다. 교육이 끝나고 이 부대의 최고 높은 사람의 계급이 무엇이냐고 질문했던 기억이 난다. 그리고 이 부대를 지휘하는 최고 높은 사람이 되었으면 좋겠다고 생각했었다. 그 꿈이 현실로 이루어져 그 부대를 지휘하는 병과(兵科)의 최고 사령관이 된 저자는 고등학생 신분으로 위문했던 그 부대를 사령관으로서 지휘통제하고 있으며 이것은 자기 달성적 예언에 의해서 이루어졌다고 느껴진다. 정말 꿈 같은 현실이다. 그렇기에 누구보다도 자성예언의 중요성을 실감하고 있다.

스포츠 선수들은 자기 달성적 예언의 기능이 얼마나 중요한지 잘 알고 있다. 많은 정상급 선수들은 정신적 긴장과 정신적 준비가 승패나 기록에 적지 않은 영향을 미친다고 얘기한다. 그래서 그들은 늘 경기를 치르기 전에 동작과 타이밍을 마음 속으로 끊임없이 연습한다. 잭 니클라우스는 공을 실제로 치기 전마다 머리 속으로 매번 공이 나갈 방향을 상상했다고 한다. 그래서 요즘은 골프에서 이미지 스윙이 골퍼들에게 관심이 되고 있다.

미국 올림픽 대표팀 주치의 필 산티아고 박사는 1996년 올림픽 육상 예선전을 지켜볼 기회가 있었다. 그는 100m 단거리 달리기 경기에서 금메달과 세계 신기록을 향한 마이클 존슨의 태도와 의지에 깊은 감명을 받았다. 예선전이 진행되는 동안 산티아고는 존슨에게 컨디션이 어떤지 물었다. 그러자 존슨은 “좋습니다. 나는 오늘 세계기록을 깰 것입니다”라는 말을 남겼다. 그리고 예선전에서 존슨은 세계 신기록을 수립했다. 그런데 트랙을 돌며 기뻐하던 그에게 청천벽력과 같은 이야기가 들린다. 타이머에 문제가 생겨 심판들이 그 경기의 기록을 인정할 수 없다는 것이었다. 시합이 끝난 뒤 산티아고는 존슨에게 위로의 말을 건냈다. 그러나 존슨은 이렇게 답했다. "괜찮습니다. 내일 다시 깰 거니까요." 그리고 존슨은 결승전에서 9.75초라는 세계 신기록을 달성했다.

반면, 미국의 중거리 육상 선수였던 메리 데커는 유력한 금메달 후보였음에도 불구하고 1984년 올림픽 경기 도중 옆 선수와 발이 부딪치며 넘어지는 바람에 경기를 중단했다. 그녀는 올림픽이 열리기 직전 한 토크쇼에 나가 이렇게 반복해서 말했다고 한다. "전 운이 따라주질 않아요. 전 늘 운이 없어요. 운이 따라줘야 하는데 그렇지가 않아요."

리더는 팔로워들을 지도만 하는 기계가 아니라 조각가와 같은 예술가여야 하며, 리더 스스로 팔로워에 대한 인간적인 관심을 가져야 한다. 피그말리온 효과에서는 "다른 사람에 대한 인식은 그 사람을 대하는 방식에 영향을 미치고 다른 사람이 대하는 방식에 따라 행동이나 성취에 영향을 미치므로 한 사람이 다른 사람에게 기대를 갖는다면 그 기대가 현실로 나타난다"고 하였다.

자기 달성적 예언은 특히 선순환 리더에게 더욱 요구되는 덕목이다. 자기와 동료에 대한 신뢰 없이 강압적인 수단만 이용하여 일을 추진하는 경향이 강했던 우리의 기존 문화를 감안할 때, 자기 달성적 예언은 더욱 절실히 요구된다. 리더는 스스로에게뿐만 아니라 동료 및 조직원들에게 계속해서 자기 달성적 예언을 실시하여 긍정적인 참여와 실천이 이루어지도록 해야 한다.

흥미와 열성이 생겨 좋아진 기분을 '신'이라고 한다. 좋은 일이 있거나 어떤 일에 흥미와 열성이 생겨 기분이 매우 좋아질 때 우리는 '신난다', '신바람 난다' 라는 말을 쓴다. '신난다' 는 상태는 결국 감정의 긍정적인 흥분상태를 의미하는 것이지만 여기에는 일반적인 '흥' 이나 '재미' 라고 설명할 수 없는 강하고 특별한 그 무엇이 있다.

원래 이 말은 무당의 '신내림' 행위에서 유래된 것이라고 한다. 신을 받아들이는 의식을 통해 평범한 인간이었던 무당이 신령과 교감하고 영적인 세계로 진입하는 경지에 이르게 되는데, 이때 무당은 무아지경과 황홀경에 몰입하여 '흥' 이 극에 달하게 된다고 한다. 그렇게 되면 무당을 피곤하다거나 힘든 줄도 모르고 밤을 지새기도 하며, 작두 위에서 맨발로 춤을 추기도 하는데, 이러한 감정적인 무아지경(ecstasy)에 비유하여 일반적으로 기분 좋고 흥이 날 때를 일컬어 '신난다' '신바람 난다' 라고 표현하게 되었다고 한다.

우리 민족에게만 있는 독특한 이 신바람은 억지로 일어나는 것이 아니라 어떤 계기가 주어지면 저절로 일어난다는 데 의미가 있다. 다시 말해 스스로 기분이 좋아서 흥이 나고 신바람이 나면 물불을 가리지 않고 몰입하게 되는 것이다. 이와 같이 신바람의 근원은 정신적인 차원의 흥에서 우러나오는 것이기 때문에 물질적 · 육체적인 것과는 다소 거리가 있다. 아무리 피곤하거나 힘들고 손해를 보는 일이라도 일단 신바람이 나서 하게 되면 그 일은 곧 나의 일이 되어 열과 성을 다해 최선의 노력을 하게 되고 정신 없이 몰두하게 되므로 자연스럽게 최고의 성과와 결과를 얻을 수 있게 되는 것이다.

시너지 효과라는 것이 서양에서는 팀워크에 의한 화합 에너지를 염두에 두고 하는 말이지만 우리 민족의 신바람이라는 것은 우선 개인에게 적용된다. 곧 개인의 능력을 신바람이라는 에너지로 승화하면 엄청난 힘이 생기게 된다. 신바람 하나만으로도 개인의 노력이나 능력이 상상하는 것 이상으로 폭발하게 되는 것이다. 만약 이러한 에너지가 모여 팀워크의 시너지 효과까지 내게 된다면 그야말로 엄청난 능력을 발휘하게 될 것이다. 그것이 바로 '신바람'의 힘이고 임파워먼트인 것이다.

특히 우리 민족은 열정적인 성격을 지니고 있다. IMF때 금 모으기 운동, '88년도 서울 올림픽과 2002년 한 · 일 월드컵의 성공적 개최 및 4강 신화 창조, 그리고 600만 명의 길거리 응원 등은 우리 민족의 저력과 신바람의 위력을 보여 준 것이다.

저자는 5년 동안 연속으로 3개 여단장 직책을 수행함으로써 전시가 아닌 평시 최장기 동일 전투 지휘관 직위 수행자가 되었다. 1998년도 맨 처음 여단장직을 수행한 부대는 전통적으로 검열이나 경연대회에서 우수한 성적이 거의 없는 부대였다. 열심히 해도 도저히 안 된다는 패배감과 절망감의 골이 깊어 도전 의식이 결여되어 있었으며 경연대회나 검열의 성적이 나빠 지적사항에 대한 시정조치 및 보완에 급급한 끌려 다니는 부대 분위기였다.

저자는 부대원들에게 패러다임을 바꿀 것을 강조했다. 개인이나 부대에 부여된 기본임무에 주인의식을 갖도록 하면서, 검열이나 경연대회의 결과는 누가 더 관심을 갖고 최선을 다해 준비하느냐에 따라 결정된다는 것을 인식시켰다. 그리고 그 준비가 미흡할 경우 검열 기간 동안 많은 갈등이 생기고 수검 이후 지적사항에 대해 책임(처벌)을 지게 되는 등 악순환이 반복되므로 평시 부대관리에 있어 규정과 절차를 준수하고, 각자가 해야 할 일을 똑바로 하도록 하여 부대 전 분야가 90% 이상 양호하게 유지되도록 하였다. 그리고 검열이나 경연대회가 개최되기 일정기간 전에 지휘관부터 이등병에 이르기까지 각자가 왜 최선을 다해 준비해야 하는지 동기를 부여하고 한 마음으로 인화단결하여 통합 분위기를 조성, 정성으로 준비하도록 하였다. 그렇게 전장병이 마음을 모아 노력한 결과 실제로 각종 검열 및 경연대회에서 우수한 성적을 거둘 수 있었으며 그로 인해 전장병이 성취감과 보람을 얻었으며 "하면 된다," "우리도 할 수 있다"는 자신감을 갖고 의욕적으로 임하게 되었다. 물론 부대 분위기도 밝아졌고 전우애도 향상되었으며 애대심도 높아졌다. 그 결과 1998년 6월에 실시되었던 전 공군 부대 대상 ㅇㅇ주제를 소재로 한 단막극 경연대회에서 창설 후 처음으로 최우수부대로 선정되었으며, 그 이후 일주일 후에 개최된 체육대회에서 4개 부대가 겨룬 끝에 전 종목 우승으로 종합우승을 차지하기도 했다. 또한, 부대로서 가장 큰 의미가 있는 1998년도 대공사격대회에서 종합 최우수부대(이외에도 추가포상 다수)로 선정되어 국방부장관 부대 표창을 수상함으로써 신바람의 결과가 어떠한 것인가를 느끼게 하였다. 이런 현상은 1999년도에 저자가 자리를 옮겨 지휘관 직위를 수행한 인접여단에서도 동일하게 나타났으며 그 이후에도 지휘하는 부대마다 상(賞)이 따라다닌다고 할 정도로 같이했던 장병들의 열성적인 노력으로 신바람이 창출되어 선(善)순환이 반복되었다.

바람직한 신바람의 궁극적인 목적은 조직원들이 자신의 일을 취미생활 하듯 즐겁고 신바람나게 할 수 있는 조직 풍토를 만드는 데 있다. 다시 말해 조직 내에서 일에 대한 흥미와 사명감을 느끼며 소신껏 일할 수 있는 활기 넘치는 분위기를 만들고, 그 속에서 조직원들이 자신의 몸과 마음을 완전히 연소하여 자발적 · 자율적으로 미친 듯이 일할 수 있도록 하자는 것이다.

이렇게 되기 위해서는 첫째, 조직이 미래지향적 · 창조적인 방향으로 발전할 수 있도록 비전을 제시하여야 한다. 조직 구성원들에게 권한과 책임을 과감하게 위임하고, 공유된 가치관과 동일 지향점을 갖게 해야 한다. 형식, 절차, 명분, 관행에 얽매이는 통제 지향적 관리 방식에서 탈피하여 자율과 창의가 살아 숨쉬는 활기찬 조직문화로, 실패에 대한 두려움 없이 불퇴전의 실험정신으로 격변하는 경영환경에 과감하게 도전하고 창조해 나가도록 해야 한다. 미래를 예측하는 가장 확실한 방법은 미래를 스스로 창조하고 이를 위해 환경과 여건을 조성해 나가는 것이라고 할 수 있다.

둘째, 조직 구성원들이 신바람을 낼 수 있도록 먼저 조직의 비전과 함께 구성원 각 개인에게도 비전이 제시되어야 한다. 아무리 미래지향적 · 창조적인 조직문화가 마련되었다 하더라도 조직구성원들이 신바람이 나지 않아 이를 따라주지 않고 외면해 버린다면 아무런 소용이 없게 된다. 조직 구성원들이 신바람을 낼 수 있도록 하기 위해서는 우선, 조직의 비전과 함께 구성원 각 개인에게도 꿈과 희망을 가질 수 있는 확고한 비전이 제시되어야 하며, 이를 달성할 수 있는 구체적 계획과 제도가 반드시 수립 · 시행되어야 한다. 조직의 목표와 개인의 목표가 동시에 실현되도록 구체적인 비전을 설정하고 실행함으로써 조직과 개인이 함께 성장 · 발전할 수 있는 관계가 되도록 해야 한다.

셋째, 성과와 보상이 조화를 이루어야 한다. 비전이 적절한 보상체계 마련 없이 화려하고 공허한 이론만으로 이루어져 형이상학의 영역에 머무르게 된다면 실제 업무와 현실에 효과적으로 영향을 미칠 수 없을 것이다. 따라서 선순환 리더는 성과에 대해서는 개인별, 팀 및 부서별로 적절한 보상이 이루어져 조직의 목표달성과 개인의 욕구충족이라는 두 가지 요건이 동시에 만족될 수 있도록 노력해야 한다.

넷째, 그 외에도 소속집단의 사회적 적합성이 확보되어야 한다. 기업이라면 우선 1차적인 의무이자 책임인 재화생산과 고용창출의 경제적 역할에 충실해야 할 뿐만 아니라, 조직의 반사회적 활동과 경영관리상의 각종 비리 · 부조리 · 불투명 · 비민주성을 완전히 척결해야 한다. 정도경영을 통해 기업경영의 국제화 · 선진화 · 핵심역량 강화에 주력함으로써, 직원들의 소속집단에 대한 귀속의식을 높여 주고 구성원의 일원으로서 자부심을 가질 수 있도록 해 주어야 한다.

나. 위로부터의 임파워먼트, 아래로부터의 임파워먼트

임파워먼트의 실천은 다른 조직변화 프로그램과 마찬가지로, 경영자의 주도에 의해 이루어지며, 흔히 조직의 비전과 가치, 전략 같은 경계를 설정한 후 책임과 권한을 이양하는 top-down 형식으로 이루어진다. 이러한 경우, 위에서 만들어진 경계와 지침들은 종업원에게 외부적인 것으로 인식되어, 종업원의 자발적인 헌신을 이끌어 내기가 어려울 수 있다. 위에서부터 주도되는 임파워먼트 프로그램은 종업원으로 하여금 임파워먼트란 경영자가 그들에게 요구하는 어떤 것으로 인식될 수 있기 때문에 한계가 있다. 그러므로 top-down 접근과 더불어 아래로부터의 접근이 필요하다. 즉, 임파워먼트가 성장의 개념이라는 것을 인식하고, 자신이 먼저 임파워먼트가 되어서 먼저 변화된 모습을 보이며, 종업원이 스스로 파워를 느낄 수 있도록 그들의 욕구를 이해하고, 신뢰하며, 실패를 비난하지 않고, 위험을 감수하도록 격려하는 아래로부터의 접근이 동시에 필요하다.

다. 조직과 직무에 따라 차별적인 적용

기업이 낮은 원가의 제품을 대량생산하고, 고객과의 연결이 단기적이며, 기술이 단순하고, 일상적이며, 기업환경의 예측가능성이 높은 특성을 갖는다면 임파워먼트의 필요성이 적다. 반면, 개별적인 고객의 요구에 따라 서비스가 제공되는 경우, 고객과의 관계가 장기적인 경우, 기술이 복잡하고 환경의 예측이 불가능한 경우에는 임파워먼트로부터 얻을 수 있는 잠재적 이익이 매우 크다. 그러므로 모든 조직과 모든 직무 영역을 동일한 수준으로 임파워먼트해야 한다는 것은 옳지 않다. 조직의 현실은 어느 한 경우라기보다는 위의 성격들이 섞여 있으므로, 한 조직 내에서 어떤 부문이나 어떤 직무는 다른 부문이나 직무보다 임파워먼트가 더 적절할 수 있다.

라. 사람에 따라 차별적인 적용

성장욕구, 사회적 욕구가 낮고, 대인관계 기술이 적은 종업원에게는 임파워먼트가 덜 적절할 것이고, 성장욕구, 사회적 욕구가 높고, 대인관계 기술을 지닌 종업원에게는 임파워먼트가 더 적절한 것이다. 이는 마치, 직무충실화가 성장욕구가 낮은 사람에게는 소용이 없고 참여적 경영에 무관심하고, 순종적이고, 미성숙한 사람에게는 효과가 없는 것과 같은 이치이다. 그러므로 모든 종업원들에게 동일한 임파워먼트 수준과 방법을 적용하기보다는 종업원의 성숙도에 따라 상이한 수준과 방법을 적용할 필요가 있다.

마. 중간관리자에 대한 배려

임파워먼트를 실행하는 과정에서 가장 어려움을 겪는 사람은 중간관리자들이다. 조직의 계층이 줄어들고, 과거 중간관리자들이 지녔던 의사결정 권한이 일선 종업원들에게 맡겨지면서, 중간관리자들은 우선적인 인원감축의 대상이 되는 경향이 있다. 또, 일선 종업원으로의 파워 이전은 곧 자신의 파워 감소를 가져온다는 제로섬적인 파워 관점으로 인해 중간관리자는 파워의 이전을 꺼려하는 경향이 있으며, 그것이 임파워먼트의 실천에 있어서 가장 큰 문제의 하나가 되어 왔다.

그러나 임파워먼트 개념은 파워를 제로섬이 아닌 포지티브 섬(positive-sum)으로 가정하고 있다. 파워를 넘겨 주는 것이 기존의 파워 소유자에게 속한 파워의 감소를 의미하는 것은 아니다.

파워의 포지티브 섬(positive-sum) 시나리오의 예를 들자면, 만약 상사가 부하에게 의사결정에 참여할 것을 권장해서 부하의 통제력이 커지게 되면 의사결정에 참여한 부하는 상사의 정책에 더 잘 협조할 가능성이 많다. 그러므로 다시 상사의 통제력은 커지게 되는 것이다. 파커와 프라이스(Parker & Price)는 실증 연구를 통하여 임파워먼트를 통해 경영자와 종업원 모두의 파워가 확장될 수 있음을 보여 주었다. 또 다른 예로서, 상사는 부하에게 권한을 양도하면서 부하에게 명령할 수 있는 파워의 행사는 줄어들겠지만, 부하가 의사결정을 함에 있어 조언과 지원을 해 줄 수 있는 지식과 경험을 지닌 권위를 지니게 됨으로써, 파워의 상실이 아닌 새로운 종류의 파워를 지니게 되는 것이다.

그러나 중간관리자가 파워이전을 꺼리는 것은 통제력을 행사하고 싶은 욕구 때문만은 아니다. 중간관리자들도 일선 종업원들과 마찬가지로 성취욕구, 인정욕구를 지니고 있으며, 그러한 욕구들은 모두 파워를 이양하기보다는 스스로 파워를 사용할 때 달성될 가능성이 높기 때문이다. 그러므로 중간관리자의 파워이전을 꺼려하는 경향을 가볍게 생각하지 말고, 중간관리자로 하여금 파워를 이양하게 하기 위해서는 기대이론에서처럼, 파워를 지니고 있을 때보다 파워를 이양했을 때 더 높은 이득을 기대할 수 있도록 하는 적절한 제도적 조치들이 필요할 것이다.

3. 임파워먼트가 제대로 안 되는 이유 및 극복 방안

가. 임파워먼트가 제대로 안 되는 이유

1) 관료적 문화

관료적 문화를 가진 조직은 변화나 위험을 감수하고 새로운 아이디어를 장려하기보다는 현재의 상황을 유지하려는 경향이 강하다. 이러한 문화에 젖은 기업은 미래에 대한 명확한 비전 제시나, 실질적 변화에 필요한 지원을 제대로 하지 못한다. 또한 장기적인 성과보다는 단기적 성과에 집착하는 경향이 강하며, 보상 시스템을 통해 현재 상황의 유지를 더욱 공고히 다지는 경우가 다반사이다. 따라서 이러한 문화 속에서 경영자가 아무리 임파워먼트를 외친다 할지라도 대부분의 조직 구성원들은 오히려 현재의 구도 속에 안주하는 것이 더 바람직하다는 결론을 얻게 되는 것이다.

2) 갈등의 발생

상하간 또는 부문간 발생하는 갈등도 성공적인 임파워먼트의 실행을 가로막는 장애물이다. 대부분의 관리자들은 자신의 권한을 하위자에게 위임하는 것을 별로 달가워하지 않는다. 설사 위임을 하였다 할지라도 하위자가 자신의 의지에 반하는 의사결정을 하는 경우 그 종업원에게 불이익을 주는 경향이 있다. 때로는 관리자들이 임파워먼트를 자신들의 책임 회피를 위한 수단으로 사용하는 경우도 있다. 즉, 과업이 성공했을 때는 그 열매를 같이 공유하지만, 실패했을 때는 그 책임을 부하에게 전가하는 것이다. 이러한 경우 상하간의 신뢰는 깨지게 되고 구성원들은 자신의 창의력을 발휘하고 소신 있는 의사결정을 내리기보다는 상사의 눈치를 보는 등 자기보신에 더 신경을 쓰게 된다.

3) 구성원들의 스킬 부족

업무 부담이 너무 크거나 스킬 및 지식의 부족 등으로 인해 조직 구성원들이 주어진 일을 완수하기에는 시간이 부족한 경우가 있다. 이러한 작업 환경 하에서 뭔가 새로운 아이디어를 생각해 내고 새로운 일을 주도적으로 추진한다는 것은 매우 힘든 일이다.

나. 효과적인 임파워먼트 발휘 방안

종업원들을 임파워먼트시키기 위해서는 이러한 장애 요인을 제거하여야 한다. 관리자들은 구성원에 대한 통제를 최소한으로 줄이고, 구성원들을 신뢰하고 어느 정도의 위험을 감수함으로써 그들의 잠재 능력이 발휘될 수 있도록 하여야 한다. 임파워먼트가 제대로 발휘되도록 하는 방안은 다음과 같다.

1) 명확한 비전과 원칙 제시

임파워먼트가 성공적으로 실행되기 위해서는 기업의 비전과 전략 방향이 명확하게 제시되어야 한다. 또한 구성원들에게 임파워먼트의 의미를 명확하게 이해시켜야 한다. 조직 구성원들은 이러한 이해를 바탕으로 상사의 허락이나 지침을 기다리지 않고 자기 스스로 업무를 수행하며 조직 성과와 개인의 능력을 향상시킬 수 있다. 리더는 구성원들이 가지고 있는 재량권의 한계가 어디까지인가를 확실하게 인식시켜야 한다. 이러한 가이드라인이 없다면 구성원들은 임파워먼트되기보다는 오히려 혼란을 느끼게 될 것이다. 리츠-칼튼(Ritz-Carlton)은 고객 만족을 자사의 가장 중요한 전략 과제로 제시하고 있다. 따라서 모든 종업원들은 불만을 갖는 손님들을 만족시키기 위해 최선의 노력을 기울여야 한다. 하지만 거기에 소요되는 비용이 2,500달러를 초과하지 못하도록 한계를 두고 있다. 메리엇(Marriott)

은 '안전 구역(Safe Zones)' 이라는 것을 제시하고 있다. 이에 근거하여 종업원들은 스스로 의사결정을 내려야 할 상황과 그렇지 않은 상황을 명확하게 인식하고 있다.

2) 인적 자산을 중시하는 기업 문화 구축

기업은 구성원들이 회사가 자신들을 임파워먼트시키기 위해 노력하고 있다는 것을 느낄 수 있도록 인적 자산을 중시하는 문화를 구축하여야 한다. 예를 들어 리바이 스트라우스(Levi Strauss)는 기업 사명서(mission statement)에서 "우리는 우리의 구성원들이 존경받고 있으며, 정당하게 대우받고, 자신들의 의견이 존중되고 있으며, 기업의 일원이라고 느끼기를 원한다. 우리는 우리의 종업원들이 회사에 공헌하고, 새로운 것을 학습하고, 성장할 수 있는 기회를 가질 수 있기 때문에 자부심을 갖고 회사에 남아 있으려 하는 기업이 되기를 원한다"라고 명시함으로써 인적 자산의 중요성을 강조하고 있다.

구성원들은 그들의 직업과 회사에 대해서 긍지를 느껴야 하며, 문제를 해결하기 위해 다른 구성원들과 함께 일하고 있다는 동료애를 느껴야 한다. 또한 구성원들은 자신들이 존중받고 있으며, 자신들의 의견이 경청되고 있다는 것을 느낄 수 있어야 한다. 이런 감정을 느낄 수 있어야 개인은 자신이 맡은 일에 주인의식을 갖고 성과 향상을 위해 열성을 다해 노력하게 된다.

3) 실패에 대한 격려

임파워먼트는 새로운 아이디어를 생각해 내고 과거의 관행에 얽매이지 않고 새로운 행동 방식을 실험해 나가는 것을 권장한다. 따라서 기업은 위험이 수반되기 마련이다. 기업은 이러한 위험을 감수해야 하며 구성원들이 업무를 주도적으로 추진하는 동안 발생한 실패에 대해서는 그것을 인정하고 격려하는 문화를 가져야 한다. 만약 업무 수행시 발생한 실수에 대해 강력한 제재가 가해진다면, 대부분의 조직 구성원들은 상사의 허락을 받기 전에는 새로운 업무를 수행하려고 하지 않을 것이다.

4) 공정한 보상

임파워먼트된 종업원들은 그들의 책임감의 증가에 따라 보상이 이루어져야 한다. 성공에 대한 적절한 보상은 생산성을 향상시키고 조직에 대한 관심도 및 몰입도를 제고시킬 수 있는 방법이다. 공정하고 적절한 보상을 통해 기업은 구성원 모두가 자신의 능력 개발을 위해 열심히 노력하고, 신바람나게 일할 수 있는 조직 풍토를 구축할 수 있다. 모든 관리자들은 조직 문화의 일부로서 이러한 환경이 확립될 수 있도록 해야 한다. 만약 이러한 환경이 조직의 기본으로 확립될 수 있다면 임파워먼트 실행의 성공 가능성은 매우 높을 것이다.

4. 역할 재정립의 마인드 개발

기업이 아무리 훌륭한 관리 방식이나 시스템 구축을 통해 임파워먼트를 지원하는 환경을 구축한다고 해도 구성원들 스스로 임파워먼트되기를 원하지 않는다면 아무런 소용이 없다. 결국 임파워먼트의 핵심은 조직의 구성원들이 얼마나 능동적으로 조직 내에서 자신의 역할 수준을 재정립하고 이를 실행해 나가려고 하는 마인드를 확립하느냐 하는 데 있다. 아직도 많은 조직 구성원들은 스스로 주도권을 쥐고 업무를 수행하기보다는 현실에 안주하는 위험 회피적인 태도를 갖고 있는 경우가 많다. 따라서 기업은 교육 등 다양한 방법을 통해 개인들이 다음과 같은 특성을 갖도록 하여야 한다.

- 전체적인 전략 방향이 제시되면 조직 구성원들은 그들의 업무 목표 달성 방법의 선택에 대한 재량권을 갖고 의사결정을 할 수 있어야 한다.
- 조직 구성원들이 자신이 하는 일에 대해 주인 의식을 갖고 열정을 바치도록 하여야 한다.
- 담당 과업을 제대로 수행할 수 있는 능력을 보유하고 있으며, 또한 자신들의 능력을 통해 업무 목표를 달성할 수 있다는 자신감을 가질 수 있도록 하여야 한다.
- 구성원들이 자신의 수행 과업에 대해 영향력을 가지고 있으며, 상급자나 동료들이 자신의 의견을 존중하고 있다고 느낄 수 있어야 한다.

포드(Ford)사는 구성원들에게 조직 내에서 자신들의 역할을 재설정할 수 있는 데 도움을 주기 위해 중간 관리자를 대상으로 훈련 프로그램을 운영하고 있다. 이 프로그램을 소개하면 다음과 같다.

구성원들을 임파워먼트시키기 위해 전체 중간 관리자를 대상으로 '리더십 교육 및 개발(Leadership Education and Development, LEAD)' 이라고 불리는 프로그램을 운영하고 있다. 이 프로그램은 일주일간의 집중 훈련과 6개월 후 시행되는 3일간의 보완 교육으로 구성되어 있다. 일주일간의 집중 훈련 과정에서는 현재 회사에서 일어나고 있는 전략적, 문화적, 조직적 변화에 대한 심도 있는 교육을 실시한다. 프로그램 참가자들에게는 최고경영자에게만 제공되었던 회사의 전략 방향 등과 같은 매우 중요한 정보가 제공된다. 이러한 정보를 토대로 참석자들은 각 사안에 대해 스스로 고민을 하고, 다시 부서의 사람들과 심도 있는 토론을 행한다. 또한 참석자들은 스스로 자신들의 리더십에 대해 평가를 해보고 상사나 동료로부터 피드백을 제공받는다.

포드의 교육 프로그램 담당자들은 교육 참가자들이 하나의 사이클을 통해 임파워먼트에 대한 마인드가 강화된다는 것을 발견하였다. 우선 교육 참가자들은 LEAD 프로그램을 통해 전에는 겪어 보지 못한 경험을 하게 되고, 지금까지와는 다른 새로운 관점을 개발하게 된다. 즉, 참가자는 새로운 관점과 사고를 통해 조직에서의 자신의 역할을 재정의하게 되고, 자기 자신을 회사의 동반자로 생각하게 된다. 이렇게 자신의 역할에 대한 재정의가 이루어지면 교육 참가자들은 기존의 관습과 전통에 얽매이지 않는 새로운 사고와 행동 양식을 보이기 시작한다. 시키는 일에 만족하지 않고 스스로 주도권을 갖고 자기가 맡은 과업을 수행하고, 일부 위험의 발생이 예상되더라도 보다 효율적인 새로운 업무 수행 방식을 생각해 내고 이를 실행에 옮긴다. 이러한 새로운 사고와 행동이 바람직한 결과를 산출한다면 교육 참가자들은 자신들의 이러한 사고와 행동을 더욱 강화하려고 한다.

반면에 바람직한 결과를 산출하지 못하면 그러한 결과가 나온 원인을 분석하고 거기서 교훈을 얻기 위해 노력한다. 이러한 과정을 통해 참가자들은 지속적으로 학습하려는 마인드와 불확실한 환경에 유연하고 적절하게 대응하는 것이 매우 중요하다는 것을 인식한다. 따라서 참가자들은 학습하기 위해 더욱 노력하고 이를 통해 자신의 능력 개발과 성장을 도모하게 된다. 이러한 개인적 성장을 통해 참가자들은 자기 확신을 가지게 된다. 이러한 자기 확신이 일어나면 교육 참가자들은 자신들이 조직과 하나가 되고 자신들이 조직에 몰입된다는 느낌을 가지게 된다고 한다.

교육을 통해 임파워먼트된 참가자들은 자신뿐만 아니라 자신의 동료들을 임파워먼트시키기 위해 노력하게 된다. 그들은 자신의 성공 경험에 대해 이야기하고, 발생되는 문제에 적절히 대응하기 위해 동료들과 현재의 상황에 대한 분석과 토론을 행한다. 이러한 노력을 통해 그들은 동료들이 창의력을 발휘하고, 새로운 아이디어를 실행할 수 있도록 격려하고 분위기를 조성한다. 교육 효과가 전 구성원에게 전파되어 조직 구성원 모두가 자신의 잠재력을 발휘하도록 만드는 시너지 효과가 창출되는 것이다.

새로운 아이디어를 실행하는 데에는 어느 정도 위험이 따르기 때문에 실패도 발생한다. 그런데 이러한 실패나 실수에 대해 처벌이 이루어진다면 구성원들은 새로운 사고 방식을 활용하는 것을 꺼리게 되고, 다시 과거의 관습과 행동으로 되돌아가게 된다. 따라서 포드는 실패가 발생하더라도 대부분의 경우(90% 이상) 구성원들을 격려하고 임파워먼트가 더욱 강화될 수 있도록 지원을 한다. 이렇게 되면 임파워먼트 프로세스는 다시 선순환의 사이클을 구성하여 전체 구성원들이 임파워먼트될 수 있도록 도움을 준다. 6개월이 지난 후에는 그 동안의 교육 성과를 분석하고 발생하는 문제점의 해결 방안과 교육 참가자들의 애로 사항 해결에 도움이 되는 보완 교육을 실시한다. 이러한 노력을 통해 포드는 조직 구성원들의 임파워먼트 능력을 제고시키고 선순환이 반복되어 상승효과가 극대화되도록 하였다.

5. 능력과 리더십의 조화

임파워먼트에 관한 많은 문제점들은 구성원들의 능력과 관리자들의 리더십 스타일이 제대로 조화되지 못했기 때문에 발생한다. 따라서 임파워먼트가 성공적으로 실행되기 위해서는 구성원들의 능력 정도에 따라 적절한 리더십이 발휘되어야 한다. 만약 구성원들이 임파워먼트를 실행할 수 있는 능력이 전혀 갖추어지지 않는 상황이라고 판단되면 명령/지시 위주의 통제형 리더십이 성과를 달성하는 데 더 바람직하다. 능력이 부족한 구성원들에게는 교육과 근접적인 통제가 필요하다. 따라서 리더는 부하들에게 전체 과업을 분담해 수행하도록 하며 업무 조정과 통제를 수행하여야 한다. 동시에 지속적인 교육을 통해 과업에 대한 주인의식과 고난이도의 과업을 수행할 수 있는 능력을 개발시켜 나가야 한다.

반면 어느 정도 능력이 갖추어진 구성원들에게는 재량권을 일부 부여하는 대신 구성원들이 취약한 부분에 대해서는 의사결정권을 유지하는 참여적 리더십이 적절하다. 마지막으로 임파워먼트를 실행할 수 있는 충분한 능력을 구비하고 있는 구성원들에게는 조언과 폭넓은 가이드 라인만 제공하고 모든 과업에 대한 재량권을 업무 수행자에게 부여하는 코치형 리더십이 적절하다.

임파워먼트에 대한 준비가 전혀 되어 있지 않은 구성원들에게 코치형 리더십을 적용한다면 긍정적인 효과보다는 오히려 부작용이 더 클 것이다. 마찬가지로 능력이 우수한 구성원들에게 통제형 리더십을 적용한다면 임파워먼트가 발생될 수 없다. 기업은 구성원들의 능력에 따라 책임의 정도를 적절하게 조정하고, 동시에 능력 개발을 도모함으로써 결과적으로 구성원들이 임파워먼트되어 스스로 업무를 처리할 수 있도록 만들어야 한다.

리엔지니어링의 창시자인 마이클 해머는 미래의 직무는 프로세스와 고객에 초점을 맞추어 재설계될 것이라고 말하고 있다. 지금은 감독과 노동이 분리되어 부가가치를 창조하는 근로자가 의사결정 능력을 갖지 못하고 있다. 그러나 앞으로는 각자가 자신의 영역에서 전문성을 발휘하고 자신의 작업 결과에 대한 책임을 지는 전문가의 시대가 될 것이라고 한다. 따라서 향후에는 자율과 책임을 기본으로 하는 임파워먼트의 중요성이 더욱 커질 수밖에 없다. 이제 임파워먼트는 시대의 흐름이 되고 있다. 결국 조직의 구성원들은 스스로 임파워먼트되어 자신의 능력을 향상시키고 자신의 가치를 높이지 못한다면, 조직에서 도태될 수밖에 없다는 것을 인식해야 한다.

또한 경영자는 자신이 먼저 임파워먼트되지 못한다면 남을 임파워먼트시킨다는 것이 불가능함을 인식해야 하며 동시에 구성원들을 임파워먼트시킬 수 있는 환경을 조성하여 선순환이 반복되도록 하여야 한다.

임파워먼트로 잠재력/창의력 일깨워 선순환 유도

● 임파워먼트(empowerment)란 실무자들의 업무 수행 능력을 제고시키고, 관리자들이 지니고 있는 권한을 실무자에게 이양하여 그들의 책임 범위를 확대함으로써 종업원들이 보유하고 있는 잠재 능력 및 창의력을 최대한 발휘하도록 하는 방법이라고 말할 수 있다. 다시 말해 임파워먼트는 조직의 직무환경에서 부하의 직무수행 에너지를 신장시켜 선순환이 반복되도록 하는 것이다.

● 임파워먼트는 위임에서부터 출발하는데 권한위임과 책임위임이 동시에 이루어진다는 점에서 자유방임과는 구별되고, 책임뿐 아니라 권한도 주어진다는 점에서 책임전가와도 다르다.

● 임파워먼트 실천은 자성예언과 신바람의 큰 두 축을 중심으로 이루어진다. 먼저, 선순환을 이루는 밑바탕에는 무엇보다 나는 할 수 있다는 '자기 달성적 예언'이 필요하다. 자기 달성적 예언은 꿈, 이상, 비전을 갖게 하고 현실화하는 원동력이다. 자성예언은 자신 스스로나 상대방에게 격려의 의미를 부여하면서 진취적인 자신감을 부여하는 효과이기도 하고, 오랫동안 가슴에 담고 살아가면서 인생의 지표 역할을 하기도 한다.

● 바람직한 신바람의 궁극적인 목적은 조직원들이 자신의 일을 취미생활하듯 즐겁고 신바람나게 할 수 있는 조직 풍토를 만드는 데 있다. 다시 말해 조직 내에서 일에 대한 흥미와 사명감을 느끼며 소신껏 일할 수 있는 활기 넘치는 분위기를 만들고, 그 속에서 조직원들이 자신의 몸과 마음을 완전히 연소하여 자발적 · 자율적으로 미친 듯이 일할 수 있도록 하자는 것이다. 이렇게 되기 위해서는

- 조직이 미래지향적 · 창조적인 방향으로 발전할 수 있도록 비전을 제시하여야 한다.
- 조직 구성원들이 신바람을 낼 수 있도록 먼저 조직의 비전과 함께 구성원 각 개인에게도 비전이 제시되어야 한다.
- 그 외에도 소속집단의 사회적 적합성이 확보되어야 한다.

> 당신이 어떤 방향으로 나아가고 있는지 분명히 알고 있다면
> 당신은 틀림없이 노력에 대한 보상을 받게 될 것이다.
>
> −얼 나이팅게일(Earl Nightingale)

제 8 절 선순환 반복으로 연쇄적 상승효과 창출

선순환은 "개인이나 가정, 직장 그리고 사회나 국가의 한 요소에서 선(善)한 행동이 시작되어 상호 관련된 요소에 영향을 확대 및 재생산함으로써 상승효과가 연쇄적으로 반복되어지는 것"이라고 하였다. 그러므로 선순환 리더는 어렵게 시작한 선순환이 끊기지 않도록, 특히 악의 고리에 연결되지 않도록 최대한의 주의를 기울여야 한다. 선순환 리더는 선순환의 불씨를 꺼트리지 않기 위해 계속해서 팔로워들에게 선(善)의 기운을 확산시켜

야 하고, 선순환의 크기와 영향을 확대해 나가야 한다. 선순환 사이클을 유지하기 위해서는 다음 기본원칙들을 실천하여 리더 자신과 팔로워들이 성취감으로 인해 조성된 활기찬 분위기를 지속시킬 수 있도록 해야 한다.

1. 인간사회를 지배하는 기본 및 행동원칙 실천

만사가 그러하듯이 선순환도 개인을 중심으로 해서 이루어진다. 기업이나 사회, 국가에서의 선순환도 그 주체는 각 개인이 되는 것이다.

기본은 모든 것의 근본이 된다. 적극성과 도전의식이 잘못된 목표로 방향 지워져 있다면 리더는 타인의 지지와 존경을 얻는 데 실패하고 악순환의 고리로 빠져들 가능성이 크다. 그러므로 선순환을 시작하고자 하는 리더는 강력한 내적 통제를 통하여 기본과 원칙, 법과 상식에 기초한 행위를 해야 한다. 개인 스스로의 리더이며, 조직 선순환의 리더가 될 만한 사람은 인간사회 불변의 행동양심을 엄격히 준수하는, 높은 도덕성을 소유한 사람이어야만 하는 것이다.

2. 체험을 통한 경험 획득 및 성취감 유발

사람들은 자신이 일을 잘 해냈을 때 긍정적인 보상을 받게 된다면 자연히 그 행동을 반복하고 싶어하게 된다. 특히 그것이 자신의 자부심과 성취감을 고취시키는 보상이라면 그 행동에 대한 열정은 더욱 강해질 수밖에 없다. 저자가 체험한 다음의 세 가지 사례를 통해 이 원리를 자세히 알아보자.

1998년도에 O지역에서 여단장이라는 지휘관 직책을 수행할 때 있었던 어느 장교의 선순환 사례다. 부대본부와는 별도로 인접 산 고지에 부대가 위치하고 있었는데, 그곳의 한 장교(당시 대위)가 사람을 피하려는 경향이 있고 자신감이 결여된 듯한 자세로 근무하고 있음을 저자가 방문할 때마다 느낄 수 있었다. 신상파악을 해보니 그 동안 개인도 그렇고 부대도 그렇고 검열이나 경연대회 등에서 성적이 별로 좋지 못해 자신감이 결여되어 있었던 것이다. 동기 부여가 될 만한 체험을 의도적으로 시켰다기보다는 같이 근무하면서 자연스레 그가 성취감과 용기를 얻을 수 있는 기회를 갖게 해 주었는데 몇 년이 지난 후 국내 명문대에서 석사학위를 받고 논문과 함께 반가운 편지를 보내 왔다. 보안과 개인 프라이버시를 침해하지 않는 범위 내에서 최대한 편지 원본을 수록하고자 한다.

존경하는 여단장님께

저는 OO방공포대에서 포대장으로 복무중인 OOO대위입니다. 여단장님께서 O여단장으로 계실 때 OO산에서 작전통제 장교로 근무했습니다.

저는 사후O기 동기생 245명 중 OO-10001로 시작하는 군번 OO-10OOO를 받았고, 방포교 동기생 31명 중에서도 항상 OO번을 달고 있었습니다.(성적이 아주 좋지 않았다는 내용입)

포대나 대대에서 근무할 때도 꼴찌를 당연한 것으로 여기고 살았는데, 여단장님을 모신 후로는 우리 부대가 모든 부분에서 일등을 하는 것을 보고 '날 때부터 정해진 꼴찌는 없구나' 하는 당연한 사실을 뒤늦게 깨달았습니다.

특히 제가 보안경연대회 여단대표로 선발되어 일주일간 여단본부에서 집체교육을 받고 OO 비행장에서 이론 시험을 치른 후 1여단이 또 1등을 했는데, 제가 여기에 기여한 부분은 미미하지만 이때부터 저도 뭔가를 할 수 있다는 자신감이 생겼습니다.

이런 자신감을 바탕으로 얼마 후에는 민대 위탁생 선발시험에 응시하여 ○○대 대학원에 입학하였습니다. 이곳에서 만난 여학생과 결혼하여 지금은 아들을 하나 낳고 잘 살고 있습니다. 저는 가끔씩 생각을 해보는데, 수동적이고 도전을 두려워하던 제가 지금은 자신감을 갖고 실패를 겁내지 않는 사람이 되었는데 왜 이렇게 되었을까 여러 가지로 궁리해 보면, 그 실마리는 여단장님과의 만남 때문이 아니었나 하는 생각이 자주 듭니다.

저에게 처음으로 승리의 맛을 알게 해 주시고 그 길을 보여 주신 분께 감사의 마음을 한번도 전하지 못해 늘 마음속의 찜찜함으로 남아 있다가 오늘에야 펜을 들었습니다.

여단장님 항상 건강하시길 빌겠습니다.

2002. 2. 1 ○○○ 드림

저자가 지휘하던 부대는 부대 특성상 매년 200~300명이나 되는 많은 수의 초임 하사들이 새로 전입을 온다. 젊고 패기 왕성하였던 두 명의 부사관이 겪었던 인생의 여정은 무엇이 선순환이고, 무엇이 악순환인지를 극명하게 보여 준다.

초임하사들의 일부는 대학에 재학중이거나 졸업하고 입대한 인원도 있지만, 대개는 고등학교를 갓 졸업한 20세 전후의 연령층이 많다. 그들은 부모님과 가정을 떠나 객지라면 객지인 각급 부대에서 인생 홀로서기를 처음 시작하게 되는 것이다. 첫 단추를 잘 끼워야 옷을 바르게 입을 수 있듯이 군생활이나 인생도 시작이 중요하므로 모든 지휘관들은 나름대로 많은 관심을 갖고 이들을 지도한다.

부사관으로 임관하여 부대에 배치되고 나면 일정기간 병영 내에서 생활하도록 되어 있다. 부대 내에서 의식주가 해결되다 보니 자연히 급여를 절약하여 저축할 수 있는 여유가 생긴다. 그래서 우리 부대에 전입온 하사들은 거의 다 월 50만 원 정도의 정기 저축을 하도록 권장하고 있었다. A라는 하사는 부대 영내 생활을 마친 후에도 부사관 독신숙소에서 생활하면서 3년 후 2,000만 원 정도의 목돈을 찾아 정기 예금을 해 놓고 또다시 60~70만 원씩 정기저축을 실시하여 30살이 되기 전에 자기소유 아파트를 구입했다.

많은 돈을 저축하다 보니 개인적으로 쓸 돈이 적어서 자연스럽게 사생활도 건전했으며 방송통신대학교에 입학하여 학사학위를 수여 받는 등 탄탄하게 삶의 자산을 만들어 나갔다. 당연히 부대생활도 밝고 자신감 있게 수행하여 모범 부사관이 되어 진급도 비교적 빨리 되었다. 지휘관인 저자가 보기에도 그가 대견하고 아름다운 삶을 살아간다고 느껴졌는데, 그 부모님이 느끼셨을 보람과 행복은 얼마나 컸을 것인가. 또 결혼할 배우자와 태어날 자녀들에게는 미칠 이 청년의 긍정적 영향을 생각하자 이 청년이 바로 선순환을 가까운 곳에서 실천하고 있다는 생각이 들었다.

반면에 B라는 부사관은 군생활을 2년째 수행하고 있었는데, 영외 거주가 가능해지자 그는 곧바로 그 동안 저축한 돈을 찾고 부모님께 요청하여 자취방을 구하고, 분수에 맞지 않은 차량을 구입하였다. 주말이면 고향 친구를 만나 술을 마시고 어울려 다녔다. 어느 날 그는 음주운전을 하다 적발되어 확인해 보니 자기 봉급으로는 충당할 수 없는 많은 돈을 생활비로 소비하고 있었다. 결국 그 부사관은 군생활을 지속할 수 없게 되었다.

미국 조지아주의 한 시골 학교 여교사인 마르다 베리가 '자동차의 왕' 헨리 포드에게 도움을 청하는 간곡한 편지를 보냈다. 아이들을 위해

피아노를 구입하는데, 천 달러가 필요하다는 사연이었다. 그러자 얼마 뒤 포드에게서 답장이 왔는데, 그 속에는 달랑 10센트만 들어 있었다고 한다. 헨리 포드와 같은 대부호가 10센트를 보냈다는 사실에 화가 날 법도 했지만 베리 선생은 아무 말 없이 가게로 가 그 10센트로 땅콩을 샀다. 그리고 그녀는 구입한 땅콩을 학교 텃밭에 심어 정성을 다해 키웠다. 몇 달 뒤 첫 번째 수확을 하게 된 그녀는 포드에게 감사의 편지를 보내며, 얼마 되지 않는 금액이었지만 땅콩을 판 이익금의 일부도 함께 보냈다. 그렇게 베리 선생은 해마다 포드에게 수익금의 일부를 넣은 감사의 편지를 보냈고, 나머지 수익금으로는 다시 땅콩을 사서 땅콩 농장을 키워 나갔다. 5년 뒤 선생은 포드에게 드디어 피아노를 살 수 있게 되었다는 내용의 마지막 편지를 보냈다. 그런데 얼마 지나지 않아 포드로부터 만 달러가 동봉된 편지가 도착했다. 그 편지에는 "지금까지 도움을 청하는 수많은 사람들을 보았지만, 도움의 가치를 진정으로 아시는 분은 당신뿐이었습니다. 당신은 내가 만난 최고의 사람입니다"라고 씌어 있었다.

이 사례를 통해 알 수 있는 것은 사람은 긍정적인 보상, 특히 자부심을 고취시키는 보람과 성취감이 주어졌을 때, 자발적으로 그 일을 즐겨 하게 된다는 것이다. 결국은 10센트의 돈으로 땅콩을 재배하는 체험을 통해 여선생은 천 달러를 만드는 성취감을 맛보았고 결국은 만 달러를 획득하는 선순환이 되었으며, 핸리 포드 역시 여교사로부터 진정한 도움에 대해 보람을 느꼈을 것이다. 선순환 리더는 이런 긍정적인 보상을 줄 수 있도록 노력해야 하는데, 베푸는 데 한계가 있는 물질적 보상보다 정신적 보상, 즉 칭찬과 배려를 통하여 보람과 성취감을 심어 주는 것이 더 바람직하다.

3. 창의적인 관심을 지속적으로 유발

선순환 리더는 팔로워들이 맡은 바 임무에 대해 끊임없는 창의적 사고와 진취적 의지를 가질 수 있도록 그 스스로가 노력해야 한다. 새로운 일을 시작한다거나, 기존의 작업 방식에 근본적인 수정 혹은 변혁을 가하는 것도 좋을 것이다. 또 기존의 방식에서 개선할 점을 찾는다거나 더 나은 성과를 위해 할 수 있는 조그마한 일들을 계속 발굴해 내어 모범을 보이는 것도 바람직할 것이다.

그러나 중요한 것은 팔로워들의 피로감이나 불만 없이 그들의 창의적 마인드를 지속적으로 발휘할 수 있도록 만들어야 한다는 점이다. 팔로워 자신들이 하고 싶어 할 수 있도록 과업을 설정하고, 비전을 제시하며, 칭찬과 격려를 아끼지 말아야 한다는 것이다.

유명한 화가가 된 소녀 베티의 이야기는 칭찬과 격려가 창의성의 지속적인 유발을 이룬 좋은 사례다. 미국 어느 초등학교 미술시간에 있었던 일이다. 아무것도 그리지 않고 흰 도화지를 물끄러미 바라만 보고 있던 베티에게 선생님이 "왜 아무것도 그리지 않니?"라고 물었다. 베티는 "아무것도 그릴 게 없고, 그리고 싶지 않다"고 답했다. 선생님은 재차 베티가 그림을 그리도록 재촉했지만, 결국 그 아이는 화를 내며 펜으로 도화지에 점(點) 하나만 찍고는 "자 이제 됐지요?" 라며 교실을 나와 버렸다.

다음 날 교실에 들어간 베티는 선생님이 보여 준 예상 외의 행동에 곤혹스러워했다. 선생님이 베티의 그림을 금빛 액자에 넣어 교실에서 가장 잘 보이는 곳에 걸어 놓으셨던 것이다. 어린 베티는 선생임의 과분한 칭찬에 몸둘 바를 몰랐고 그 이후 미술 시간에 최선을 다해서 그림을 그렸다. 결국 그녀는 유명한 화가가 되었다고 한다.

성공한 화가가 되어 전시회를 열던 그녀는 어느 날 자신에게 사인을 부탁하는 어느 모자(母子)를 만나게 되었다. 어린 소년은 베티에게 물었다. "어떻게 하면 선생님처럼 훌륭한 그림을 그릴 수 있나요? 저는 선(線)도 하나 제대로 못 그린답니다." "그렇다면 이 도화지에 선을 그려보겠니?" 곧게 뻗지 못하고 구불구불 선이 그려지자, 베티는 그 종이를 예쁘고 산뜻한 액자에 넣어 자신의 그림과 함께 전시했다. 베티는 선생님이 자기에게 베풀어 준 은혜를 어린 소년에게 전한 것이다.

4. 개인→개인, 가정, 사회, 국가 등 연쇄적 상승효과 반복

선순환 리더는 한 차례의 경험과 보람에 만족해서는 안 되며 선순환 사이클을 지속시키기 위해 노력해야 한다. 그리고 선(善)의 기운을 확산시켜 "연쇄적 상승효과"를 불러일으킬 수 있도록 해야 한다. 이것은 상충도 아니고 상생도 아니며 상승을 목표로 하는 것이다.

기존의 개인간, 집단간 상호관계는 크게 세 가지로 나뉜다. 첫째인 상충(相衝)은 경쟁(competition)을 의미한다. 이는 서로 대치하고 있는 힘을 나타내며, 이 관계에서는 어느 한쪽이 승리하면 다른 한쪽이 패배할 수밖에 없는 제로섬 게임이 벌어진다. 둘째인 상생(相生)은 협동(cooperation)을 의미한다. 이는 서로 나란히 가고 있는 힘을 의미한다. 함께 일을 해도 더 큰 효과를 내지는 않으며 1+1=2라는 산술적 결과만을 내놓는다.

마지막인 상승(相乘)은 공동 창조(Co-Creation)를 의미하며, 서로가 융합하고 화합함을 의미한다. 여기에서야말로 1+1이 2 이상의 효과를 내는 기하급수적 결과를 낳는다. 함께 일을 함으로써 예상보다 더 좋은 결과를 낳을 뿐 아니라 자신들의 발전도 꾀할 수 있기 때문이다. 여기에서 거두어진 생산성의 증대나 품질의 개선, 그리고 불가능하리라 여겨졌던 과업들의 성공은 더 큰 상승효과를 낳게 된다. 선순환의 연쇄적 상승효과는 바로 이 상승(相乘)을 목표로 하는 것이다. 그리고 그 효과를 접한 팔로워들은 자연히 반복을 추구하게 된다. 이것이 선순환의 반복을 가능하게 하는 메커니즘인 것이다.

5. 잘못했을 때 선순환으로 전환

리더는 잘못된 일이 발생했을 때에 이것이 초래할 악영향에 대하여 심각하게 고려해야 한다. 금융기관의 직원이 고객이 예탁한 금액을 유용하여 주식 투자로 엄청난 손실을 일으켰거나, 공금을 횡령하여 해외로 도피하였다고 생각해 보자. 리더가 위기관리 능력이 부족하다면 이러한 사건이 불러올 대고객 신뢰도 하락과 조직 내부의 동요에 당황할 수밖에 없다. 리더는 조직의 불미스러운 일로 인해 발생하는 불안한 분위기를 빨리 진정시켜 본연의 업무에 매진할 수 있도록 위기관리능력을 필수적으로 갖고 있어야 한다. 그러기 위해 가장 중요한 것은 리더 스스로가 안정된 모습으로 위기를 차분하게 해결해 가는 과정을 보여 주는 것이며, 그가 작은 일에 예민하게 반응하는 것은 구성원의 리더에 대한 신뢰감을 저해하는 요인이 된다.

탁월한 위기관리 능력을 보여 준 역사의 인물 중에서는 미국의 프랭클린 D. 루즈벨트(Frankline D. Roosevelt) 전 대통령이 있다. 그는 1920년대의 경제공황 앞에서 절망에 젖어 있는 미국인들에게 계속 긍정적인 비전과 용기를 심어 주는 연설을 했으며, 심리적으로 안정되고 긍정적이며 희망적 분위기를 조성하기 위해 노력했다. 당시는 영국의 영향을 받아 자유시장 경제 논리에 따라, 정부가 경제에는 간섭하지 않는 것이 철칙이었다. 그러나 엄청난 불황의 늪 앞에 루즈벨트는 케인즈의 경제논리를 과감하게 도입하였다. 정부가 시장경제에 적극 개입하는 뉴딜 정책을 실시해 노동시장을 창출하여 실업자를 구제하기 시작한 것이다. 루즈벨트도 처음부터 해답을 알고 있었던 것은 아니다. 불경기를 타파하기 위하여 그가 실행에 옮긴 여러 가지 방안들이 실패를 거듭하면서 철학이 없다는 비난을 받기도 하였다. 정부가 실업자들을 위해 실시한 직장 알선 프로그램도 엉성했고 실패작으로 끝나는 것이 많았다. 그러나 루즈벨트는 어쨌든, 절망에 빠진 국민들에게 정부가 적극적으로 나서고 있다는 메시지를 전해 줌으로써, 가능성이 남아 있다는 희망적인 분위기를 국민들에게 심어 주고자 했던 것이다. 그는 입버릇처럼 자주 "용감하고 끈질기게 뭔가를 시도하라. 만약 실패하면 다른 방법으로 다시 하라. 중요한 것은 무엇인가 포기하지 않고 끝없이 시도하는 것"이라고 말했다고 한다. 미국 경제의 숨통이 트인 것은 2차 세계대전 발발 이후였지만 미국인들에게 할 수 있다는 자신감을 심어준 것은 파이프를 물고 항상 여유 있게 웃고 있던 대통령 루즈벨트였다.

무언가 일이 잘못된 방향으로 흐르고 있다거나, 커다란 사건 사고가 발생하여 분위기가 침체되어 있을 때, 구성원들이 다시금 신명을 찾고 밝고 활기찬 분위기를 되찾을 수 있도록 만드는 것은 리더의 몫이다. 리더가 방향감각을 상실하고 좌불안석(坐不安席)하고 있거나, 적시적소에 맞는 적절한 조치에 실패하여 좌절하고 있다면 조직은 악순환의 고리에서 벗어날 수 없다. 리더는 중간에서 악의 고리로의 연결을 차단하고 선순환으로 전환되도록 방향과 대안을 모색해야 하는 것이다.

선순환 리더는 팔로워가 업무를 잘못 수행하고 있을 때, 업무가 명확하게 지정되었는지 살펴보고 그렇지 않았을 때는 자신이 그에 대한 책임을 져야 한다. 리더는 팔로워의 업무 실수가 있을 때 전 · 후 사정과 과정을 고려하지 않고 나무라거나 필벌해서는 안 되며, 팔로워가 최선을 다한 것인지, 또는 그 사람의 능력은 어떤 수준인지 그리고 지시한 사람으로서 자신의 실수는 없었는지를 먼저 살펴야 한다. 리더는 팔로워에게 업무를 부여할 때는 그 업무에 대해 자세히 설명해야 하고, 그가 명확하게 이해했는지를 확인해야 한다. 또한 업무의 진척사항을 주기적으로 점검해야 하며 상호간 긴밀한 커뮤니케이션을 통하여 상 · 하 일체감을 확인해, 업무 추진 방향이 어긋나 혼돈이 생기지 않도록 해야 한다. 이것이 실수를 최대한 줄이는 길이다. 또한 팔로워가 최선을 다한 업무의 결과에 대해서는 그 성과에 관계없이 과정을 중요시하여 관대한 아량과 용서를 베풀어야 한다. 이해의 눈으로 보면 이해 못할 것이 없고, 용서의 눈으로 보면 용서 못할 것이 없다. 역지사지(易地思之)의 입장에서 한 발 뒤로 물러서서 살펴보면 짜증과 갈등이 발생할 여지는 현저하게 줄어드는 것이다.

미국의 강철왕 앤드류 카네기(Andrew Carnegie)는 주위에 자기보다 훨씬 탁월한 인재를 수없이 거느렸던 것으로 유명하다. 카네기의 그 비결 중 하나는 역지사지의 입장에서 남을 이해하는 '용서의 마음'을 갖는 것이었다. 그가 20대 초반이었을 때, 회사의 공금을 전달하는 일을 맡았다. 엄청난 거금이 든 가방을 가지고 기차에 탄 그는 열차 난간에 앉아 꾸벅꾸벅 졸기 시작했다. 그런데 문득 정신을 차려보니 가방이 없어진 것이다. 졸다가 열차 밖으로 가방을 떨어뜨린 것이 분명했다. 온몸이 얼어붙는 듯한 충격에 카네기는 사색이 되어 기관사에게로 뛰어가 사정을 설명하였고, 열차를 후진시켜 달라고 부탁했다. 요즘 같으면 턱도 없는 일이지만, 그 당시만 해도 사람들의 마음이 비교적 순박하던 때라, 딱하게 여긴 기관사는 몇

킬로미터 정도 열차를 후진시켜 주었다. 눈이 튀어나오도록 밖을 주시하고 있던 카네기는 개울가에 떨어진 자신의 가방을 발견했다. 카네기는 비명에 가까운 환호성을 지르면서 열차에서 뛰어내려 가방을 열어 보았다. 다행히 현금이 그대로 들어 있었다. 그는 달리는 열차 안에서 그 가방을 보물 단지처럼 계속 끌어안고 있었다. 그 아찔했던 기억을 발단으로 카네기는 중요한 결심을 했다. "그때부터 나는 젊은 사람들이 아주 결정적인 실수를 해도 그가 사기성을 가지고 일부러 한 것이 아닌 이상 용서하고 품어 주기로 했습니다." 사람이 살다보면, 아무리 성실하게 노력해도 돌연히 생기는 사태가 일어나는 법인데, 그것 때문에 평생의 꿈이 좌절되는 불이익을 주어서는 안 된다는 것이다. 이런 너그러운 마음이야말로 리더의 필수적인 자질이 아니겠는가 생각한다. 잘못이 일어났을 때, 무턱대고 다그치거나 책임소재를 따지기보다는, 본인 스스로가 무엇을 잘못했는지 이해하고 있다면 아량과 용서를 베푸는 포용력을 발휘해 선순환의 계기를 만드는 것이 좋다.

그러나 팔로워의 잘못이 의도적이거나 게으름 등 개인적 품성의 문제에서 기인한 것이라면 엄격한 책임을 물어야 하며, 그에 따른 교육을 병행하여 잘못이 반복되지 않도록 해야 한다. 이 경우 반드시 팔로워 스스로의 반성이 있어야 하고 본인의 취약점에 대한 보완 대책이 강구되도록 해야 한다.

팔로워의 잘못을 일깨우는 과정에서 질책이 필요한 경우 사안의 정상을 참작하고 인간적인 요소를 감안하면, 질책 받는 자를 감동시켜 그 효과를 높일 수 있다. 하지만 주의해야 할 것은 "모든 것을 용서하는 상급자는 모든 것을 용서하지 않는 상급자보다 더 위험하다"는 『손자병법(孫子兵法)』의 내용처럼 정(情)도 중요하지만 그에 못지않게 엄(嚴)도 발휘해야 한다는 점이다.

이에 관련한 유명한 일화가 있다. 중국 춘추 전국시대, 『손자병법』의 저자로 유명한 손무(孫武)가 오왕(吳王) 부차의 휘하에 들어갔을 때의 일이다. 손무는 부차에게 군율(軍律)의 중요성을 설파하면서 군율이 엄정한 군대야말로 진정한 군대라고 말했다. 이에 부차는 자신의 궁녀들도 군인으로 만들 수 있겠냐고 물었다. 손무는 당연히 궁녀들도 군율에 따라 움직인다면 훌륭한 군인이 될 수 있다고 말했다. 부차는 직접 해보라 하며 자신이 아끼던 애첩들을 포함한 궁녀 전원을 마당에 집합시켰다.

손무는 궁녀를 두 무리로 나누고, 부차의 총애를 받던 두 빈(嬪)을 각각의 대장으로 임명했다. 그리고 말했다. “이 북을 한 번 치면 이 쪽으로 움직이고, 두 번 치면 저 쪽으로 움직여라.” 그러나 북을 아무리 쳐도 궁녀들은 움직이지 않고 자기들끼리 모여 키득거리며 손무를 비웃을 뿐이었다. 손무는 화가 나서 군법관(軍法官)에게 명령불복종이라는 죄명으로 각 무리의 대장을 참수하라고 지시했다. 이 말을 들은 부차는 황급히 손무를 말렸다. 자신이 총애하는 후궁들의 생사가 걸린 심각한 상황이 되어 버린 것이다. 하지만 부차의 만류에도 불구하고 손무는 끝내 이 두 후궁의 목을 쳤다. 만약 손무가 물러선다면 군율의 지엄함이 손상을 입고, 오국(誤國)의 총사령관이라는 자신의 권위를 다시는 세울 수 없을 것이라는 판단 때문이었다. 두 후궁의 목을 치고 나니 궁녀들이 그야말로 정예 정병이 되어 버렸음은 불문가지(不問可知)가 아니겠는가.

질책은 가하는 사람이나 받는 사람이나 마음이 편치 않으므로 부정적인 동기부여가 될 가능성이 높다. 그러므로 그에 합당한 사전 준비가 필요하다. 특히 무엇이 잘못되었는지, 왜 질책을 받는지를 납득할 수 있도록 하여야 한다. “쥐도 다급하면 고양이를 문다”고 하였다. 선순환 리더는 팔로워에 대한 질책이 소모적이고 비생산적인 일이 되지 않도록 사전준비를 충분히 해야 하고 자기 감정을 콘트롤할 수 있는 자제력을 키워야 한다. 결과적으로 팔로워가 잘못했을 때 상황을 선순환으로 전환하기 위해, 선순환을 저해한 요소가 미칠 악영향을 정확히 인식해야 한다. 이는 악순환의 발생을 방지할 수 있는 가장 중요한 일이다. 그리고 당사자에게 잘못이나 문제점을 가능한 한 빨리 정확하게 설명해 줌으로써 본인 스스로 잘못을 인식하고 동일한 잘못이 반복되지 않도록 도와주어야 한다.

이와 동시에 리더는 당사자에게 과업을 수행하는 데 필요한 지침을 명확하게 알려 주었는지 반성하고, 자신의 잘못이 있다면 솔직히 인정해야 한다. 때로 이러한 리더의 솔직함, 겸손함은 팔로워를 감동시키고 문제 해결에의 의지를 갖게 한다. 리더는 당사자에게 업무를 다시 자세히 설명해 주고, 이것을 명확하게 이해했는지 확인해야 한다. 이런 일련의 과정을 통해 리더는 팔로워에게 그에 대한 신뢰와 확신을 잃지 않았음을 알려 주고 오히려 실패를 극복함으로써 그를 더 믿게 되리란 점을 강조해야 한다.

자비무적(慈悲無敵)이라는 말이 있다. “마음이 자비로운 사람에게는 원수가 없으며, 선행을 하는 사람에게는 악이 사라지고, 욕심을 버리는 사람은 괴로움이 없다”는 의미이다. 리더는 이 말을 마음 깊이 새기고, 선순환의 일시적인 단절에 대해 화를 내거나 안타까워해서는 안 된다. 차분히 상황을 객관적으로 파악하고, 잘못된 일은 그것으로 종료하고 현재의 상태와 위치에서 분위기를 바꾸어 새로운 선순환 환경이 조성되도록 해야 한다. 그래서 선순환 리더십이 추구하는 좋은 인간관계, 올바른 행동을 다시 시작하여 행복한 삶을 궁극적으로 이룰 수 있도록 하여야 한다.

선순환의 반복과 연쇄적 상승효과 창출

● 무언가 일이 잘못된 방향으로 흐르고 있다거나, 커다란 사건 사고가 발생하여 분위기가 침체되어 있을 때, 구성원들이 다시금 신명을 찾고 밝고 활기찬 분위기를 되찾을 수 있도록 만드는 것은 리더의 몫이다. 리더가 방향감각을 상실하고 좌불안석(坐不安席)하고 있거나, 적시적소에 맞는 적절한 조치에 실패하여 좌절하고 있다면 조직은 악순환의 고리에서 벗어날 수 없다. 리더는 중간에서 악의 고리로의 연결을 차단하고 선순환으로 전환되도록 방향과 대안을 모색해야 하는 것이다.

● 사람이 살다보면, 아무리 성실하게 노력해도 돌연히 생기는 사태가 일어나는 법인데, 그것 때문에 평생의 꿈이 좌절되는 불이익을 주어서는 안 된다는 것이다. 이런 너그러운 마음이야말로 리더의 필수적인 자질이 아니겠는가 생각한다. 잘못이 일어났을 때, 무턱대고 다그치거나 책임소재를 따지기보다는, 본인 스스로가 무엇을 잘못했는지 이해하고 있다면 아량과 용서를 베푸는 포용력을 발휘해 선순환의 계기를 만드는 것이 좋다.

● 팔로워의 잘못을 일깨우는 과정에서 질책이 필요한 경우 사안의 정상을 참작하고 인간적인 요소를 감안하면, 질책받는 자를 감동시켜 그 효과를 높일 수 있다. 하지만 주의해야 할 것은 "모든 것을 용서하는 상급자는 모든 것을 용서하지 않는 상급자보다 더 위험하다"는 『손자병법(孫子兵法)』의 내용처럼 정(情)도 중요하지만 그에 못지않게 엄(嚴)도 발휘해야 한다는 점이다.

● 자비무적(慈悲無敵)이라는 말이 있다. "마음이 자비로운 사람에게는 원수가 없으며, 선행을 하는 사람에게는 악이 사라지고, 욕심을 버리는 사람은 괴로움이 없다"는 의미이다. 리더는 이 말을 마음 깊이 새기고, 선순환의 일시적인 단절에 대해 화를 내거나 안타까워해서는 안 된다. 차분히 상황을 객관적으로 파악하고, 현재까지 잘못된 일을 그것으로 종료하고 분위기를 바꾸어 새로운 선순환 환경이 조성되도록 해야 한다.

제 4 장

가정, 기업, 사회, 국가에서의 선순환

> 엄격히 말해서 자수성가한 사람은 없다.
> 다른 사람의 도움을 받지 않고는 어떤 사람도 성공할 수 없다.
>
> –조지 쉰(George Shin)

제 4 장 가정, 기업, 사회, 국가에서의 선(善)순환

제 1 절 선순환 리더십을 통해 화목한 가정으로

가정은 우리 사회를 이루는 근간이다. 가정은 사전학적인 의미로 혼인관계 및 혈연관계로 구성된 가족구성원들이 공동 생활하는 장소 또는 조직체를 일컫는다. 일반적으로 가족은 동일한 가옥에 공동으로 거주하면서 소비 생활을 영위하는 친족 공동체로서, 전체 사회 속에서 하나의 통합된

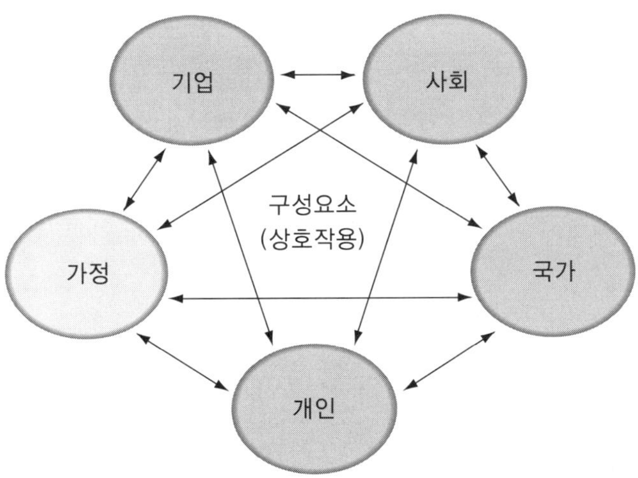

부분 집단, 체계를 이룬다. 그러나 가정은 단순히 공간학적인 의미를 가지는 것뿐만 아니라 모든 인간 관계의 출발이 된다는 점에서 우리 삶의 핵심적인 요소라 할 수 있다.

퇴니스(Tonnis)는 가족을 어떠한 외부적인 장애나 분리에도 결코 분열되지 않는 게마인샤프트(Gemeinschaft), 즉 공동사회(共同社會)로 명명하였다. 여기에는 가정이 혈연이라는 유전학적 요소로 맺어져 있을 뿐 아니라 희생 그리고 나아가 사랑의 가치를 실현하는 곳이라는 의미도 포함되어 있다. 호메로스는 가정을 경제적 관계의 주요 단위임은 물론 연합체 형성과 지배권 다툼이 이루어지던 정치적 단위이자 개인적 위신의 토대라고 이야기하여 인간 사회활동의 조그만 축소판으로 보기도 하였다. 즉 가정이라는 곳은 사랑과 희생으로 엮어진 선(善)한 곳이기도 하지만 인간의 욕구가 발현되는 이중적인 공간이기도 한 것이다. 저자는 사회활동의 근간이 되는 가정이 선(善)과 악(惡)의 발현을 결정짓는 중요한 역할을 한다고 보는데 이는 가정의 선(善)순환이 우선적으로 시작되어야 이것이 일터와 사회로까지 확산될 수 있다는 믿음에 근거한다.

가정의 선순환은 부부가 상호신뢰를 통해 건강한 부부관계를 유지해 나가는 데서 출발한다. 이것은 평화와 온정이 깃든 가정을 만들고 그 구성원인 가족들, 즉 자녀들에게 긍정적인 동기부여요인으로 작용하여 자녀는 부모를 신뢰하고 타인을 배려할 줄 알게 되며, 나아가 이러한 선순환 사이클이 다음 세대에도 전달된다면 그것이 바로 훌륭한 가문(家門)의 가풍이 되는 것이다.

한국사회는 조선시대 유교의 영향으로 대가족의 모습을 띠다가 현대에 들어와 핵가족으로 정착되었다. 역사적으로 '핵가족(nuclear family)' 이 보편화된 것은 그리 오래된 일이 아니다. 1950년 이전까지만 하더라도 전 세계의 각기 다른 인간 사회 238곳 중 일부일처제(monogamy)를 유일한 혼인 체제로 인정하는 사회는 43곳뿐이었다고 한다. 이후 인류는 민주주의의 확대, 사회 문화적인 변화, 여권 신장 등 여러 요소의 영향을 받아 부부와 미혼자식으로 구성된 오늘의 가족 개념을 정립하게 된 것이다. 우리나라도 엄격한 부계 혈연 중심의 직계 가족 중심 체제에서 부부관계를 중심으로 한 핵가족으로 변했는데 1979년과 1991년 2번에 걸쳐 개정 · 시행한 개정가족법이 이를 뒷받침하고 있다.

현대가정의 또 다른 유형으로는 수정핵가족제도가 있다. 이것은 가족이 외형상으로는 한 울타리 안에 거주하지만 실제로는 안채 · 바깥채 또는 위층 · 아래층에 살면서 아침 식사는 다같이, 점심식사는 각각 먹는 등 어느 정도의 사생활을 유지하며 동거하는 형태이다. 이와 또 구별되는 수정확대가족은 부모와 자녀의 가족이 각기 별개의 가구를 마련하지만, 근거리에 살면서 실제로는 한 집에서 사는 것처럼 자주 왕래하고 협조하며 사는 것이다. 이 방식은 대가족제도와 핵가족제도의 절충적인 방식으로 양측의 사생활을 비교적 방해하지 않고 자녀에게 부모공양의 부담을 주지 않으면서 친밀한 유대를 가질 수 있는 특징을 가진다.

위와 같은 핵가족화 현상과 가족제도의 변화는 효(孝)와 예(禮)의 윤리로 지탱되어 온 과거 한국의 대가족제도의 윤리와 가치에 커다란 수정이 필요하게 되었음을 시사하는 것이다. 부계혈통계승, 조상숭배 중심의 가족이 이제는 양성 평등을 바탕으로 한 제도로 바뀌고 있고 이에 따라 가정의 선순환을 이루기 위한 기본원칙과 추진전략들도 수정되어야 할 것으로 보인다. 따라서 본 절에서는 핵가족화 현상에 따른 현대가정의 문제를 살펴보고 이것을 뛰어넘어 아름답고 행복한 가정을 만들기 위한 가정 선순환의 추진전략들을 살펴보기로 한다.

1. 현대 가정의 기능과 병리현상

가. 가정의 기능

가정은 사랑과 행복을 바탕으로 희생과 이타주의(利他主義)가 구현되며 혈연으로 뭉쳐져 서로 믿고 의지할 수 있는 따뜻한 배려와 하모니(harmony)가 넘치는 곳이다. 가정은 애정에 기초한 따뜻한 보금자리로서 우리에게 휴식의 안락(安樂)을 제공하고, 정서적 공감대를 형성하며, 인성의 기본을 가르치는 교육의 역할을 담당하여야 한다고 생각한다. 설리반과 탐슨이라는 학자도 가족의 전통적인 기능을 중시하여 가정은 ⅰ) 성행동과 자녀생산, ⅱ) 사회화와 교육, ⅲ) 사회적 지위부여, ⅳ) 경제활동, ⅴ) 보호, ⅵ) 애정과 교제의 여섯 가지 역할을 수행한다고 보았다.

가정은 구성원인 가족들간의 상호작용에 의하여 행복과 불행이 결정지어진다. 부부 금슬이 좋은 것은 잘 화합된 악기 소리를 듣는 것처럼 남 보기에도 좋다. 이것은 남편과 아내가 함께 손을 맞잡고 성공의 길을 걷고 있는 모습이다. 남편의 성공 여부는 아내에게 달려 있다고 한다. 이렇듯 가정은 인간사회의 기본이며 출발점인 것이다. 따라서 가정은 부부간에 사랑을 통하여 인연을 맺고 여기서 태어난 자녀를 선(善)의 교육을 통해 바르고 건전한 사회인이 되도록 양육하고 보호할 의무와 책임을 갖는다. 그러나 현대사회 병리현상의 일부로 이혼율의 증대와 가족 폭력, 고부 갈등, 경직된 가족주의의 문제가 우리 사회에 심화(深化)되어 가고 있는 듯하여 안타까움을 주고 있다. 이 절에서는 사회와 국가의 기본이 가정이고 가정이 바로 서야 건전한 개인생활을 영위할 수 있을 뿐만 아니라 사회와 국가가 바로 설 수 있다는 전제에서 출발하여 가정의 병리현상을 극복하고 사회와 국가로까지 확장되어 갈 가정에서의 인성 함양의 기초를 제시하고자 한다.

나. 현대가정의 병리현상

1) 이　　혼

동서고금을 막론하고 우리나라처럼 이혼을 죄악시하고 불경스럽게 생각했던 나라도 없었다. 로마의 귀부인들은 너댓 번쯤의 이혼은 자랑스럽게 여기고, 여덟 번쯤 이혼을 할 때나 얼굴을 조금 붉힐 정도라고 세네카는 기록하고 있다. 회교 국가에서는 아내가 갖고 왔던 지참금의 3분의 1만 돌려주면 이혼이 성립되었다. 같은 동양 문화권이지만 중국은 이혼이 자유로웠다. 이웃집 대추나무에서 담 너머 떨어진 대추를 주워 먹은 것이 칠거지악의 도(盜)에 해당된다 하여 이혼할 수 있었으니 같이 살기 싫으면 못 댈 핑계가 없었다. 그러나 우리나라에는 이혼에 대한 역사가 거의 전무하다. 당연히 우리 국법에 이혼에 대한 법률은 없다. 이혼에 대한 역사도 거의 전무하다. 그만큼 우리나라에서는 이혼하기가 쉽지 않았으며 죄악시되었던 것이다.

그러나 과거에는 묵인해 왔던 여러 문제들이 최근 들어 표면으로 드러나면서 이혼이 점차 증가하고 있는 실정이다. 이는 이혼을 금기시하는 우리나라의 풍토로 미루어 보아 매우 충격적인 일이다. 피치 못한 사정으로 이혼을 한 경우도 있지만, 대부분의 이혼은 사소한 부부간의 갈등으로 유발되는 경우가 많다. 결국 이혼은 좋은 감정으로 시작한 인연이 악연으로 끝나고 마는 경우이다.

이혼은 반려자의 상실뿐 아니라 개인과 주변의 안정적인 삶을 위협한다는 점에 그 심각성이 있다. 즉, 이혼은 한 가정의 파괴를 의미한다. 대부분의 이혼 부부들은 이혼 직후 극심한 심리적 공황을 느끼며, 이에 따라 사회적 활동에도 많은 제약을 받는다. 이혼 경험자들은 이혼 후 겪게 되는 심리적인 고독이나 우울함을 극복하기 위해 재혼을 선택하는 경우도 있지만, 재혼 부부의 이혼율은 초혼보다 높다고 한다. 즉, 이혼 경험자는 다시 이혼을 하려는 충동을 쉽게 느끼며 이에 따라 이혼이 반복되는 악순환이 이뤄지는 것이다.

또한 이혼한 부부의 자녀들은 불우한 환경에서 자라나면서 정서적으로 많은 악영향을 받게 된다. 특히 해체 가족 자녀들은 부모 중 어느 한쪽과 밀착하게 돼 부모의 행동을 비난하면서도 학습하게 되어 악의 고리를 답습하는 결과를 초래할 수도 있다. 즉, 자녀들은 이혼한 부모를 싫어하면서도 이혼을 자연스럽게 받아들이는 상황으로 이어질 수 있다는 얘기다.

저자가 군대생활을 하면서 장병관리상 신상파악을 실시하고 있는데, 10～20년 전과 확연히 달라진 점 가운데 하나도 부모가 이혼하였거나 별거 중에 있는 병사들이 많아졌다는 것이다. 가끔 이들이 허탈해하고 심리적으로 다소 불안해하는 모습을 지켜보고 있노라면 매우 안타까운 생각이 든다.

2) 가정 폭력

배우자와 다투어서 이기는 사람은 세상에서 가장 미련한 사람이다. 자기 몸을 자기가 치고 때리고 상처나게 한 후에 좋아하는 자가 바보인 것과 마찬가지이기 때문이다. 그러나 최근 들어 가정 폭력의 실상이 알려지면서 심각한 사회문제로 거론되고 있다.

가정 폭력이란 단순히 감정의 충동적 표출로써 이루어지기도 하지만, 가족 관계에 있어 누군가 자신의 권위를 유지하기 위한 의도에서 구성원들에 대한 강압적인 통제의 수단으로 행사되기도 한다. 가부장적인 문화의 지배로 인해 대부분의 가정 폭력은 남성이 여성에 대해 행사하는 경우가 많다. 그러나 최근에는 경기 불황에 따른 취업난과 직장에서의 조기 퇴출 때문에 경제력을 잃은 남편이 가족 내 주도권을 상실하면서 아내에게 폭력을 당하는 경우도 종종 있다고 한다. 일부는 남자가 여자보다 힘이 센데 왜 맞느냐고 물어볼 수도 있겠다. 폭력을 당한 남편들은 아내에게 힘이 밀려서 맞는 게 아니라 내성적인 성격 탓에 이혼 등 가족 파탄을 우려해 맞고 사는 경우가 많다고 한다.

가정 폭력이 일어난 원인에는 여러 가지가 있다. 심리학에서는 이 원인이 폭력을 가한 사람의 병리적인 속성에서 비롯되는 것이라고 보고 있다. 물론 폭력을 휘두른 사람을 모두 병자라고 몰아세울 수는 없다. 갈등이 갈등으로 끝나면 문제가 될 것이 없지만, 갈등이 화(禍)로 변할 경우 악순환의 극단적인 상황으로 이어지고 급기야는 가정 파괴로까지 치달을 수 있는 것이다. 따라서 가정 내에서 갈등이 생겼을 때 가족 상호간 역지사지(易地思之)의 자세로 서로 배려하고 이해하며 나아가 존경과 사랑으로 이 갈등을 극복해야 하겠다.

3) 고부 갈등

고부 갈등도 대표적인 가정 문제 중의 하나다. 고부 갈등은 시대, 지역을 막론하고 늘 있어 왔는데, 아더 스미스의 『중국인의 성격』에 따르면, 중국에서 고부간에 싸움이 생기면 길 밖에 있는 행인까지 끌고와 싸운다고 한다. 인도에서는 고부 싸움이 났다 하면 목소리만 듣고도 온 마을의 시어머니와 며느리들이 일손을 멈추고 달려와서 시어머니 대 며느리의 집단 난

투가 벌어진다고 할 정도다. 반면 우리나라는 고부 갈등이 음성적으로 진행되는 경우가 많다. 각자 속으로만 끙끙 앓고 있을 뿐 발산을 하지 못해 가슴의 응어리로 계속 남게 되는 것이다. 싸우더라도 남이 전혀 알아채지 못하게 몰래몰래 싸우고, 손님이라도 들어오면 싸움을 멈추고 아무 문제도 없다는 듯 행동하니, 오히려 갈등의 골이 깊어지게 된다. 그렇기 때문에 우리나라의 고부 갈등은 극단적인 결과로 끝나는 경우가 많다. 최근에는 아내의 위상이 올라가면서 사위-장모간의 갈등도 자주 생긴다고 한다.

고부간의 갈등 문제는 원만하지 못한 부부관계나 부모-자식간의 관계가 바로 서 있지 못한 경우에 나타나는 경우가 많다. 예를 들어 시어머니가 남편을 애지중지 키운 경우에는 아들이 결혼을 한 후에도 이들의 부부문제에 깊이 관여하고 영향력을 행사하고 싶어한다. 부부문제에 제 3자가 개입하게 되면 갈등이 증폭될 수밖에 없는 것이다. 결국 가정문제의 핵심은 부부관계의 문제와 부모-자식간의 문제로 귀결되는 것이다.

4) 지나친 가족주의

서구 가족과는 달리 우리나라는 그 동안 유교문화의 영향을 많이 받았다. 그리고 현대에 와서 서구의 개념과 유교적 문화가 맞물리면서 우리나라만의 독특한 가족 문화를 창출하게 되었는데 그 가족 문화의 가장 뚜렷한 특징 중 하나는 형태상으로는 부부 중심의 핵가족이지만 실질적으로는 부모·자녀관계 중심으로 가족생활이 이루어진다는 것이다. 우리나라의 경우 외관상으로는 떨어져 살고 있어도 부모·자녀의 유대 관계는 그 어느 사회보다 강하다. 따라서 성년이 되고 나면 부모와의 관계가 단순해지는 서구와는 달리, 우리는 성인이 되어서도 여러 변수의 영향을 받으며 복잡한 양태로 진행되는 것이다.

가족 관계가 아무리 사랑하는 동반자와 혈족으로 이루어졌다 하더라도 가족도 하나의 집단인 이상 필연적으로 갈등이 발생할 수밖에 없다. 가족은 대표적인 일차집단(primary group)으로서 구성원들간의 상호 작용이 빈번하고 긴밀하다. 수단적 관계가 주를 이루는 이차집단과는 달리 상호작용 내용도 매우 복잡하다. 따라서 그 해결책은 다른 집단에 비해 더욱 까다로울 수밖에 없다. 가족의 선순환은 이러한 문제점에 대한 해결책을 제시해 준다.

2. 선(善)순환 가정의 기본(基本)

용비어천가에 나무는 뿌리가 깊어야만 쓰러지지 않는다고 했다. 물은 샘이 깊어야만 마르지 않는다. 뿌리가 약한 나무는 비바람에 쓰러지고 샘이 얕은 물은 금세 고갈되고 만다. 가장 중요한 것은 뿌리를 견고하게 하는 것이요, 샘을 깊이 파는 것이다. 뿌리를 튼튼하게 하는 것은 근본확립(根本確立)이라고 한다. 나무에서 뿌리처럼 중요한 것이 없다. 가지나 잎사귀를 잘라도 나무는 죽지 않는다. 그러나 뿌리를 자르면 죽고 만다. 뿌리 깊은 나무는 풍우부동(風雨不動)이다. 아무리 비바람이 강하게 불어도 결코 뽑히거나 쓰러지지 않는다. 뿌리가 깊으면 잎이 무성하다. 그래서 근심엽무(根深葉茂)라 했고 뿌리를 튼튼하게 키우는 것은 양근(陽根)이라고 했다. 개인이건 가정이건 나라건 뿌리가 튼튼해야 한다. 깊은 샘은 가뭄에도 물이 마르지 않는다. 그래서 원심유장(源深流長)이라고 했다. 밑천이 적으면 바닥이 드러난다. 근본이 약하면 오래 가지 못한다. 우리는 뿌리깊은 나무가 되고 샘이 깊은 물이 되어야 한다. 가장 중요한 것은 뿌리와 원천이다. 그래서 근원(根源)이라고 한다. 먼저 근원을 튼튼하게 함이 중요하다.

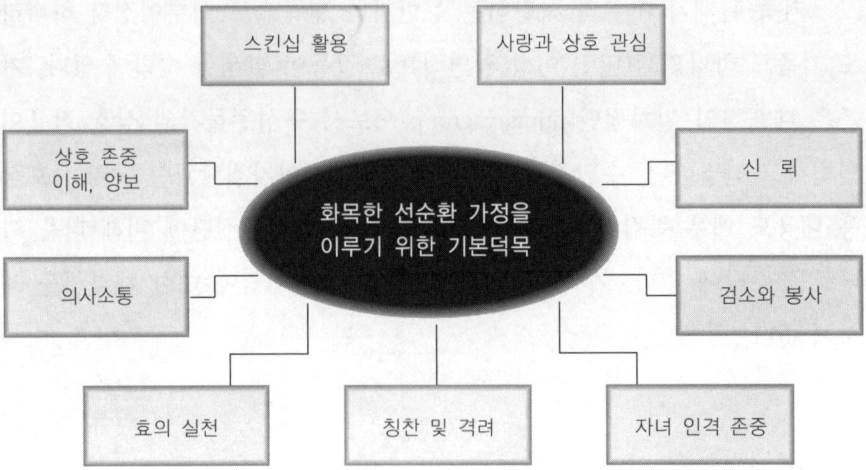

앞서 개인이 수신(修身)의 근간으로 삼아야 할 인간행동의 보편 타당한 기본덕목들을 서술하였는데 마찬가지로 화목한 선순환 가정을 이루기 위해 반드시 준수해야 할 근본이자 기본 덕목들을 저자는 다음과 같이 정리하였다.

가. 가족간의 사랑과 상호관심은 만병통치약이다

사랑에는 부모, 형제간의 사랑, 친구와의 사랑, 종교적 사랑 등 다양한 사랑이 있지만 그 중 근원이 되고 가장 끈끈한 것이 가족간의 사랑이다. 사랑이 무엇인가에 대한 정해진 해답은 없지만 과거 플라톤(Plato)은 "누구를 사랑하는 것은 그 사람 속에 있는 미(美)와 선(善)의 진수를 알아보는 것"이라고 하였고, 근래에 들어와 에리히 프롬(Erich Fromm)은 "인간은 근본적으로 고독한 존재이며, 그 고독함과 공허함을 극복하기 위하여 사랑하는 것"이라고 설명하였다. 이 철학자들은 낯선 타인과의 관계에서 사랑의 근원과 특징을 말하였지만 가정은 혈연으로 맺어진 1차 집단으로서 구성원들이 서로 모든 것을 포용하고 감싸줄 수 있다는 의미에서 아가페적인 사랑이 흐르고 있다고 할 수 있으며 이것이 가정을 지탱해 주는 기본 원동력이 되는 것이다.

현대사회에서의 가정 문제는 상당부분이 사랑의 결여에서 비롯된다. 사랑의 반대말은 증오와 원한이 아니고 바로 무관심이다. "미움보다 더 무서운 것은 무관심이다"라는 말이 있다. 미워한다는 것은 그만큼 관심과 애정이 있어서 고쳐도 보고 설득도 해보고 싶다는 이야기지만 무관심하다는 것은 아예 포기했다는 것을 의미한다. 사람의 성격은 얼마나 관심받고 존중받느냐에 좌우된다. 어린 시절 부모로부터의 관심과 애정이 자녀 성격의 상당부분을 결정하게 된다는 것은 이미 널리 알려진 사실이다. 해이즌(Hazen)과 쉐이버(Shaver)는 성인기에 사랑에 집착하는 성격유형이 어린 시절 부모로부터 받은 냉대, 즉 애정결핍에 의해서 형성된다는 연구결과를 도출하였는데, 그만큼 부모와 자녀간의 관심과 애정은 아이의 긍정적인 성격유형을 형성하는 데 중요한 역할을 한다고 하겠다.

애리조나 대학교의 제임스 R. 하인은 오랫동안 행복한 관계를 유지한 200쌍의 부부를 대상으로 연구하여 성공적인 결혼과 영속적인 사랑이 가지는 일반적인 특성을 발견했다. 우선, 두 배우자는 서로를 좋아하며 함께 있는 것을 즐겁게 여겼다. 또한 그들은 공통의 이해 관계로 인해 상대를 소중한 친구와 동료로 생각한다. 뿐만 아니라 두 배우자는 결혼 생활에 있어서 남자와 여자의 역할에 관한 정의에 기본적으로 합의하고 있으며, 유사한 가치와 목표, 신앙을 공유하고 있다. 마지막으로 그들은 기질이 다르더라도 서로 사이좋게 지내는 성격을 갖고 있다.

위의 연구결과에 나타난 사이좋은 부부들의 특징들은 선천적으로 타고나는 것이 아니다. 부부 상호간 긍정적인 내면의 변화를 통해 서로를 배려하고 이해하는 마음에서 비롯된 것이라 볼 수 있다. 다시 말하면 부부간의 사랑 그리고 궁극적으로 가정의 화목이라는 것은 노력에 의하여 얻어질 수 있다는 것이다. 사랑과 관심은 긍정적인 관계를 형성하는 핵심이다. 최근 사회문제로 대두되는 황혼이혼 역시 무관심의 누적에서 비롯되는 것이다.

부부관계의 근본은 사랑과 관심으로 배려하는 것이다. 관심을 표현하는 구체적인 방법으로는 생일 · 결혼기념일과 같이 특별한 날을 정성스럽게 챙기고, 자주 칭찬하고, 사소한 일에도 관심을 가져 주는 것 등을 들 수 있다. 특히 임신, 출산, 재산의 취득과 처분, 손님 초대, 여행 · 휴가와 같은 일에 있어서는 상대방이 집안에서 중요한 역할을 하고 있다고 인식할 수 있도록 항상 상의하는 것도 관심을 표명하는 좋은 방법이다. 이러한 상호관심은 언 땅을 녹이는 햇빛이며 아픔과 괴로움을 이겨내는 만병통치약인 것이다.

나. 가족간의 신뢰는 정직과 성실에서 비롯된다

이혼의 문제, 가정폭력의 문제, 아이의 탈선문제 등 현대 가정이 안고 있는 모든 문제의 근원은 가족 구성원의 불성실성이나 부정직에서 비롯된다. 가족 구성원 각자는 부여받은 역할이 있다. 일률적으로 정해져 있는 것은 아니지만 가장은 집안의 대소사(大小事)를 총괄적으로 책임지고, 어머니는 자녀양육을 비롯하여 가사를 분담하고, 자녀들은 자신이 만약 학생이라면 학생 신분에 맞추어 마땅히 지켜 행해야 할 직분을 정직하고 성실하게 수행하는 것이다. 부모가 정직하고 성실하게 주어진 일을 수행할 때 아이들은 부모를 존경하고 신뢰하게 된다. 자녀들도 자신의 위치에서 정직하고 매사에 성실하다면 부모의 눈에 얼마나 사랑스럽게 보이겠는가? 남편이 묵묵히 가족과 가정을 위하여 열심히 일한다면 아내도 남편 부끄럽지 않도록 최선을 다할 것이다. 가족 구성원들 각자의 이러한 성실성과 정직성이 하나 하나 쌓인다면 가정의 신뢰가 이루어지는 것이다.

부부간에도 정직하고 성실한 삶을 살지 못하면 상호간의 믿음과 신뢰가 깨지고 의부증, 의처증으로까지 발전하기도 한다. 부모-자식간에도 정직하고 성실함이 없다면 부모는 자녀를 불신하게 되고 인정받지 못하는 자녀는 집 밖으로만 떠돌아 탈선을 하기도 한다. 가족 구성원들간의 신뢰는 화목한 가정을 이루는 데 가장 근본이 되는 것인데 신뢰의 구축은 자신이 가정 구성원으로서의 역할을 얼마나 성실하게 완수하는가에 달려 있는 것이다.

다. 검소와 봉사의 가치를 인식하라

건강한 가정은 검소와 봉사의 가치를 실천하는 데서 시작된다. 검소한 가정생활이란 형식과 겉치레보다는 내용과 실질을 존중하고 물건을 아껴 쓰며 돈을 저축하는 것을 말한다. 부부간에도 '돈, 돈' 하여 돈에만 매달리는 것은 사랑과 희생으로 맺어진 가정마저도 물질적인 계약관계로 전락시키는, 실로 가슴 아픈 일이 아닐 수 없다. 또한 가난을 부끄럽게 생각하여 과시적인 소비(conspicuous consumption)를 하는 것은 가정을 경제적인 파탄으로 몰아가는 지름길이다. 또한 부모의 과소비는 자녀들에게까지 전염되어 한때, 사회 일각의 문제로 대두되었던 오렌지족과 같은 소비주의를 낳기도 한다. 최근 신용카드의 사용이 보편화되면서 무분별한 카드사용이 새로운 사회 문제로 대두되고 있다. 카드의 무분별한 사용은 그 빚을 갚기 위한 제 2 범죄의 원인으로 작용하는데, 이것 역시 우리가 검소의 가치보다는 소비와 과시의 문화에 젖어 있기 때문에 발생하는 것이다. 그만큼 가정에서 검소의 가치를 일깨우는 것이 중요한 것이다.

전 미(美)대통령 카터의 부인이었던 로잘린은 대통령 취임식의 축하파티에 중고품 드레스를 입고 나와 퍼스트 레이디로서 센스가 없다는 언론의 비난을 사기도 하였지만, 대부분의 미국 국민들은 그녀의 소박함에 눈물을 흘리며 갈채를 보냈다. 로잘린의 검소한 생활은 지금도 카터 전대통령이 미국민들의 사랑과 존경을 얻는 이유 중 하나로 작용하고 있다.

가정은 구성원들간의 희생 정신으로 맺어져 있다. 희생은 어떠한 대가도 바라지 않는 자발성에 기초한다. 부모님의 자녀에 대한 희생은 대가를 바라지 않는 아가페적인 것이다. 가족 구성원이 어려움에 처하였는데 이를 방관하는 사람은 드물다. 자신을 희생해서라도 어려움에 빠진 가족을 돕고 싶어한다. 이러한 희생의 정신이 사회로까지 확장된 것이 바로 봉사의 정신이다. 우리는 가정에서 희생의 가치를 배울 필요가 있다. 가족 구성원들은 가사 일을 하면서 혹은 가족 중 아픈 이를 돌보면서도 희생의 가치를 배울 수 있다. 내 부모를 위하여 내 자식을 위하여 희생하고 봉사하는 마음을 실천하는 것은 이기적이고 개인주의적인 현대사회에서 남을 배려하고 이해하는 이타주의(利他主義)적인 인간을 길러내는 데 커다란 역할을 하게 된다. 가정이 희생과 봉사의 정신을 실천하는 도장이 되어야 하는 이유가 여기에 있다.

라. 자녀들의 인격과 취향을 존중하라

부정하고 싶어도 엄연히 존재하는 것이 세대차이다. 격동의 세월을 지내 온 부모세대는 가난과 열악한 환경 속에서 자라 왔고 그것을 당연한 운명으로 여겨 왔다. 혹 자녀들에게 “보릿고개를 들어 본 적이 있느냐?” “우리는 어렵게 살았어도 잘했는데 너처럼 좋은 환경에서는 무엇을 못하겠니?”와 같은 사고방식으로 접근하는 것은 세대간의 간격을 줄이기보다

그 골을 더욱 깊게 할 뿐이다. 이해의 눈으로 본다는 것은 타인의 입장이 되어서 생각한다는 것이다. 자녀들이 가지고 있는 인격과 취향이 잘못 되었으니 그것부터 고쳐야 한다는 전제에서 시작할 것이 아니라, 그들의 인격을 존중하고 취향이 부모와 다르다는 것을 인정한 후 대화를 시작해야 한다.

헐벗고 굶주린 시대는 지났다. 자녀들의 고민은 먹고 사는 문제가 아니라 자신의 개성을 표현하고 자유를 만끽하면서 높은 문화수준을 즐기고 싶어하는 데 있다. 그렇게 때문에 눈높이를 자식에게 맞추어 생각해야 하는 것이다. 자식이 원하는 것은 따로 있는데 부모가 원하는 것만을 강요하는 것은 갈등과 마찰을 유발하기 마련이다.

저자의 큰 아이가 고등학교 1학년 때의 일이다. 당시 머리카락을 노랗게 염색한다는 것은 보수성향이 강한 우리 부부로서는 용납이 되지 않는 일이었다. 그런데 큰 아이가 여름방학 동안 염색을 하겠다고 했고, 3, 4일 동안 격론을 벌였으나 결국 아이는 염색약을 구입해 염색을 해버렸다. 당시 우리 부부의 감각으로 보았을 때 염색한 아이의 모습은 매우 어색하고 실망스러웠다. 그러나 그 이후 대다수 젊은이들이 노랑머리 염색을 하고 다녔다. 유행이 사람의 눈높이와 감각을 바꾼 것인지는 몰라도 오히려 검정머리를 하고 있는 젊은이가 촌스럽게 느껴졌다. 그게 바로 1년 후의 상황이었다. 1년 전 큰 아이의 머리 염색을 두고 실망하고 갈등을 겪었던 내 모습이 부끄러워졌다. 내 기준에서 자녀들을 보지 말고, 자녀들의 눈높이에서 그들의 개성을 인정해 주고 취향을 존중해야 한다는 좋은 경험을 한 셈이다.

부모가 자녀의 인격을 존중하고 수용할 때 자녀는 스스로 소중한 존재라고 생각한다. 너는 어떤 인물이 되어야 한다고 부모가 강압적으로 규정짓기보다는 자녀가 흥미를 느끼는 분야에서 인생의 목표를 세우도록 독려해야 한다. 자녀를 인생의 목표를 가진 사람으로 키운다면 그 자녀는 어디에 있든지 성공할 수 있다. 자기 장점을 발견한 사람은 자신의 목표를 향해 끝없이 도전하며 잘못된 것과 옳은 것을 구별할 수 있는 힘을 갖기 때문이다.

마. 칭찬과 격려는 다다익선(多多益善)이다

『칭찬은 고래도 춤추게 한다』에는 웨스와 그의 아내 조이가 처음으로 딸아이에게 걸음마를 가르치는 장면이 나온다. 당시 그는 아이가 균형을 잡지 못하고 기우뚱거리며 서 있는 것을 보고 있는 것만으로 즐거웠다. 게다가 아이가 갑자기 엉덩방아를 찧으면서 귀여운 웃음을 터뜨릴 때는 정말로 깨물어 주고 싶을 정도로 사랑스러웠다. 걸음마 가르치기는 마치 그들 셋의 규칙 없는 사랑게임과 같았다. 두 사람은 아이가 일어설 때마다 웃으면서 박수를 쳐주고 칭찬과 격려를 아끼지 않았다. 그런 부모의 성원 속에서 어떤 아이가 그 행동을 계속해 나가지 않겠는가? 칭찬은 기쁨과 성취감 그리고 자신감의 밑거름이다. 부모가 자녀에게 행하는 칭찬과 격려, 자성예언은 긍정적인 임파워먼트의 요인이 되며 많으면 많을수록 그 효과는 크게 발휘되게 되어 있다.

부모가 자녀를 양육하는 태도는 크게 세 가지로 대별할 수 있다. 권위적 양육태도, 허용적 양육태도, 권위가 있는 양육태도가 그것이다. 권위적 양육태도를 보이는 부모는 흔히 자녀에게 즉각적이고 장기적인 복종을 요구하게 된다. 이는 자녀의 공격성과 적대감, 저항감을 유발한다고 알려져 있다. 허용적 양육태도는 자녀를 하나의 인격체로 대하여 자녀의 결정을 존중하고 그들의 자율성을 존중하는 것이다.

권위가 있는 양육태도는 자율성을 보장함과 동시에 자율성에 일정 한계를 지우는 것을 말한다. 이러한 양육태도는 자녀가 점차적으로 자율성을 띠도록 도와주며 이 자녀는 사회적 책임감이 강하고 지적 · 사회적 성취감이 높고, 자기 조정능력이 우수한 성인으로 자라게 된다.

양육의 문제에 있어서는 칭찬과 격려를 통하여 긍정적인 임파워먼트를 부여해야 하는 것이다. 앞에서도 열등감에 대하여 이야기하였지만 부모의 폭언과 화는 아이를 열등감에 놓이게 하는 것이며, 성장과정의 왜곡을 초래하는 것이다. 우리나라 부모는 대부분 자식의 말을 듣고 이해하려는 노력을 하기보다는 훈계나 지시 등 부모 중심적인 발언을 하는 경우가 많다. 그러나 가족 관계에서 이러한 방식은 바람직하지 못하다. 가족 관계도 하나의 조직생활인 이상 상대방의 말을 들어 주고 이해하려는 노력을 해야 하며 특히, 칭찬과 배려를 통해 상대방과의 관계를 돈독하게 유지해야 한다.

칭찬과 격려를 통하여 자부심을 심어 주는 것이 바탕이 되어야 하겠지만 권위가 있는 양육을 위해서는 정(情)과 엄(嚴)을 동시에 겸비하는 것도 필요하다. 아이를 자유방임으로 놓아 기르거나 통제를 배제한 채 기 살리기에 주력하다 보면 버릇 없는 사람이 될 수 있다. 자녀에 대한 칭찬과 격려의 강조가 때때로 과잉보호로 왜곡되어 나타나기도 하는데, 이는 동양적인 문화에서 잘 나타나는 현상이다. 공공 장소에서 자유롭게 뛰어노는 아이들을 제지하는 부모를 찾기란 쉽지 않다. 여기에는 '애들은 자유롭게 뛰어놀아야 한다' 는 생각도 한 몫 하겠지만 사실 부모의 마음 속 깊은 곳에 '내 아이가 뛰어노는데 왜 남이 참견이냐' 는 이기주의가 자리잡고 있기 때문이다. 이러한 부모들은 자녀의 기를 죽이지 않기 위해 무조건 자녀의 요구를 들어 주고 지나친 자유를 허용함으로써 버릇 없고 자기 중심적인 아이들을 만들고 있는 것이다. 이런 경우에 부모는 자녀의 행동의 한계를 지어 주고 이것을 벗어났을 때 엄(嚴)으로 다스릴 필요가 있다.

그러나 정과 엄 이중에서 하나를 골라야 한다면 그것은 정(情)이다. 잘한 점을 구체적으로, 가능한 균형 있게, 결과보다는 과정을, 애정을 담아 거짓 없는 진실한 마음으로 칭찬하라. 자녀는 기대하지 않았던 성취감을 느끼고 이것은 그를 성공으로 이끌 것이다.

부부관계도 마찬가지다. 칭찬과 배려는 그 사람을 존중한다는 또 다른 표현이자 사랑의 표현이기에 부부관계를 긍정적이고 행복한 관계로 이끄는 첩경이다.

교회에서 목사님이 아주머니들에게 '내가 고칠 점 6가지'를 남편에게 물어서 다음 날 오후 2시에 발표하라는 숙제를 냈다. 그 중 한 아주머니 남편은 오늘은 너무 바쁘니 내일 그 시간 전까지 꼭 그 답을 적어서 교회로 갖다 주겠다고 했다. 다음날 다른 아주머니들의 발표가 시작되었다. 밥 잘하기, 애 잘 씻기기, 청소 잘 하기, 일찍 일어나기, 반말 안 하기, 애 공부에 신경 써 주기 등등. 그런데 정작 그 아주머니의 남편은 시간이 다 되어도 오지 않았다. 그 때 퀵서비스 아저씨가 꽃바구니와 케이크를 가지고 나타났다. 그 속에는 예쁜 카드도 있었는데 다음과 같이 적혀 있었다. "나와 같은 남편과 살아 주는 것만으로도 감사합니다." 이 아주머니가 어떤 사람의 아내보다 보람을 느꼈을 것이며 남편에 대한 깊은 사랑과 신뢰를 갖게 되었을 것이다. 칭찬과 배려의 힘은 그 어느 질책이나 비판보다도 강력한 것이다.

바. 효(孝)는 가문의 전통이 되도록 하라

부모는 자식을 양육하고 대함에 있어 사랑과 애정, 이해의 눈으로 보아야 하고 자식은 부모를 효(孝)로써 공양해야 함은 동양만의 이야기는 아니다. 맹자는 선진(先秦)시대 효관념의 정립자라 할 만큼 공자의 효사상을 유가 사상의 중심사상으로 다져 놓았다. 그는 효를 백행(百行)의 근본으로 보고 있을 뿐만 아니라 "요 · 순의 도리도 효제(孝悌)일 따름이다"라고 말하여 효를 '제왕의 도리' 로까지 승격시켰다. 맹자는 세속에서의 불효의 경우를 다음과 같이 다섯 가지로 보았다. 첫째 게을러서 부모를 공양하지 않고 돌보지 않는 것, 둘째 오락과 취미에 빠져 부모를 돌보지 않는 것, 셋째 재물과 처자만을 챙기면서 부모를 공양하지 않는 것, 넷째 귀와 눈을 만족시키느라 부모를 욕되게 하는 것, 다섯째 불화와 싸움으로 부모를 불안하게 하는 것이 그것이다.

『효경』에서는 효(孝)를 덕행의 근본이고, 사람들이 온갖 가르침과 감화를 받는 것이 이로부터 나온다고 하면서, 신체 발부는 부모에게서 받은 것이니 감히 다치거나 상하지 않게 함이 효의 시작이며, 학문을 닦고 심신을 수양하여 세상의 도를 행하고 이름을 후세에 날려 이것으로써 부모를 빛나게 함이 효의 완성이라고 말하고 있다.

『공자가 죽어야 나라가 산다』라는 책이 발간된 이래로 우리나라 반만년 역사에 집약되어 온 충이나 효, 예의 관념들이 일부인들에게서 시대에 뒤떨어진 구시대적 유물로 취급받은 적이 있다. 그러나 우리의 가정을 지탱하는 절대적 근본윤리는 효(孝)이어야 한다.

다음과 같은 사례는 우리시대의 효에 대하여 시사하는 바가 크다. 한

백유(韓伯俞)는 효성이 지극한 사람이었다. 어느 날, 잘못한 일이 있어 그 어머니가 아들의 종아리를 때렸다. 그런데 전에는 그러한 일이 없었던 백유가 어머니로부터 매를 맞으며 몹시 흐느껴 우는 것이었다. 이를 이상하게 여긴 어머니가 아들에게 물었다.

"네가 전에는 매를 맞아도 울지 않았는데, 오늘은 왜 그리 슬피 우느냐?"

백유가 흐느끼면서 말하였다.

"전에는 제가 매를 맞아 보면 몹시 아파서 어머님의 기운이 왕성하심을 알 수 있었는데, 오늘은 매를 아무리 맞아도 도무지 아프지 않으니, 어머님의 기운이 쇠약해진 것이 아닌가 여겨서 우는 것입니다."

우리 조상들은 효를 실천하는 데 있어서 물질적 봉양뿐 아니라, 부모의 마음을 진정으로 편하게 하는 정신적 봉양을 강조하였다. 오늘날 우리들은 조상들이 실천해 온 덕목들을 무조건 배척하기보다 자세히 알고, 더 나아가서 오늘날의 상황에 맞게 계승, 발전시키려는 노력이 필요하다고 생각된다. 효의 구체적인 실천방법은 다음과 같다.

부모로부터 물려받은 몸을 깨끗하고 온전하게 하는 불감훼상(不敢毁傷), 부모를 실질적으로 잘 모시는 봉양(奉養), 부모의 뜻을 헤아려 실천함으로써 부모를 기쁘게 해드리는 양지(養志), 표정을 부드럽게 하여 부모가 편안한 마음을 지닐 수 있도록 하는 공대(恭待), 부모를 욕되지 않게 해드리는 불욕(不辱), 아침저녁으로 부모에게 문안을 드리는 혼정신성(昏定晨省), 효의 완성으로, 후세에 자신의 이름을 떨쳐 부모를 영광되게 해드리는 입신양명(立身揚名) 등이 있다.

작고 사소한 일에서부터 효를 실천하다 보면 이것이 일상화된다. 아이는 부모의 행동을 보고 배우기 때문에 부모가 효를 실천하는 만큼 자식도 그 부모에게 효를 행하게 된다. 효가 가정의 기본으로 자리잡고 전통이 되게 하면 효의 문화가 연쇄적으로 반복될 것이다.

사. 가족간의 의사소통은 상대방의 눈높이에서 시작한다

가는 말이 고와야 오는 말이 곱다. 상대가 나를 무시하는데 즐거운 마음으로 이를 받아들이는 사람은 없다. 내가 대접받고 있다고 느낄 때 남을 대접할 수 있는 것이다. 우리는 가족간에 큰 의미나 명분이 없는 문제로 다투는 것을 목격할 수 있는데 이것은 자기중심적인 의사소통의 방법에서 기인하는 경우가 많다. 이렇듯 가족 구성원들간에 모두 자신의 입장에서 판단하고 결정을 내린 후에 대화를 시작하기 때문에 벌어진다. 제 2장에서 '원' 을 보고 각자의 생각이 다를 수 있듯이, 같은 사물을 보고도 아이와 부모가 느끼는 바가 다르고, 같은 현상을 보고도 부부가 생각하는 바가 다른 법이다.

부모가 원하는 바를 일방적으로 얘기하거나 아이의 말꼬리를 자르는 경우, 그리고 아이가 어떤 좋지 못한 행동을 할 때 원인은 살펴보지 않고 결과만으로 자녀를 나무라는 경우 이런 것이 반복되면 자녀는 아예 입을 다물어 버리는 것이다. 이러한 사태를 막기 위해서라도 다음과 같은 눈높이 대화방식이 필요하다.

1) 자녀가 부모의 말을 경청하도록 해야 한다.
2) 자녀의 감정을 인정해 준다.
3) 선택의 기회를 제공한다.
4) 자신의 의견을 표명할 수 있는 개방질문(open question)을 사용한다.

5) 곤란한 상황을 미리 알려준다.

6) 유머를 사용한다.

7) 중요한 가치를 아이에게 가르치려 할 때에는 일관되고 엄격하게 제한을 한다.

8) 아이를 공격하는 대신 부모 자신의 감정을 표현하는 말을 사용한다.

9) 화가 났을 때에는 그 상황에서 잠시 떠나 냉정을 되찾고 자녀를 대할 때 무슨 말을 해야 할지 생각해 본다.

10) 부모의 '짧은 편지'를 적절하게 이용한다.

11) 칭찬과 감사는 최상의 교수법이다.

12) 자녀의 자율성을 길러 줄 수 있는 방법으로 협상한다.

부부간에도 성장배경과 유전학적인 이유에서 사물과 현상을 바라보는 눈높이가 다르다. 대화법의 기본은 역지사지의 입장에서 상대방의 눈으로 사물을 바라보도록 노력하는 것이다. 부부간의 성공적인 의사 소통을 위해 스티네트(Stinnett)는 긍정적인 자세, 상호 존중, 공통의 준거틀 형성, 경청의 자세, 메시지 확인, 공감대 형성, 의견 피력, 자기 노출, 감정 충실 등의 아홉 가지 방안을 제시하고 있다.

중국 문헌 『세설신어(世說新語)』에 따르면, 조물주가 사람의 마음을 만들 때 열 칸의 마음을 만들었는데, 그 중 세 칸만 자신이 갖고 일곱 칸은 남에게 주라고 했다고 한다. 이처럼 부부의 대화방식은 아내는 남편에게 남편은 아내에게 자신의 마음을 먼저 주고 배우자는 이 마음의 눈높이에서 대화를 풀어 나가야 하는 것이다. 부부간 이해와 배려의 의사소통의 구체적인 방식을 다음과 같이 생각해 보았다.

1) 부정적인 대화는 상대방에게 상처가 되므로 피해야 한다.

2) 긍정적인 대화를 하고 이를 잘 받아들일 줄도 알아야 한다.

3) 상황에 적절한 말을 해야 한다.

4) 매일 배우자의 말을 집중해서 들어 주라.

5) 비언어적인 방법으로 애정을 표현하라.

6) 논쟁이나 자기방어, 변명을 하지 말고 말다툼을 피하라.

7) '너' 대신에 '나' 라는 단어를 사용하라.

8) 대화에도 성 차이가 있다. 배우자의 언어로 이야기하자.

9) 상대방의 느낌을 인정해 주어라.

아. 부부간에 상호 존중하고 이해하려고 노력하라. 그리고 양보하라

배우자를 존중하라. 그리하면 이해의 마음이 생길 것이다. 배우자에 대한 존중은 기본적으로 집안에서 하는 역할은 다르지만 당신과 내가 모두 중요하고 평등하다고 생각하는 데서 시작된다.

배우자를 대할 때 장점위주로 살펴보라. 자신보다 나은 점이 훨씬 많다는 것을 알게 될 것이다. 장점만 보다 보면 존중의 마음이 생긴다. 일단 존중의 마음이 생긴다면 배우자의 입장에서 이해할 수 있을 것이다.

상대방을 존중하고 존경하는 마음을 가지면 배우자를 대하는 태도가 권위주의적인 태도에서 이해의 태도로 바뀌어 간다. 우리는 사회생활에서의 활력을 위하여 타인을 존중하고 이해하려고 노력하지만 정작 가정에서 배우자를 존중하고 이해하려는 노력을 게을리하는 실정이다.

그렇다면 배우자에 대한 이해는 어디에서부터 시작되는가? 이해는 상호 적응에서부터 시작된다. 부부는 각자 다양한 유전적 특성을 가지고 태어나고 성장과정도 다르기 때문에 성격적 차이가 나타나는 것이 당연하다. 따라서 결혼을 한 후에 이 성격적 차이를 극복하기 위하여 많은 노력이 있어야 한다.

우선적으로 부부간에는 개인 차이를 수용하도록 노력하여야 한다. 아무리 부부간이라 하더라도 상대방의 자율과 독립을 인정해야 하며, 적응을 위한 변화는 시간을 요구하므로 인내하는 자세로 기다리는 것도 중요하다.

사람은 본시 이기적인 마음이 있어 양보하기가 쉽지는 않다. 그러나 배우자를 이해하기 시작하였으면 양보하기란 훨씬 수월할 것이다. 왜냐하면 그 사람의 고통이 무엇이고 무엇을 원하는지 잘 알기 때문이다. 부부간에 서로 이해하고 양보하며 살아가는 데 필수적이며 가정의 행복지수를 높일 수 있는, 아내의 8계명과 남편의 10계명을 소개한다.

아내는 남편이 출퇴근을 좋은 기분으로 할 수 있게 해야 한다. 왜냐하면 남편은 아내가 이렇게 행동할 때 존경받고 있다고 느끼기 때문이다. 아내는 남편의 자리가 어지럽혀 있어도 묵인하고 치워 주어라. 그리고 남편의 고충을 이해하고 편을 들어 주어라. 남편은 자기편을 들어 줄 사람을 찾아 매일 아내가 기다리는 가정을 찾아오기 때문이다. 또한 남편이 좋아하는 음식을 자주 하고 신혼시절의 매력을 유지하기 위해서 남편 보기에 아름다운 외모를 가꾸도록 노력해야 한다. 아내는 남편에게 짜증스런 목소리로 바가지 긁는 잔소리를 삼가고, 남편을 아이들 앞에서 높여 주고 칭찬해 주는 것이 좋다. 마지막으로 교육과 자녀생활에 대한 양서를 읽어서 가정생활에 적용시키는 것이 현명한 아내요 사랑받는 아내가 되는 비결이다.

남편도 아내의 말을 다그치지 말고 자상하게 끝까지 들어 주고 '나는 완전히 당신 편' 이란 것을 확인시켜 주면 아내는 자연히 시댁식구들에게 잘하게 마련이라는 것을 명심하라. 수시로 말이나 신체적인 접촉으로 사랑과 애정을 표현하고 다른 여성이 지니고 있는 매력과 아내를 비교하는 것은 절대 금물이다. 남 앞에서 아내를 모욕하는 말은 삼가고, 남편의 허락 없이 마음대로 쓸 돈을 아내에게 따로 주는 것이 좋다. 아내의 연약함과 살림살이의 고충을 이해해 주고, 아내의 생일과 결혼기념일에는 아내가 좋아하는 선물을 반드시 해 주면 기억에 오래 남을 것이다. 아이들에게 항상 관심을 갖고 놀아 주고 쉬는 날에는 아내에게 시간을 할애하여 나의 가장 귀중한 가치를 아내에게 헌신한다면 신혼 못지않은 가정의 행복과 즐거움이 찾아오게 될 것이다.

자. 스킨십을 적극 활용하라

현대를 '정신적 굶주림의 시대' 라고들 한다. 그만큼 물질의 풍요와는 반대로 정신의 세계는 메말라 있다. 현대인들은 특히 '대화의 굶주림(Talking Hungry)', '접촉의 굶주림(Touching Hungry)', '성적 굶주림(Sex Hungry)' 에 처해 있다고 한다. 접촉은 인간의 5감 중 가장 중요한 감각(sense)이다. 인간은 약 106개의 화학원소로 만들어져 있는데, 피부접촉을 하게 되면 뇌에 자극을 주어 뇌 속에 있는 화학 요소의 생산을 자극하는데 큰 몫을 한다고 한다. 접촉에 대한 욕구는 어렸을 때, 어느 정도 충족이 된다. 그러나 점점 자라면서 접촉의 기회는 줄어든다. 접촉이 결핍되면 어떤 증세가 일어날까? 가출소녀의 90%가 접촉 결핍증에 걸려 있다는 임상 보고가 있다. 사랑은 접촉이고 접촉이 곧 사랑이다. 접촉에 가장 민감한 부분은 '손바닥과 손가락' 이다. 사랑을 깊이 전하는 대표적인 방법이 '포옹' 과 '키스' 이다. 그래서 우리는 서로 만지고 살아야 한다.

우리는 사랑의 스킨십을 활용하기 위하여 몇 가지 사항을 염두에 두어야 한다. 효과적인 피부접촉을 위해서는 상대방의 상태가 긍정적인가를 살펴보아야 하고 서로 접촉할 때는 접촉에 대한 정보를 나누어야 한다. 피부 접촉의 목적은 반드시 섹스에만 있는 것이 아니라 친밀감과 상호관심, 사랑 그리고 이해증진에 궁극적 의미가 있으며 접촉은 적극적이고 상호간에 공평하여야 한다. 어린이들이 가장 안정감을 느낄 때가 바로 잠자리에 누웠을 때 할머니나 어머니가 따뜻한 대화를 나누면서 손바닥으로 어루만져 줄 때라고 한다. 이처럼 우리는 사랑과 애정을 공유하기 위하여 스킨십을 적극 활용하도록 해야 한다. 단, 가정에서 부부사이나 자녀가 어렸을 때 필요하며 자녀가 성장한 이후나 가족 이외에는 요즈음 성추행의 오해가 있을 수 있으니 각별히 경계하고 조심해야 할 사항이다.

3. 가정 선순환의 연쇄적 상승효과

부부간에 그리고 부모와 자식 사이의 관계가 올바르게 구축되었으면 선순환은 연쇄적 상승 효과를 일으킨다. 즉, 올바른 부부 관계는 자녀의 환경을 긍정적으로 형성해 주고, 이에 따라 다른 친족과의 관계에까지 영향을 미치는 것이다. 선순환의 연쇄적 상승 효과는 가족의 기본적인 관계가 안정되고 바람직하게 될 때 비로소 나타날 수 있다. 만약 부부 관계에 문제가 생긴다면, 이는 바로 자녀에게 영향을 주게 된다. 다시 말해 하나의 잘못된 관계는 다른 관계에도 악영향을 미치게 되는데, 이것이 통제되지 못할 경우 가정내의 악순환이 시작될 것이다. 따라서 가족내의 선순환을 이루기 위해서는 무엇보다 부부 그리고 부모와 자식 등 기본적인 인연이 올바른 관계로 설정되어 있어야 한다. 이러한 기본적인 인연이 서로 사랑하고 신뢰하며 서로에게 아름다움과 기쁨을 제공할 때 그 가정에는 연쇄적인 선순환이 시작되는 것이다.

세상에서 가장 아름다운 그림에 관한 이야기다. 멋진 작품을 그리고 싶어하는 화가가 있었다. 어느 날 그는 막 결혼을 앞둔 예비 신부에게 세상에서 가장 아름다운 것이 무엇이냐고 물었다. 그러자 신부는 수줍어하며 대답했다. "사랑이지요. 사랑은 가난을 부유하게, 적은 것을 많게, 눈물도 달콤하게 만들지요. 사랑 없이는 아름다움도 없어요." 화가는 고개를 끄덕였다. 이번엔 목사님에게 똑같은 질문을 던졌는데, 목사님은 "믿음이지요. 하나님을 믿는 간절한 믿음이야말로 세상에서 가장 아름답습니다"라고 말했다. 그는 목사님의 대답에도 수긍했다. 그러나 그보다 더 아름다운 무엇이 있을 것만 같았다. 때마침 지나가는 한 지친 병사에게 물었더니 병사는 "무엇보다도 평화가 가장 아름답고, 전쟁이 가장 추하지요"라고 대답했다.

순간 화가는 사랑과 믿음과 평화를 한데 모으면 멋진 작품이 될 것 같았다. 화가는 그렇다면 사랑과 믿음과 평화가 함께 있는 그림을 그리려면 무엇을 그려야 할까 하고 곰곰이 생각해 보았다. 그 이후 그는 그러한 장면을 찾기 위해 여러 곳을 돌아다녔으나 좀처럼 그 대상을 찾을 수가 없었다. 그는 걷고 또 걸으며 그 대상을 찾고자 하였으나, 몸과 마음이 지칠 때까지 그림 한 장 그리지 못했다. 화가는 집 생각이 났다. "그래, 집으로 돌아가자. 돌아가서 푹 쉬자!"고 결심하여 그는 집으로 향했고, 며칠 뒤 어두워질 무렵이 되어서야 도착할 수 있었다. 아이들은 아빠의 목소리를 듣자 일제히 "아빠다!" 하고 함성을 지르며 문을 열어 주었다. 오랜 만에 아빠의 모습을 보자 아이들은 껴안고 얼굴을 부비고 몸에 매달렸다. 식탁 위에는 저녁 식사가 차려져 있었고 그의 아내는 "이제 오세요? 시장하시죠? 어서 식탁으로 가서 앉으세요" 하며 반가운 미소로 남편을 맞이하였다. 미술가는 자신이 그토록 간절히 찾아다녔던 대상이 가까이 있었음을 그제야 깨달았다. 그는 아이들의 눈 속에서 믿음을, 또 아내의 눈에서 사랑을, 믿음과 사랑으로 세워진 가정에서 평화를 보았기 때문이다. “아! 나의 가정, 나의 아내, 나의 아이들, 바로 이 모습이 세상에서 가장 아름다운 그림이구나.” 얼마 뒤 화가는 세상에서 가장 멋진 작품을 완성했다. 그 제목은 다름 아닌 ‘가정’ 이었다.

가정은 우리 삶의 본거지(本據地)다. 가정의 선순환은 개인의 선순환과 더불어 우리 인생에서 매우 중요하다. 수신제가치국평천하(修身齊家治國平天下)라는 말은 개인으로부터의 출발을 강조하는 것이라면, 가화만사성(家和萬事成)이라는 말은 가정의 화목이 다른 모든 성공의 기초가 됨을 강조하고 있다. 개인은 자기 수양을 쌓아야 하고 모든 조직은 화목해야 한다. 이것이 우리 삶의 공간인 공동체를 평화롭고 풍요로우며 아름답게 하는 근본이다. 가정의 중심에는 부부가 있다. 독자들의 행복한 부부 생활을 기원하면서 법륜스님의 주례사를 소개하려 한다.

오늘 두 분이 좋은 마음으로 이렇게 결혼을 합니다. 그런데 이렇게 서로 사랑하는 마음으로 결혼을 하는데, 이 마음이 십 년, 이십 년, 삼십 년 가면 얼마나 좋겠습니까. 여기 앉아 계신 분들 결혼식장에서 약속한 것 다 지키고 살고 계십니까? 이렇게 지금 이 자리에서는 검은머리가 하얀 파뿌리가 될 때까지 아무리 어려운 일이 있거나, 어떤 고난이 있더라도 서로 아끼고 사랑하며 서로 돕고 살겠는지 물으면, “예” 하며 약속을 해 놓고는 3일을 못 넘기고 3개월, 3년을 못 넘기고 “남편 때문에 못 살겠다, 아내 때문에 못 살겠다…” 하며 갈등을 일으키고 다투기 십상입니다.

그래서 그렇게 결혼하기를 원해 놓고 살면서는 “아이고 괜히 결혼했다, 이럴 줄 알았으면 안 하는 게 나았을 걸…” 후회하는 마음을 냅니다. 그럼 안 살면 되는데 이렇게 많은 사람들 앞에서 약속을 해 놓고 안 살 수도 없고, 어영부

영하다가 아기가 생기니까 또 아기 때문에 못하고, 이렇게 하면서 나중에는 서로 원수가 되어서, 아내가 남편을 "아이고 원수야" 합니다.

이렇게 남편 때문에, 아내 때문에 고생 고생하다가 나이 들면서 겨우 포기하고 살 만하다 싶은데, 이제 또 자녀가 애를 먹입니다. 자녀가 사춘기 지나면서 어긋나고 온갖 애를 먹여서, 죽을 때까지 자녀 때문에 고생하며 삽니다. 이것이 인생사입니다. 그래서 이렇게 결혼할 때는 다 부러운데, 한참 인생을 살다 보면 여기 이 스님이 부러워, "아이고 저 스님 팔자도 좋다" 이렇게 됩니다.

이거 거꾸로 된 것 아닙니까? 스님이 되는 것이 좋으면 처음부터 되지, 왜 결혼해 살면서 스님을 부러워합니까? 이렇게 인생이 괴로움 속에 돌고 도는 이유가 있습니다. 오늘 제가 그 이유를 말할 테니, 두 분은 여기 앉아 있는 사람들처럼 살지 마시기 바랍니다.

서로 이렇게 좋아서 결혼하는데 결혼할 때 마음이 어떠냐? 선도 많이 보고 사귀기도 하면서 남자는 여자를, 여자는 남자를 이것저것 따져 보는데, 그 따져 보는 그 근본 심보는 덕 보자고 하는 것입니다. 저 사람이 돈은 얼마나 있나, 학벌은 어떻나, 지위는 어떻나, 성질은 어떻나, 건강은 어떻나, 이렇게 다 따져 가지고 이리저리 고르는 이유는 덕 좀 볼까 하는 마음입니다.

손해 볼 마음은 눈곱만큼도 없습니다. 그래서 덕 볼 수 있는 것을 고르고 또 고릅니다. 이렇게 골랐다는 것은 덕 보겠다는 마음이 있다는 것입니다. 그러니 아내는 남편에게 덕 보고자 하고, 남편은 아내에게 덕 보겠다는 이 마음이, 살다가 보면 다툼의 원인이 됩니다.

아내는 30% 주고 70% 덕 보자고 하고, 남편도 자기가 한 30% 주고 70% 덕 보려고 하니, 둘이 같이 살면서 70%를 받으려고 하는데, 실제로는 30%밖에 못 받으니까 살다보면 결혼을 괜히 했나, 속았나 하는 생각을 십중팔

구는 하게 됩니다. 속은 것은 아닌가, 손해 봤다는 생각이 드니까 괜히 했다, 이런 생각이 듭니다.

그런데 이 덕 보려는 마음이 없으면 어떨까요? 좀 적으면 어떨까요? "내가 저 분을 좀 도와줘야지," "저 분 건강이 안 좋으니까 내가 평생 보살펴 줘야겠다," "저 분 경제가 어려우니 내가 뒷바라지 해 줘야겠다," "저 분 성격이 저렇게 괄괄하니까 내가 껴안아서 편안하게 해줘야겠다."

이렇게 베풀어 주어야겠다는 마음으로 결혼을 하면, 길가는 사람 아무하고 결혼해도 별 문제가 없습니다. 그런데 덕 보겠다는 생각으로 고르면, 백 명 중에 고르고 골라도 막상 고르고 보면 제일 엉뚱한 사람을 고르게 됩니다.

(중략)

세 번째, 남편과 아내는 서로를 우선시해야지 자녀를 우선시하면 안 됩니다. 첫째가 남편과 아내이며 둘째가 부모입니다. 남편이나 아내보다도 부모를 우선시해선 안 됩니다. 그것은 옛날 이야기입니다.

첫 번째, 아내와 남편을 우선시할 것.
두 번째, 부모를 우선시할 것.
세 번째가 자녀입니다.

이렇게 우선 순위를 두어야 집안이 편안해집니다. 그리고 나서 사회의 여러 가지에 기여를 하셔야 합니다. 이러면 돈이 없어도 재미가 있고, 비가 새는 집에 살아도 재미가 있고, 나물 먹고 물 마셔도 인생이 즐거워집니다.

즐겁자고 사는 것이지 괴롭자고 사는 것이 아니니까, 두 부부는 이것을 중심에 놓고 살아야 합니다. 그래야 남편이 밖에 가서 사업을 해도 사업이 잘 되고, 뭐든지 잘 됩니다. 그렇지 않고 돈과 권력, 개인의 이익에 눈이 어두워 자기 생각만 고집해서 살면 결혼을 안 하느니보다 못합니다.

선순환 리더십을 통한 화목한 가정으로

● 가정이라는 곳은 사랑과 희생으로 엮어진 선(善)한 곳이기도 하지만 인간의 욕구가 발현되는 이중적인 공간이기도 한 것이다. 저자는 사회활동의 근간이 되는 가정이 선(善)과 악(惡)의 발현을 결정짓는 중요한 역할을 한다고 보는데 이는 가정의 선(善)순환이 우선적으로 시작되어야 이것이 일터와 사회로까지 확산될 수 있다는 믿음에 근거한다.

● 가정은 사랑과 행복을 바탕으로 희생과 이타주의(利他主義)가 구현되며 혈연으로 뭉쳐져 서로 믿고 의지할 수 있는 따뜻한 배려와 하모니(harmony)가 넘치는 곳이다. 가정은 애정에 기초한 따뜻한 보금자리로서 우리에게 휴식의 안락(安樂)을 제공하고, 정서적 공감대를 형성하며, 인성의 기본을 가르치는 교육의 역할을 담당하여야 한다.

● 나무는 뿌리가 깊어야만 쓰러지지 않는다고 했다. 물은 샘이 깊어야만 마르지 않는다. 뿌리가 약한 나무는 비바람에 쓰러지고 샘이 얕은 물은 금세 고갈되고 만다. 가장 중요한 것은 뿌리를 견고하게 하는 것이요, 샘을 깊이 파는 것이다. 뿌리를 튼튼하게 하는 것은 근본확립(根本確立)이라고 한다. 나무에서 뿌리처럼 중요한 것이 없다. 가지나 잎사귀를 잘라도 나무는 죽지 않는다. 그러나 뿌리를 자르면 죽고 만다. 뿌리깊은 나무는 풍우부동(風雨不動)이다. 아무리 비바람이 강하게 불어도 결코 뽑히거나 쓰러지지 않는다. 뿌리가 깊으면 잎이 무성하다.

● 화목한 선순환 가정을 이루기 위한 기본덕목

- 가족간의 사랑과 상호관심은 만병통치약이다.
- 가족간의 신뢰는 정직과 성실에서 비롯된다.
- 검소와 봉사의 가치를 인식하라.
- 자녀들의 인격과 취향을 존중하라.
- 칭찬과 격려는 다다익선(多多益善)이다.
- 효(孝)는 가문의 전통이 되도록 하라.
- 가족간의 의사소통은 상대방의 눈높이에서 시작한다.
- 부부간에 상호 존중하고 이해하려고 노력하라. 그리고 양보하라.

● 부모가 자녀를 양육하는 태도는 크게 세 가지로 대별할 수 있다. 권위적 양육태도, 허용적 양육태도, 권위가 있는 양육태도가 그것이다. 권위적 양육태도를 보이는 부모는 흔히 자녀에게 즉각적이고 장기적인 복종을 요구하게 된다. 이는 자녀의 공격성과 적대감, 저항감을 유발한다고 알려져 있다. 허용적 양육태도는 자녀를 하나의 인격체로 대하여 자녀의 결정을 존중하고 그들의 자율성을 존중하는 것이다. 권위가 있는 양육태도는 자율성을 보장함과 동시에 자율성에 일정 한계를 지우는 것을 말한다.

● 부부간 이해와 배려의 의사소통의 구체적인 방식을 다음과 같다.

- 부정적인 대화는 상대방에게 상처가 되므로 피해야 한다.
- 긍정적인 대화를 하고 이를 잘 받아들일 줄도 알아야 한다.
- 상황에 적절한 말을 해야 한다.
- 매일 배우자의 말을 집중해서 들어 주라.
- 비언어적인 방법으로 애정을 표현하라.

- 논쟁이나 자기방어, 변명을 하지 말고 말다툼을 피하라.
- '너' 대신에 '나' 라는 단어를 사용하라.
- 대화에도 성 차이가 있다. 배우자의 언어로 이야기하자.
- 상대방의 느낌을 인정해 주어라.

> 때때로 사소한 일이 위대한 결과를 가져옴을 볼 때,
> 나는 사소한 일이란 없다는 생각이 든다.
>
> -브루스 바턴

제 2 절 선순환 리더십을 통해 초일류 기업으로

1. 기업의 선순환 개념

기업이 성장하고 발전하는 동력은 바로 선순환이다. 선순환 리더의 등장과 팔로워의 적극적 선순환 마인드 함양은 기업의 이윤을 높이는 동시에 사회적으로도 바람직한 평가를 받을 수 있게 한다. 리더와 팔로워의 협력을 통해 발생시킬 수 있는 상승효과는 어려운 상황을 극복할 수 있는 불굴의 정신력과 현장 경험에서 우러나는 효과적인 아이디어를 낳을 것이다.

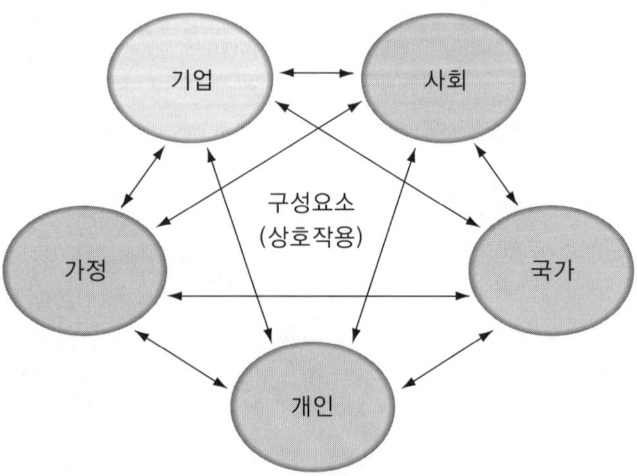

자연 이것은 고객을 만족시켜 기업의 시장 점유율을 확대시키고 매출을 증대시킬 것이다. 이렇게 기업이 성장하면 구성원들에게는 유·무형의 보상이 돌아가게 될 것이고, 여기에서 비롯한 성취감과 자신감은 다시 리더와 팔로워의 성장을 가져올 것이며 이들의 협력을 더욱 강하게 할 것이다.

이와 반대로 기업은 리더의 안일함 또는 팔로워의 수동적이고 비관적인 마인드에서부터 악순환의 고리에 빠져든다. 상황판단의 실패, 독단적 기업 운영 등 리더의 잘못은 팔로워의 의지를 꺾게 마련이다. 이런 기업이 급변하는 시장에 효과적으로 대처하는 것은 불가능하며, 매출의 급감과 경쟁 업체의 시장 잠식이 이어질 것이다. 리더나 팔로워가 위급한 상황을 인식하여 잘못을 시정하고 악순환의 고리를 끊지 못하면 기업은 결국 붕괴할 것이다.

신자유주의적 경쟁체제에서의 승리는 고도의 리더십을 갖춘 리더에 달려 있는 것이다. 아무리 이윤 추구를 그 본질로 하는 시장에서도 가장 핵심적인 요소는 인간 그 자체임을 잊어서는 안 된다. 팔로워들이 갖고 있는 무형자산인 기술력(技術力)과 애사심(愛社心)이 강할 때 기업은 자본과 시장 점유율의 열세를 극복하고 성장할 수 있을 것이다. 이런 무형자산을 최대한 활용하고 팔로워와의 신뢰를 구축하는 것이 리더의 능력이며, 팔로워들로 하여금 기업의 성장과 시장 개척에 자발적으로 참여하고 공헌할 수 있도록 이끄는 직능작용이 기업의 리더십이다.

2. 선순환 리더와 관리자의 차이

우리가 통칭 '리더'라고 기존에 불러 왔던 이들은 '관리자'와 '리더'

로 구별될 수 있다. 관리자는 기존의 체제 유지를 목적으로 통제의 관리 방법을 사용하고 단기적 시야를 가진 사람을 일컫는다. 워런 베니스(Warren Bennis)는 관리자와 리더의 차이를 양극화시켜 정리하였다. 그에 따르면 관리자는 창의보다는 모방에 능숙하며 단기적인 안목만을 가진 인물이다. 뿐만 아니라 관리자는 상급자에 대한 충성과 복종을 중시하는 수직적 통제의 관점에 사로잡혀 있는 사람이다. 그들은 상 · 하 간의 위계와 서열을 중심으로 조직의 질서가 유지된다고 믿는다. 또한 베니스는 관리자가 지시받은 사항이나 주어진 일을 처리하는 수단과 방법(How)만을 중시하는 스타일이라고 정의하였다.

반면에 리더는 오늘날의 조직경영에 있어 꼭 필요한 이상적인 인물로 그려지고 있다. 리더는 주어진 일을 수행하는 방법에만 매달리기보다는 해야할 일, 중요한 일, 또는 핵심적인 일을 발견하여 장기적인 관점에서 추진하는 사람이다. 또한 신뢰와 창의를 중시하며 잘못된 현상에 도전하여 바로잡아 가는 스타일이다.

통상적으로 중간리더 그룹은 리더로서의 역할보다는 대다수가 관리자로서의 역할을 주로 수행하고 있다. 특별한 사명감과 진취적 기상으로 직위에 관계없이 현위치에서 남다른 창의성을 발휘하여 최고경영자에 준한 리더역할을 하는 중간리더도 있지만 대부분은 조직의 유지를 최고의 목표로 하여 조직화와 인력의 충원과 같은 기계적인 업무에 관심을 보인다. 의사소통의 방식에 있어서도 상의하달과 같은 위계적인 의사소통 방식을 주로 사용하며 현상태를 최선의 것으로 간주하고 여기서 크게 이탈하지 않기 위해 통제의 방법으로 사람들을 관리한다.

그럼 선순환 리더는 어떤 역할을 수행하는가? 최고 경영자 위치에 있는 모든 리더들의 공통된 역할이지만, 특히 선순환 리더는 리더로서 꿈과 희망, 비전을 수립하고 전파하는 창조자(creator)의 역할을 수행한다. 드넓은 미래로 나아가기 위해 조직의 현재위치를 진단하고 실행가능한 청사진을 제시하는 것이다. 이처럼 리더는 미래지향적이기 때문에 현재에 매몰되지 않고 창의와 유연한 사고로 빠른 환경변화에 능동적으로 대처하게 되는 것이다. 리더가 내세우는 슬로건들의 대부분은 혁신적이고 창조적이며, 직원들의 창조력에 불을 지피려는 것임을 알 수 있다. 부하직원을 포함하여 조직을 관리하는 기법 역시 이 비전이 이루어질 수 있도록 그들의 마음 속에 불꽃같은 열정이 타오르도록 격려하고 감정을 일치시키면서 정성을 다하여 인간적으로 대우한다는 데에 초점이 맞춰져 있다. 그들은 내면에 존재하는 창조의 정신, 도전의 정신을 무한대로 끌어올려 스스로 업무에 몰입되도록 동기부여하는 고차원적 의미의 임파워먼트를 몸소 체험하고 이를 타인에게 전파하는 것이다. 저자는 선순환 리더의 특징을 관리자와의 차이점을 중심으로 아래 표와 같이 정리했다.

선순환 리더와 관리자와의 차이점

구 분	관리자(Manager)	선순환 리더(Leader)
중점사항	조직화와 인력 충원	비전과 방향설정 및 비전 전파
의사소통	수직적 의사소통 중시	수평적 의사소통 중시
사고방식	경직적 사고	유연한 사고
슬로건	유지, 책임 수행	혁신, 창조, 개발
상황대처	현 상태를 수용, 적용	현 상태에 도전, 혁신
관리기법	통제	동기부여와 사기 앙양

미국 앨라이드 시그널(현 허니웰(Honeywell)사)의 래리 보시디 회장은 탁월한 비전과 방향 제시로 기업을 성공적으로 이끈 전형적인 리더이다.

이 기업의 주력 업종은 자동차, 플라스틱, 그리고 우주 항공 공학 이 세 분야였는데, 그가 부임하기 전에 이 회사는 소규모 회사를 인수 합병하는 데 주력하여 경쟁력은 떨어지고 몸집은 공룡처럼 크고 둔한 기형적인 모습이었다. 1980년대에는 간신히 현상유지를 하고 있었지만 1990년대로 들어서면서 결국 적자에 허덕이기 시작했다.

제너럴 일렉트릭의 간부 출신이었던 래리 보시디는 1991년 앨라이드 시그널의 신임 회장으로 취임하자마자 이 답답한 상황에 대한 원인을 다음과 같이 분석하였다. "내가 처음에 이 회사에 와서 느낀 것은 마치 52개의 다른 왕국들이 모두 다 딴 생각을 하며 움직이고 있는데, 아무도 그들을 하나로 묶어 주지 않고 있었다는 것이다. 특히 세 개의 주력 업종들은 완전히 딴 회사처럼 놀고 있었다." 그래서 그는 먼저 앨라이드 시그널의 모든 계열사들간의 커뮤니케이션이 원활해질 수 있도록 효율적인 수평적 커뮤니케이션 망을 구축하였고 전체가 하나의 팀워크로 정렬(alignment)될 수 있도록 조직을 재정비했다. 또한 과거처럼 다른 회사들을 매입하여 규모를 확대하는 일을 종식하고 최대한의 이익을 투자자들에게 돌려주겠다는 경쟁력 향상의 목표에 골몰하였다.

보시디는 리더라면 전체 조직이 나아갈 분명한 방향을 잡아 주고 조직원들을 단결시킬 수 있는 확실한 공통의 목표를 주어야 한다고 입버릇처럼 강조했는데 그의 이런 경영 혁신으로 앨라이드 시그널은 폭발적인 성장 추세로 돌아서기 시작했다. 그가 취임하던 1991년까지 연간 2억 7천만 달러가 넘는 적자를 보고 있었던 앨라이드 시그널은 5년 후인 1996년엔 연간 10억 달러가 넘는 흑자를 내게 되었다.

모든 조직에는 리더가 필요하다. 하지만 누구나 관리자는 될 수는 있어도 리더가 되기는 쉽지 않다. 새로운 비전추구를 통하여 성공을 일구어 냈다면 승리의 축배는 그의 몫이지만, 실패했을 때 눈물의 패배도 그가 책임져야 할 몫이기 때문이다. 이처럼 리더가 되는 길은 험난하고 곳곳엔 위험이 도사리고 있다. 그렇다고 우리는 관리자로 남을 것인가? 우리에겐 미래가 있고 이를 실천할 수 있는 힘과 용기가 있기에 관리자가 아닌 리더의 길을 선택하여야 한다. 이러한 생각의 변화가 나를 내 인생의 리더로, 조직의 리더로, 사회의 리더로 만들어 가는 것이다.

3. 초급리더십과 고급리더십

기업의 일생은 창업기, 성장기를 거쳐 시장지배기, 쇠퇴기의 사이클을 따르게 된다. 기업은 창업이후에 점차 규모가 커지면서 시장에 적응하고 좋은 제품으로 시장을 점유하지만 결국 쇠퇴하고 소멸하기도 한다. 이처럼 기업의 성장 및 변화, 규모 등으로 인해 모든 기업에 일률적인 리더십을 적용할 수는 없다. 기업의 발전단계 및 규모와 직원의 수에 따라 필요한 리더십의 유형은 달라진다.

한 집단의 리더가 되었다고 해서 모두 같은 역할을 한다고 볼 수는 없을 것이다. 그것은 자신이 이끄는 조직의 규모와 위치 및 그 중요도에 따라 각기 다른 모습을 보이게 된다. 갓 리더가 된 이들이 조그마한 단체를 이끌며 발휘해야 할 리더십과 오랜 시간 동안 리더십을 단련한 결과 여러 단체들을 거느리거나 대규모의 인력의 움직임을 지휘할 위치에 오른 이가 발휘할 리더십이 같을 수는 없다.

기업의 성장기에 맞는 리더십의 유형은 다음과 같다. 1단계는 어떤 분야에 어떤 아이템으로 진출하겠다는 것을 정하면서 사람을 모아 일을 시작하게 되는 시기로, 이때 리더는 중재자(mediator)의 역할을 해야 한다.

2단계는 회사가 어느 정도 성장해서 직원이 30~50명 정도일 때다. 이때 기업의 리더는 실무형 리더(operational leader)가 되어야 한다. 세세한 부분까지 의사결정을 해야 하고 실무자들과 각 분야에서 새로운 일을 구체화해야 하는 시기이다.

여기서 더 발전한 3단계가 되면 기업의 리더는 전략적인 리더(strategic leader)가 되어야 한다. 직원이 100명 이상이 될 때인데, 이때는 모든 결정을 혼자서 할 수 없으며 사소한 문제에 깊이 관여할 수도 없다. 그래서 많은 권한을 위임해서 의견을 조율하는 역할에 중점을 둬야 하고, 대신 회사의 전체적인 전략을 세우는 데 더 몰두해야 한다. 회사의 방향을 잡고 구체화한다는 점에서 전략적 리더는 시스템 디자이너라고도 할 수 있다.

그러나 리더십 유형이나 단계를 막론하고 기업의 리더가 갖추어야 할 불변의 기본 법칙이자 역량이 있다. 그 첫 번째가 바로 정직과 성실을 바탕으로 한 신뢰이다. 이것은 중재형, 실무형, 전략형 가릴 것 없이 리더십의 영역에서 반드시 필요한 리더의 자질이다. 신뢰가 결여된 리더십은 직원을 효과적으로 동기부여할 수 없으며, 불확실한 상황에서 그들의 자발적인 헌신을 이끌어 내지 못한다. 다시 말해 남을 믿고 따를 수 있는 능력을 일컫는 신뢰야말로 조직의 효율을 높이는 밑거름인 것이다. 자신에 대한 신뢰는 자신감을 낳고 도전의식과 개척정신을 통하여 꿈과 소망을 실현하는 원동력으로 작용하는 것이며, 타인에 대한 신뢰는 협력과 상호작용을 일으켜 연쇄적 상승효과를 일으키는 근본적 동인(動因)으로 작용한다.

기업 경영에서의 리더십 적용 단계

또한 리더가 갖추어야 할 두 번째 역량은 전문성이다. 풍부한 직무지식과 이것을 실천하는 과정 속에서 경험을 통하여 축적된 암묵지(tacit knowledge)야말로 기업의 능력을 배가시키는 핵심요소이다.

군(軍)에서도 마찬가지로 계급 고하를 막론하고 리더로서의 기본자질은 도덕성과 윤리성을 기본 바탕으로 하는 신뢰와 전문성이다. 40여년 전과 비교해 지금의 군대 환경은 소가 끄는 짐수레 시대에서 항공기를 이용한 수송시대로 변화한 것만큼이나 많은 변화와 발전이 있었다. 무학자가 다수였던 장병들이 90% 이상 대학에 재학중이거나 졸업을 한 인원들로 구성되어 있으며 병사용 내무반에 침대가 설치되고 있고 내무실마다 인터넷이 설치되어 수시로 부모나 친구들과 이메일(E-mail)을 교환하는 여건이 되었다. 이러한 환경 속에서 20, 30년 전의 리더십을 그대로 답습 적용한다면 현실적으로 휘하 장병들에게 긍정적인 동기를 부여하고 상관의 명령에 자발적으로 따를 수 있도록 할 수 없다. 높은 위치의 지휘관일수록 솔선수범, 언행일치, 그리고 정직과 성실성을 겸비하여 신뢰성을 장병들이 느낄 수 있도록 하여야 한다. 특히 어항 속의 금붕어처럼 지휘관의 일거수 일투족을 전 장병이 지켜보고 있음을 알아야 한다. 또한 리더는 스스로가 직무에 대한 전문지식과 과학적인 조직관리기법 등 다양한 전문성을 갖추어 휘하 장병들의 의식의 변화에 앞장서가는 변화의 주체가 되도록 노력해야 한다.

저자가 지휘관 생활을 오래 하면서 장병들과 더불어 희노애락(喜怒哀樂)을 같이하여 왔는데, '사람관리'가 부대관리의 핵심임을 터득하고 지속적으로 강조하여 왔었다. 부임한 부대마다 신명이 나서 하는 것마다 우승을 하고 그 속에서 성취감과 보람을 함께 할 수 있었다. 군대에서 상급자는 속일 수 있어도 부하들은 속일 수 없다고 이야기한다. 최근 저자의 1년 반 동안 운전병(차안에서 뿐만 아니라, 퇴근 후 관사생활도 같이 함)을 하였던 병사가 전역을 하면서 편지를 건네주고 떠났다. 과찬의 내용이었지만 리더의 하나하나의 언행이 지켜보고 따르는 팔로워들에게는 큰 파동을 일으킴을 인지할 수 있는 내용이기에 소개하고자 한다.

존경하는 사령관님께

사령관님, 30개월의 소중한 시간들을 이젠 추억으로 남겨둔 채 이곳을 떠나려고 합니다. 그 세월의 반 이상을 사령관님 1호차 운전병으로 지냈기에 더 가치 있고 의미 있는 생활이었던 것 같습니다. 지금도 예전에도 사령관님을 떠올리면 항상 정직이라는 말이 얼마나 중요한 것인가를 생각하게 합니다.

털어도 먼지 하나 나올 것 같지 않는 사령관님의 생활습관을 누구보다도 가장 가까이에서 지켜볼 수 있었던 것이 저에게는 큰 교훈과 소중한 재산이 되었습니다. 높은 자리에 앉게 되면 자만과 거만을 품고 사는 것이 일반적일 것이라는 제 생각을 바꾸어 버리게 되었습니다. 병사들 하나 하나들까지도 관심을 가져 주시고 배려해 주시는 모습이 너무 감동적이었습니다. 차를 타고 가시면서도 걸어가는 병사를 보시면 차에 태워 데려다 주는 모습, 예하 부대 초병들에게 항상 수고하라는 말씀을 잊지 않으시는 모습들을 보이실 때마다 제 자신이 뿌듯했습니다. 이렇게 훌륭하신 분을 가장 가까이서 모시고 있는 저를 그 친구들이 얼마나 부러워할까? 라는 생각이 수없이 들었습니다.

(중략)

작년 여름 제가 이성문제로 사령관님께 큰 실례를 범했음에도 야단과 꾸중을 하시기보다는 오히려 따뜻한 말씀으로 위로해 주시고 용기를 북돋아 주시기까지 하셨을 때, 차마 흐르지 못한 눈물이 눈에 가득 차서 운전하기 어려웠던 적이 생각납니다.

(중략)

모든 것이 정말 감사합니다.

2004. 7. 13

병장 OOO 올림

군(軍)은 수직적 계급 구조로 이뤄져 있어 계급 다양성의 특징이 있고, 규모가 큰 회사는 회장으로부터 말단사원에 이르기까지 다양한 직급이 있되 중간리더 및 관리자가 많다는 특징이 있다. 군대나 기업이나 리더이면서 팔로워 역할을 하는 사람이 많다. 단계별 위치에 따라 리더십 적용단계가 각기 다른데, 위관급, 영관급, 장관급 장교 그룹의 역할 차이와 리더십 적용단계를 살펴보자.

장교의 경력관리 과정에서 일반적으로 위관 장교 시절에는 행(行)에 중점을 두는 경력을 쌓게 된다. 즉 임무 수행의 지시, 팀 형성 능력, 절대적 헌신, 팔로워의 행동 유발 및 동기화 등과 관련된 능력을 구비하게 된다. 위관장교의 초급리더십이라는 것은 소대, 중대를 이끌면서 상관의 지시대로 부대를 움직이고, 팔로워들의 고충을 하나하나 감안하며 부대의 화합을 도모하는 동고동락의 리더십이다.

영관 장교 시절에는 계획수립에 관련된 업무에 종사하는 경우가 많다. 즉, 건전한 상황 판단 하에 의사결정 능력을 개발하여 정책 개발 및 실천 능력을 함양하게 된다. 영관급 장교는 부대의 책임자로서 작전계획을 수립하고, 그 실행에 대한 책임을 지고 부하들을 관리하는 데 있어 필요한 효율적인 의사소통 능력과 상황에 따른 직관적 위기대처능력을 구비하여야 한다.

장관급 장교 시절에는 의사결정 관련 업무에 종사하는 경우가 많이 발생한다. 따라서 정책 기획 및 계획, 전문 능력과 윤리성, 문제 해결 및 대안 창출 능력, 비전 개발 및 제시 능력을 갖추어야 한다. 즉, 장관급 장교의 고급리더십은 군의 미래에 대하여 구상을 하고, 그것을 실천하도록 커다란 틀을 제시하게 된다. 이들은 적절한 권한 위임을 통해 조직의 원활한 움직임을 꾀하는 대신 충분한 실무 경력을 되살려 장기적인 계획을 수립하고 이를 시행하도록 만드는 일을 해야 한다. 그러므로 '고급 리더십'을 발휘해야 할 사람들은 자신이 직접 행사해야 할 영역과 위임해야 할 영역을 사안에 따라 구분할 수 있는 감각과 능력을 길러야 한다. 그리고 조직 내의 예하 또는 핵심 팔로워들이 그 잠재력을 최대로 발휘하게 함으로써 전 조직 구성원이 보람과 긍지를 가지고 자발적이고 능동적으로 목표달성을 위해 기여할 수 있도록 해야 한다. 이를 위해 고급 리더가 해야 할 중요한 여러 가지 일들이 많지만, 그 중 핵심은 조직과 조직원 전체에 목표와 비전을 제시하고 그 방향을 향해 통합적 노력이 형성되도록 유도해 나가는 것이다. 그리고 선순환 리더십을 펼쳐나가며 고결한 성품을 닦는 데 최선을 다해야만 한다.

장교의 계급에 따른 리더로서의 역할을 다음의 표로 정리해 보았다.

계급별 리더십 적용

위관급 장교	행(行)에 중점 솔선수범, 동고동락 하는 리더십 윤리 · 도덕적, 정서적 바탕 마련 자발적 충성과 복종 : 정(情)과 엄(嚴) 조화	초급 관리관
영관급 장교	계획수립 업무에 중점 전문/직업적 리더십 윤리 · 도덕적, 정서적 안정 의사소통 방안/리더의 경험과 직관력 조화	중급 관리관
장관급 장교	의사결정 관련 업무 위주 수행 높은 도덕성과 역사의식에 바탕을 둔 리더십의 표상 비전과 조직 목표 제시 바람직한 조직환경 조성 정치적 목표를 조직의 목표로 전환 장기적 전략/환경변화 예측/ 위기관리 능력	고급 관리관

4. 기업의 운명을 바꾸는 5단계

저자는 앞서 매슬로우의 변화 5단계를 예로 들어 개인적인 변화 단계를 설명하였다. 즉 개인의 생각이 변화하면 행동이 바뀌고, 행동이 지속되다 보면 습관이 되고, 습관은 성품을 형성하여 결국 운명까지 바꿀 수 있다고 말한 바 있다. 개인의 운명을 바꾸는 5단계에 상응하는 기업의 운명

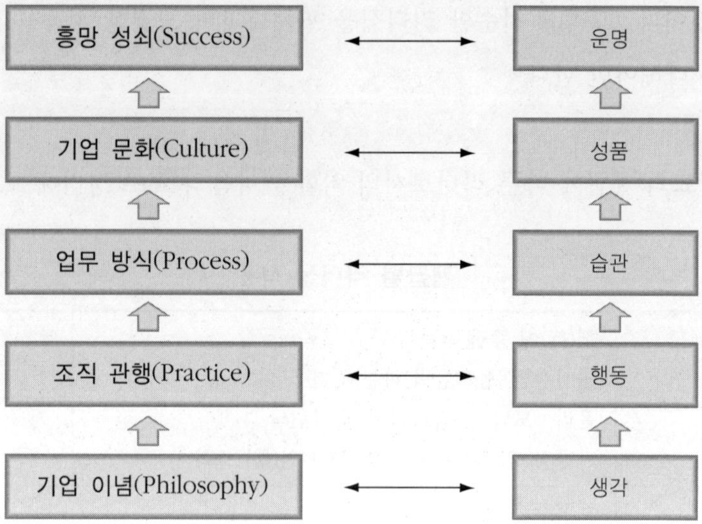

*출처 : 한국리더십센터

을 바꾸는 5단계를 한국리더십센터에서는 위의 도표와 같이 명시하였다. 기업의 운명도 기업이 어떤 가치를 가지고 어떠한 방식으로 업무를 수행하며 어떠한 기업문화를 갖고 있느냐에 따라 결정되게 되어 있다.

본 항에서는 위의 5단계가 이루어지는 과정에 대해 각 단계별 의의를 설명하고 그것이 기업 선순환 과정에서 어떤 의의를 갖고 있는지에 대해 살펴보겠다.

가. 기업 이념

사람의 긍정적인 생각은 웃음을 낳고 부정적이고 소극적인 생각은 슬픔을 낳는다. 이처럼 개인의 운명을 결정지우는 첫 단계는 마음이며, 생각이다. 기업이나 조직에도 이에 상응하는 것이 있다. 그것은 기업의 철학(Philosophy), 즉 기업이념이다. 이념이란 사고의 틀을 형성해 주고 동시에 그것을 담아내는 그릇이다. 20세기 냉전의 역사는 이념 대립의 역사였다. 자유와 창조성을 앞세운 민주주의가 획일성과 경직성의 공산주의와의 대결에서 승리하였듯이 자율성과 창의성이 인정되고 기본에 충실하며 배려와 칭찬으로 성공의 성취감을 불어넣는 이념을 가진 기업은 경쟁에서 최종 승리자가 될 확률이 높다. 다시 말하면 기업 이념이란 기업이 궁극적으로 추구하고자 하는 이상(理想)을 일관되고 체계적으로 담아내는 사고의 틀을 의미한다.

물론 모든 기업들이 공통적으로 가진 불변의 이념은 이윤의 획득이다. 기업이 경쟁에서 살아남고 기본이윤을 상회하는 이윤을 얻기 위해서는 생산비용을 최대한 절약하며 효율적인 방식으로 생산하고, 고객 만족을 통하여 판매 극대화를 추구하며, 가장 합리적인 방식의 분배를 통하여 지속적인 성장의 동력으로 삼아야 하는 것이다. 그러나 이것을 잘 포장하여 조금 더 고결한 가치로 승화시킬 수도 있으며 이 이념을 통하여 개인과 기업의 목표를 정렬(alignment)하게 된다.

세계 굴지의 컴퓨터 소프트웨어 회사인 마이크로소프트사는 '기술제일주의와 워크홀릭(workholic)정신'을 강조하였고 지금도 세계 최고의 기술력을 보유함과 동시에 일에 몰두하여 근무하는 많은 사원들을 보유하고 있다. 한국의 H기업은 '과감한 추진력과 근검절약주의'를 강조하였는데 이것은 일견 불가능하게 생각되었던 세계 1위의 조선업을 만들어 냈고 신공법의 간척사업을 할 수 있는 원동력으로 작용하였던 것이다. 회사의 사운(社運)은 이러한 이념과 철학에 의해 결정지워지는 것이다.

기업의 리더는 스스로 확고한 이념으로 무장하고 그 이념을 팔로워들에게 심어 줄 수 있어야 한다. 이러한 기업이념은 팔로워들이 무한(無限)의 전장(戰場)인 시장에서 경쟁자들에 맞서 승리하거나, 상승(相乘)을 추구하는 데 있어 강인한 의지력을 발휘하게 하는 힘인 것이다. 리더는 기업을 이끌어 나감에 있어 당당한 소신과 철학을 제시할 수 있어야 팔로워들로부터 존경과 신뢰를 받을 수 있다. 기업 이념은 사운(社運)을 좌우하는 첫걸음이다.

나. 조직 관행과 업무 방식

기업 이념이 구체화되어 기업의 운영방식을 형성한 것이 조직 관행(Practice)이며 이에 의거 구체화되고 활용되는 절차가 업무 방식(Process)이다. 조직 관행이 효율적이고 긍정적으로 형성되어 있다면 높은 생산성과 더불어 긍정적인 결과를 낳을 것이지만 조직이 새로운 변화에 능동적으로 대처하지 못하고 타성에 젖어 있다면 조직의 생동감은 둔화되기 마련이다.

미국 제너럴모터스사가 90년대에 일본 도요타 자동차에게 무릎을 꿇었던 사례는 타성에 젖고 관행에 빠져 버린 조직의 결과를 잘 보여 주는 것이다. 70년대부터 80년대 중반까지 일본산 차량들은 미국 소형 자동차 시장의 30퍼센트를 차지하게 되었는데 이는 제너럴모터스(GM)의 기존 판매량에서 흡수한 것이었다. 제너럴모터스는 제대로 상황 판단을 하지 못한 채 업무 관행에만 젖어 새로운 모델 개발을 게을리하였고, 점유율 하락이 가격에서 비롯된다고 판단하여 가격만 올렸다 내렸다 했던 것이다.

그러다 정신을 차리고 80년대 말에 가서야 '새턴' 이라는 새로운 모델을 내놓았다. 새로운 새턴 모델의 판매량은 증가했지만 구형모델인 올스모빌과 뷰익의 판매량이 그만큼 줄고 있었다. GM사는 예전에 히트를 쳤던 올스모빌과 뷰익에 대한 미련을 못 버리고 그것을 90년대형으로 새로 개발하는 데 회사의 역량을 쏟아 부었던 것이다. 결과는 엄청난 경영 적자였다. 제너럴모터스의 경영진은 일본 자동차가 미국 시장을 뚫지 못하리라는 안일한 마음을 가져 기존의 관행에 집착하였고, 기존의 모델에 너무 집착하였던 것이다. 새로운 자동차 디자인을 선호하게 된 소비자들의 구매 심리를 이해하려 들지 않았던 대가를 톡톡히 지불하였다.

조직은 조직을 둘러싼 환경의 변화에 발맞추어 관행과 업무방식을 바꾸어야 한다. 경영에 있어서 조직관행과 업무방식을 획기적으로 혁신한다는 리엔지니어링(reengineering)이 유행처럼 등장하기도 했는데 이는 컴퓨터와 텔레커뮤니케이션에 의해 제공되는 정보 · 통신 처리기술을 활용하여 업무의 흐름과 프로세스를 혁신적으로 개선하고자 시도하는 것이다. 또한 총체적인 품질관리(Total Quality Management : TQM)라는 품질개선부터 고객만족까지를 포괄하는 점진적인 업무프로세스 혁신운동도 현재의 선진 기업에서 일상적으로 이루어지는 또 하나의 프로세스로 자리잡게 되었다.

기업의 의사결정자들은 과거의 성공에 집착한 나머지, '과거에도 잘 되었으니 이번에도 잘 되겠지' 라며 성공을 이룬 방식만을 고수해서는 불행한 결말을 초래한다. 조직관행과 업무방식의 지속적인 혁신을 통하여 미래로 도약하는 자세가 중요하다. 특히 다른 조직과의 경쟁에서 승리하고 있는 리더는 자기만족, 보수주의, 자만심이란 무서운 적을 조심해야 한다. "성공했을 때가 가장 위기다"라는 말처럼 지속적인 프로세스 개혁이 요구된다. 리더는 항상 겸손한 마음으로 새로운 것을 배우려 들고 창의적 마인드를 가지고 조직의 과업 수행 방식을 끊임없이 개선하는 데 게을리하지 말아야 한다.

다. 기업 문화에 기업의 흥망성쇠가 달려 있다

기업 문화란 무엇인가? 그것은 우리가 흔히 보는 회사의 로고나 각종 의식(rituals), 또는 회사의 특정 행사 그 이상일 것이 틀림없다. 기업 문화를 한 마디로 정의하기는 쉽지 않지만, 저자는 기업 문화를 '기업의 모든 구성원들이 인정하고 공유하고 있는 그 기업의 가치관 및 공동체의식(意識)' 이라고 생각한다.

기업 문화가 왜 그토록 중요한가? 그것은 기업 문화가 기업의 생산성과 효율에 매우 큰 영향을 미치기 때문이다. 많은 경영학자들은 "이제 훌륭한 회사와 평범한 회사를 구분짓는 것은 기계나 공장, 조직구조 등이 아니라 기업 문화다"라고 이야기하고 있다. 또 전후 독일의 성공적인 기업가 라인홀트 뷔르트는 다음과 같이 말한 바 있다.

"최신장비와 시설의 환경을 갖추었더라도 동기유발이 되지 못한 종업원들이 일을 할 때보다, 비록 기계는 낡고 공장은 허름할지라도 종업원들이 신나게 일할 때가 효과와 효율 면에서 훨씬 낫다." 이런 점에서 자율과 창의와 신바람 나는 기업 문화가 성공의 토대가 되는 것은 자명한 일이다.

인텔(Intel)에서는 사장의 의견이나 일반사원의 의견 모두 똑같은 하나의 의견으로 취급되며 한 사람이 낸 아이디어에 주변의 수많은 사람들의 지혜가 덧붙여져 그 부가가치가 계속적으로 올라가도록 함으로써 각 개인의 잠재력을 최대한 발휘하도록 하는 기업 문화가 정착되어 있다고 한다. 아랫사람이 반론을 제기하는 것도 자유롭고, 의견을 낸 사람이 누구인가 전혀 개의치 않으며, 또 기존의 사업방식을 수정하거나 변경할 필요가 있다고 생각되면 그것을 위한 활발한 토론을 장려한다.

회사는 이러한 자유분방한 커뮤니케이션 문화를 뛰어난 정보기술, 특히, 전자우편으로 뒷받침함으로써 회사 전체에 활발한 커뮤니케이션이 끊임없이 이루어지도록 한다. 인텔의 한 경영자는 전자우편에 의한 이런 광범위한 커뮤니케이션을 '지혜와 정보의 공유'라고 표현하기도 한다. 이러한 열린 커뮤니케이션의 문화, 열린 기업 문화가 인텔의 주요 성공요인임에 틀림없는 것이다.

이처럼 기업 문화는 회사의 흥망을 좌우하는 터전이며 이러한 문화를 창출하고 전파하며, 정착시키는 것이 선순환 리더의 역할이다. 각 개인 모두가 선순환이 되어 기본에 충실하고, 악의 고리를 차단하며, 주인정신을 가지고 승승을 추구하며, 칭찬과 배려, 긍정적 임파워먼트로 연쇄적 상승효과 반복을 추구하는 기업 문화가 정착된다면 성공의 여신이 기업에 찾아들게 될 것이고 소속된 모두가 보람과 성취감이 가득한 행복한 삶을 살게 될 것이다.

5. 선(善)순환이 되기 위한 성공적인 기업운영의 기본덕목

가. 삶과 일의 최상의 기본원칙은 정직, 성실이다

모더니즘 사회의 특성은 전문가주의와 신용주의이다. 사회의 시스템 자체가 신용으로 구성되어 있기 때문이다. 예를 들어 은행을 신뢰할 수 없다면 어떻게 돈을 맡길 수 있겠는가? 은행의 생성 자체가 믿고 돈을 맡긴다는 신용에 기초해 있으며 동시에 안전하게 돈을 보관하고 불리기 위하여

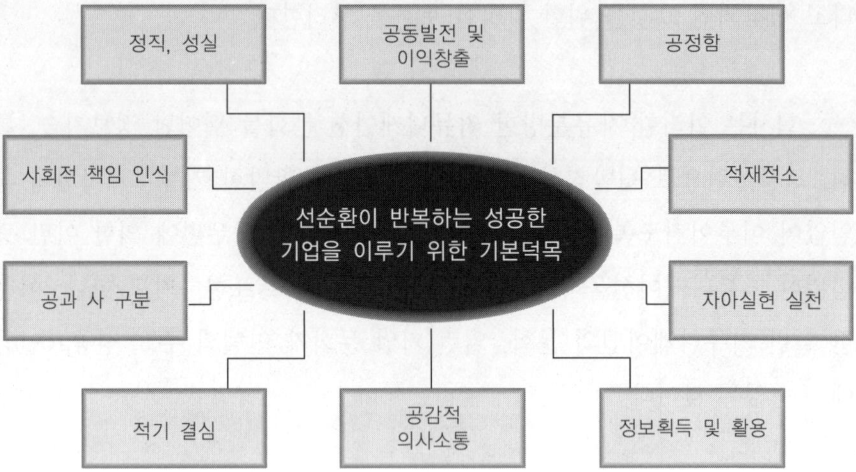

국가로부터 규제를 받기도 하고 보호를 받기도 한다. 은행은 대출한 돈을 회수하지 못하기도 하지만 예금자들이 예탁한 금액을 찾지 못하는 일은 별로 없다. 이처럼 현대사회는 신용에 바탕한 체계화된 시스템이 구축되어 있다. 신용사회에서는 신용이 깨어질 때, 사회의 선순환 흐름 자체가 막히는 것이다.

개인이든 기업이든 신용 즉, 신뢰의 가장 기본은 바로 정직과 성실이다. 나의 삶의 터전인 기업의 사회는 '정직과 근면성실'의 보장 없이는 절대 성공할 수 없다. 기업이 나에게 근면하고 성실하게 임무를 완수할 것이라는 기대를 갖고 중책을 맡겼는데 내가 그 기대에 미치지 못할 때에는 선순환의 흐름이 깨어지는 것이다. 매사 업무에 임하여서는 주인정신을 갖고 정성을 다하여야 하고, 타인과의 관계에서는 파트너십을 통한 승-승의 마인드를 함양하여야 한다.

기업의 생존전략과 사명도 정직과 신용, 제품에 대한 책임, 고객에 대한 친절이 기본이 되어야 한다. 이것은 선순환의 기본 중 기본이다. 한국의 일부 대기업이 분식회계를 통한 비자금 조성, 자금의 해외유치 문제로 몸살을 겪기도 하였다. 70, 80년의 개발시대에는 재벌과 정부간의 긴밀한 유착관계, 그리고 관치금융을 통한 대재벌의 문어발식 성장이 가능했지만 21C의 정보화 네트워크화, 세계화 사회에서는 부정직과 불신은 설 곳이 없다. 부정직은 다양한 정보 네트워크를 통하여 공개되고 있으며, 소비주권의 시대(era of consumer sovereignty)에 고객만족을 이루지 못하는 기업은 살아남지 못하기 때문이다.

IMF외환위기를 맞아서 수많은 기업들이 도산하고 파산하였지만 이 와중에도 꿋꿋이 버티어 낸 기업은 대부분 신용도가 높은 기업들이었다. 이러한 기업들에 대해서는 순간적인 자금부족을 은행이 메워 주었기 때문이다. 또한 성실하게 생산한 제품은 시장에서 소비자가 알아 준다. 불량을 줄이고, 최상의 품질로 생산해 낸 제품은 시장에서의 판매량이 그다지 줄지 않았던 것이다. 모든 것은 뿌린 대로 거두는 것이다.

최근 아이비 리그의 한 대학에서 열린 공개토론회에서 제너럴일렉트릭사의 잭 웰치 회장이 청중에게 가설적인 상황을 제안한 적이 있다. 청중 가운데 한 사람이 남미 독재정부 치하에서 미국 상사를 대표하는 사람이고, 이제 막 자기 회사가 900만 달러의 계약건을 성사시키려는 순간이라고 가정해 보자는 것이다. 계약은 성공적이고 서명할 일만 남았다고 했을 때, 유일하게 걸리는 것이 스위스 은행 비밀계좌에 100만 달러를 예치하여 뇌물을 바치는 문제라고 한다면 어떻게 하겠냐는 것이었다. 잭 웰치가 물었다. "여러분 가운데 몇 분이 은행에 돈을 예치하시겠습니까?" 학생 가운데 3분의 1가량이 손을 들었다. 순간 그는 침묵을 지키고 청중을 둘러보았다. 그리고 말했다.

"이 대학에서는 여러분이 알아야 할 모든 것을 가르치지 않는 모양이군요." 그는 대학이 도덕적 기업 경영을 가르치지 않는다는 것을 신사적으로 비꼰 것이다.

나. 기업의 궁극적인 목표는 공동 발전을 추구하고 공동이익을 창출하는데 두어야 한다

1) 목표설정 및 비전제시로 긍정적 동기부여 및 한 방향 설정 (alignment)

목적지가 없는 배는 바다 위에서 표류하거나 가서는 안 될 방향으로 항해를 하기 쉽다. 이와 마찬가지로 목표가 없는 기업이나 조직은 미래를 향한 거보(巨步)를 내딛지 못하고 정체와 답보의 늪에 빠지게 된다. 비전은 종업원들이 수행하는 구체적이고 일반적인 비즈니스 활동지침을 수립하기 위한 상위 차원의 포괄적이고 장기적인 방향성을 가진 목표를 말한다. 조직 구성원들은 자신이 처해 있는 환경과 상황 속에서 모든 것을 판단하는 근시안적인 경향이 있다. 리더는 이와 같이 나무는 보고 숲은 보지 못하는 우를 범하지 않기 위하여 비전을 제시하고 전파하며 이를 수행하도록 독려해야 하는 것이다.

"만일 당신이 배를 만들고 싶으면, 사람들을 불러모아 목재를 가져오게 하고 일을 지시하고 일감을 나눠 주는 등의 일을 하지 말아라. 대신 그들에게 저 넓고 끝없는 바다에 대한 동경심을 키워 주어라"라고 프랑스 작가 생텍쥐페리는 말했다. 비전은 환상적이거나 상상 속에 존재하는 것이 아니고 5년 또는 10년 후의 회사의 모습을 보여 주는 것이다. 즉 비전은 종업원들에게 회사가 어디로 움직이고 있고, 미래에 어디에 있어야 하는가를 알려 준다. 나침반의 역할을 하는 비전은 모든 종업원들이 목표에 합의

하여 서로 협조하고 궁극적으로 상승효과를 낼 수 있는 밑바탕이 된다. 특히 비전은 종업원들의 강한 동기를 유발하고 에너지를 분출시키는 힘을 지니고 있다. 종업원들은 자신들이 공감하고 또한 그들을 후원해 주는 비전이 있음으로 해서 일에서 보람과 의미를 찾게 되며, 그들의 잠재력을 발휘한다. 즉 비전은 회사 전체를 끌고 가는 일종의 견인력이 되는 것이다.

1980년대 초반 빌 게이츠(Bill Gates)가 세계적인 소프트웨어 회사를 만들겠다는 자신의 비전을 이야기하였을 때, 그를 주목하는 사람은 많지 않았다. 그때는 IBM이나 DEC와 같은 대형 하드웨어 회사들이 정보기술업계를 지배하고 있던 시대였다. 그러나 이제 마이크로소프트는 세계 최고의 시가총액을 자랑하고 있다. 이것이야말로 비전이 현실화된 멋진 사례가 아닌가?

비전은 이와 같이 꿈과 희망의 원동력이 되지만 그 기능을 완벽하게 수행하기 위해서는 i) 목표지향성과 방향성을 담고 있어야 하고, ii) 시간적으로나 질적인 면에서 일상의 업무를 넘어서는 것이어야 하며, iii) 그것이 전달된 후엔 모든 사람들이 공유할 수 있도록 깊숙이 파급되어야 하고 반드시 행동으로 이어져야 한다. 특히 리더의 비전은 종업원들에게 효과적이면서도 적절하게 전달되어야 하는데, 이 효과적인 커뮤니케이션의 정도가 곧 비전의 실질적인 실천의 내용과 직결된다.

비전의 실질적 내용에는 여러 가지가 있을 수 있다. 다임러 크라이슬러(Daimler Chrysler)를 세계적인 자동차회사로 만들고자 하는 위르겐 쉬렘프 회장이 성장에 비전을 두었듯이 대부분의 기업들은 성장과 이익창출에 뜻을 두고 있다. 그러나 비전이 성장에만 초점을 맞출 필요는 없다. 비전의 내용에는 여러 가지가 있을 수 있는데, 제약회사나 마이크로소프트사와

같이 신기술 개발을 목표로 할 수도 있고, 온라인 회사인 아마존 닷컴이나 야후와 같이 새로운 시장 및 유통경로 개척을 내세울 수도 있다. 코카 콜라에 펩시가 도전장을 내밀었듯이 경쟁사 따라잡기를 캐치프레이즈로 내걸 수도 있다. 미국의 휴렛 팩커드사가 내세운 종업원의 행복이나 한국의 유한양행, 유한 킴벌리가 내세운 윤리적 목표가 비전이 될 수도 있다.

아무리 전도유망한 기업이나 조직일지라도 변하는 역사의 흐름 앞에서 그 변화의 속도 이상으로 변화하지 못하면 언젠가는 정체상태에 빠지게 마련이다. 이때는 시대의 흐름을 읽고 분명한 방향 전환, 환골탈태의 과정을 통해 새롭게 태어나는 것이 필요하다. 그러나 이미 비대해지고, 관행을 답습하는 조직의 항로를 바로잡아 주는 것은 매우 어려운 일이다. 리더는 바로 이런 암울한 상황에서 시대의 흐름에 편승하여 기업이 나아가야 할 새로운 길을 제시하는 사람이다. 열정이 분출될 수 있고 강력한 흡인력으로 우리를 잡아당기는 비전의 제시, 이것이 바로 선순환 기업운영의 시작이다.

2) 노사 관계 속의 공동이익과 공동발전

기업은 누구 한 사람의 이익을 위하여 존재하는 조직이 아니다. 구성원 모두의 공동발전과 공동이익을 위하여 존재하는 것이다.

우리나라가 선진국으로 진입하는 데 가장 큰 걸림돌이 되는 것은 극한으로 치닫는 노사갈등과 이로 인한 경제 불확실성이라고 많은 학자들이 지적한다. 선진국의 투자자들도 한국기업의 노사간의 극한 갈등과 반목이 기업의 안정성을 저해하는 가장 커다란 요인이며, 이것이 시장 불확실성을 초래한다고 생각하고 있다.

노사갈등은 자신만 덕 보겠다는 이기적인 생각에서 비롯된다. 자기 주장만 관철시키려는 강성노조도 문제지만 근로자에게 공정한 이윤분배가 이루어지지 않는 것도 문제다. 결국은 분배의 공정성의 문제가 있는 것이다.

기업 선순환을 이루기 위한 분배의 원칙은 선(先) 이윤창출 후(後) 분배이다. 우리사회의 노사갈등은 근무환경의 측면보다 임금협상의 측면이 강하다는 점을 감안할 때 노측은 이윤이 실현되어 현실로 나타나기 전까지 기업이 최대의 이윤을 창출하도록 업무에 매진하여야 한다. 아직 생산도 되지 않았고 이윤이 실현되지도 않았는데 미리부터 분배문제에 집착하여 태업과 파업을 일삼게 되면 양질의 제품이 생산될 리 만무하다.

사측은 이윤이 실현될 경우 이것을 최대한 근로자에게 환원하여 공동의 이익을 추구한다는 원칙을 가지고 사전에 분배의 절차와 양을 명확히 공표한다면 노사간의 두터운 신뢰를 쌓을 수 있을 것이다. 글로벌 환경에서의 기업은 단순히 오너의 전유물이 아니다. 직원과 임원 그리고 고객 모두의 공동 소유물인 것이다. 기업을 한 개인의 치부의 수단으로 이용하는 것은 논리모순이다. 창업은 오너가 했을지 모르지만 생산하고 팔아 준 사람이 누구인가를 생각해 보면 기업이 공정한 분배를 하여야 하는 것은 당연한 의무다.

네덜란드의 노사 화합은 그런 점에서 우리가 본받을 점이 많다. 네덜란드에서는 사생결단(死生決斷)식 파업은 드물고, 오히려 노사가 서로 양보하고 절충하는 문화가 정착되어 있기 때문이다.

20여 년 전만 해도 네덜란드 경제는 최악의 상황에 처해 있었다. 두 차례 오일 쇼크에 치솟는 물가상승률, 마이너스 성장률에 허덕이고 있었으며, 81~83년 중 30만 명이 대량 해고됐다. 이런 침몰 직전의 네덜란드는 노사정 대 타협을 이끌어 냈다. 82년 헤이그 북쪽 바세나에서 '임금억제를 통한 고용창출'에 합의하는 '바세나협약'을 체결함으로써 노조는 임금인상 억제를 받아들이고 회사측은 노동시간을 5% 줄여 고용을 늘리기로 약속했던 것이다. '폴더(Polder)' 모델로 불리는 노사정의 대타협은 네덜란드 경기에 활기를 불어넣어 주었고, 덕분에 90년대 들어 높은 경쟁력을 갖출 수 있는 발판을 마련했다. 그 결과 네덜란드는 EU 평균보다 높은 성장률을 보여 선순환을 이룩한 바 있다. 이것은 모두가 공동발전과 공동이익을 추구하자는 긍정적 사고에서 비롯된 것이라 할 수 있다.

실례로 네덜란드의 대표적인 기업인 필립스의 경영진들은 노조 대표들과 수시로 만나 그들이 무엇을 원하는지 항상 파악하고 큰 무리 없이 단체 협약을 맺는다고 한다. 노조도 경기 침체를 감안하여 지나친 임금 상승은 자발적으로 회피했다고 한다. 작은 나라 네덜란드가 시간이 지나도 강한 경쟁력을 갖고 있는 것은 바로 이처럼 서로를 배려해 주는 노사가 있기에 가능한 것이 아니겠는가.

노사간의 관계는 사실 다루기 매우 어려운 문제이다. 경영진이 노조에 신뢰를 주고, 노조가 경영진에게 신뢰를 주기 위한 과정이 그리 순탄치만은 않다. 이것은 기업의 목적이 전 직원의 공동발전과 공동이익을 추구하는 것이라는 인식의 전환에서부터 시작되어야 한다. 이것이야말로 기업 신뢰의 핵심코드이며 기업 선순환을 이루기 위해 선순환 리더가 가장 중점을 두어야 할 사안이다.

3) 고객 관계 속의 공동이익과 공동발전

기업은 고객과의 관계 속에서 고객과 기업의 공동발전을 추구하고 공동이익을 창출해야 한다는 사명을 부여받고 있다. 고객과의 관계 속에서 공동이익을 창출한다는 것은 '고객만족'을 추구한다는 것이며 만족한 고객들은 다시 기업을 성장시키는 동력이 될 것이다. 공동의 이익을 얻기 위해 필요한 고객만족이란 그들의 욕구를 정확히 파악하고 그들을 진심으로 기쁘고 만족스럽게 해 줌으로써 영원한 고객을 확보할 수 있는 전략을 말한다. 이러한 관점에서 저자는 고객과의 공동발전을 다음과 같이 정의하고자 한다.

고객과의 공동발전이란 단순히 고객의 기대수준에 부응하는 상품이나 서비스를 제공함으로써 고객을 만족시키는 차원을 넘어 고객이 전혀 기대하지 못했던 가치를 제공함으로써 고객에게 만족과 기쁨을 주고 이것이 긍정적인 인과관계를 통하여 다시금 기업의 이윤을 증가시켜 기업의 성장을 높이는 것을 의미한다.

리츠 칼튼 호텔의 '고객 만족 경영' 전략은 이러한 점에서 기업과 고객이 동시에 승-승한 사례로 평가할 수 있다. 리츠 칼튼 호텔은 모든 고객에게 규격화된 획일적 서비스를 제공하는 것이 아니라, 고객의 취향까지 배려하는 차별화된 서비스를 제공함으로써 고객의 만족을 추구하는 동시에 회사의 이윤을 높일 수 있었다.

리츠 칼튼 호텔의 모든 체인에는 한두 명의 고객 코디네이터가 근무하고 있는데, 이들은 자기 호텔에 투숙하는 고객의 개인적 취향에 대해 조사하고, 고객별로 차별화된 서비스의 제공을 위해 이를 활용한다고 한다. 예약 고객의 명단이 입수되면 이 코디네이터는 고객 이력 데이터 베이스에 들어 있는 해당 고객의 정보를 빼내어 관련 부서원들에게 전파한다. 그러면 호텔의 모든 종업원들은 그 손님의 취향에 대한 자세한 사항을 알게 되어 그에 걸맞는 서비스를 제공하게 된다. 예를 들면 투숙 예정 고객이 과거에 체인 내의 어떤 호텔에 투숙했을 때, 아침 일찍 특정 신문을 넣어달라고 부탁한 적이 있다면, 별도의 요청이 없더라도 이 손님이 머무르는 객실에 그 신문을 배달해 주는 식이다. 캔디나 초콜릿을 좋아하는 고객이라면 이것들이 작은 상자에 담겨져 미리 비치되는 것은 물론이다. 게다가 청소부가 객실 청소를 하다 테니스 라켓과 신발을 발견했다면 해당 투숙객에게 테니스장의 개장, 폐장 시각과 기타 도움이 되는 정보를 미리 제공하기도 한다.

고객만족의 서비스로 승부하였던 리츠 칼튼 호텔은 고객만족 경영의 대명사로 자리잡았으며 이것이 회사의 인지도를 높이고 높은 이익을 창출하였음은 말할 필요가 없다.

4) 주주와의 관계 속의 공동이익 추구

기업의 주인이 되는 주주는 기업을 통해 이익을 얻고자 자금을 투자

한 사람들이므로 기업은 주주의 공동발전 공동이익을 추구해야 한다.

증권 시장에서 거래되는 기업의 주식을 매수하면 그 회사의 주인이 된다. 즉, 0.1%의 주식을 매입한다는 것은 그 기업의 0.1%만큼 주인 행세를 할 수 있다는 뜻이다. 따라서 지분이 많을수록 주주는 회사의 주요한 의사결정을 하는 데 큰 영향력을 발휘할 수 있게 된다. 그 결과 대주주가 회사를 좌지우지해 왔고 그로 인해 소액주주의 권리는 무시되어 기업과 주주간의 공동이익창출은 요원했던 것이 사실이다. 뿐만 아니라 경영권을 가진 대주주가 사적 욕구를 위하여 공금을 유용하거나, 독단적인 의사결정으로 회사에 막대한 손해를 입힘으로써 자신은 물론이고 직원들에게까지 피해를 입히는 악순환이 일어나기도 하였다.

그러나 최근에는 기업들도 소액주주의 권리를 인정하여 기업에 관한 중대한 의사결정을 할 때에 소액주주도 영향력을 행사하고 배당금의 분배 과정에서 그들의 목소리가 반영될 수 있도록 소액주주의 참여를 제도화하고 있다. 특히 사외이사 등을 보강하여 기업 내부의 문제점을 감시토록 하였고, 최근에는 기업 집단 소송제가 통과되어 소액주주들도 자신들의 권리를 충분히 보장받게 되었다. 소액주주들의 권리를 인정하게 된 것이 기업의 의사 결정 속도를 늦추고, 공격적인 경영을 불가능하게 했다는 불만에 찬 목소리도 나오고 있는 것이 사실이다. 그러나 전문 경영인의 합리적인 판단을 통한 기업 운영을 가능하게 하고, 각종 비리가 설 땅을 없게 만든다는 점에서 소액주주의 권리 인정은 기업과 주주가 공동이익을 창출하기 위하여 협력할 수 있는 장을 열었다는 데 의의를 가진다.

다. 직원관리의 핵심은 공정함에 있다

기업의 흥망은 사람관리에 달려 있다. 공(功)을 세우는 것도 사람이며 화(禍)를 입히는 것도 사람이다. 똑같은 사람인데 어떤 사람은 주변 사람을 평화롭고 행복하게 해주는 반면 어떤 사람은 괴롭고 불행스럽게 한다. 군에서도 마찬가지다. 보초근무중인 병사가 정신차려 똑바로 근무하여 침투하는 간첩을 잡으면 당사자나 상급자, 그리고 부대가 큰 상(償)을 받지만 반대로 졸다가 놓치면 개인이나 부대 그리고 상급자까지 크게 처벌을 받는다. 또한 사고를 야기하는 주체도 사람이며 예방하는 역할도 사람이 한다.

모든 것은 사람에 의해 결정된다. 이렇듯 사람관리가 중요한데, 그 방법의 핵심은 공정함에 있다. 직원의 보수와 처우는 공정함을 바탕으로 이루어져야 한다. 앞서 언급하였지만 인간에게는 자신이 얻은 만큼만 노력을 투입하려는 인지일관성 경향이 있다. 자신이 대우를 받지 못하는 상황에서 그것 이상으로 노력하기를 기대하기는 어렵다. 직원관리가 절차와 원칙에 따라 공정하게 이루어진다면 자신도 절차와 원칙 속에서 자기발전의 희망을 품고 일하게 된다. 경쟁자에서 동반자와 협력자로의 인식전환은 '조직이 공정하다'라는 인식에서 출발한다. 왜냐하면 상대적인 피해의식이나 모멸감이 없고 예측불허의 상황들이 줄어들어 안정감을 느끼게 되기 때문이다. 이런 상황에서의 경쟁은 선의의 경쟁이 되고, 조화와 협력을 바탕으로 하나의 목표를 향하여 인화단결할 수 있는 것이다.

라. 다중지능을 인정하고 적재적소에 인력을 배치하라

노래를 잘 부르는 사람, 그림을 잘 그리는 사람 그리고 발로 차는 축구를 잘하는 사람 또는 손으로 하는 농구나 배구를 잘하는 사람 등 각 개인의 재능은 각양각색이다. 하워드 가드너(Howard Gardner)는 다중지능이론에서 인간이 지니고 있는 지능을 언어지능, 논리수학지능, 음악지능, 신체운동지능, 공간지능, 대인지능(interpersonal intelligence), 자성지능(intrapersonal intelligence), 자연지능 등 8가지로 구별하였다. 또한 개인은 천편일률적인 IQ라는 잣대로 판단할 수 없으며, 이러한 다중영역을 통하여 평가하여야 한다고 하였다. 지능은 일반적으로 선천적으로 고정되어 있지 않으며, 똑같은 조합의 지능을 소유한 사람은 없다. 결국 그는 지능이 유전과 특정 문화 속에서 제공되는 환경과의 상호작용에 의해 발달되는 것으로 보았다. 일란성 쌍둥이의 경우에도 그들은 같은 모습으로 태어나지만 각자가 마주치는 사건들과 삶의 모습을 통하여 서로 다른 사람으로 성장해 간다.

여기서 선순환 리더의 역할은 분명해지는 것이다. 직원의 다중지능을 이해하고 개인적으로 발달한 지능에 걸맞는 창의성을 유발할 수 있도록 적재적소에 인력을 배치하여야 한다. 뿐만 아니라 개인의 특성을 확인하고 그 잠재력을 극대화하는 상황적응적 리더십을 발휘해야 한다. 천편일률적이고 획일화된 지도력은 갈등을 유발하고, 구성원의 잠재력을 축소시키게 될 것이다. 『논어』의 선진편(先進篇)에는 다음과 같은 이야기가 있다.

공자의 제자인 중유(仲由)와 염유(冉有)가 공자에게 똑같은 질문을 던졌다. “들으면 즉시 실행해야 합니까?” 그러자 공자는 두 사람의 성격에 맞추어 각각 다르게 대답했다. 염유는 평소 내성적인 성격이 있었기에 담력을 키워 줄 수 있는 대답을 하였다. “즉시 실행하라.” 한편 중유는 담력이 매우 커 무슨 일에든 겁을 내지 않는 성격이었기 때문에 지나친 성격을 억제시킬 수 있는 대답을 해 주었다. “부모형제가 살아 있는데 어찌 네 판단만으로 실행할 수 있겠느냐. 함부로 행동해서는 안 된다.” 공자는 인간의 능력에는 상당한 차이가 있다고 분명하게 지적하면서 사람을 관리할 때는 각자의 능력에 맞추어 그 재능을 살릴 수 있도록 배려해야 한다고 말했다.

책만 보면 눈이 감기고 공부에는 좀처럼 취미가 없는 사람 중에 음악이나, 운동에 소질이 있어 유명한 음악가나 운동선수로서 재능을 발휘하는 사람도 많다. 같은 직장 내에서도 어떤 분야에서는 능력이 매우 부족했던 사람이 다른 분야에서는 두각을 나타내는 경우가 많다. 조직에서도 마찬가지다. 어떤 보직에서는 전혀 역량발휘를 하지 못하다가도 다른 보직에서는 의욕을 가지고 창의력을 발휘하면서 신명나게 근무하는 경우가 있다. 조물주께서는 모든 인간에게 공평하게 재능을 주셨다고 한다. 누구든지 자기 적성에 맞고 관심과 취미에 맞는 일을 찾아서 자기개발을 열심히 하면 그 분야에서 최고의 전문가가 될 수 있음을 확신하고 자신감을 가질 필요가 있다.

마. 적극적인 직원 참여 유도로 자아실현을 실천토록 하라

1) 직원 참여의 중요성

선순환의 연쇄적 상승효과를 만들어 내기 위해서는 조직구성원 누구도 스스로가 방관자라는 인식을 버려야 하며, 그들의 자발적인 참여와 동참을 유도할 수 있는 분위기와 여건이 조성되어야 한다. 직원의 참여의식은 그들이 행하고 있는 일이 매우 중요하며 그것을 통하여 얻어지는 이득은 수치로 계산할 수 없기 때문에 모든 업무를 직업정신과 프로페셔널리즘으로 임하도록 일깨워 주는 데에서 싹튼다.

자신이 회사에서 하는 일이 '노동'이 아니라 '자아실현'이라고 느끼도록 해야 하는 것이다. 이런 상황이 조성되면 그들에게 임금이나 작업 환경은 커다란 제약요인이 되지 못한다. 많은 예술가들은 그들이 경제적 어려움에 직면해 있으면서도 자신의 작업에 희열을 느끼고 놀라운 장인정신을 발휘하곤 한다. 이것은 그들이 예술에 대한 애정을 가지고 작품 하나하나마다 자신의 혼신의 노력을 다하기 때문이다. 누가 알아주기를 바라지 않는다. 자신의 세계를 표현하는 것 자체로 만족할 뿐 아니라 그것이 고귀하고 숭고한 것으로 스스로 자부하기 때문이다. 사명과 가치관에 의한 직원관리는 직원들이 지닌 무한한 잠재 역량을 이끌어 내는 획기적인 수단인 것이다. 리더의 역할도 사명감을 심어 주고 감추어진 장인정신을 일깨우고 자극하는 데 있다. 『설득의 심리학』이라는 책으로 유명한 미국의 심리학자 로버트 치알디니는 다음과 같은 실험을 한 적이 있다. 청년이 일광욕을 하는 사람 옆으로 다가가 녹음기를 틀어 놓고 음악을 즐기다가 바닷물에 뛰어들고, 다음으로 도둑의 역할을 맡은 사람이 녹음기와 옷가지 등 청년의 소지품을 챙겨 슬그머니 달아난다. 그리고는 일광욕을 하던 사람이 어떤 반응을 보이는지 살펴본다. 결과는 20회 실험 중 단 4명만이 그 '도둑'을 잡으려 했다는 것이다. 다음에는 동일한 상황에서 하나를 바꾸어 보았다. 바로 청년이 바닷물에 뛰어들기 전에 "제 물건 좀 봐주세요"라며 직접 부탁을 하게 하고 옆에 있는 사람의 간단한 동의를 얻어냈던 것이다. 그랬더니 놀랍게도 스무 명 가운데 19명이 위험을 무릅쓰고 도둑을 잡으려 노력했다.

이 결과에 대하여 치알디니는 다음과 같이 설명한다. 사람에게는 누구나 자신이 한 말을 지켜 일관성을 유지하고자 하는 본성이 있지만, 자신에게 책임이 없고 자신은 단지 여러 사람 중의 한 사람일 뿐이라고 생각하거나 자신이 방관자로 취급받는다는 느낌이 들 때는 결코 최선을 다하지 않는다는 것이다. 즉 직접 부탁하여 그 사람에게 그 일에 대한 책임의식을 갖게 했는지 여부에 따라 전혀 다른 상황이 발생한다는 것이다. 기업에서도 직원이 회사에 그리고 업무에 스스로 참여하고 있다고 의식하는 것은 그렇지 않은 것보다 생산성과 활력의 측면에서 매우 큰 차이를 가져온다. 참여의식은 그들이 가진 잠재력을 100%까지 이끌어 내기 위해 필수적인 것이며 참여의식 고취를 위하여 자성예언 및 칭찬을 통한 신바람 부여 등 다양한 방법을 구사할 수 있다.

2) 참여는 자아실현의 기초

직원들의 참여의식 제고는 기업의 생산성과 직결되는 것인데 그렇다면 어떤 방식이 가장 타당하고 합리적인 방식인가? 기업의 특수성 즉 근로자의 지적 수준 및 생산되는 제품의 종류 등 기업의 환경에 따라 요구되는 방법과 참여의식의 정도가 달라질 수 있으나 근본적으로 직원에 대한 참여 유도는 대단히 생산적인 사안이다. 참여를 위한 가장 합리적인 방법은 책임과 권한을 동시에 위임하여 성취감과 보람을 얻게 하여 자아실현의 느낌이 들도록 해야 한다.

조직론에는 '위치의 통제(control of position)'라는 이론이 있다. 이는 권한이 많아질수록 자신이 기여하는 바가 크다고 느껴져 더욱 책임의식을 느끼게 된다는 것이다. 리더가 팔로워에게 권한을 위임한다면 팔로워의 자신감, 책임감을 유발하여 결과적으로 더 좋은 성과를 올리게 된다.

최근에 기업경영에 있어 근로자의 참여 문제가 화두로 등장하고 있다. 이젠 인간을 바라보는 시각이 수동적이고 기계적인 1차원형 인간에서 자율성과 창의를 바탕으로 스스로 발전해 가는 3차원형 인간으로 변해 가고 있다. 기업의 선순환 리더의 역할은 모든 구성원이 참여할 수 있도록 배려하여 근로자들이 자기 실현을 해 나가도록 해야 한다.

3) 칭찬을 통한 신바람 경영

기업의 선순환 리더는 칭찬하고, 칭찬받는 분위기를 조성하는 사람이어야 한다. 앞서도 칭찬의 기술에 관하여 언급하였지만 사람은 누구나 상대방이 자신을 인정해 줄 때 비로소 자신감을 갖게 되고 스스로 동기를 부여하게 된다. 이것은 선순환의 인간관계를 만들어 가기 위한 하나의 법칙에 가깝다. 특히 약육강식(弱肉强食)이 지배하는 삭막한 경쟁의 시대에서 칭찬은 의욕을 북돋는 가장 확실한 방법 중 하나이다.

바. 필요한 정보를 적기에 획득하고 효율적으로 활용한다

정보는 최고의 경쟁력이며 돈으로 환산할 수 없는 가치를 가지고 있다. 성공적인 기업 경영을 위해서는 정보의 획득이 무엇보다 중요한데 '지피지기(知彼知己)면 백전백승(百戰百勝)' 이라는 말 속의 나를 알고 남을 아는 원천이 바로 정보에 있기 때문이다.

현대는 인터넷의 확산과 각종 전자통신 장비의 발달로 비밀도 없고 정보도 널려 있지만 걸러지고 정제된 옥석 같은 정보는 많지 않다. 잘못하면 정보의 홍수 속에서 미궁에 빠진 생쥐의 운명이 될 수도 있는 것이다. 기업은 데이터베이스로 구축되어 있는 산재한 정보를 통제하고 정제된 정보로 바꾸기 위하여 정보시스템을 구축하기도 하고 의사결정지원 시스템을 통하여 각종 정보를 제공하기도 한다.

정보 획득에 있어서 가장 중요한 두 가지 사항은 다음과 같다. 첫째는 남보다 먼저, 적기에 획득하고 적기 사용해야 한다는 시간의 적절성 문제이며, 둘째는 적절한 자료를 선별하여 소화해 내야 한다는 내용의 적합성 문제다.

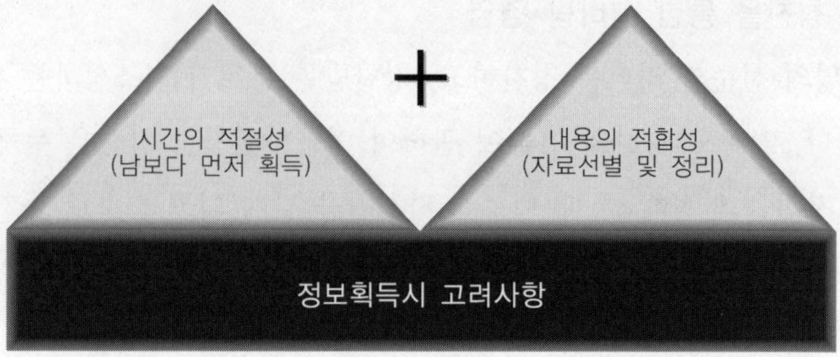

이제 정보의 수집자체는 훨씬 용이해졌다. 정보화 시대의 도래, 인터넷의 발달, 첨단장비의 동원 등으로 광범한 자료의 검색과 획득이 가능해졌기 때문이다. 정작 문제가 되는 것은 이 걸러지지 않은 사실들을 전략을 수립하고 의사결정을 하는 데 필요한 핵심 '정보'로 탈바꿈시키는 작업이다. 이를 위하여 정보획득의 기본이 되는 몇 가지의 조항을 제시해 본다.

1) 억측(선입관)으로 정보를 수집해서는 안 된다.
2) 자기에게 유리한 정보만 수집해서는 안 된다.
3) 되도록 많은 정보원(源)을 확보한다.
4) 자기 형편에 좋은 정보에만 매달려서는 안 된다.
5) 유용한 정보인가, 아닌가를 판별한다.
6) 필요할 때뿐만 아니라 항시 정보 수집에 노력한다.
7) 거짓 정보를 골라내라.

사. 리더는 경청을 우선시하고 공감적 의사소통을 시행하라

커뮤니케이션에는 말하는 것도 중요하지만 능동적인 경청도 중요하다. 능동적인 경청에 의해 공감적 커뮤니케이션이 가능해지기 때문이다. 능동적인 경청이란 타인의 말이나 의도를 능동적이고 적극적으로 수용하는 것이다. 의사소통의 4가지 방법, 즉 읽기, 듣기, 쓰기, 말하기 중에 가장 중요한 것이 듣기이고 가장 나중이 말하기이다.

듣기의 방법에도 여러 가지가 있다. 첫 번째는 무시이다. 남이 어떤 말을 하든지 전혀 개의치 않는다. 두 번째는 듣는 척이다. 남의 말을 들어주기는 하지만 마음 속에는 받아들일 생각이 없다. 세 번째는 선별적 경청이다. 남의 말을 듣기는 하지만 자신에게 유리한 말만 받아들이고 그렇지 않은 것은 과감하게 버린다. 네 번째는 공감적 경청이다. 타인의 입장과 마음을 헤아려 듣는 것이다. 이 가운데 선순환의 듣기는 공감적 경청이다.

피고스는 "리더십은 리슨에서부터 시작한다"고 말한다. 리더의 첫 자는 L이며, L은 리슨(listen)이다. 경청(傾聽)하는 법도 배워야 한다. 경은 기울일 경(傾)이다. 우리는 상대방에게 몸을 기울이고, 귀를 기울이고, 마음을 기울이고, 정성을 기울여 열심히 들어야 한다. 청(聽)이라는 한자를 풀어 보면 이(耳)와 왕(王), 목(目)과 심(心)으로 구성되어 있고 이것을 해석하면 왕이 하는 말을 진지한 눈빛과 진심어린 마음으로 받아들이듯이 들으라는 의미이다. 청은 듣고자 하는 적극적 의지와 능동적 자세를 가지고 열심히 듣는 것이다. 우리의 얼굴을 보면 입은 하나요, 눈과 귀는 둘이다. 말하는 것의 두 배를 보고 들으라는 조물주의 깊은 뜻이 담겨 있다. 듣는 것은 커뮤니케이션의 중요한 요소이다.

현명한 의사는 처방을 쓰기 전에 진찰부터 하고, 훌륭한 엔지니어는 교량을 설계하기 전에 작용하는 힘과 응력부터 계산한다. 유능한 세일즈맨 역시 제품을 팔기 전에 고객의 욕구부터 파악한다. 우리는 말을 하기에 앞서 타인의 말을 공감적으로 경청하여야 한다.

그렇다면 공감(共感)이라는 것은 어떤 것인가? 한국에서 자란 사람이면 모두 황순원의 「소나기」를 읽으면서 순수한 소년과 죽음을 앞둔 소녀와의 애틋한 사랑에 마음이 뭉클해짐을 느꼈을 것이다. 이것은 내가 잠시나마 소설 속의 주인공이 된 것처럼 감정이입을 하였기 때문인데, 이것이 바로 공감인 것이다. 이는 우리가 정서적인 공통인자를 공유하고 있기 때문에 나타나는 현상이다. 마찬가지로 우리는 타인과의 의사소통에서 서로의 공통의 인자를 인식하고 내가 그 사람이 되어 생각해 보는 자세가 필요하다. 이러한 공감적인 경청이 신뢰와 협력 형성에 대단히 중요한 요소라는 사실을 거듭 강조해 둔다.

아. 옳은 결정을 필요한 시기에 결심할 수 있어야 한다

리더는 오랜 기간 동안 효율적인 의사결정의 메커니즘을 몸으로 체득하고 자기 수양을 통해 기본에 충실한 삶에 익숙해져 있어야만 비로소 적시에 옳은 결정을 할 수 있게 된다. 선택의 딜레마에 빠졌을 때, 다음과 같은 일련의 질문을 거치는 과정에서 옳은 쪽을 선택하는 능력을 고양시킬 수 있다.

1) 그 상황과 관련된 사실들은 무엇인가?

우선 리더는 발생하였거나 발생하고 있는 상황을 면밀히 살펴보아야 한다. 어떤 결정을 내릴 것인지, 누가 필요하고 무엇을 해야 하는지, 상황이 일상적이며 구조적인 것인지, 아니면 돌발적이며 급작스럽게 생겨난 일인지, 또는 위험요소는 없는지 있다면 무엇인지를 살펴야 한다.

2) 달리 선택할 수 있는 행동은 무엇인가?

존경받는 리더들은 결코 본능적인 결정을 내리지 않는다. 비록 생각할 시간이 극히 적을지라도 가능한 한 여러 가지 선택의 가능성을 고려해 보아야 한다. 최선의 대안과 최악의 대안을 양축에 놓고 차선(次善)의 대안과 차악(次惡)의 대안까지 고려해야 한다.

3) 영향을 받는 사람들은 누구인가?

훌륭한 리더는 되도록 넓은 범위의 다수 사람들이 이익을 볼 수 있는 결정을 내리려고 노력한다. 자신의 결정에 따르는 손익계산을 면밀히 해보아야 하고, 그 이득과 손해의 당사자가 누구인지까지 살펴보아야 한다.

4) 도덕(道德)이 고려되는가?

결정의 우선적인 목표는 선(善), 즉 다른 사람들에게 유익하고 행복을 줄 수 있어야 한다는 것이다. 또한 리더는 그가 내린 결정에 대해 도덕성의 문제를 내포하고 있는지도 자문해 보아야 한다. 물론 처음부터 도덕적 기본원칙에 따르다 보면 많은 저항과 희생을 각오해야 할 수도 있다. 하지만 선의 나무는 선의 과실을 맺듯이 기본을 준수한 기업은 이에 걸맞는 보상을 얻는다. 선의 결정은 선의 결과를 낳고 악의 결정은 악의 고리를 낳는다.

자. 리더는 공(公)과 사(私)를 엄정하게 구분하라

기업의 선순환을 이룩하려는 리더는 공명정대(公明正大)한 태도를 견지해야 한다. 기업 리더의 모든 행위는 기업의 이윤 추구와 성장은 물론이고 직원들의 자아실현을 위한 것이어야 한다. 그의 행동과 언행이 진실성이 결여되고 일신(一身)의 영달(榮達)을 위한 것이라고 인식되면 직원들은 좋은 뜻에서 시작한 일에도 저항하고 불신하기 마련이다. "상관은 속여도 부하는 못 속인다"는 말이 있듯이 직원들은 항상 리더를 주시하고 있다.

모름지기 리더는 보이지 않는 곳에서 묵묵히 최선을 다하고 있는 사람을 발굴해 내어 그 노고를 인정해 주어야 하고, 사생활이 투명하게 비춰져야 하며 직원들을 대하는 데 있어 베풂과 아량의 넓은 마음과 대범한 행동자세를 견지해야 한다. 이러한 모습이 직원들에게 보여질 때 그들도 리더와 기업을 위해 더욱 헌신적으로 보답하게 될 것이다.

재벌로 성장한 한국 기업들의 특성은 창업주가 작은 소매상에서 시작하여 각고의 노력 끝에 거대 기업으로 성장한 경우가 대부분이다. 기업의 형성과정이 이러하다 보니 경영자의 기업에 대한 생각이 나의 소유물, 재산이라는 생각이 강하였다. 모 기업 회장의 '머슴론' 역시 이러한 생각에서 직원들을 자기 집에서 품삯 받고 일하는 머슴과 동일하다는 시각에서 나온 발상이었다.

문제는 여기서 시작된다. 내 물건, 내 것이라는 생각이 지나쳐 다른 사람의 눈치를 보지 않고 원칙에 어긋난 행동을 양심에 거리낌 없이 자행하는 경우를 초래하였다. 따로 비자금을 조성하거나 지인이나 친척을 합법적인 절차 없이 고용하는 것이 그러한 대표적인 경우이다. 이러한 회사의 사(私)적인 이용과 공정하고 투명한 절차 없는 인사와 재무관리로 인하여 기업은 글로벌 경제환경 속에서 경쟁력을 상실하기도 한다. 글로벌 스탠다드의 핵심 논리 중 한 축이 투명성과 공정성이다. 선진국가와 다국적기업에서는 입찰이나 도급의 문제뿐 아니라 직원의 고용과 해고의 문제에 있어서도 공정한 절차와 원칙을 중시한다. 우리의 기업도 공과 사를 엄격히 구별할 줄 아는 능력이 절실히 필요한 시기이다.

저자는 공(公)과 사(私) 구분은 사소한 것에서부터 시작되며, 이것이 조직원들의 인화단결과 최선을 다하려고 하는 요소로 작용한다는 것을 실감하였다. 각종 자금을 비롯, 차량이나 부대 장비 및 물자를 사적으로 사용하지 않으려고 많은 노력을 기울였으며 또한 어떤 부하나 아무리 친한 지인(知人)이라 할지라도 관사(官舍)에 출입하지 못하게 하였고, 개별적인 식사도 정중하게 거절하였다. 또한 상 · 하급자간 회식시 반드시 상급자가 비용을 부담하도록 하는 문화 정착에도 힘썼다. 지휘관으로 부임하면서 수많은 부대 순시를 했지만 하급자가 음식값을 지불하는 행위는 절대 용납하지 않았는데 사소한 것 같지만 이런 행동들이 성공적인 부대운영의 초석이 되었다고 자부한다.

차. 기업의 사회적 책임을 인식하라

기업의 사회적 책임이란 기업이 사회적 목적이나 가치체계에 비추어 바람직한 정책을 세우고 결정을 하며 행동을 하는 것으로 정의할 수 있다. 그러나 어떠한 정책 · 결정 · 행동이 사회적 책임을 수행하는 것인가에 대해서는 통일적인 견해가 없다.

극단적인 자유주의 철학자인 하이예크(F. Hayek)에 따르면 기업의 사회적 책임을 강요함으로써 국가에 의해 기업이 통제에 놓이게 될 것이며 따라서 자유주의 기업체제의 붕괴를 초래할 것이라 경고한 바 있다. 그러나 기업이 사회적 책임을 망각하고 이윤 추구에만 열을 올려 독점이나 과점을 형성하게 된다면 시장의 자동조절기능을 해쳐 오히려 소비자에게 불이익한 결과를 초래할 수도 있음을 직시하여야 한다. 그리고 기업은 시민의 경제권을 보장해 주는 보루로서의 역할도 지니고 있다. 최저의 임금과 여가 · 의료 · 녹지 · 교육 · 주택 · 도로 · 교통 등의 생활환경의 최저 수준이 보장되도록 하여야 한다는 것이 최저시민권(civil minimum)인데, 이것을 보장하는 역할을 기업이 해내야 하는 것이다. 이러한 의미에서 기업의 사회적 책임은 막중하다.

1) 품질관리가 바로 기업의 책임이다

글로벌 기업환경에서 살아남는 길은 품질경영이다. 품질경영은 고객만족을 극대화하여야 한다는 기업의 사회적 책임의 다른 말이다. 이미 1980년대부터 미국과 유럽을 포함하여 전세계적으로 품질관리(Quality Control : QC), 종합적 품질관리(Total Quality Control : TQC), 무결점 경영(Zero Defence Management) 등과 같은 프로세스의 하드웨어적 측면은 물론 고객만족이나 창조적인 인력관리 등 기업의 총체적인 노력을 필요로 하는 기업 전략이 발전되고 있다. 이것은 품질이 글로벌 경쟁의 승리를 보장하는 가장 중요한 요소임과 아울러 고객을 만족시키라는 기업의 책무를 달성하는 가장 기본이 되는 일이기 때문이다. 양질의 제품은 곧 소비자에 대한 보답이며 사회 전체의 후생(厚生)을 증가시키는 일이다.

제너럴 일렉트로닉스사의 '6시그마 운동'은 대표적인 품질관리의 사례이다. 6시그마란 결함이 발생할 수 있는 100만 번의 기회 중에 3.4회 정도의 결함이 실제로 발생하는 수준의 품질(3.4 DPMO : Defect per Million Opportunity)을 의미하는 것으로 불량을 통계적으로 측정, 분석하고 그 원인을 제거함으로써 최소의 불량률을 달성하여 세계 최고 품질 수준을 지향하는 것을 의미한다. 이것은 실제 업무상 실현될 수 있는 가장 낮은 수준의 불량률이라 한다. GE의 6시그마 운동은 이 정도 수준의 제품 품질을 확보하려는 전 사업장 차원의 활동을 일컫는 말이다. 이 운동은 80년대 이후 미국 제품이 일본 제품을 누르고 자국 시장의 점유율을 회복하는 데 원동력으로 작용했다. GE는 매년 결함률을 전년 대비 84%씩 줄이며 6시그마 운동을 실천해 왔고, 그 결과 세계 최고 기업으로 발돋움할 수 있었다.

2) 기업의 사회적 책임은 윤리경영에서부터

기업이 제품을 생산하고, 판매하고, 수입을 분배하는 전 과정이 투명하고 도덕적이어야 한다는 것이 바로 기업의 윤리경영 문제다. 최근에는 이것이 보편적으로 비춰지고 있지만 20C 중반까지만 하더라도 기업윤리를 망각한 기업들도 승승장구하던 암울한 시기가 있었다. 생산비용을 줄여 보겠다고 오폐물을 강과 바다에 무단 방류하거나 고객에게 그럴싸한 허위·과장 광고를 통하여 잘못된 정보를 제공하고, 생산 근로자들의 인권은 무시한 채 착취를 일삼으면서 성장을 기도하기도 하였다. 그러나 현대는 신뢰와 믿음에 기초한 사회이다. 기업이 고객과 국민들의 기대를 저버릴 때는 기업파산이라는 철퇴를 맞을 수밖에 없고, '세상에 비밀은 없다'는 것을 상기할 때 부정직하고 불성실한 기업의 결말은 시장퇴출이다. 기업의 지도부는 투명한 자금의 흐름을 보장해야 하며, 생산과정에서는 환경을 고려하고 판매과정에서도 고객에게 정직과 성실로 임해야 하는 것이다. 그런 점에서 '존슨 앤 존슨(Johnson & Johnson)'의 윤리경영은 우리의 귀감이 될 만하다. 1930년대부터 자발적으로 기업윤리를 강조해 온 이 기업은 타이레놀 독극물 투입 사건에서 윤리경영이 무엇인지를 다시 한번 일깨워 주었다.

1982년 타이레놀 병에 독극물을 투입하는 범죄가 발생했다. 이로 인해 8명이 사망했다는 사실이 알려졌고 존슨 앤 존슨사(社)는 즉시 대응 태세에 돌입했다. 일단 언론 취재를 적극적으로 활용하여 회사가 소비자의 안전을 위해 모든 것을 걸 것이라는 비장한 각오를 내비쳤다. 이어서 2억 4천만 달러라는 천문학적인 비용을 감수하고 전 지역에 퍼진 3천 1백만 병을 수거하여 폐기했다. 이는 회사의 존폐를 논할 정도의 엄청난 도박이었다. 한때 컨설팅 기관에서는 회사가 재정적인 문제로 도산할지도 모른다는 경고를 했었고, 타이레놀이라는 브랜드를 포기하라고 종용하기도 했다.

하지만 존슨 앤 존슨은 막대한 피해에도 불구하고 이러한 조치를 통하여 고객들로부터 '믿을 만한 회사'라는 신뢰를 심어 주었다. 덕분에 타이레놀은 수명을 연장하였을 뿐 아니라, 오늘도 미국의 대표적인 의약품으로 자리매김하는 선순환을 달성해 냈다.

그리고 선진국의 주요 기업들은 환경에 대한 관심을 꾸준히 가져왔다. 도요타 자동차는 기술 개발을 통해 가솔린 사용량을 종래의 절반으로 줄이는 데 성공했다. 이를 통해 도요타는 비용 절감과 환경 친화라는 두 마리의 토끼를 동시에 잡았던 것이다. 우리나라는 '우리 강산 푸르게, 푸르게' 캠페인을 주도하고 있는 유한킴벌리가 대표적인 친환경 기업인데, 최근에는 '생명의 숲 운동' 등을 펼쳐 친환경적 경영의 모범 사례로 인정받고 있다.

"환경은 몇 조(兆)다, 몇 십조다라는 금전으로 환산할 수 없는 가치이다"라고 유한킴벌리의 문국현 사장이 말하듯이 환경보존(environment)과 기업 이익(profit)의 동시추구야말로 기업이 사회적 책임을 인식하는 선(善)순환의 지름길인 것이다.

3) 기업은 사회봉사의 역할도 필요하다

마지막으로 기업의 사회봉사는 사회에 긍정적인 영향을 끼쳐 밝고 명랑하며 정(情)이 흐르는 사회를 구현할 수 있다. 기업의 일차적인 목표는 이윤 창출이지만 그렇다고 사회의 어두운 모습을 외면하는 것은 바람직하지 않다. 기업이 성장할 수 있었던 토양은 사회와 그 시민들이기 때문에 어려움에 직면한 사회를 외면하면 그 기업은 성장이나 이윤의 창출을 이루기 어렵다. 대기업들이 장학 재단을 설립하고, 미국의 부유층들이 자발적으로 많은 세금을 내는 취지도 이런 관점에서 해석할 수 있다.

사회 봉사를 기업이념으로 채택하여 성공한 한국의 대표적인 경영 사례도 유한양행의 경우를 들 수 있다. 변변한 약이 없어 고통에 허덕이던 우리 동포를 위해 제약 회사를 설립한 창업주 유일한 박사의 창업 이념은 널리 알려진 이야기다. 특히 자식들에게 전혀 재산을 물려주지 않고 사회에 환원한 일은 구호에만 그치거나 보여 주기 식의 사회 봉사가 아닌 한 인간의, 그리고 한 기업의 진실된 행동이었기에 우리가슴을 따뜻하게 한다. 그리고 그가 세상을 떠난 뒤에도 유한양행은 그의 숭고한 이념을 이어받아 사회에 봉사하는 기업 경영을 계속 추진하고 있다.

선순환 리더십을 통해 초일류 기업으로

● 기업의 리더는 스스로 확고한 이념으로 무장하고 그 이념을 팔로워들에게 심어 줄 수 있어야 한다. 이러한 기업이념은 팔로워들이 무한(無限)의 전장(戰場)인 시장에서 경쟁자들에 맞서 승리하거나, 상승(相乘)을 추구하는 데 있어 강인한 의지력을 발휘하게 하는 힘인 것이다. 리더는 기업을 이끌어 나감에 있어 당당한 소신과 철학을 제시할 수 있어야 팔로워들로부터 존경과 신뢰를 받을 수 있다. 기업이념은 사운(社運)을 좌우하는 첫걸음이다.

● 기업의 의사결정자들은 과거의 성공에 집착한 나머지, '과거에도 잘 되었으니 이번에도 잘 되겠지' 라며 성공을 이룬 방식만을 고수해서는 불행한 결말을 초래한다. 조직관행과 업무방식의 지속적인

혁신을 통하여 미래로 도약하는 자세가 중요하다. 특히 다른 조직과의 경쟁에서 승리하고 있는 리더는 자기만족, 보수주의, 자만심이란 무서운 적을 조심해야 한다.

● 선순환이 반복하는 성공한 기업을 이루기 위한 10가지 기본 덕목

- 삶과 일의 최상의 기본원칙은 정직, 성실이다.
- 기업의 궁극적인 목표는 공동 발전을 추구하고 공동이익을 창출하는 데 두어야 한다.
- 직원관리의 핵심은 공정함에 있다.
- 다중지능을 인정하고 적재적소에 인력을 배치하라.
- 적극적인 직원 참여 유도로 자아실현을 실천토록 하라.
- 필요한 정보를 적기에 획득하고 효율적으로 활용한다.
- 리더는 경청을 우선시하고 공감적 의사소통을 시행하라.
- 옳은 결정을 필요한 시기에 결심할 수 있어야 한다.
- 리더는 공(公)과 사(私)를 엄정하게 구분하라.
- 기업의 사회적 책임을 인식하라.

● 비전은 꿈과 희망의 원동력이 되지만 그 기능을 완벽하게 수행하기 위해서는 ⅰ) 목표지향성과 방향성을 담고 있어야 하고, ⅱ) 시간적으로나 질적인 면에서 일상의 업무를 넘어서는 것이어야 하며, ⅲ) 그것이 전달된 후엔 모든 사람들이 공유할 수 있도록 깊숙이 파급되어야 하고 반드시 행동으로 이어져야 한다. 특히 리더의 비전은 종업원들에게 효과적이면서도 적절하게 전달되어야 하는데, 이 효과적인 커뮤니케이션의 정도가 곧 비전의 실질적인 실천의 내용과 직결된다.

● 많은 학자들이나 선진국의 투자자들도 한국기업의 노사간의 극한 갈등과 반목이 기업의 안정성을 저해하는 가장 커다란 요인이며, 이것이 시장 불확실성을 초래한다고 생각하고 있다. 자기 주장만 관철시키려는 강성노조도 문제지만 근로자에게 공정한 이윤분배가 이루어지지 않는 것도 문제다. 결국은 분배의 공정성의 문제가 있는 것이다.

● 기업 선순환을 이루기 위한 분배의 원칙은 선(先) 이윤창출 후(後) 분배이다. 우리사회의 노사갈등은 근무환경의 측면보다 임금협상의 측면이 강하다는 점을 감안할 때 노측은 이윤이 실현되어 현실로 나타나기 전까지 기업이 최대의 이윤을 창출하도록 업무에 매진하여야 한다. 사측은 이윤이 실현될 경우 이것을 최대한 근로자에게 환원하여 공동의 이익을 추구한다는 원칙을 가지고 노사간의 두터운 신뢰를 쌓을 수 있도록 하여야 한다.

● 듣기의 방법에도 여러 가지가 있다. 첫 번째는 무시고 두 번째는 듣는 척이다. 세 번째는 선별적 경청이며 네 번째는 공감적 경청이다. 이 가운데 선순환의 듣기는 공감적 경청이다.

> 사람들이 리더에게 복종하는 이유는
> 전통이나 법 때문이 아니라 그를 믿기 때문이다.
>
> -막스 베버

제 3 절 선순환으로 밝은 사회 건설

이 세상의 모든 만물들은 상호간 동반자로서 상생의 관계를 맺거나 서로를 해치는 상극의 관계를 맺으면서 존속해 간다. 강 상류의 모난 돌들이 강 하류로 흘러 내려가면서 서로 부딪혀 상처를 주고받을 때는 상극의 관계인 듯 보이지만, 인고(忍苦)의 과정을 거쳐 강 하류에 이르러서는 둥근 돌들이 되어 아름다운 자연의 한 모습을 이루고 있는 현상은 서로 양보하고 협력하며 순응하여 조화와 균형이 함께하는 통합이 이루어진 우리 사회와도 같다. 또한 서로 다른 의견으로 인한 마찰과 갈등은 어쩌면 더욱 강

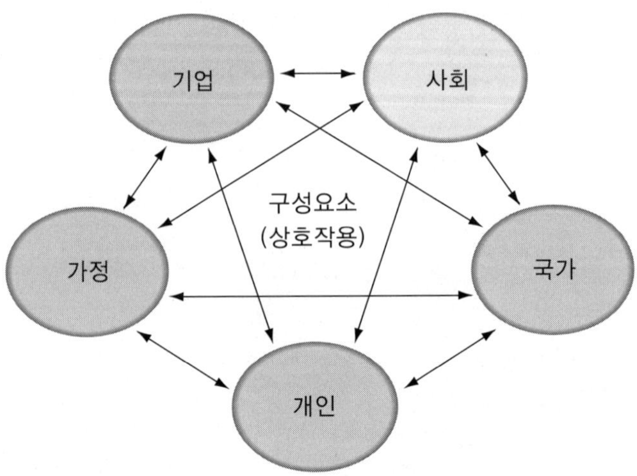

하고 굳건한 통합을 이루고 승-승(勝-勝)을 추구하기 위한 과정이다. 그러나 통합과 상생은 상대를 부정하고, 반대를 위한 반대의 극한대립을 조장하는 문화에서는 꽃 피우기 힘든 것이다. 이러한 의미에서 통합과 상생의 시민문화는 너와 내가 다름을 인정하면서도 미래의 건설적인 변화와 조화와 균형 그리고 국익(國益)의 우선적 고려를 위하여 양보와 관용을 베풀 줄 아는 문화를 의미한다.

21세기를 맞이하는 우리사회에는 다원화된 가치들이 논의될 수 있는 담론의 장이 형성되고 있다. 언론을 통하여, 혹은 사이버 공간을 통하여 자신의 의견을 표출하고 각각 제 나름대로의 건설적인 미래의 청사진을 제시하는 일이 많아졌다. 또한 자발성과 공공성으로 무장한 시민사회의 영역이 확대되고 있다는 사실은 매우 고무적인 것이다. 특히 환경, 인권, 반핵 등 사회 평화를 위하여 노력하면서 동시에 소외된 계층을 위하여 목소리를 내는, 건설적이면서도 비판적인 시민 단체들의 등장은 매우 환영할 만한 것이다. 더구나 물질적 풍요의 확산과 함께 탈물질적 가치를 중시하는 흐름들이 일각에서 대두되고 있어 메말라 버린 정서에 단비와 같은 역할을 하고 있다. 그러나 위의 긍정적인 측면에도 불구하고 선순환 사회 실현을 방해하는 수많은 요소들이 존재한다. 우리는 이 악의 고리를 청산하고 새로운 역사의 장을 열어야 할 의무를 부여받았으며 이것이 선순환 리더의 역할인 것이다.

경제 문제는 물론 우리는 지금 남과 북의 대치상태에서 안보문제, 외교문제가 초미의 관심사이나, 최근 우리사회에서는 소위 남남(南南)갈등이라 불리는 것들이 더욱 긴요한 당면 문제가 되었다. 자기 지역을 위해서는 타지역을 희생시켜서라도 이득을 얻고야 말겠다는 지역주의, 나아가 잘 살고 돈 많은 것이 미덕이라는 황금만능주의의 확산과 함께 골이 더욱 깊어진 빈부의 갈등이 남남 갈등의 주요 내용이다. 전통적 유교 사회에서 보여주었던 사회 지도층 인사들의 청렴과 도덕성의 가치도 금전 제일주의 아래 무릎을 꿇은 것 같아 안타까움을 느낄 때가 많다. 우리 사회에서는 빈부의 갈등이 공공연히 표출되는 것을 넘어 못사는 것은 무능력한 것, 부덕한 것으로까지 비춰지고 있다. 『세계화의 덫』이라는 책에서 말한 잘사는 20%의 부자가 못사는 80%의 빈자를 먹여 살린다는 20 대 80 사회가 도래하였지만 잘사는 20%는 그들의 수확물을 빈자에게 분배할 이유도 감정도 느끼지 못하고 있는 것 같다.

또한 세대간의 갈등은 세대차이를 넘어서 세대단절의 위기로 치닫고 있다. 평소 한국에 대하여 쓴 소리를 많이 던진 일본의 오마이 겐이치는 얼마 전 서울에서 있었던 한 강연에서 한국사회에서 세대간의 갈등의 심각성을 언급한 바 있다. 그는 1960~70년대 한국의 획기적인 경제성장으로 인해 사회가 급변하면서 세대 '차이'가 야기되었고 20세기 디지털 시대로의 진입으로 인해 이 세대 '갈등'의 골은 깊어져 세대 '단절'이라는 사회적 현상을 가져왔다고 지적한다. 요즘 정치권에서는 세대 '충돌'이라는 말 또한 심심찮게 들린다. 악순환이 연속될까봐 심히 우려된다.

한국사회의 갈등이 이처럼 혼란스러운 양상으로 전개되는 것은 다원화된 가치관을 통합된 그릇에 담아내는 지도력이 부족했기 때문이다. 이러한 시기에 필요한 지도력이 선순환의 지도력이다. 획일적이고, 경직된 사고도 경계해야 하지만 기본이 무시되고 질서가 위협받는 사회는 자기파멸을 촉진하기에 우리는 무책임한 다원주의 역시 경계해야 한다. 우리사회가 나아가야 할 유토피아는 통합과 상생의 문화가 자리잡은 선순환 사회이다.

우리 국민은 통합과 상생의 시민문화를 함양하여 선순환으로 나아갈 수 있는 자질은 충분히 갖고 있다. 우리는 신바람이 나면 그 분야에 무섭게 몰두하고, 서로를 돕고 이해하는 신명의 문화를 간직하고 있다. 즉 안으로는 싸우다가도 외부의 적이 도전하면 여기에 대처하기 위해 한마음 한뜻으로 인화 단결하는 끈끈한 정신을 소유한 민족이다. 우리나라는 IMF라는 경제적 위기를 맞이하여 서로 온 국민이 단결하여 최단기간내 극복했다.

당시에 정 · 재계 인사들로부터 초등학생까지 가능한 분야에 모두 참여하고, 전 국민이 대오각성(大悟覺醒)하는 자세를 보여 주어 한국의 놀라운 역량을 대외적으로 과시하였다. 우리는 국가 위기사태를 맞아 국익이라는 하나의 가치를 위해 전 국민이 한마음 한 뜻으로 똘똘 뭉쳤었다. 모두가 기본과 원칙을 준수하고, 타인을 배려하였으며 스스로를 이끄는 리더로 행동하였다. 우리 민족이 지닌 이와 같은 저력에서 선순환을 읽을 수 있다. 혹자는 “한민족은 셋만 모이면 나누어진다”고들 하고 조선의 붕당정치를 해석하면서 우리역사를 당파성의 역사, 붕당의 역사로 폄하(貶下)하기도 하였다. 그러나 60년대 새마을 운동을 비롯하여 IMF금모으기 운동, 월드컵 4강 신화에 이르기까지 우리 민족은 선순환의 경험을 실로 여러 번 체험한 민족이다. 스스로를 동기부여하고 신명을 이용할 줄 아는 민족의 특성을 고려할 때 선순환으로 나아가는 길은 요원한 일이 아니라 지금 여기 이 순간 잠재적 형태로 이루어지고 있는 것이다. 저자는 나름대로 정립한 선(善)순환 사회를 건설하기 위한 9대 기본 덕목을 제시하고자 한다.

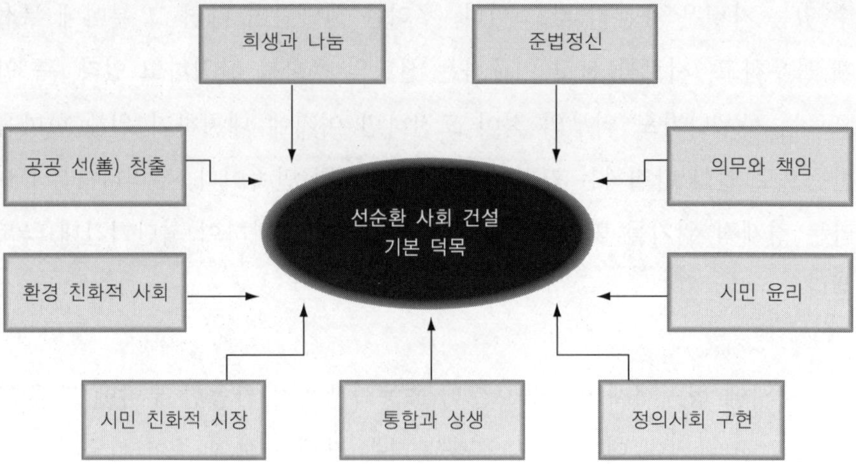

1. 법과 질서를 지키는 준법정신을 함양하라

인간은 사회적 동물이기 때문에 다른 사람들과 어울려 생활할 수밖에 없다. 로빈슨 크루소와 같이 고립된 섬에서 홀로 살아가는 것은 진정 인간의 삶이 아니다. 우리는 타인과 몸을 부대끼며 살아가야 하는 운명이며 그러기에 한자의 사람 인(人)자도 서로를 지탱하는 모습을 띠고 있지 않은가? 많은 사람들이 살고 있는 이 사회에서 평화와 공존공영이 이루어지기 위해서는 먼저 사회 질서가 올곧게 서야 한다. 사회 질서를 유지하기 위하여 사람들이 많은 규범을 만들었는데, 그 중에서 대표적인 규범이 법이다. 법을 잘 지켜 나가는 준법 정신은 민주 시민이 지녀야 할 가장 기본적인 가치로서 정의로운 사회를 건설하는 데 바탕이 되는 덕목이다.

법은 그 사회를 살아가는 모든 사람들이 스스로를 보호하기 위하여 상호간 반드시 준수해야 할 약속이다. 지키고 싶다고 해서 지키고 싶다고 해서 안 지키는 선택 사항이 아니라 그 사회의 구성원이면 누구나 필수적으로 준수해야 할 의무이다.

"악법도 법이다." 이것은 준법 정신의 대명사처럼 쓰이는 소크라테스의 말이다. 소크라테스가 감옥에서 크리톤과 대화를 나눌 때 그는 법이 국민의 동의에 기초한 것임을 전제로 하고 있었다. 즉 국가에 살고 있는 이들은 이미 그 법에 동의한 것으로 간주할 수 있고, 그렇지 않은 경우에 국민은 설득을 통해 법을 개정하거나 국가를 떠날 수 있다고 했다. 따라서 그 국가나 사회에 살고 있는 한 법에 암묵적으로 동의한 것이므로 그 국가나 사회의 법과 규범에 따라야 하며, 법을 지켜야 한다는 것이 소크라테스의 생각, 즉 준법정신이다. 여기서 잠시 소크라테스와 크리톤의 대화를 소개하면 다음과 같다.

> 소크라테스 : "도망치기를 꾀하다니, 그건 가장 천한 노예나 할 짓을 그대는 하려는 것이라서, 그대가 국민으로서 지킬 것을 우리들에게 맹세한 그 서약이나 동의에 어긋나는 행위일세."
>
> 크리톤 : "자네 말이 맞네. 소크라테스."

이러한 소크라테스의 준법정신은 동서고금을 막론하고 널리 수용돼 왔다. 물론 악법일지라도 그것에 동의한 이상 이를 준수해 법적 안정성을 유지해야 한다는 생각은 다분히 이상주의적 발상으로 보일 수 있다. 과거 우리나라에서도 한 정권이 "악법도 법"이라는 말을 강조하면서 '준법'이라는 미명아래 인권을 유린했던 사실은 부인할 수 없으며 그 폐해도 없지 않았다.

하지만 우리는 법의 존재 이유를 상기할 필요가 있다. 근대의 사상가로크는 천부(天賦) 인권을 보장하기 위해 국가와 국민이 계약을 맺었다고 하였다. 이 계약이 곧 법이며 우리는 법을 준수함으로써 사회의 안정을 도모할 수 있다. 준법의 결과는 안전과 더불어 자유로움도 준다. 따라서 큰 자유를 누리기 위해 약간의 구속과 자제는 감수할 만한 가치가 있는 것이다. 군(軍)에서도 군사보안 업무가 "나를 구속하기 위해서 있는 것이 아니라 나를 보호하기 위해 존재한다"고 슬로건화하여 강조하고 있다. 저자는 대단히 현실감 있는 내용이라고 생각한다.

안전한 곳에서 놀면 불필요한 위험으로부터의 해방감을 누릴 수 있다. 마찬가지로 공동체를 보호하기 위해 제정된 법이 적용되는 곳도 우리에게 자유를 허용한다. 모두가 법을 지키고 그래서 또한 법이 일관되게 적용되는 곳에서는 상호신뢰와 유대가 형성된다. 결과적으로 법과 질서를 지킨다는 것은 손해를 보는 것이 아니라 성공적인 삶의 기본 전제를 충족시키는 것이며 선순환의 시작과 그 반복을 위한 가장 보람 있는 일이라는 점을 명심해야 하겠다.

2. 의무와 책임을 다하라

성숙한 시민 의식을 나타내는 행동으로 가장 기초적인 것은 전술(前述)했던 준법정신을 철저히 지키는 것이다. 한 시민이자 그 사회의 구성원으로서 선순환의 질서를 사회로 확장시키기 위해서는 자신의 권리만을 주장해서는 안 되고 의무와 책임도 함께 져야 한다. 즉 법을 지키는 일은 민주 시민으로서 가져야 할 당연한 기본 의무이자 책임인 것이다.

의무는 일정한 행위를 해야만 하거나, 해서는 안 되는 법률상의 구속을 말한다. 의무는 공법상의 의무와 사법상의 의무로 구별되는데, 공법상의 의무로는 납세, 국방, 교육, 근로, 환경 보전, 재산권 행사의 의무가 있고 사법상의 의무로는 법인의 설립 등기와 같이 순전한 의무인 것과 친권자의 미성년자에 대한 보호와 같이 권리이면서 의무인 경우도 있다.

반면 책임은 법에 의해 구속되지는 않지만, 도맡아서 완수해야 할 의무를 말한다. 일반적으로 인간의 자유 의지에 선택되는 행위에는 반드시 책임이 뒤따른다. 자기에게 부여된 권리가 소중한 것처럼 남의 권리도 귀중한 것이며, 권리에는 의무가 따르게 되는 것이므로 그에 부수되는 책임이야말로 대단히 중요함을 알아야 한다.

무관심과 방관, 비난과 대안 없는 반대가 개인의 무책임이라면, 권한의 사유화나 남용, 특권 의식과 특혜 부여, 구성원의 삶에 대한 무관심들은 정부나 집권층의 무책임이다. 의무와 책임의 완수를 여기에서 강조하는 이유는 우리나라에서 자주 발생하는 다양한 사건과 사고 때문이다. 관련자가 좀더 책임감을 가지고 일했으면 그런 일을 없었을 것이라고 생각되는 사건이 비일비재하게 발생하고 있는 것이 우리 현실이다. 따라서 의무와 책임은 권리가 발생하면 그에 따라 수반되는 관계에 있으므로, 우리는 권리를 행사할 때에 의무와 책임도 함께 이행하도록 해야 한다.

3. 공공성(公共性)을 바탕으로 시민윤리를 함양하라

공공성이란 일반 사회 전체에 이해관계를 미치는 성질을 말한다. 우리가 사회 생활을 하는 데 있어서 갈등을 피할 수 없으며, 이는 언제, 어디서나 일어날 수 있는 자연스러운 현상이다. 시민 사회에서는 개인의 다양하고 독창적인 삶의 목표와 행위 방식을 허용하고 다양성과 고유성을 권장한다. 또한 시민 사회에서는 이러한 갈등의 존재를 허용하고 이를 사회 발전의 원동력으로 삼는다. 대립과 갈등이 없는 사회는 안정적일 수 있을지는 모르나, 문화의 다양성이나 풍요가 없고 새로운 발전을 기대하기 힘들다. 사람들은 갈등을 해결하는 과정에서 타인들을 이해할 수 있는 능력, 새로운 상황에 적응할 수 있는 능력, 사회 혁신을 위해 새로운 가치를 찾아낼 수 있는 능력 등을 함양할 수 있게 된다.

그러면 갈등을 치유하고 시민의식을 함양시킬 수 있는 방법은 무엇이 있을까? 그것은 공공성을 사회의 지배원리로 향상시키는 것이다. 공공성이란 간단히 말하자면, 한 개인이나 단체의 이익이 아니라, 일반 사회구성원 전체의 이익에 영향을 미치는 성질을 의미한다. 즉, 공공성은 다수의 공익(公益, public interests)을 위한 것이며, 사익(私益)의 추구와 대립될 수 있다. 공공성의 확보는 하버마스(G. Habermas)의 지적처럼 민주적 시민공간에서 이루어질 수 있다.

운동 경기가 공정하게 이루어지기 위해서는 각 선수들이 반드시 지켜야 할 규칙이 있듯이, 시민 사회가 원활하게 유지되기 위해서는 각각의 시민이 반드시 지켜야 할 규범이 필요하다. 이렇게 시민으로서 지켜야 할 규범을 가리켜 시민 윤리라고 한다. 시민 사회의 존속과 발전을 위한 대표적인 시민 윤리의 덕목으로는 인권 존중과 공정성, 준법 정신과 책임감 등을 들 수 있다.

인권 존중은 다른 사람의 권리와 이익을 자기 자신의 것 못지않게 존중하는 것이다. 이것은 시민 사회의 바른 질서를 이루는 바탕인 평등과 정의의 원칙을 내면화한 덕목이라 할 수 있다. “내가 대접받고자 하는 대로 남에게 대접하라"는 황금률이나 역지사지(易地思之)의 원칙에서 보듯이, 이는 이미 오랫동안 실천해 온 덕목이다.

준법 정신이란 법을 잘 지키고 따르는 것을 의미한다. 사회 생활을 유지하기 위해서는 일종의 사회적 약속인 법과 규칙을 준수하는 일이 필수적이다. 특히, 라스웰(Lasswell, H. D.)은 민주 시민의 윤리에서 가장 중요한 자세는 서로 토론하고 논쟁하여 얻어진 합의에 대하여 지키고 따르는 '준법 정신' 혹은 '질서 의식'이라고 강조하였다. 준법 정신은 교통 질서를 잘 지키고 유원지에서 행락 질서를 지키는 것과 같은 일상적인 것에서부터 남의 생명과 재산에 위해를 가하는 범죄 행위를 하지 않는 것까지 포함한다. 이러한 준법 정신은 시민 사회를 유지하는 바탕이 된다.

4. 사회정의를 구현하라

플라톤의 『국가론』에서 소크라테스가 "정의란 무엇인가?"라고 물은 이후부터 정의는 철학의 가장 중심적인 물음 중의 하나였으며, 정치학자, 사회학자, 경제학자들이 공통으로 관심을 갖는 주제였다.

정의는 지금도 논란의 대상이 되는 다의적인 개념이지만, 기본적으로 두 개의 핵심적인 의미를 갖는 것으로 이해된다. 하나는 "같은 경우는 같이 대우해야 한다"는 동등한 대우의 원리이고, 다른 하나는 "사회적 재화와 의무를 모든 사회 구성원들에게 공정하게 분배해야 한다"는 공정한 분배의 원리이다. 따라서 '정의롭다'는 것은 단순히 법을 지킨다는 의미가 아니다. 인간으로서의 도리를 다한다는 의미이다. 교통법규를 지키는 것이나 예절을 지키는 것이 정의로운 행동의 전부가 아니다. 결국 '정의로운 사회' 라는 말은 사회 구성원에게 법이나 제재가 없다 하더라도 스스로의 의지로 정의를 실천하며 살아가는 사회이다.

불량배를 만난 아이를 구해준 사람은 법률을 따르는 것이 아니다. 인간으로서 자신의 의지에 의해 도리를 다한 것이다. 인간은 스스로의 의지를 가지며 인간의 의지는 손익을 떠나서 정의를 실천한다. 자신이 죽을지도 모르는 곳에서 다른 사람의 병을 치료해 주는 사람들에게서 자신의 이득을 챙기는 모습은 볼 수 없다. 정의로움은 정의로움 자체로서의 고귀한 가치를 가진다. 그런 가치는 정의를 행한 사람의 마음에 그리고 정의로움을 경험한 사람들에게 큰 의미로 남는다. 수류탄 투척 훈련장에서 부하가 잘못 던진 수류탄을 교관이나 지휘관이 덮쳐 많은 부하들을 살린 이야기는 정의로움의 의미를 되새기게 한다. 남을 구하기 위한 죽음은 그것으로 고귀한 가치를 지닌다. 정의로움은 인간 스스로의 의지에 의해 행해질 때에 그 자체로서 가치를 지닌다. 인간이 가지고 있는 자유의지는 손해와 이익을 떠나서 정의로움을 실천하는 힘을 가지고 있다. 따라서 정의는 없어서는 안 될 밝은 인간사회의 원천이며 뿌리이다. 더욱이 중요한 것은 정의롭지 못한 현실 속에서도 정의를 실현하기 위해 노력하는 것이 선(善)순환 리더로서의 자세일 것이다.

5. 통합과 상생의 시민사회를 창출하라

시민사회는 흔히 국가영역과 시장영역을 제외한 일반인들의 자발적인 모임과 결사의 영역이라고 한다. 그래서 위계와 질서유지에 큰 비중을 두는 국가와 이윤추구를 지상목표로 삼는 시장과는 전혀 다른 가치관으로 움직일 수밖에 없다. 많은 논자들은 시민사회의 가치로 신뢰와 공동선(善)을 꼽는다.

그런데 역설적이게도 시민사회는 그 자체가 분열과 균열의 장이라는 이론도 있다. 마이클 왈저와 같은 학자는 시민사회가 이상적으로 미화되지 않고 현실 그대로 묘사된다면 불평등과 분열이 만연된 공간이라고 주장한다. 국가나 시장처럼 획일적인 가치체계를 강요할 수 없는 시민사회의 특성상 오히려 당연한 지적일지도 모르겠다. 오죽했으면 랄프 다렌도르프가 시민사회를 무질서 속에서 창조적인 가치를 발휘하는 곳이라고 정의했을까.

그렇다면 이렇게 무질서하고 뒤죽박죽인 시민사회가 어떻게 사회의 통합과 상생에 기여할 수 있단 말인가? 바로 여기에 시민사회의 숨겨진 또 하나의 비밀, 즉 '공론장' 으로서의 시민사회의 역할이 있다. 공론장으로 기능하는 시민사회에서는 진지한 대화와 철저한 공개적 토론을 통해 사회의 갈등구조를 그대로 드러내고, 갈등의 근저에 잠복한 이해관계의 진짜 인과관계를 밝혀 진정한 해결책을 찾을 수 있을 것이다. 세상에는 절대로 융합될 수 없는 갈등구조는 없다고 생각된다. 정도의 차이이지 모든 갈등은 최소한 어느 정도 합리적인 해결책을 강구할 수 있는 여지를 갖고 있다.

공론장으로서의 시민사회는 그러한 대다수 갈등을 대화와 상호 의사소통으로 풀 수 있는 진정한 광장을 제공하는 것이다. 그리고 화해 불가능해 보이는 근원적 균열이라도 최소한 극단적인 충돌 없이 평화적으로 공존할 수 있게끔 유도할 수 있다. 이렇게 본다면 오히려 균열과 분열로 보이는 현상을 무조건 상생의 언어로 덮어두기보다는, 그것을 자연스럽게 드러내어 그 원인과 해결책을 논리적이고 이성적인 대화를 통해 정직하게 찾아보는 것이 궁극적인 상생을 위해 바람직하다는 결론이 나온다. 물론 공론장 자체를 반대하거나 폭력과 증오를 전파하는 논리까지 공론장이 감싸 안을 수는 없겠지만 상생자, 화합자, 통합자로서의 시민사회의 역할이 점점 더 중요해지리라는 것은 두말 할 필요도 없다. 남북문제도 마찬가지다. 지난번 북한 용천 참사를 통해 드러났듯이 피해주민들을 돕는 인도적 차원의 가치에 대한 사회적 합의는 생각보다 어렵지 않게 얻을 수 있었을 것이다.

6. 시민 친화적(people friendly market) 시장을 구축하라

기업이 자신의 사회적 역할을 무시하고 시민사회와 동떨어져 이윤추구라는 목적만을 추구할 경우 분배의 불공평이나 공급자 중심의 시장이 나타난다. 경쟁 일원화의 시장은 노동을 하나의 상품으로 취급함으로써 사람을 육체적으로 파괴시키고 환경을 황폐화시킨다. 폴라니(Polanyi)라는 학자는 시장의 자기조정적 메커니즘을 허구로 보았다. 그는 시장은 개인을 원자화, 고립화시키고 마침내는 시장이 작동하는 바탕인 사회마저 붕괴시키는 자기파괴적 성격이 있다고 역설하였다. 시장주의는 황금만능주의를 낳고 거기에서 파생되는 재물을 획득하기 위한 무한 경쟁은 인간의 가치 그 자체를 파괴시킬 수 있는 것이다. 인간이 목적이 아닌 수단으로 전락한 시장, 인간의 존엄성과 인간 존중의 가치가 결여된 시장은 결국 시장 자체를 축소시키는 결과를 초래할 것이다. 경제의 선순환을 달성하기 위한 시민친화적 시장이란 시장이 시민사회와 유기체적 유대관계를 가지면서 원활한 상호협력관계가 유지되고, 건강한 시장을 바탕으로 견고해진 시민사회가 다시 시장을 창출하는 공동 창조를 의미하는 것이다.

여기에는 국가의 역할도 있다. 국가는 자유주의 시장경제체제를 확립하여 시장질서를 형성하고 이것이 완성되면 공공재의 공급뿐 아니라 시장의 자기파괴적인 효과를 치유하여 '시민친화적(people-friendly)시장' 질서를 형성하는 역할을 수행해야 한다.

스페인의 곤잘레스 정부는 1982년 집권하자마자 경제질서를 회복하기 위하여 신자유주의적 경제개혁을 시도하였다. 정부는 인플레이션, 공공적자, 대외적자를 줄이기 위한 조치에 착수하고 산업부문을 재조직하고 자본시장을 자유화하였다. 노동시장을 유연하게 변화시켰고, 공공지출 증가의 억제와 세수증대를 통하여 재정적자를 줄여 나갔다. 이와 동시에 경제개혁으로 삶의 위협을 받게 된 집단을 위하여 노동정책 지출을 늘리고 의료서비스 · 교육서비스의 제공과 소득보장정책을 실시하였다. 스페인에서는 신자유주의적 경제개혁을 통하여 경제의 기본질서를 확립하고 나아가 소외되고 가난한 국민의 생존권을 보장함으로써 시민사회와 시장이 승-승하는 결과를 얻게 되었다.

위와 같이 시민 친화적 시장질서란 시장이 자유주의 경제질서의 원칙에 따라 작동하면서 여기서 파생되는 경제적 불균등, 노사갈등, 환경의 문제를 조정하여 시장과 시민사회 양자가 상호 승-승하는 질서를 의미한다. 이러한 시민 친화적 시장이 이룩될 때 풍요한 경제를 바탕으로 경제의 흐름이 물 흘러가듯 운영되는 선순환이 나타나게 될 것이다. 시장과 시민사회영역의 연쇄적 상승효과의 추구 그리고 이것을 이끌어 내는 리더십이 바로 선순환 리더십이다.

7. 환경 친화적(environment friendly society) 사회를 구현하라

미국의 시사 잡지인 『타임(Time)』에 '위기에 처한 개구리'라는 기사가 실린 적이 있다. 개구리의 신경 조직은 급작스런 변화에는 신속히 반응하지만 천천히 진행되는 변화에는 반응하지 않는다. 그래서 과학자들은 커다란 그릇에 개구리와 물을 넣고 아주 약한 불에서 시작하여 서서히 온도를 높여 보았다. 개구리는 물이 점점 뜨거워지는 데에도 별다른 반응을 보이지 않다가 결국 죽고 말았다. 현재, 우리가 이와 같은 개구리 꼴이 되어가고 있지는 않은지 생각해 볼 필요가 있다. 우리가 살고 있는 지구 환경이 서서히 파괴되어 회복하지 못할 때까지 무관심으로 방치한다면 우리도 개구리와 별로 다를 것이 없기 때문이다.

인간은 항상 환경과 밀접한 관계 속에서 살아간다. 환경은 인간이 삶을 영위하는 터전이며, 우리가 생활하는 데 필요한 모든 자원을 제공해 주는 어머니와도 같다. 환경은 인간이나 동·식물의 활동이 미치는 영향에 대해 어느 정도까지는 균형을 유지할 수 있으나, 그 영향이 지나치게 되면 균형을 잃고 파괴된다.

오늘날 우리 환경은 지구의 자정(自淨) 작용의 범위를 크게 넘어서고 있다. 무절제한 자원 개발과 낭비로 인한 자원 고갈, 수질과 대기 오염, 오존층 파괴, 지구 온난화, 산성비, 다양한 생물의 멸종, 삼림 지역의 감소 및 사막화 현상 등으로 우리는 위기에 처해 있는 것이다. 이러한 환경의 위기는 생태계의 파괴와 더불어 인간의 생존마저 위협하고 있는 실정이다.

과거의 환경 문제가 일시적이고 지역적으로 발생했다면, 오늘날의 환경 문제는 지속적이며 전지구적 규모로 진행되고 있다고 할 수 있다.

인간은 자연에서 태어나 자연으로 돌아갈 수밖에 없는 존재이다. 인간은 그 자유 의지와는 상관없이 생태계의 한 구성원으로서 살아왔다. 인간은 다른 생물체와 서로 영향을 주고받으며 유기적인 관계를 맺고 있다. 자연으로부터 인간 생활에 필요한 모든 것을 얻고, 그로부터 발생한 산물은 다시 자연으로 돌아가 생물체에 영향을 준다. 인간의 생존은 이러한 유기적 관계로 이루어지기 때문에 인간은 자연의 도움 없이 단 하루도 살 수 없음은 너무도 자명한 현상이다.

인간은 대자연 앞에서 매우 작은 존재에 불과하다. 인간의 능력이 제 아무리 뛰어나다 할지라도 자연의 테두리를 벗어나서는 살 수 없다. 만약 지구에 공기가 없어져버렸다고 하자. 인간은 단 10분도 살 수 없을 것이다. 과학 기술의 발달로 원자, 분자를 조합하여 인공 공기를 만들어 내면 된다고 반문하는 사람이 있을지도 모른다. 그러나 인공 공기의 원료가 되는 원자, 분자도 결국은 자연으로부터 얻어야 한다. 따라서 인간이 자연을 벗어나서 살 수 없는 한 인간 중심의 사고를 버려야 한다. 자연의 입장에서 보면 인간도 다른 수많은 생명체 중의 하나일 뿐, 그보다 더 존귀하거나 덜한 존재가 아니다. 우리도 스스로를 자연의 일부로 인식하고, 자연과 더불어 사는 지혜를 갖도록 해야 한다. 자연과 인간이 공동 운명체임을 깨달아야 한다.

8. 의사소통을 통하여 공공선(公共善)을 창출하라

오늘날, 우리가 살고 있는 인간사회는 갈등문제로 가득 차 있다. 가정 내에서의 형제 갈등이나 고부갈등, 사회에서의 노사갈등, 정치권에서의 여야갈등과 이념적인 좌우갈등 등이 그것이다. 이러한 갈등 문제를 폭력이나 물리적인 힘을 사용하지 않고 해결하기 위해서는 갈등을 겪는 당사자들간의 의사소통이 원활하게 이루어져야 한다.

의사소통 능력은 대인 관계를 이끌어 가기 위한 기본요건으로 타인과 뜻이 잘 통할 수 있도록 하는 능력을 말한다. 따라서, 남의 의견을 경청하고 평가할 수 있으며, 동시에 자신의 생각을 남에게 잘 전달하고 호감을 줄 수 있는 자질을 의미한다. 원활한 의사소통을 위해서는 다음의 몇 가지 요소를 유념할 필요가 있다.

먼저, 갈등의 당사자들간에 대화나 토론의 기회를 많이 가져야 한다. 대화나 토론은 갈등 당사자간 문제의 특성과 요소를 깊이 이해할 수 있게 하여 서로 다른 의견의 차이를 좁힐 수 있도록 해야 한다. 그리고 개인이나 집단의 입장을 떠나 사회전체의 명분이나 대의를 위해 서로 다른 입장의 차이를 극복하고 타협과 절충을 통해 어떤 합의에 도달할 수 있어야 한다. 이러한 절차를 밟는 것이 민주주의의 기본 원칙이다.

다음으로, 감정을 배제한 냉철한 논리와 객관적 근거 그리고 정확한 정보에 따른 타당성 있는 주장을 펴야 한다. 왜냐하면 어떤 이해 관계에 따른 문제가 발생하면 사람들은 아집과 이기주의에 빠지게 되고 상대방을 적대시하여 논의가 감정적으로 치우치는 경우가 많기 때문이다. 감정적 논의의 대표적 유형인 흑백 논리, 인신공격, 억지 주장 등은 모두 논의의 질을 떨어뜨리고, 의사소통의 효율성을 저하시킨다. 이럴 경우 우리가 지켜야 할 민주주의 기반이 모두 붕괴될 가능성이 높아지게 된다.

끝으로 편견을 버리고 너그러운 마음으로 상대방의 입장을 생각하는 역지사지(易地思之)의 정신이 필요하다. 이는 자기 자신과 다른 세계관, 인생관, 종교관 등을 가진 사람들의 존재를 인정하고 그들의 주장을 이해하고 받아들이려는 자세를 갖는 것을 의미한다.

머리는 두 개이고 몸은 하나인 새가 있었는데, 한 머리가 다른 머리를 골탕먹이려고 몰래 독이 든 음식을 먹었다. 그런데 몸이 하나이기 때문에 골탕을 먹기는커녕 두 머리 모두 죽고 말았다.

이 우화는 자신의 이익을 위해 타인에게 피해를 입힌다면 결국에는 자신도 피해를 입을 수밖에 없다는 것을 말해 준다. 또한 한 몸처럼 긴밀한 관련을 맺고 살아가는 것이 사회라는 점을 감안한다면, 자신의 입장만을 주장할 수는 없다는 것을 시사해 준다.

따라서, 이기주의를 버리고 공동의 입장에서 생각해 보는 자세를 지녀야 한다. 이웃을 사랑하는 것이 결국에는 자신을 사랑하는 일임을 깨달아야 한다. 이것이 상호간의 선(善)순환인 것이다.

9. 희생과 나눔의 정신을 실천하라

상생의 원리를 실천하는 것은 무엇보다도 희생과 나눔에서 비롯된다. 그것은 이기주의와 개인주의를 넘어 함께 한다는 공존의 원리를 구현하는 것이기도 하다. 특히 정보화 시대가 되면서 가난과 소외, 불의와 억압으로부터의 정의와 해방의 의미는 그 중요성이 더욱 높아지고 있다. 정보를 다룰 줄 아는 식자층과 무식자층으로 갈리면서 디지털 디바이드(digital divide)가 나타나고 정보 소유층은 정보력을 이용하여 더욱 많은 부를 축적하고 정보 사각지대에 있는 사람들은 가난과 소외로 고통받고 있다. 그렇기 때문에 희생과 나눔은 어두운 밤바다에 밝은 빛을 비춰 주는 등대와 같고 선순환의 소금과 같은 것이다.

미국의 포커스 호프(Focus Hope) 운동을 주도하였던 빌 커닝햄의 이야기는 사회의 선순환을 이룩한 희생과 나눔의 정신에 대한 이야기이다.

포커스 호프의 창시자 빌 커닝햄은 원래 예수회 수도사로서 신학교 영어 교수였다. 그는 1967년에 디트로이트 시에서 인종 문제로 대규모 시민 폭동이 발생하고 도시 전체가 아수라장이 된 상황에서 희망 없는 빈민가를 위해서 포커스 호프(Focus Hope)란 단체를 창설하였다. 이 단체는 초창기에는 빈민가에 음식과 우유를 공급해 주는 역할을 하였다. 하지만 문제의 근원은 아이를 키우는 부모들이 직장이 없어서라는 사실을 알게 되면서 포커스 호프는 빈민가 사람들에게 기술을 전파하여 세계 최고 수준의 기계공으로 만들기 위해 노력했다. 이 단체는 흑인 빈민들에게 기본적인 읽기와 산수 실력을 보강시켜 어느 정도의 지적 수준을 갖추게 하는 데서 시작하여 그들을 정식 기계공 훈련원에 입소시켜 교육을 받도록 하였다. 끝으로 이 곳을 수료한 사람들을 고급 기술 훈련원 과정으로 보내어 최고 수준의 기계공, 심지어 외국어도 한두 개 할 수 있을 정도의 고급 인력으로 키워 나갔다. 커닝햄은 건강한 자존심과 새로운 희망을 심어 주면서 격려했고 그들에게 항상 현실적으로 매우 어렵다고 생각될 정도의 높은 목표를 던져주면서 도전하게 했다.

희생과 나눔은 이와 같이 어두운 사회의 빛과 소금의 역할을 감당하는 것이다. 나름의 입장에서 비전을 제시하고 많은 사람들이 이것을 달성할 수 있도록 도와주는 것이다. "처음은 미약하나 나중은 심히 창대하리라"는 성경의 말씀처럼 조그마한 희생과 나눔이 나중에는 커다란 사회사업까지 확대되어 소외되고 가난한 자, 병약자들에게 등대와 같이 희망의 빛을 밝혀 줄 수 있는 것이다. 이것이 진정 나눔과 사랑의 실천이다.

선순환으로 밝은 사회 건설

● 우리 국민은 통합과 상생의 시민문화를 함양하여 선순환으로 나아갈 수 있는 자질을 갖고 있다. 우리는 신바람이 나면 그 분야에 무섭게 몰두하고, 서로를 돕고 이해하는 신명의 문화를 간직하고 있다. 즉 안으로는 싸우다가도 외부의 적이 도전하면 여기에 대처하기 위해 한마음 한뜻으로 인화 단결하는 끈끈한 정신을 소유한 민족이다. 선순환 사회를 이루기 위한 기본원칙들은 다음과 같다.

- 법과 질서를 지키는 준법정신을 함양하라.
- 의무와 책임을 다하라.
- 공공성을 바탕으로 시민윤리를 함양하라.
- 사회정의를 구현하라.
- 통합과 상생의 시민문화를 창출하라.
- 시민친화적 시장(people-friendly market)을 구축하라.
- 환경친화적 사회(environment-friendly society)를 구현하라.
- 의사소통을 통하여 공공선을 창출하라.
- 희생과 나눔의 정신을 실천하라.

● 안전한 곳에서 놀면 불필요한 위험으로부터의 해방감을 누릴 수 있다. 마찬가지로 공동체를 보호하기 위해 제정된 법이 적용되는 곳도 우리에게 자유를 허용한다. 모두가 법을 지키고 그래서 또한 법이 일관되게 적용되는 곳에서는 상호신뢰와 유대가 형성된다. 결과적으로 법과 질서를 지킨다는 것은 손해를 보는 것이 아니라 성공적인 삶의 기본 전제를 충족시키는 것이다.

● 선순환의 질서를 사회로 확장시키기 위해서는 자신의 권리만을 주장해서는 안 되고 의무와 책임도 함께 져야 한다. 즉 법을 지키는 일은 민주 시민으로서 가져야 할 당연한 기본 의무이자 책임인 것이다. 의무는 일정한 행위를 해야만 하거나, 해서는 안 되는 법률상의 구속을 말한다.

● 준법 정신이란 법을 잘 지키고 따르는 것을 의미한다. 사회 생활을 유지하기 위해서는 일종의 사회적 약속인 법과 규칙을 준수하는 일이 필수적이다. 특히, 라스웰(Lasswell, H. D.)은 민주 시민의 윤리에서 가장 중요한 자세는 서로 토론하고 논쟁하여 얻어진 합의에 대하

여 지키고 따르는 '준법 정신' 혹은 '질서 의식'이라고 강조하였다. 준법 정신은 교통 질서를 잘 지키고 유원지에서 행락 질서를 지키는 것과 남의 생명과 재산에 위해를 가하는 범죄 행위를 하지 않는 것까지 포함한다.

● 정의는 지금도 논란의 대상이 되는 다의적인 개념이지만, 기본적으로 두 개의 핵심적인 의미를 갖는 것으로 이해된다. 하나는 "같은 경우는 같이 대우해야 한다"는 동등한 대우의 원리이고, 다른 하나는 "사회적 재화와 의무를 모든 사회 구성원들에게 공정하게 분배해야 한다"는 공정한 분배의 원리이다.

● 원활한 의사소통을 위해서는 먼저, 갈등의 당사자들간에 문제의 특성과 요소를 깊이 이해할 수 있게 하여 서로 다른 의견의 차이를 좁힐 수 있도록 대화나 토론의 기회를 많이 가져야 한다. 그리고 개인이나 집단의 입장을 떠나 사회전체의 명분이나 대의를 위해 서로 다른 입장의 차이를 극복하고 타협과 절충을 통해 어떤 합의에 도달할 수 있어야 한다. 다음으로, 감정을 배제한 냉철한 논리와 객관적 근거 그리고 정확한 정보에 따른 타당성 있는 주장을 펴야 한다. 끝으로 편견을 버리고 너그러운 마음으로 상대방의 입장을 생각하는 역지사지(易地思之)의 정신이 필요하다. 이는 자기 자신과 다른 세계관, 인생관, 종교관 등을 가진 사람들의 존재를 인정하고 그들의 주장을 이해하고 받아들이려는 자세를 갖는 것을 의미한다.

> 신뢰 없는 우정은 있을 수 없고,
> 언행일치 없는 신뢰란 있을 수 없다.
>
> -사무엘 존슨

제 4 절 선순환(善循環)으로 국민화합과 평화적 복지국가 실현

1. 국가 미래에 대한 비전을 제시하라

성경 말씀에도 “비전이 없는 백성은 망한다”고 하였다. 나라가 바로 서고 국민들에게 꿈과 희망, 용기와 미래를 심어 주려면 반드시 국가 장래에 대한 비전이 있어야 한다.

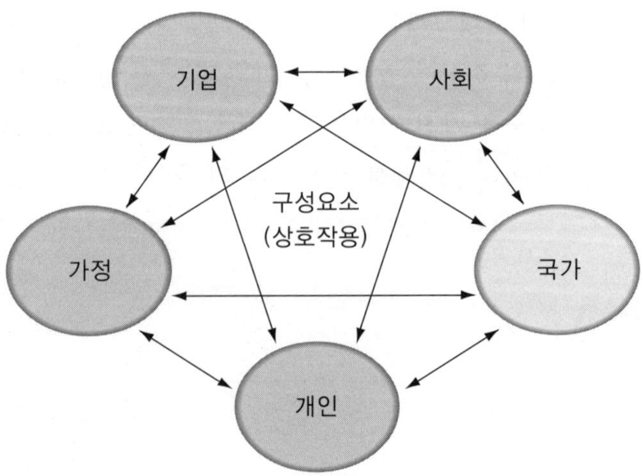

대한제국은 말기에 열강의 틈바구니 속에서 움츠린 채 변화를 거부하다가 결국은 망국(亡國)의 길을 걷게 되었고, 일본은 메이지 유신 이후로 세계의 흐름을 제대로 읽고 변화에 대처해 나갔기 때문에 열강의 대열에 설 수 있었다. 미래에 대한 청사진을 제시하였느냐, 그렇지 못하였느냐, 즉 비전의 유무가 흥망을 결정지었던 것이다. 지도층이 한치 앞을 제대로 보지 못하고 비전을 제시하지 못한 채 내부 갈등에만 매달리는 나라에 미래는 없다는 것을 100년 전 역사는 생생하게 증언하고 있는 것이다.

저자가 얼마 전에 방문했던 싱가포르의 최남단 센도사섬에는 이 나라의 상징물인 사자 모양의 대형 탑이 하나 서 있다. 머리는 사자 모양에 하반신은 인어의 모습을 띠고 있는 이 '머라이언' 타워 위에 올라서면 싱가포르 국부의 상징인 탄종 파커 항만이 한눈에 들어온다. 집채만한 컨테이너들이 수천 개 쌓여 있는 이 항만은 미주대륙과 유럽을 오가는 수많은 선박들이 너나 할 것 없이 물류 중개기지로 이용하는 곳이다. 세계 각국이 이 첨단 항만에 떨어뜨리고 가는 돈은 오늘날 싱가포르 국부의 원천이라고 해도 과언이 아니다. 역사가 35년밖에 안 되는, 서울 크기 만한 도시국가가 세계 1위의 국가경쟁력을 갖게 된 비밀은 바로 이러한 첨단 항만 시설을 바탕으로 '아시아의 비즈니스 거점'이라는 국가 비전을 수립하고 이를 강력하게 추진한 데에 있다.

우리도 국민을 아우르는 화합의 문화 속에서 국가적 비전을 실행해야 한다는 과제에 직면해 있다. 비전 수립과정에서 중요한 것은 구체적인 국가발전 전략을 내세우고 이를 프로그램으로 만들 수 있는 정치권의 능력이다. 여기에는 물론 국민에 대한 설득과 강력한 리더십이라는 두 개의 바퀴가 뒷받침되어야 한다. 비전의 실행은 곧 리더십이고, 리더십은 곧 정치권의 핵심세력이 비전을 확고히 세우고 이를 바탕으로 국민들을 설득해 끌고

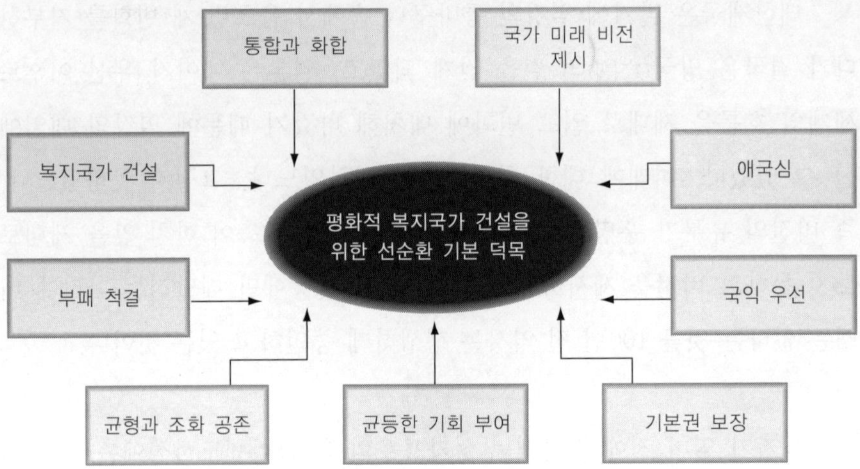

나가는 것이기 때문이다.

선순환으로 나아가기 위한 한국호(號)의 미래는 낙관적이다. 한국은 다른 나라들이 가질 수 없는 인적 · 지적 · 역사적 · 환경적 요인들을 갖추고 있으며, 월드컵 4강 신화와 IMF금모으기 운동에서 보여 준 결집과 신명의 문화를 간직한 저력 있는 국민들이 있기 때문이다. 지도자 그룹이 비전만 명확히 제시한다면 이를 바탕으로 국가적 에너지를 결집할 수 있다. 위기는 곧 기회이다. 우리는 과거사를 확인하여 잘못된 점은 반성하고 보완해야 하겠지만, 지난 과거에 발목이 잡혀 국가 발전 및 번영에 제한이 따르지 않도록 하고 전 국민의 화합과 통합을 통해 희망찬 미래로 도약해 나가야 한다.

2. 애국심과 충의 정신을 살려라

애국심은 인간의 가장 심오한 감정이라고 할 수 있는 '조국에 대한 사랑'과 '민족에 대한 사랑'이라는 두 가지 감정을 포함하고 있다. 조국을 사랑한다는 것은 조국의 운명에 대한 깊은 애정을 의미한다. 부침(浮沈)하는 조국의 운명을 두고 심장을 불태우며 그의 융성과 번영을 위하여 분투하는 열정과 헌신성이 곧 조국애다.

애국심은 인류가 출현하면서 곧바로 생긴 것은 아니다. 최초의 조국에 대한 사랑은 원시사회 사람들이 씨족과 부락에 대한 의존과 연대 의식을 갖기 시작하면서 움트기 시작하였다. 원시사회의 생산력 발전수준은 아주 낮아 그 누구도 일단 자신이 소속된 씨족을 떠나면 죽음의 위협을 면치 못하였다. 때문에 원시사회 사람들의 자기 씨족과 부락에 대한 의존과 충성심은 현대 사람들이 상상할 수 없을 정도로 강했을 것이다. 이러한 부락에 대한 충성심은 향토애와 애향심으로 발전했고, 국가가 출현하면서 애국심으로 표현되었다고 볼 수 있다. 하지만 전근대사회의 애국심은 왕이나 황제에 대한 충군(忠君)에 가까웠다. 임진왜란과 병자호란 당시 전국적으로 일어난 의병운동은 이런 전근대적 애국심의 발로였던 것이다.

자유민주주의가 보편화되면서 전근대 국가의 국왕에 대한 헌신과 충성은 민주적인 국민국가에 대한 애국심으로 발전하였다. 민주적인 국민 국가 속에서 자신이 조국을 진실로 사랑하고 있음이 발현되는 마음이 바로 충(忠)의 정신이다.

충(忠)이라는 한자는 '가운데의 마음'으로서 신뢰와 믿음을 뜻하며 다시 말하면 거짓 없는 참마음에서 우러나오는 정성스러운 태도와 자세로, 인간의 근본인 기본의 바탕을 이루고 있다. 나라를 사랑하는 마음은 군에 복무하는 사람이 목숨을 걸고 적과 싸우거나 투사들이 국익을 위해 자신을 희생하는 데서 나오는 것뿐만 아니라 자신을 사랑하고, 이웃을 사랑하고,

정의를 사랑하는 것도 바로 충(忠)이라 할 수 있다.

2001년 9월 11일 뉴욕주 세계무역센터가 테러범들에 의한 비행기 충돌로 붕괴되면서 수많은 사상자가 발생하였을 때의 일이다. 건물이 화재로 불타오르자 맨 먼저 달려간 사람이 뉴욕시 소방관들이었다. 그들은 건물이 무너지기 전에 화재를 진압해야 한다는 생각에 붕괴의 위험을 무릅쓰고 건물 안으로 들어갔다. 소방관들은 침착하게 시민들을 대피시키면서 건물 위로 계속 올라갔다. 그로부터 얼마 지나지 않아 건물은 붕괴되었고 350여명의 소방관들은 모두 무너진 건물 더미에 매몰되었다. 죽을지도 모르는 위험을 감수하고 건물로 뛰어들었던 그들이야말로 미국에 대한 애국심과 충의 정신이 투철했던 사람들이다.

뉴욕의 이 테러 사건 당시의 주식투자자들의 애국심 또한 놀라웠다. 테러 참사가 있은 날로부터 미국 경제시장의 핵심인 월스트리트는 폐쇄되었고 경제는 앞날을 예측할 수 없는 불확실성에 놓이게 되었다. 얼마 후 다시 개장된 미국의 주식시장의 장세에 세계인들은 놀라워하지 않을 수 없었다. 국가의 위기 상황 속에서 개인의 이익보다는 국익이 앞서야 한다는 분위기가 형성되면서 오히려 주식을 사겠다는 사람들이 몰렸던 것이다. 이런 증시 분위기를 경제 전문가들은 '애국장세'라고 불렀다. 월가의 대표적인 투자가인 워런 버핏이나 20세기 최고의 경영자로 불리는 잭 웰치 회장과 같은 큰손들이 이런 분위기를 앞장서서 이끌었던 것이다. 미국민들의 이러한 애국심은 그들을 세계 최강대국으로 유지시켜 주는 원동력으로 작용하고 있다. 우리는 반만 년 역사 속에서 단일 민족으로서의 명맥을 유지하고 있으며 900여 회가 넘는 외침을 슬기롭게 극복해 온 지혜로운 민족이다. 하지만 최근에는 세계화와 무역주의로 인하여 애국심이나 충의 가치들이 뒷전으로 밀려나 구시대적 유물쯤으로 취급받게 되지 않을까 우려된다.

우리가 태어나서 살아가고 있는 이곳은 바로 자유 대한민국이다. 우리를 존재하게 해 주었고 우리의 존재로 말미암아 지탱되는 곳이 바로 우리 국가이다. 우리의 조국 자유 대한민국의 정통성을 수호하기 위해 얼마나 많은 분들의 희생이 있었던가! 조국은 오늘의 나를 있게 해 준 어머니와 같다. 내가 내 조국과 내 민족에 대해 책임의식을 갖지 않는다면 누가 갖겠는가? 그리고 내 조국과 나의 운명은 어찌되겠는가? 조국과 민족을 위해 기꺼이 이 한 목숨 바칠 각오로 애국애족하는 마음을 갖고 실천해야 하겠다. 또한 이 국가에 대한 사랑인 애국심은 분열된 우리를 하나로 묶고, 공동의 비전을 향해 나가도록 이끌어 줄 것이다.

3. 모든 판단과 행동의 기준은 국익이 우선 되어야 한다

어떤 사회라도 다양한 집단이 존재하기 마련이고 사람이 있는 곳에는 항상 기쁨과 행복만이 존재하는 것이 아니라 갈등과 분열이 공존하기 마련이다. 국가적 차원의 외교와 경제, 사회의 발전을 위해서는 각계 각층의 모든 사람들이 판단과 행동의 기준을 대승적인 차원에서 국익에 두어야 한다.

미(美) 언론은 정부의 정책이 자신들의 입맛과 맞지 않더라도 그것이 국익을 위한 것이라면 최대한 지원해 주고 홍보해 주는 것으로 유명하다. 그러나 한국의 모습은 어떠한가? 언행에 있어 국익에 미칠 영향과 결과를 먼저 생각하고 신중한 태도를 취해야 하나 개인의 감정과 입장을 우선시함으로써 지켜보는 국민들로 하여금 안타까움을 갖게 하는 경우를 많이 본다.

최근 이슈가 되고 있는 북핵문제나 미군철수, 이라크 파병의 문제와 같은 큼직한 안보관련 문제에 있어서도 우선 고려되어야 할 것은 국익이다. 자신의 정치적 입장과 논리만을 고집하여 결정이 지연되고 일관성이 없어진다면 결국 국가적 손실로 이어질 수 있다. 국가 중대사의 결정 기준을 국익에 두면 판단절차가 신속해질 뿐 아니라 결과도 좋다. 국익을 위해서는 "중대한 국가적 사안에서는 자기를 양보하고 오로지 국가만을 생각하라"는 명제를 반드시 기억해야 한다. 뿐만 아니라 개인의 이익과 국익이 상충하는 경우에도 반드시 국익이 우선시되어야 한다.

카임 와이즈만은 러시아에서 출생한 유태인으로서 제 1차 세계대전 당시 전쟁에서 연합국이 승리를 거두는 데 결정적인 공헌을 하였던 화학자이다. 당시 영국은 성능 좋은 폭탄제조에 심혈을 기울이고 있었는데 여기에는 순도가 높은 아세톤이 필요했고 영국정부는 화학자로서 명망이 높은 와이즈만에게 순도 높은 아세톤을 제조해 줄 것을 요청하였다. 영국 정부의 요청에 따라서 와이즈만은 순도 높은 아세톤을 대량으로 생산할 수 있도록 하였고, 이에 힘입어 연합군의 전세가 유리하게 돌아가게 되었다. 와이즈만은 전세가 연합군 측에 유리한 것으로 판단되자 영국의 외무장관이었던 발파를 찾아가 전쟁에서 연합국이 승리하면 예루살렘을 유태인들에게 반환하겠다는 약속을 받아냈다.

그 후 군수장관 로이드 조지는 와이즈만의 공헌을 높게 평가하여 국왕에게 작위를 내리도록 추천하였으나. 와이즈만은 개인적인 영광보다는 이스라엘의 독립을 보장해 줄 것을 요청하였다. 로이드 조지는 와이즈만의 요청을 흔쾌히 수락했다. 전쟁이 끝난 후 영국의 수상이 된 로이드 조지는 유태인이 팔레스타인 지역에 국가를 세우는 일에 영국이 최선을 다할 것을 천명하였다. 로이드의 성명이 발표된 이래로 세계 도처에 흩어져 있었던 유태인들이 팔레스타인으로 몰려들었고, 1948년 유태인들은 마침내 독립을 선언하게 되었다. 1949년 이스라엘 국회에서는 개인적인 부귀와 영광을 마다하고 오직 조국 이스라엘의 건국만을 생각하였던 카임 와이즈만을 초대 대통령으로 선출하였다.

4. 기본권은 평등하게 보장되어야 한다

기본권이란 우리 헌법에 명시된 행복추구권으로부터 평등권, 자유권, 참정권, 사회권, 청구권을 포괄하는 인간이 누릴 수 있는 모든 권리를 의미한다. 이것은 자연권 사상에 뿌리를 두고 있는데, 인간이 자연상태에서 누릴 수 있는 권리들이며 이러한 기본권은 1789년 프랑스 대혁명을 통해 선언된 '인간 및 시민의 권리선언'에 잘 집약되어 있다. 바로 생명권, 자유권, 재산권, 압제에 대한 저항권 그리고 자유, 박애, 평등의 정신이 바로 그것이다.

선순환 국가를 달성하기 위해서는 인간의 천부적 권리로서의 기본권이 누구에게나 공평하게 주어져야 함은 너무나도 당연한 일인 것이다. 과거의 기본권은 국가로부터의 억압에서 벗어나기 위한 대국가적 자유권적 성격이 강했다면 현재는 국가가 국민을 위해 기본적인 삶을 보장하고 행복을 영위할 수 있도록 형성해 주는 사회권적, 청구권적 성격이 중요해지고 있다.

우리 사회도 기본권이 무시되었던 암울한 시기가 있었다. 인간의 존엄성이 국가기관에 의하여 유린되었고 언론, 출판 및 집회와 결사의 자유 등 비판의 기능마저도 묵살되었다. 이제는 사람이 중심이고, 사람이 목적적 가치이다. 국민이 자유롭고 행복한 삶을 추구할 수 있도록 국가는 지원해 주는 역할을 하여야 하며 이것은 기본권이 모두에게 평등하게 주어질 때 가능한 일이다. 돈과 권력의 소유 정도에 따라 차별적인 기본권 적용이 이루어진다면 그것은 평등을 중심으로 하는 기본권의 정신에 위배될 뿐만 아니라 또 다른 사회문제를 야기할 것이다.

5. 모든 사람이 꿈을 실현할 수 있는 기회의 균등이 이루어져야 한다

우리나라 헌법 11조에는 "모든 국민은 법 앞에 평등하다. 누구든지 성별 · 종교 또는 사회적 신분에 의하여 정치적 · 경제적 · 사회적 · 문화적 생활영역에 있어서 차별을 받지 아니한다"라고 규정하여 평등권을 명시하고 있다. 이 평등의 의미는 과연 무엇인가? 이 평등의 개념이 선순환과는 어떠한 관련이 있는가? 이 평등의 개념은 모두가 경제, 사회, 문화적으로 동일한 위치에서 살아가라는 것이 아니다. 누구나 자아를 실현할 수 있고 성공의 꿈을 꿀 수 있는 기회가 균등하게 분배되어야 한다는 것이다.

선순환 리더십은 개인이 수신(修身)을 통하여 자신의 꿈을 실현하고 나아가 궁극적으로 밝고 명랑한 사회를 기원한다. 내가 다른 사람과의 관계에 있어서 스스로 통제할 수 없는 성별 · 종교 · 사회적 신분이라는 이유에 의하여 기회가 차별받고 경제적인 어려움을 겪고 정치적인 자유가 박탈당한다면 이것은 밝고 명랑한 사회를 만들어 가는 데 구조적인 장애물임은 자명하다. 선순환 리더십에서의 기회의 균등은 선순환 사회를 달성하기 위한 전제 요건인 동시에 선순환 리더가 추구해야 할 중요한 가치이다.

한국사회는 서구사회에 비하여 유교 의식에 바탕하여 강한 평등지향성을 나타내고 있다. '사돈이 땅을 사면 배가 아프다' 는 말처럼 남이 잘되는 꼴을 못 본다. 이것은 부의 축적양식이 피와 땀이 어린 노력에서 나오는 것이 아니라 부모를 잘 만나거나 땅을 잘 사두거나 하는 등 운에 의해 이루어진다고 생각하기 때문이다. 이것은 모든 삶에 기회가 균등하게 주어지지 않았다는 반증이기도 하다. 선진국에서는 높은 부를 축적한 사람들을 존경하는 문화가 정착되어 있다. 그들은 순수한 노력으로 성공을 일구어 냈으며, 동시에 사회의 소외된 사람들에게 베풀고 나누는 경우가 많기 때문이다. 이것이 가능한 이유는 모든 사람에게 동등한 기회가 주어지기 때문이다. 성공한 사람은 자신에게 주어진 기회를 십분 활용한 것이고 실패한 사람은 기회를 스스로 포기하였기 때문에 불만이나 원망이 없는 것이다. 우리 사회 시스템도 '노력 없이는 얻는 것 없다' 는 공감이 형성될 수 있는 방향으로 재구조화되어야 한다. 선순환 리더는 불로소득은 반드시 환수된다는 인식을 국민들에게 각인시켜야 한다. 선순환 리더십은 모든 사람에게 '하면 된다' 라는 인식과 희망을 심어 주는 리더십이다. 피땀 흘려 노력하면 반드시 성공할 수 있고, 그래서 그 성공이 찬사받는 사회가 바로 선순환이 이룩된 사회라 할 수 있으며, 이것이 바로 성공 뒤에 오는 진정한 행복인 것이다.

6. 균형과 조화가 공존하는 국가를 건설하라

균형과 조화가 공존하는 국가란 국가를 구성하는 모든 분야에 있어서 그 구성요소가 어느 한쪽으로 치우침이 없이 공존 공생하는 국가를 의미한다. 즉 경제의 산업구조가 균형을 이루고, 권력이 골고루 분배되며, 국토가 조화롭게 발전되고, 공명정대한 리더십이 발휘되는 국가를 의미한다.

해방 이후 우리나라는 1950년대에는 삼백산업(설탕, 밀가루, 무명)을 비롯한 경공업이 경제의 근간을 이루었고 60, 70년대에는 중화학공업을 통한 성장이 우선시되었다. 80, 90년대 들어서면서 자동차, 반도체로 대변되는 첨단사업들이 꽃을 피우게 되었다. 이 과정에서 국토는 수도권 중심의 기형적인 발전을 거듭하였으며, 빈부의 격차는 커졌고, 정치권력도 승자가 모든 전리품을 획득한다는 승자독식(勝者獨食)의 문화가 전개되었다.

이제는 한쪽으로 치우친 저울의 추를 바로잡아 균형 있는 국가를 건설하여야 할 때다. 조화와 균형이 있을 때 개혁에도 가속도가 붙고 마음과 힘을 하나로 묶는 승-승이 가능해지는 것이다. 우리의 역사 속에서도 조화와 균형을 추구하였던 때는 국력이 강성하였다. 조선시대 영 · 정조 때에는 극에 달한 당쟁을 탕평책으로 승화하여 조선후기의 문화적 중흥을 꾀할 수 있었던 것이고, 광해군 때에도 명 · 청 교체기 속에서 실리외교를 택하여, 지는 명에게는 명분을 잃지 않으면서 떠오르는 청의 야망을 잠재울 수 있었던 것이다.

고려 건국 이후 정치개혁의 완성자로 일컬어지는 성종의 역사적 평가는 그의 조화와 균형의 리더십이 커다란 역할을 하였기 때문이다. 성종은 스물을 갓 넘긴 어린 나이로 재위하자마자 언로를 틔워 5품 이상의 모든 관료에게 국가현안에 대한 의견을 올리게 하였으며, 이 가운데 최승로의 '시무28조'의 개혁안을 채택하였고, 그의 발탁을 계기로 전 광종대에 숙청당하였던 유교 관료집단이 대거 정계에 진출할 수 있었다. 그리고 이를 통하여 유교에 바탕을 둔 법과 제도의 개혁을 이룰 수 있었던 것이다. 동시에 서희로 대표되는 고려 전통을 중시하는 관료집단을 또 다른 우군으로 삼았을 성종 개혁정치의 특징은 최승로와 서희로 상징되는, 정치이념이 다른 정치집단과 공존하고 있었다는 사실이다. 이념이 다른 정치집단이 적재적소에 배치되어 조화와 균형을 이룸으로써 개혁은 더 커다란 시너지효과를 창출하였고, 특정집단에 의존하지 않은 조화와 균형의 리더십이 법과 제도의 개혁으로 나타나 고려왕조를 정상궤도에 올려놓은 것이다. 이는 성종 재위말년 993년(성종 12년)에 일어난 거란의 침입 때 서희가 외교적 담판을 벌여 거란과의 국교정상화를 조건으로 여진족이 점유한 압록강 지역을 반환받음으로써 실리를 얻고 전쟁을 막는 데 성공하는 결과로 나타났다. 거란이 자신들이 고구려의 후손이므로 강동 6주를 반환하라고 하자 서희는 이에 맞서 우리의 국호가 고려인 것은 우리가 고구려를 계승하였기 때문이라는 논리로 강동 6주를 반환받는 커다란 성과를 이루어 낸 것이다. 이것은 다양한 정치집단을 우군으로 끌어안고 그들의 목소리를 끝까지 경청하였으며 내치와 외치가 조화와 균형을 이루도록 노력한 성종의 리더십 덕분이었다.

7. 부패의 고리를 척결하고 투명한 국가를 건설하라

공자가 말하기를 "정부가 꼭 필요로 하는 것은 풍족한 식량, 풍족한 군사, 그리고 통치자에 대한 백성의 신뢰이다"라고 하자, 자공(子貢)이 "만일 부득이 그 셋을 다 갖출 수가 없고 그 중 하나를 버려야 한다면, 어느 것을 제일 먼저 버려야 합니까?"라고 물었다. 공자는 '군비'라고 대답하였다. 자공이 또 "부득이 한 가지를 또 버려야 한다면 나머지 둘 중 어느 것을 버려야 합니까?"라고 묻자, 공자께서 "식량을 버려라. 자고로 사람은 누구나 한 번은 죽는다. 그러나 백성들이 믿지 않으면 나라가 존립할 수 없다"고 대답하였다. 공자는 백성들의 신뢰를 나라의 존망을 좌우하는 가장 중요한 요소로 언급하였다.

국민의 국가에 대한 신뢰가 무엇보다 중요하다 할 것인데, 이 신뢰는 어디서부터 시작되는가 하면 고위층의 정직과 청렴에서 비롯되는 것이다. 국제 투명성 협회(Transparency International)는 부패(corruption)를 '사적인 이익을 위하여 공적인 권력을 남용하는 것(the misuse of public power for private gain)' 이라고 정의한 바 있다. 부패를 나타내는 영어 단어 'corruption' 은 그 기원상 라틴어 'cor(함께)' 라는 단어와 'rupt(파멸하다)' 라는 단어의 합성어로 "함께 파멸하다"라는 의미를 지니고 있다. 부패는 정치인이나 관료들은 특권을 누리고 법망을 빠져 나가고 힘 없는 국민들은 까다로운 법규를 다 지켜야 하고 그렇지 않은 경우 제재를 받게 된다는 생각을 낳음으로써 국민들이 법의 존엄성에 대한 인식을 해치고 나아가 사회 전체에 대한 불신을 낳게 된다.

그러나 한국사회는 공직사회를 비롯하여 기업, 언론에 이르기까지 모든 민간영역에서 정직하지 못한 부패의 문제가 나타나고 있다. 한국사회의 부패는 관행화된 부패, 제도로서의 부패가 많아서 사람들이 부패라고 잘 느끼지 못하는 부패가 많다는 데 더 큰 문제가 있다. 부패방지위원회의 설립과 정치자금법의 통과로 검은 돈의 흐름이 상당부분 차단되었음에도 불구하고 아직까지도 관행화된 부패는 잔존하고 있다고 본다. 우리사회가 안고 있는 부패의 문제는 비단 그 부정적 영향이 국내에만 한정되는 것은 아니다. 부패는 불확실성을 증가시켜 국제사회에서 국가신용도와 직결되며 동서고금을 막론하고 부패가 만연한 국가는 후진성을 면치 못하거나 지구상에서 사라지고 말았다. 국가 존망에 관련된 문제임을 전국민이 인식해야 한다.

영국의 명 재상으로 이름을 떨친 글래드 스톤은 "부패는 국가를 몰락으로 이끄는 가장 확실한 지름길이다"라고 말하였다. 대만의 장개석 정부가 처음엔 세력이 미약했던 공산당에 밀려 마침내 타이완의 작은 섬으로 도주하게 된 것은 그 정부가 부정부패로 인해 국민들로부터 신뢰를 잃어버렸기 때문이다.

우리 정부는 부패방지위원회의 출범과 선거부정신고보상금제 시행 등 짧은 기간 동안에 부패척결을 위하여 많은 노력을 기울였고, 과거에는 성역으로 간주되었던 정치권에 대한 검찰의 수사도 어느 정도 성과도 있었다고 판단된다. 하지만 지구촌 시대의 화두가 '신뢰(trust)' 라고 할 때, 외국에서 한국을 바라보는 시각은 아직도 미지수다. 정책은 시류에 따라 변화하고 아직도 뉴스 첫머리를 부패관련 내용이 장식하는 경우가 심심찮게 있음을 상기할 때 우리가 가야 할 길은 먼 것 같다. 제도개혁도 중요하지만 제도를 만들고 제도를 준수하려는 국민 개개인의 선(善)의지가 더욱 중요하다. 화려한 제도가 내실이 없다면 이는 장식에 불과하다. 우리가 부패와 비정직을 추방하기 위해 필요한 것은 무엇보다 노블레스 오블리주가 아닐까 한다. 에드워드 실스라는 사람은 "인격, 지능 및 높은 도덕적 자질을 갖춘 엘리트 없이는 스스로 근대화될 수 없으며 자유민주주의 국가가 될 수 없다"고 말함으로써 한 사회의 엘리트의 중요성을 강조하였다. 동양에서도 이러한 입장은 다르지 않다. 공자는 "정치란 바르게 하는 것이며, 지도자가 바르게 하면 누가 감히 따르지 않겠는가"라고 말하였던 것이다.

현 시점에서 부정부패의 척결 없이 우리 사회가 신뢰사회로 나아갈 수 없음은 자명하다. 지금은 부패해결의 총론이 아니라 각론을 제시해야 할 때다. 각론의 해답은 명확하다. 우리 모두가 선순환 리더가 되는 것이다. 부패의 문제는 악의 고리의 핵심이다. 악의 고리를 단호하게 끊어 내고 각자가 스스로에 대한 신뢰를 바탕으로 주인정신과 책임의식을 느낄 때 부패의 소용돌이에서 빠져 나올 수 있을 것이다. 부정부패로부터 벗어난 삶 자신이 한없이 자랑스럽고 평화와 행복이 함께 함을 느낄 수 있는 것이다. 정직과 성실 등 기본을 준수하는 삶, 이것이 부패척결과 신뢰감 회복의 지름길임을 잊지 말아야 한다.

8. 복지국가 건설은 국민의 희망이다

일반적으로 복지라는 말은 사전적 의미로는 '만족스러운 상태, 건강, 번영, 안녕' 등을 말한다. 그러므로 복지는 더할 나위 없이 좋고 만족스러운 삶이 영위되며 건강과 행복의 조건들이 충족되는 상태를 말한다고 볼 수 있다. 이러한 사전적 의미와 대비시켜 보면 비복지란 '만족스럽지 못한 상태, 질병, 빈곤, 불안, 불행한 상태' 를 뜻한다고 할 수 있다. 이렇게 복지-비복지를 대비시킬 때 가장 단순한 수준에서 복지국가는 '국민들의 비복지를 제거하고 복지를 향상시키기 위해 노력하는 국가' 혹은 '국민들의 복지향상을 가장 중요한 책임과 의무로 삼는 국가' 로 정의할 수 있다.

복지국가는 자본주의와 민주주의라는 거시구조적 맥락에서 '국민 최저 수준(national minimum standard)' 을 강조하여 모든 국민들에게 최소한의 수입을 보장하고 사회적 위험들로부터 국민들의 삶의 안전을 보장한다. 복지국가는 사회보장을 중심으로 복지정책과 완전고용을 정부가 책임지는 혼합경제사회체제이며, 특히 사회보장이 발달한 나라를 복지국가로 일컫는 경향이 있다.

우리사회도 국민소득수준이 높아짐에 따라 복지국가에 대한 열망이 높아지고 있다. 영국의 '요람에서 무덤까지' 로 대변되는 복지주의의 확산은 전세계적으로 인간의 물질적 풍요를 넘어선 사회, 문화적 풍요까지도 고려하는 계기로 작용하고 있다.

그러나 아직도 한국사회는 선순환 국가로 나아가기 위한 복지인프라 구축이 미약하다. 부의 대물림이 교육의 대물림으로 나타나고 결국 사회의 보이지 않는 계급화를 초래한다. 장애인이 설 곳은 좁고 성공하기는 그야말로 하늘의 별따기다. 고급인력들이 일자리가 없어 놀고 있는 것이 현실이다. 따라서 국가는 국민들에게 꿈과 희망을 심어 줄 수 있도록 복지 국가건설에 박차를 가하여야 한다. 생산력이 없는 어린아이와 노인들에 대한 배려가 우선 되어야 하고 본인의 의지와 상관없이 힘겨운 삶을 살아가는 장애인에 대한 국가적 차원의 관심과 노력은 더욱 커져야 한다. 최근 '사오정', '삼팔선' 이라는 유머가 생길 정도로 심각성을 더해가는 실업의 문제, 특히 청년실업의 문제에 있어서는, 그들이 용기를 잃어버리지 않고 어려움을 딛고 일어설 수 있도록 교육기회 제공, 경제적 지원 등의 대책이 필요하다. 그러나 복지국가는 국민들이 무위도식하면서 복지의 혜택만을 바라지 않도록 자신의 생산력을 높일 수 있는 생산적 복지가 중심에 놓여야 한다. 물고기를 잡아다 주는 것보다 물고기를 잡는 법을 가르쳐 주는 것이 훨씬 바람직하지 않겠는가?

9. 통합과 화합의 국가가 되어야 한다

근본적으로 리더십이라는 것 자체가 통합과 화합을 지향한다. 각자의 개성이 존재하고 각 집단의 행동양식이 존재하고 각 계급과 계층의 가치관이 존재하기 마련이다. 이것을 모두 아우르고 보듬는 것이 바로 리더십이다. 선순환 리더십은 국가의 모든 구성요소들이 긍정적인 동기를 갖고 선순환을 이루는 것을 목표로 한다. 잘한 점은 칭찬하고 좋은 점은 인정하고 서로 배려하는 가운데 법과 상식이 통하는 국가가 선순환 국가이다. 모든 사람의 의견이 일치하고 비판이 존재하지 않는 사회는 전체주의요, 독재주의 사회이다. 선순환 국가는 모든 사람이 자신의 의견을 가지면서도 이것이 조화와 균형을 이루면서 공존공영하고, 배려와 타협 속에서 건설적으로 발전해 나가는 것이다. 이것은 다원화된 가치 속에서 공통의 요소와 역량을 인지하여 국민적 에너지를 모으는 일이 무엇보다 중요하다는 것을 시사한다.

풍차의 나라 네덜란드는 80년대 초반에 임금상승과 생산성 저하로 홍역을 겪고 있었는데 82년에 마련된 폴더 모델(국민화합 합의)은 21C 선진강국으로 도약하는 밑거름이 되었다. '폴더' 란 해수면보다 낮은 저수지에서 물을 빼낸 뒤 간척한 땅을 말한다. 계급과 신분을 뛰어넘는 협동정신을 통해 지형적인 어려움을 극복한 네덜란드형 사회적 합의 모델의 상징이다. 폴더모델은 우리가 노사정위원회로 벤치마킹하기도 하였는데, 네덜란드는 폴더 모델을 통하여 경제적 위기에 처할 때면 근로시간 단축을 비롯한 양보와 합의정신으로 경제적 난관을 극복할 수 있었다. 이러한 합의정신은 네덜란드가 전유럽의 유통센터를 유치해 지역거점화를 이루는 데에도 커다란 공헌을 하였다. 네덜란드는 또한 2년마다 국민에게 '앞서가는 선진현장' 을 전국적으로 교육한다. 국가경쟁력이 세계 4위이지만 잠시라도 방심해서는 안 된다는 절박한 의도를 담고 있다. 이로써 네덜란드는 싱가포르와 유사하게 첨단 물류시설을 바탕으로 지역 관문(gateway)의 역할을 수행하고 있다.

작지만 강한 네덜란드는 미래를 위한 국가의 비전을 세우고 동시에 국민적 통합과 화합을 통하여 역량을 결집하고 에너지를 모으는 일에 박차를 가하고 있는 것이다. 우리사회의 선순환 미래도 다양한 가치들을 한 그릇에 조화롭게 담아 내는 데 달려 있다 해도 과언이 아니다.

선순환(善循環)으로 국민화합과 평화적 복지국가 실현

● 국가 선순환 추진을 위한 기본 덕목

- 국가 미래에 대한 비전을 제시하라.
- 애국심과 충의 정신을 살려라.
- 모든 판단과 행동의 기준은 국익이 우선 되어야 한다.
- 기본권은 평등하게 보장되어야 한다.
- 모든 사람이 꿈을 실현할 수 있는 기회의 국가가 되어야 한다.
- 균형과 조화가 공존하는 국가를 건설하라.
- 부패의 고리를 척결하고 투명한 국가를 건설하라.
- 복지국가 건설은 국민의 희망이다.
- 통합과 화합의 국가가 되어야 한다.

● 애국심은 인류가 출현하면서 곧바로 생긴 것은 아니다. 최초의 조국에 대한 사랑은 원시사회 사람들이 씨족과 부락에 대한 의존과 연대 의식을 갖기 시작하면서 움트기 시작하였다. 원시사회 사람들의 자기 씨족과 부락에 대한 의존과 충성심은 향토애와 애향심으로 발전했고, 국가가 출현하면서 애국심으로 표현되었다고 볼 수 있다. 하지만 전근대사회의 애국심은 왕이나 황제에 대한 충군(忠君)에 가까웠으나 자유민주주의가 보편화되면서 전근대 국가의 국왕에 대한 헌신과 충성은 민주적인 국민국가에 대한 애국심으로 발전하였다. 민주적인 국민 국가 속에서 자신이 조국을 진실로 사랑하고 있음이 발현되는 마음이 바로 충(忠)의 정신이다.

● 최근에는 세계화와 무역주의로 인하여 애국심이나 충의 가치들이 뒷전으로 밀려나 구시대적 유물쯤으로 취급받게 되지 않을까

우려된다. 우리가 태어나서 살아가고 있는 이곳은 바로 자유 대한민국이다. 우리를 존재하게 해 주었고 우리의 존재로 말미암아 지탱되는 곳이 바로 우리 국가이다. 이 국가에 대한 사랑인 애국심은 분열된 우리를 하나로 묶고, 공동의 비전을 향해 나가도록 이끌어 줄 것이다.

● 한국사회는 '사돈이 땅을 사면 배가 아프다'는 말처럼 남이 잘되는 꼴을 못 본다. 이것은 부의 축적양식이 피와 땀이 어린 노력에서 나오는 것이 아니라 부모를 잘 만나거나 땅을 잘 사두거나 하는 등 운에 의해 이루어진다고 생각하기 때문이다. 선진국에서는 높은 부를 축적한 사람들을 존경하는 문화가 정착되어 있다. 그들은 순수한 노력으로 성공을 일구어 냈으며, 동시에 사회의 소외된 사람들에게 베풀고 나누는 경우가 많기 때문이다.

● 우리가 부패와 비정직을 추방하기 위해 필요한 것은 무엇보다 노블레스 오블리주가 아닐까 한다. 에드워드 실스라는 사람은 "인격, 지능 및 높은 도덕적 자질을 갖춘 엘리트 없이는 스스로 근대화될 수 없으며 자유민주주의 국가가 될 수 없다"고 말함으로써 한 사회의 엘리트의 중요성을 강조하였다. 동양에서도 이러한 입장은 다르지 않다. 공자는 "정치란 바르게 하는 것이며, 지도자가 바르게 하면 누가 감히 따르지 않겠는가"라고 말하였던 것이다.

● 근본적으로 리더십이라는 것 자체가 통합과 화합을 지향한다. 각자의 개성이 존재하고 각 집단의 행동양식이 존재하고 각 계급과 계층의 가치관이 존재하기 마련이다. 이것을 모두 아우르고 보듬는 것이 바로 리더십이다. 선순환 리더십은 국가의 모든 구성요소들이 긍정적인 동기를 갖고 선순환을 이루는 것을 목표로 한다. 잘한 점은

칭찬하고 좋은 점은 인정하고 서로 배려하는 가운데 법과 상식이 통하는 국가가 선순환 국가이다. 모든 사람의 의견이 일치하고 비판이 존재하지 않는 사회는 전체주의요, 독재주의 사회이다. 선순환 국가는 모든 사람이 자신의 의견을 가지면서도 이것이 조화와 균형을 이루면서 공존공영하고, 배려와 타협 속에서 건설적으로 발전해 나가는 것이다. 이것은 다원화된 가치 속에서 공통의 요소와 역량을 인지하여 국민적 에너지를 모으는 일이 무엇보다 중요하다는 것을 시사한다.

제 5 장
선순환 실천과 우리의 미래

> 나는 지금까지 우연한 기회에 어떤 값어치가 있는 일을 성취시킨 적이 없다.
> 나의 여러 가지 발명 중에 그 어느 것도 우연히 얻어진 것은 없었다.
> 그것은 꾸준하고 성실히 일을 함으로써 이루어진 것들이었다.
>
> –에디슨의 성공언어

제 5 장 선순환 실천과 우리의 미래

아버지를 따라 농장 일을 도우며 자란 한 소녀가 있었다. 10대에 결혼한 그녀는 평생을 농장 일만 하며 살았다. 세월이 흘러 10명의 자녀를 낳았고, 어느덧 남편과 사별하게 되었다. 머리가 하얗게 샌 그녀는 바느질을 하며 시간을 보내곤 했지만, 70대가 되자 관절염과 노안으로 인해 그것조차도 쉽지 않았다.

그래서 그는 바늘대신 붓을 들었다. 처음에는 다른 사람의 그림을 보고 따라 그려보곤 했는데, 시간이 갈수록 그녀가 유년시절을 보내며 자란 농촌생활을 그녀만의 색채로 그려내기 시작했다. 그렇게 8년이 지난 후 그녀는 케임브리지 전시회에 출품할 작품을 그리느라 바쁜 나날을 보내고 있었다.

그러던 어느 날 한 예술품 수집가가 벽에 걸린 그녀의 작품을 모두 사겠다고 말했다. 이웃이 자신의 가게에 그녀의 그림을 몇 점 걸어 놓았는데, 이 수집가가 벽에 걸린 그 그림들을 보게 된 것이었다. 이를 계기로 그녀는 유명해졌고 1939년에는 뉴욕 현대박물관에 그림이 전시되었다. 이후 그녀는 80세에 첫 개인전을 열었고, 101세의 나이로 세상을 떠날 때까지 무려 1,600여 점에 달하는 작품을 남겼다. 이것은 바로 유명한 민속화가 그렌마 모제스의 이야기다.

오래된 기간 쌓아 왔던 경험과 철학을 토대로 새롭게 무언가를 시작한다는 것도 생각만큼 쉬운 일이 아니다. 그러나 저자는 "세상에 너무 늦은 일은 없다"라는 말처럼 그 동안 인생을 살아오면서 그리고 초급장교 시절부터 구상하고 실천해 왔던 선순환의 개념을 정리하여 새롭운 리더십 이론으로 주창하기에 이르렀다.

일흔의 나이를 넘겨서도 스스로 노력하며 미지의 세계로 나선 그렌마 모제스처럼 이 세상엔 너무 늦었다는 이유로 시작하지 못할 일은 없다. '늦었다고 생각할 때가 가장 빠른 때' 라는 평범한 진리를 되새기면서 부족한 점이 많지만 이 책을 집필하게 되었다. 이 장에서는 군(軍) 중에서도 저자가 지휘했던 부대의 특성을 고려하여 어떻게 해야 바람직한 지휘관과 참모가 되고, 성공적인 임무수행을 보장하기 위한 간부의 전문화는 왜 필요하고 어떻게 해야 하는가에 대한 개념을 정립하여 실천하도록 했던 내용을 기술하였다. 각 개인과 제대별로 선순환을 이루는 데 기틀이 되었고 매우 효과가 있었다고 생각되므로 독자 여러분들이 선순환 리더십을 자기화하는 데 일조하기를 바란다.

제 1 절 바람직한 지휘관 · 참모상(像) 확립

1. 바람직한 지휘통솔과 지휘관

전쟁의 승패는 고도의 지휘통솔 능력을 갖춘 지휘관에 달려 있다. 전쟁에서 승패를 결정짓는 가장 핵심적인 요소는 인간 그 자체이며, 장병들이 갖는 무형전력이 강할 때 유형전력의 열세를 극복하고 전쟁을 승리로 이끌 수 있는 강한 전투력을 발휘할 수 있다. 이런 무형전력과 장병 전투의지를 이끄는 것이 지휘통솔의 능력이며, 장병들로 하여금 목표 달성을 위한 임무수행에 자발적으로 참여하고, 공헌할 수 있도록 조정하는 직능작용이 지휘통솔이다.

그러면 이러한 지휘통솔 발휘는 지휘관의 어떠한 능력과 노력을 필요로 충족되는가?

첫째, 바람직한 지휘통솔자는 먼저 지휘철학을 지닌 자이어야 한다

프랑스의 포쉬 장군은 통솔자란 자신이 스스로 확고한 신념을 지녀야 하고 또한 그 신념을 부하들에게 주입시킬 수 있어야 한다고 강조했다. 이러한 신념은 장병들이 적을 맞아 싸워서 승리할 수 있는 필승의 신념이며, 장병들로 하여금 무엇이나 해낼 수 있는 강인한 의지력을 발휘하게 하는 힘인 것이다. 통솔자란 조직을 지휘함에 있어서 당당한 소신과 철학을 갖고 있어야만 부하들로부터 존경과 신뢰를 받을 수 있다.

훌륭한 통솔자는 비합리적이고 비논리적인 것을 배척하는 합리성, 주관적이고 감정적인 것을 삭히는 객관성, 편파적이고 편협한 면을 보여 주지 않는 형평성, 불법적이고 위법적인 행위를 하지 않는 합법성, 사회에 혐오되고 파렴치한 행위를 하지 않는 윤리성 등을 지닌 자이다. 통솔자가 이해관계 및 사적인 정의(情誼)에 얽히거나 자신의 입신 영달을 위해서 올바른 가치관을 외면한 채 부하를 혹사한다거나, 이 부대는 내가 지휘하는 부대이니까 어떤 기준도 없이 내 마음대로 한다면 그 부대는 결코 좋은 부대 분위기를 유지하거나 효율성을 제고할 수 없을 것이다.

둘째, 바람직한 통솔자는 솔선수범하는 자이어야 한다.

"부대를 보면 그 부대 지휘관을 알 수 있다"는 말이 있듯이 다양성과 개성이 존중되는 현실에서 지휘통솔자는 감독자의 위치에서 만족해서는 안 되며, 일방적인 지시보다는 업무의 개발에 관심을 경주하면서 이끌어 가는 선도자가 되어야 한다. 이는 언행으로 솔선수범하며 보여 주어야 하는 것이다. 하급자에게 강요만 하는 권위적이며 불합리한 지휘는 부하의 마음을 움직일 수 없기 때문에 솔선수범은 모든 간부들이 지녀야 할 제1의 통솔원리라 할 수 있다. 지휘관은 항상 내가 먼저라는 의식을 가지고 행동하도록 훈련되어야 하며 부대 분위기가 그렇게 정착되도록 노력해야 한다. 예로부터 성군은 백성이 먹는 것과 같은 것을 먹고, 잠자리를 보살펴 주었으며, 억울함이 없는지를 시찰하였다. 진정한 권위는 위험한 자리, 어려운 자리에 뛰어드는 용기에서 비롯된다.

셋째, 현장위주의 사고를 가지고 행동하는 자이다.

현장위주로 사고, 행동하는 지휘자는 현장에서 진두지휘하는 업무자세를 견지하며, '현장에 문제가 있고 현장에 해답이 있다'는 기본인식 아래 현장에서 부하를 교육하고 동시에 그들의 애로사항을 적극 경청, 해결해 주는 동고동락의 근무자세를 취한다. 위험하고 어려운 현장에 지휘관이 위치할 때 부하들은 자신감을 얻을 수 있고, 적극적인 임무수행 자세를 갖게 된다. 동고동락하는 생활 속에 병사들도 간부들에게 자연스럽게 다가갈 수 있으며, 간부와 병사간의 벽이 없어질 때 원활한 의사소통이 이루어지고, 임무수행에 대한 목적의식과 공감대를 형성하여 성공적으로 지휘하는 바람직한 지휘자가 될 수 있다.

넷째, 예리한 상황판단력을 지닌 자이다.

통솔자나 지휘관이란 현실적으로 부대가 처한 상황을 정확하게 파악하여 부대목표를 찾아 시행계획을 수립하고, 어떻게 달성할 것인가를 고민하며 방향제시를 해줄 뿐만 아니라 구성원들에게 구체적인 임무를 부여한다. 또한 통솔자나 지휘관은 부하들이 처한 상황을 완벽하게 파악함은 물론 그들의 심리상태까지도 읽을 수 있어야 한다. 나아가서 통솔자는 부하의 복지를 도모하고 생명과 재산을 보호하며 안전까지도 고려해야 할 것이다. 훌륭한 통솔자는 부하들로 하여금 스트레스를 받지 않게 하고 지휘자의 명령지시를 이행함에 있어서 갈등이나 고충이 없도록 해 주는 자이다.

다섯째, 바람직한 지휘자는 공명정대한 자이다.

육도삼략에 "지휘관이 된 자는 진격하는 것도 공명을 구함이 아니며, 후진하는 것도 벌을 피하려 함이 아니다. 오직 국민을 보호하고 국가이익에 합당하길 바랄 뿐이다"라고 한 바와 같이 지휘관이 행하는 것은 모두 국가에 대한 봉사여야 하며, 조금도 개인의 물욕이나 출세욕에 의한 것이어서는 안 된다. 지휘관의 언행 중에 진실이 없고, 군림하려 하고, 자신의 출세를 위한 언행이 부하들에게 비치면 지휘관을 불신한다. 부하들은 항시 지휘관을 꿰뚫어 본다. 그래서 '상관은 속여도 부하는 못 속인다'는 말이 있다. 모름지기 지휘관은 가려진 곳에서 묵묵히 최선을 다하고 있는 부하를 인정해 주는 등 바른 업무처리와 함께 사생활에서도 자신이나 가족의 사치와 낭비가 비쳐져서는 안 되며, 부하들에게 주고 베푸는 마음과 행동이 부하들에게 비쳐질 때 부하들도 지휘관을 위해 더욱 헌신적으로 보답하게 된다.

여섯째, 바람직한 지휘관은 떳떳하고 자신감 넘치는 군 생활을 주도해 나가는 것이다.

한때 세계를 지배했던 로마제국은 외부의 힘에 의해서 망했다기보다는 내부의 부패와 방향감각 상실로 멸망했다. 그들은 부패하였으며, 군인이 되기를 꺼려했고, 외국의 용병으로 나라를 지키게 했다. 그래서 국가에 대한 책임감을 상실하였다. 결국 이것이 로마 패망의 원인이 되었다. 또한 로마 시민들은 군인이 되는 것을 불명예로 여겨 군대와 시민과의 유대관계가 점점 끊어지게 되었고, 군대를 멸시하는 사상이 팽배하여 국가에 대한 책임감을 상실하게 되었다. 결국 로마의 쇠망은 로마에 영광을 가져다 주었던 군대의 쇠약과 운명을 함께하였다. 이와 같은 로마 몰락의 교훈을 되새겨 볼 때 바람직한 지휘관은 비하적인 군복무 의식을 타파하고 자긍심 넘치는 부대를 주도해 나가는 자이다.

일곱째, 바람직한 지휘관은 스스로 칭찬하는 분위기를 만들고 칭찬받을 행동을 이끄는 자이다.

사람은 누구나 상대방이 자신을 인정해 줄 때 비로소 자신감을 갖게 된다. 이것은 인간 관계에서도 하나의 법칙으로 작용하며, 상대방을 칭찬하는 것을 습관화할 수 있다면 모든 분쟁의 근원에서 벗어날 수 있다. 칭찬은 그만큼 상대방에게 자신감을 갖게 해줄 뿐만 아니라 희망에 부풀게 함은 물론, 자연스럽게 생활에 활력을 불어넣어 주고 그 칭찬의 긍정적 에너지가 나에게 되돌아오기 때문이다. 따라서 바람직한 지휘관은 장병들의 잘못한 것을 다그치기보다는 잘한 것을 북돋워 주어야 하고, 칭찬과 격려를 받을 만한 행동을 할 수 있도록 분위기를 이끌어야 한다.

여덟째, 바람직한 지휘관은 스스로 긍정적인 마음을 갖는 자이다.

일체유심조(一切唯心造)라는 말이 있듯이 사람은 자기가 생각하는 만큼 말하고 행동한다. 자기가 생각하는 만큼 울기도 하고 웃기도 한다. 즉, 모든 것이 마음먹기에 따라 다르다는 것이다. 군 생활이 즐겁다거나 험하다고 한다면 그것은 그 사람의 마음이 그렇게 느끼는 것이지 우리의 삶의 터전인 군대가 그런 것은 아니라는 것이다. 따라서 긍정적인 마음을 가질 때 우리는 더 행복하고 여유 있는 군복무를 할 수 있을 것이며 인생의 전환점을 맞을 수 있다. 바람직한 지휘관은 부하들이 이러한 긍정적 마음을 갖도록 생동감 넘치는 부대 분위기와 삶의 터전을 만들어 주는 자이다.

이와 같이 지휘철학, 솔선수범, 현장위주의 지휘, 상황 판단력과 공명정대함, 떳떳하고 자신감 넘치는 군 생활을 주도해 가는 자, 칭찬하는 분위기를 만드는 자, 긍정적인 마음을 갖는 통솔자는 조직을 책임질 수 있는 리더이다.

"훌륭한 지휘관은 태어나는 것이 아니라 스스로의 꾸준한 노력에 의해 만들어진다.” 전쟁의 승패는 고도의 지휘통솔 능력을 갖춘 지휘관에 달려 있다. 전쟁에서 승패를 결정짓는 가장 핵심적인 요소는 인간 그 자체이며, 장병들이 갖는 무형전력이 강할 때 유형전력의 열세를 극복하고 전쟁을 승리로 이끌 수 있는 강한 전투력을 발휘할 수 있다. 이런 무형전력과 장병 전투의지를 이끄는 것이 지휘통솔의 능력이며, 장병들로 하여금 목표 달성을 위한 임무수행에 자발적으로 참여하고, 공헌할 수 있도록 조정하는 직능 작용이 지휘통솔이다.

2. 바람직한 참모상 확립

바람직한 참모상(像) 확립으로 싸워 이길 수 있는 준비된 부대를 육성하자!

아무리 훌륭한 지휘관일지라도 유능한 참모가 없으면 목적을 달성할 수 없고 마찬가지로 아무리 유능한 참모일지라도 훌륭한 지휘관을 만나지 못하면 그 재능을 충분히 발휘할 수 없다. 우리 군은 전쟁을 억제하고 유사시 신속히 응전하여 반드시 승리할 수 있어야 하기 때문에 신뢰할 수 있는 참모조직이 필요하다. 참모는 모든 조직체의 중추이며, 따라서 참모 역량의 크기에 따라 조직체의 운명이 좌우된다고 할 수 있다.

가. 참모의 임무

일본의 ‘통수강령’은 지휘관의 정신을 압박하는 요소로, “첫째는 막중한 책임, 둘째는 승리를 다투는 적군, 셋째는 상 · 하급 지휘관의 의지의 자유, 넷째는 전장상황의 불확실성이다”라고 기록하고 있다. 참모 본연의 임무는 지휘관을 이러한 정신적 압박에서 벗어나게 하고, 그에게 의지의 독립과 자유를 확보하도록 하여 지휘관이 능력을 충분히 발휘할 수 있도록 보좌하는 데 있다. 또한 참모는 지휘관의 의도를 파악하여 단호하게 그의 의지를 관철함으로써 지휘관의 권위와 덕망을 더욱 신장시켜 나가야 한다. 이를 위해 참모는 항시 지휘관의 분신과 같은 마음가짐으로 하의상달과 상의하달을 도모하여 상하동욕자승(上下同慾者勝)의 의지의 일치를 통해 그 책임을 다해야 한다. 참모는 지휘관의 결심에 필요한 제반 자료를 수집 정리하고, 이를 실행에 옮기는 데 필요한 업무를 정리하고, 예하 부대의 실시상태를 감독한다. 이때, 참모는 지휘관의 위임이 없는 한 부대를 지휘할 권한이 없음을 명심해야 한다.

나. 참모장교의 요건

지휘관과 참모는 '지휘관의 임무를 성공적으로 수행한다' 라는 단일 목적을 가진 군사적 단일체이다. 이러한 목적을 달성하기 위해 참모는 지휘관이 지휘권을 효율적으로 행사할 수 있도록 조언하고 보좌해야 한다. 이때 참모장교는 부대를 통제하는 핵심요소가 된다. 즉, 지휘관은 군사 작전시 예하 부대 및 지원 부대의 기능과 전투력을 조절하기 위해 참모들의 보좌를 받는다. 따라서 참모장교는 지휘관의 의도 및 부여된 권한 내에서 직무를 수행해야 하며, 지휘관이 올바른 결심을 수립하는 데 필요한 적시적이고 정확한 첩보를 제공해야 한다. 이를 위해 장교는 여러 가지 경력을 거쳐 참모직에 보직되어야 하겠으며, 다음과 같은 능력을 구비하여야 한다.

첫째, 전문성과 창의력, 그리고 예측력이 핵심역량이다.

참모장교는 자신에게 부여된 직무와 책임을 수행할 수 있는 전문성과 창의력을 지녀야 한다. 왜냐하면 지휘관은 전례가 없는 난해한 상황들에 대해 혁신적인 해결책을 참모에게 기대하기 때문이다. 또한 참모장교는 미래에 대한 예측력을 갖추어야 한다. 참모장교는 지휘관의 구체적인 지침을 기다리는 것이 아니라, 적극적인 자세로 임무달성에 필요한 정보와 지휘관 결심에 필요한 정보가 무엇인가를 사전에 예측하여야 한다.

둘째, 참모장교에게 요구되는 인성적 특성으로 정직, 신의, 충성심을 들 수 있다.

참모장교는 자신뿐만 아니라 동료 참모들에게도 정직하고 솔직하게 행동해야 한다. 일상에서의 정직한 행동은 생명이 좌우되는 전장 상황에서도 동료들에게 신뢰감을 주기 때문이다. 또한 참모는 지휘관이 건의사항을 승인하지 않더라도 모든 참모의 보고 내용은 지휘관이 최선의 결심을 수립하는 데 유용하게 사용됨을 굳게 확신해야 하며, 참모장교와 지휘관과의 가장 큰 연결고리가 믿음과 의리라는 아주 평범한 진리를 확실하게 인식하고 있어야 한다. 아울러 참모장교의 보고내용은 국가와 지휘관에게뿐만 아니라 예하 장병들에게도 영향을 미친다는 사실을 간과해서는 안 된다.

셋째, 참모장교는 장교들이 일반적으로 갖추어야 할 덕목인 용기, 융통성, 협동심, 효과적인 관리 및 의사전달 능력을 갖추어야 한다.

참모장교는 전문성과 창의력, 그리고 예측력 등 핵심역량 함양에 체계적인 노력을 기울이는 한편 정직, 신의, 충성심 등 인성 개발에 노력하면서 자기 업무에 '편집광적 열정' 을 갖고 지휘관의 분신으로서 역할 수행에 최선을 다해야 한다. 이상적인 참모장교의 특질에 관해 구데리안 장군은 "참모는 쾌활한 정신, 현명, 겸양, 공익 앞에 사익을 양보하는 확고한 신념, 자기의 소신을 상급자 앞에서 훌륭하게 발표하는 능력, 상사의 명령에 복종하며 그 정신에 의해 행동하는 자제심, 병사의 요구에 대한 전폭적인 이해와 온정, 그리고 무한한 배려, 전략전술에 관한 이해, 전쟁지도에 영향을 미치는 성과를 충분히 판단하는 능력이 있어야 한다"고 하였다.

다. 참모장의 역할

참모장은 지휘관을 보좌하는 충성심과 희생정신을 갖추어야 함은 물론 지휘관의 의도대로 업무가 수행될 수 있도록 참모장교들의 직무수행 보장과 이들의 활동을 조정, 감독할 책임을 가진다. 즉, 참모장은 참모활동의 조정자이며 감독자로서 지휘관이 부재중이거나 중요한 일에 전념할 때에 부대의 업무가 지휘관의 의도대로 수행되도록 관리해야 하며 지휘관으로 하여금 긴요한 문제에 전념케 하고 일상적이고 사소한 업무에 관심을 가지지 않도록 해야 한다. "참모는 과오를 범하더라도 참모장이라는 관문에 의해 시정될 수 있는 기회를 갖지만 참모장에게는 그런 기회가 없으며, 참모장의 과오는 그대로 지휘관의 과오가 된다"라고 참모장 역할에 대한 중요성을 2차대전시 독일 육군의 명 참모장이었던 슈파이델 장군은 강조하였다.

이렇듯 참모장과 참모는 근본적으로 차이가 있으며 참모장은 참모들을 조정하여 일심동체의 조화를 유지해 나갈 책임이 있다. 롬멜 원수와 슈파이델, 워커 장군과 랜드럼, 아이젠하워 장군과 월트 B. 스미드 등과 같이 역사에 이름을 남긴 명장들 뒤에는 그들이 명장으로서 빛을 발휘할 수 있도록 지휘관의 분신과 같이 활약한 명 참모장들이 있었다. 특히, 노르망디 상륙작전을 성공적으로 수행하여 제 2차 세계대전을 승리로 이끌었던 아이젠하워 장군 뒤에는 육군이 그들의 이상적인 '참모상'이라고 찬양한 월트 B. 스미드 참모장이 있었다. 아이젠하워 장군은 이때의 인기를 바탕으로 대통령직에까지 오를 수 있었다. 미 육군 참모총장 마샬 장군은 "만일 스미드 참모장이 없었더라면 아이젠하워 장군은 중장 이상의 승진이 불가능했을지도 모른다"고 할 만큼 스미드의 참모장으로서의 뛰어난 보좌를 격찬했다.

그렇다면 스미드 소장은 어떻게 참모장의 직분을 수행하였으며, 아이젠하워 장군은 어떻게 그를 지도하였던가? 사령관으로 부임한 아이젠하워 장군의 모토는 '순응과 조화'였는데, 그는 참모들을 부하로서보다 친구로서 대하였고, 복종관계보다 신뢰관계를 더욱 존중했다. 이러한 지휘관의 의도에 따라 스미드는 참모들을 조정하여 일심동체의 조화를 유지해 나가는 데 온갖 노력을 기울였다. 이는 지휘관에 대한 존경심과 신뢰에서 비롯되었다고 할 수 있다. 바람직한 참모장의 활동은 지휘관의 실행관리권(참모에 대한 지휘권한)을 위임받아 지휘관의 권위를 자신을 통해 신장시키고, 참모들 각각의 노력을 통합하여 지휘통일을 달성시키는 것이다. 또한 참모장은 각기 성격이 상이한 여러 참모들을 원만하게 화합토록 조정함으로써 제반 업무를 효율적으로 통합하여 지휘관을 보좌할 수 있도록 하여야 한다.

이상에서 언급한 바와 같이 참모장과 참모는 엄연히 구분되나 그 임무수행에 있어서는 혼연일체가 되어야 하며, 참모장은 공평무사와 부대간 화합을 위해 최종적이고 절대적인 해결능력을 갖춘 특성의 소유자여야 한다. 몽고메리 장군은 "참모장의 구비조건은 명철한 두뇌, 강력한 책임감, 세부 사안을 능률적으로 처리하는 능력과 지휘관의 자유스러운 입장을 보장하는 자질이다"라고 하여 참모장의 역할과 기능에 대해 강조하고 있다.

라. 참모의 자질과 활동 자세

참모는 항시 지휘관의 분신과 같은 마음가짐으로 하의상달과 상의하달을 도모하여 상하동욕자승(上下同慾者勝)의 의지의 일치를 통해 그 책임을 다해야 한다. 훌륭한 참모는 지휘관과 부대를 위해 봉사하되 자신의 이름이 나타나게 해서는 안 된다. 지휘관과 참모는 하나의 마음으로 책임을 다하여야 하고, 참모들의 인간적이고 즉흥적인 업무보좌로 인해 상의하달이나 하의상달 일치를 저해해서는 안 된다. 아울러 지휘관의 성공적인 부대지휘를 보장하기 위해서는 반드시 해당 업무에 정통하고 적기에 신속 정확한 첩보제공과 참모판단을 할 수 있는 유능한 참모가 있어야 하며, 유능한 참모들의 적극적이고 능동적인 참모활동이 임무성공을 위해 무엇보다 중요하다는 것을 인식해야 한다.

뛰어난 참모는 지휘관의 능력이 최대로 발휘되도록 유도할 수 있어야 하며, 전쟁 승패의 모든 권한과 책임이 지휘관에게 귀속됨을 다시 한번 상기해야만 한다. 참모는 모든 조직체, 특히 군 조직에서 핵심이므로, 참모는 책임 분야에 관한 업무를 적극 수행할 책임을 짐은 물론, 전문적 지식과 소양을 갖추고 부여된 직능에 맞추어 임무를 완벽히 수행할 수 있는 모든 능력을 갖추어야 한다. 아울러 현대전에 있어서 주요 작전환경에 대한 영향요소와 현대전의 본질을 명확히 이해하고 작전의 주도권을 확보 및 유지할 수 있어야 한다. 따라서 바람직한 참모상의 확립으로 인화단결하고, 전투력을 극대화하며, 유사시 어떠한 적과도 싸워 이길 수 있는 준비된 지휘관, 준비된 참모, 준비된 전투부대가 되어야 한다.

제 2 절 성공적인 임무수행을 보장하기 위한 간부의 전문화(專門化)와 의식(意識)

칼과 창을 낫과 쟁기로 만들고자 하는 평화에 대한 인류의 염원과 사상은 강렬하지만, 안타깝게도 지구상에서 전쟁이 없던 날은 그리 많지 않았다. 평화에 대한 인류의 영원한 이상과 현실간의 괴리(乖離)는 인류의 역사가 시작된 이래 오늘날까지 계속되고 있어 인류의 역사는 전쟁의 역사라 해도 과언이 아니며, 유사이래 지구상에는 총 2만 6천여 회의 크고 작은 전쟁이 있었다.

일찍이 손자는 "전쟁은 나라의 중대한 일이며, 국민의 생사와 국가의 존망이 달려 있다(兵者 國之大事 死生之地 存亡之道)"고 하여 전쟁이 국가사회에 미치는 영향의 중대성을 지적하였다. 전쟁에서 이겨도 많은 피해가 있지만, 하물며 전쟁에 패했을 경우에는 어떻게 되겠는가?

국민들이 입게 될 손실은 말할 필요도 없고, 나라를 송두리째 잃게 되는 수도 있다. 나라를 지키는 일, 즉 국방이 중요한 것은 바로 이런 이유 때문이다. 전쟁을 정당화하고 반드시 한반도를 공산화시키겠다는 북한과 대치하고 있는 우리 군인들은 항재전장(恒在戰場) 의식 속에 전쟁에 대비하는 마음자세로 군 본연의 임무에 매진해야 할 것이다.

"평화를 원하거든 전쟁에 대비하라"는 배제티우스나 "천하가 평안하다고 해서 전쟁을 잊어버리면 위태롭게 된다(天下雖安 忘戰必危)"는 사마양

저(司馬穰苴)의 경구를 한시라도 망각해서는 안 될 것이다.

1. 전문화된 간부, 대관소찰(大觀小察)하는 업무자세가 중요하다

"무능한 간부는 적보다 더 무섭다"라는 말을 많이 들어 왔다. 이는 부대 임무수행에 있어서 간부역할의 중요성과 미치는 영향이 얼마나 큰가를 강조하고 있는 것이다. 일찍이 손자는 장수의 첫 번째 자질로 지(智)를 들고 있는데 이는 사물의 현상을 꿰뚫어보는 통찰력과 지혜를 말한다. 이러한 지(智)는 그 글자 구성에서 알 수 있듯이 우선적으로 많이 아는 것(知)을 전재로 하고 있다. 즉 실력이 있어야 한다는 말이다. 복잡 다양하고 혼돈되는 상황 속에서 부대원들에게 올바른 방향을 제시해 주고, 부대임무를 성공적으로 수행하는 데는 전문화된 간부들의 역할이 중요하다. 부대업무를 수행하는 과정에서 방향제시가 잘못되면 부대전체가 무너지고 만다.

또한 부대생활 과정에서 자칫 업무를 의욕적으로만 추진하다 보면 단편적이고 지엽적인 문제에 모든 역량을 집중한 나머지 다른 부분에서 예기치 못한 상황 또는 결과가 발생하여 문제해결을 위한 접근에 있어서 다각적이고 종합적인 시각으로 근본과 전체를 보지 못할 경우가 있다. "숲을 보고 나무를 본다"는 생각으로 업무 관점을 크게 보아 문제해결의 본질과 핵심이 어디에 있는지 간파해 내는 통찰력이 필요한 것이다.

특히 부대관리를 하다 보면 당면한 과제나 지시사항에 얽매여 부여된 임무완수를 위해 일상적으로 필히 수행해야 할 기본임무를 소홀히 하여 크고 작은 사고를 포함 기본임무 수행상 문제점을 발생할 경우가 많다. 어떠한 경우에도 부대전체를 보고, 임기응변식이 아닌 규정과 절차에 의한 부대관리를 실시하여 각자의 계급과 직책에 부여된 해야 할 일을 제대로 해야 한다.

2. 시대적, 사회적 변화에 맞추어 의식의 변화가 필요하다

오늘날 우리들은 엄청난 변화의 시대에 살고 있다. 이러한 변화는 우리 모두로 하여금, 도전정신과 두려움을 갖게 하며 그 속도 또한 점점 빨라지고 있다. 특히 30여년 전의 장병들과 현재의 신세대 장병들의 의식 구조는 획기적으로 변화하였다. 즉, 병영 전반에 걸쳐 10년 또는 20년 전과는 많은 분야에 있어서 변화가 있을 수밖에 없을 것이다. 그러나 이러한 신세대 장병들을 매일 접하면서 지도하고 관리하는 간부들은 자기가 10~20년 전의 군대생활을 처음 시작할 때의 의식에서 크게 벗어나지 못하고 "옛날 선배들은 어떠하였느니" 등의 자세로 장병들을 대한다면 큰 시행착오를 겪을 수밖에 없다. 즉, 군 간부들은 입대 후 시간이 지나면 지날수록 사회의 흐름과 담을 쌓고 변화에 둔감해지고 보수화되며, 사고방식이 경직되어져 가는 경향이 강하다. 즉 간부들 자신은 모르는 것이 많고, 개인의 능력개발에 소홀하고 있다는 사실을 모르고, 나태와 안일에 젖어 있고, 부하에게 변화와 혁신만을 요구한다면 부하들은 상관의 말을 신뢰하지 않을 것이다. 따라서 간부들 스스로가 직무에 대한 전문능력과 과학적인 조직관리능력 등 다양한 능력을 갖추어 변화의 주체가 되도록 노력해야 한다.

새로운 군대문화 창출을 위해서는 우선적으로 간부들이 변해야 하고 창의적인 리더십을 발휘하도록 해야 한다. 즉 21세기 정보화 사회의 큰 흐름에 부응하고 미래전에 부응할 수 있는 군을 만들기 위해서 간부들이 선도적 역할을 해야 한다. 군 생활 경험을 교훈으로 삼고 부대의 전통을 계승 발전시켜야 하며, 일신 우일신(日新 又日新)하여 의식과 행동을 변화시켜 개인에게 주어진 임무수행뿐만 아니라 휘하 장병관리 등 부대관리 전반에 최선을 다할 때 "선 순환"이 반복되는 부대육성이 가능할 것이다.

3. 칭찬과 솔선수범으로 긍정적 사고(思考)를 갖도록 하자

군(軍)의 임무는 동시에 복합적이고 다양하게 전개되어진다. 즉 작전, 교육훈련, 인사관리, 군수 및 행정지원, 각종 공사, 부하 복지 등의 활동들이 유기적으로 이루어져야 하며, 이중 어느 하나라도 소홀히 하거나 중요성을 배제시킬 수는 없다. 따라서 한정된 자원과 수단, 그리고 제한된 시간 속에서 이처럼 복잡 다양한 임무를 성공적으로 완수하기 위해서는 항상 사전에 예측하고 준비하여 해결해 나가야 한다. 이러한 임무를 수행하는 주체는 사람이며, 부대는 사람이 이끌어 간다. 즉 부대관리는 사람관리가 핵심이다. 전쟁에서 제일가는 무기는 사람이라고 이야기한 것처럼 사람을 이해하고 협조와 조정, 통제를 통하여 부대를 관리하는 것이 전투력의 시작과 끝이다.

간부들은 사람관리에 대한 부단한 연구와 노력이 선행되어야 하며, 다른 사람, 타부대의 장점을 보고 이를 받아들여 자기 것으로 소화시킬 수 있는 겸허하고 지혜로운 마음의 여유가 항상 필요하다. 사람은 누구나 상대방이 자신을 인정해 줄 때 자신감을 갖게 되고 하고자 하는 욕구가 충천할 것이다. 부하를 대할 때 업무상의 장점을 우선 칭찬해 주면서 "수고했다, 잘했다"는 말 한 마디에 그 동안 고생한 것이 위로받을 수 있고 장차 임무를 더 잘하는 촉진제가 될 것이다. 단점을 표현할 때도 "다 잘했는데 이러 이러한 것은 이렇게 약간 보완했으면 좋겠다"로 표현한다면 더욱 열심히 할 것이다.

이렇듯 칭찬과 격려를 아끼지 말고 부하의 역할을 인정하여 그들이 부대의 주인임을 인식케 하고 욕구와 불만을 정확히 파악하여 해결해 주되 불가능한 부분에 대하여는 이해시키는 교육을 병행하여 공동체의식을 심어 주어 부대생활에서 최대의 만족감을 갖고 생활할 수 있도록 관리해 주는 것이 중요하다.

칭찬! 실로 이것만큼 아름다운 것도 세상에 없다. 연애도, 사업도, 예술도, 일도, 모든 미덕도 결국 이 아름다운 말을 듣기 위해 존재한다고 한다. 남의 단점보다 장점을 보려고 노력하라. 인간관계도 좋아지고 정신건강에도 좋다. 또한 훌륭한 지휘관리 능력을 구비하기 위해서는 헌신적이고 부단한 노력과 인내심이 필요하다. 이는 오로지 각자 스스로가 노력해야만 하는 문제이다. 역사를 통해 지휘관리 능력이 탁월했던 많은 군인들 모두가 부하에 대해 지극한 애정과 관심을 가지고 있었으며, 이들과의 신뢰관계를 바탕으로 한 부대관리를 통해 극한 상황에서도 어려운 임무수행이 가능했던 것이다.

매슬로우는 인간의 욕구를 5단계로 구분하고 있다. 욕구란 인간행동의 원천으로서 개인의 행동방향을 결정해 주는 근원이라고 할 수 있다. 매슬로우의 원리를 군의 병력관리에 적용해 보면 인간의 가장 기본적인 욕구인 생리적 욕구는 부대의 환경 및 복지 개선으로, 신체의 안전에 대한 욕구는 제반 병영생활에서의 안전관리, 사회적 욕구는 구성원간 끈끈한 정과 소속감으로 볼 수 있으며, 존경과 인정의 욕구는 칭찬과 격려로, 가장 상위 단계인 자아실현의 욕구는 병사들에게 성취감을 느끼게 해 줌으로써 충족시킬 수 있을 것이다. 더욱이 최근 신세대라 불리우는 장병들의 성향은 권위적이고 불합리한 지휘에 거부감을 느끼는 반면, 인간적인 정이나 대화에 쉽게 끌리는 특성을 보이고 있다.

장병들의 심리상태를 정확히 파악하여 욕구를 적극적으로 해결해 주고, 부하를 감화시켜 자발적인 행동을 유도하는 것은 간부들의 부대관리에 있어서 중요한 일이다. 신세대 장병들에게 가장 좋은 교육효과를 내는 것은 간부 및 상급자들의 솔선수범이다. 솔선수범은 상급자가 하급자에게 모범을 보이는 것으로 상급자는 하급자에게 강요하기에 앞서 항상 부하보다 먼저 좋은 본보기를 보여야 하며, 간부 자신이 먼저 솔선수범(率先垂範)하여 상관에게 복종하고, 이를 통하여 부하들도 자신에게 복종하도록 해야 한다. 흔히 간부는 어항 속의 금붕어와 같다고 한다. 어항 속의 금붕어를 가만히 관찰하면 지느러미의 움직임, 숨쉬는 모습, 심지어는 비늘 하나까지도 자세히 보이게 된다. 간부들도 금붕어와 같이 항상 주위 상관, 동료, 하급자들에게 노출되어 있다는 것을 한시라도 잊어서는 안 된다. 윗사람의 눈을 속일 수는 있어도 부하들의 눈을 속일 수는 없는 것이다. 이와 같이 간부의 일거수 일투족이 투영되어진다. 모름지기 간부는 누가 보든, 보지 않든 신독(愼獨)하는 자세로 자기 일을 스스로 찾아서 적극적으로 실천해 나갈 때 일의 능률과 성취도가 향상되며, 보람도 커지는 것이다.

군 생활의 모든 업무에 있어서 항상 긍정적인 자세를 견지하면 일의 성취도는 높아질 수밖에 없다. 그러므로 부대를 관리하고 부하를 지휘통솔하는 간부들은 부하들에게 칭찬을 아끼지 말아야 하며, 자신이 적극적인 행동과 솔선수범하여 행동으로 부하를 지도함으로써 부하들의 신뢰를 쌓아야 한다.

4. 공적과 과실 여부에 따라 엄격한 신상필벌이 필요하다

손자병법 “地形”편에 “厚而不能使, 愛而不能令, 亂而不能治, 譬與驕子, 不可用地”라 하여 “장수가 부하를 대할 때 너무 후하여 부릴 수가 없게 되고, 너무 사랑하여 명령할 수 없게 되고, 문란하여 다스릴 수 없다면 이는 마치 방자한 자식 같아서 아무짝에도 쓸 수 없게 된다”라고 하였으며 종교개혁으로 유명한 존 칼뱅도 “모든 것을 용서해 주는 왕은 무엇이든 용서해 주지 않는 왕보다 더 위험하다”고 하였다.

부대를 지휘관리하는 데 있어서 부하들에게 관대한 것만으로는 이루어지지 않으며 명확한 신상필벌이 이루어질 때 그 효과는 극대화되는 것이다. 따라서 부하가 잘못 했을 때 용서와 관용 일변도의 지휘관리보다는 필요할 때 벌을 줄 수 있는 결단력 있는 지휘관리를 할 수 있어야 한다. 즉 엄격한 신상필벌의 적용이 지휘관리에 있어서 필수적이라 할 수 있다. 아무리 좋은 제도라 하더라도 그것의 엄격한 적용이 없다면 유명무실해져 버리기 때문이다. 또한 엄벌과 함께 장려할 만한 일에 대해서는 그에 따르는 보상을 해 주어야 한다. 옳고 훌륭한 행동이 어떤 보상을 바라고 하는 일은 아니지만, 일정한 보상은 그러한 행동을 확신시키고 장려하는 힘을 갖고 있기 때문이다. 따라서 상(賞)과 벌(罰)은 부대의 군기유지 및 사기앙양에 필요한 것이다.

5. 절제된 생활과 원만한 인간관계가 중요하다

"생산 안에서 소비하고, 수입 안에서 지출하고, 버는 범위 내에서 쓰라" 이것은 가정경제에서 국가경제에 이르기까지 인간의 경제생활의 대원칙이요 합리적 생활의 기준이다. 양식이 있는 사람이라면 자기 돈이라고 마음대로 쓸 수는 없다. 로마의 철학자 키케르는 "절약은 큰 수입"이라고 했다. 아무리 많은 돈을 벌어도 절약하지 않는다면 경제적 여유를 가질 수가 없다. 이러한 경제원리가 어쩌면 군대생활이나 인생에서도 마찬가지인 것 같다.

군인은 민간인처럼 마음대로 행동하는 것이 아니라 언제 어디서나 정해진 법률과 규정에 따라 절제된 생활을 해야 한다. 특히 간부들은 부대원들뿐만 아니라 거주하고있는 지역 주민들에게도 부단한 관심의 대상이다. 따라서 평소 행동에 있어서 군인다움을 유지하면서 절제된 생활을 해야 한다. 스스로 자제할 수 없다면 간부로서의 자질을 상실한 것이므로 군에서뿐만 아니라 사회에서도 도태의 대상이 될 수밖에 없게 된다. "탐욕은 칼보다 더 많은 사람을 죽인다"는 속담도 있지만 물욕이 있으면 순수성이 없어지고 정실(情實)에 치우친 인간관계가 형성되며 결국 물욕으로 인해 파탄을 맞게 된다. 검소하고 절제된 생활이 왜 필요하고 얼마나 중요한지는 따로 설명할 필요가 없다. 어떤 철학자는 사람은 짐승과 달리 정신력에 의해 욕구를 억제할 수 있다고 하였다. 그러나 만약 욕구를 억제하기 못하면 그 욕구가 사람을 짓눌러 인격적 파멸을 가져오게 된다. 우리는 주위에서 분수에 맞지 않는 생활을 하다가 인생의 고배를 마시는 사람들을 종종 보게 된다.

결국 절제되지 못한 생활은 본인뿐만 아니라 자신을 둘러싸고 있는 모든 것을 잃게 되며 인생파탄으로 이르게 될 수밖에 없다. 세상일은 단순히 소질과 재능의 문제가 아니라 오히려 인간관계의 주도 면밀한 배려가 성공의 열쇠가 되는 경우도 있다. 인간으로서 성장을 계속하고, 친구를 사귀며, 사랑하는 법을 배우고, 자기생활을 조화시켜 나가야 비로소 인간다운 인간이 될 수 있는 것이다. 대수롭지 않은 명성, 불필요한 체면, 교만한 마음 등을 버리고 올바른 인격과 편협됨이 없는 성격을 갖도록 노력하고 자기 본위의 태도보다는 남을 편안하게 만들며, 때와 장소를 가리지 않고 주변사람과 조화롭게 어울릴 수 있는 것이 인간관계를 유지하는 기본이다. 원만한 인간관계를 위해서는 "칭찬에 인색하지 말고 상대방을 인정해 준다. 남이 나에게 해 주기를 바라는 대로 남에게 해 준다. 가까운 사람일수록 예의범절을 바르게 한다. 항상 상대방에게 친절하고 상대방의 이름을 기억한다. 일상적인 업무에 최선을 다하여 상대방에게 신뢰감을 준다." 이와 같은 사항에 관심을 갖고 행동한다면 인간관계 향상에 큰 도움이 될 것이다.

6. 하루 하루에 최선을 다하는 삶이 중요하다

어느 순간도 소홀히 할 수 없는 것이 우리의 인생이다. "인생은 한 권의 책과 비슷하다. 바보들은 그것을 척척 넘어가지만, 영리한 사람은 정성스럽게 그것을 읽는다. 왜냐하면 그는 오직 한 번밖에 그것을 읽지 못한다는 것을 알고 있기 때문이다." 장 파울의 말이다. 이 말은 결국 인생은 한 번뿐이라는 사실을 일깨워 주는 것이다. 노벨상 수상작가인 프랑스의 로망 롤랑은 "인생은 왕복표를 발행하고 있지 않습니다"라고 그의 대하소설 매혹의 혼에 쓰고 있다. 우리가 매일 매순간을 중요하고 진지하게 생각해야 한다는 선인들의 말도 사실은 인생이 한 번뿐이기 때문일 것이다. 오늘 하루가 쌓여 인생의 긴 여정을 이루어나간다. 세상의 모든 일은 때가 있으며, 씨를 뿌릴 때가 있고, 열매를 거둘 때가 있다. 기회를 놓치는 자는 실패하고 기회를 붙잡는 자는 성공을 한다. 기회는 두 가지가 있다. 하나는 저절로 찾아오는 기회요, 또 하나는 내가 스스로 만드는 기회이다. 우리는 적극적으로 기회를 만들어야 한다. 인생에서 때를 아는 것 지시(知時)이다. 시간을 유용하게 활용하는 사람이 인생의 승리자가 된다. 인생의 낭비 중에서 최악의 낭비는 '시간낭비'이다. 돈은 없다가도 벌면 생긴다. 그러나 한 번 가버린 시간은 영원히 돌이킬 수 없다. 또 하나 중요한 것은 때를 기다리는 것 지시(持時)이다. 어제 심은 씨앗이 오늘 아침 열매를 맺을 수 없으며, 로마는 결코 하루아침에 이루어진 것이 아니다.

우리는 기다림을 배워야 한다. 결론적으로 시간을 잘 활용하여 스스로 기회를 만들기 위해서는 바로 지금 이 순간에 최선을 다해야 한다. 톨스토이는 "가장 중요한 시간이 현재"라고 하였으며, 미국의 시인 에머슨도 "그날 그날이 최선의 날이다"라고 하여 무수히 많은 날 중에서 "오늘"이 가장 중요함을 강조하였다. 무릇 간부된 자(者)는 현재 수행하고 있는 직책에 군생활 및 인생을 건다는 자세로 하루 하루를 부여된 직책에 최선을 다해야 하며, 자신이 수행하는 업무에 있어서 책임을 지며, 부대관리에 있어서 최종 확인자로서 사회생활에 있어서는 인생의 주인으로서의 자기관리 철학을 갖추어야 할 것이다. 하루 하루를 보람되고 알차게 살다보면 분명 자기가 설정한 목표에 도달하게 되어 있다. "내일 지구의 종말이 오더라도 오늘 한 그루의 사과나무를 심겠다"는 스피노자의 말을 되새기며 매사에 최선을 다한다면 바로 그것이 성공적인 삶일 것이다.

또한 근면 성실이 모든 일을 성취하게 하는 원동력이다. "지혜를 짜내려고 애쓰기보다는 먼저 성실하라! 사람이 지혜가 부족해서 일에 실패하는 경우는 적다. 사람에게 늘 부족한 것은 성실이다. 성실하면 지혜도 생기지만 성실치 못하면 있는 지혜도 흐려지는 법이다"라고 디즈레일리는 말했다. 사람이 한평생을 살아가는 동안에는 참으로 많은 경험을 하게 된다. 그런데 인간에게 닥치는 많은 일들은 뜻하는 대로 잘 풀리지 않는 경우가 더 많다. 강한 쇠도 불 속에 들어갔다가 나와야 더 강해지듯 사람도 역경에 빠졌다가 헤어나는 사람이 더 강하다.

쇠의 경우는 그것이 쓰일 곳에 쓰이지 않고 버려져 있으면 이내 녹이 슬어 쇠의 구실을 못하게 된다. 인간에게도 큰일을 하는 사람은 그만큼 더 큰 역경을 만난다. 역경이 크면 클수록 그 역경을 헤어나는 보람도 커진다. 따라서 인간의 경우도 역경을 이긴 자만이 역경에 도전할 수 있을 것이며, 역경에 도전하기 위해서 근면하지 않으면 안 되는 것이다. 아울러 근면 성실한 사람은 근면 성실로부터 끊임없는 용기와 힘을 공급받는다. 결코 우연히 얻어지는 것은 없으므로 땀의 결실로서 성취와 보람을 얻는 간부들이 되어야 하겠다.

7. 전문화된 간부상 확립

군이 존재하고 있는 목적은 유사시 전쟁에서의 승리이며, 전쟁에서의 결정적인 승패는 무형전력과 장병들의 전투의지를 이끄는 간부들의 자질과 지휘관리 능력에 크게 좌우된다. 즉 군 조직의 핵심 역할을 수행하고 있는 간부들의 자질이 우수해야 하며, 우수한 간부가 되는 길은 누가 대신해줄 수 없으며 부단한 공부와 자기발전을 위한 각고의 노력이 요구된다. 과거의 고착된 생활방식과 형식주의, 겉치레식 생활태도를 버리고, 보다 더 진취적이고 발전적인 사고로 미래를 예측할 수 있는 예리한 통찰력과 사회 및 군대문화의 변화에 부합하여 자신을 변화시키고자 하는 의지가 필요하며, 다른 사람의 장점을 보고 이를 받아들여 자기 것으로 만들려는 겸허하고 폭 넓은 마음자세가 필요하다. 소속된 부대에서는 주인으로, 가정에서는 가장으로 매사에 최선을 다하고 할 일을 제대로 하는 전문화된 간부들의 역할이 매우 중요하다.

제 3 절 선순환과 우리의 미래

저자는 우리 한민족에게 세계를 좌우할 능력이 충분히 있다고 생각한다. 이는 세계의 유명한 학자들도 인정하는 바다. 『강대국의 흥망』이라는 저서로 이름이 널리 알려진 미국 예일 대학교의 폴 케네디 교수는 아시아 신흥 공업국 중에서 한국이 가장 먼저 선진국에 진입할 승자(勝者)가 되리라고 『21세기의 준비』에서 밝힌 바 있다. 한편 영국의 언어학자 제프리 샘슨은 한글에 대해 "인류 역사상 최고의 지적 산물 중의 하나"라고 높게 평가하며 우리 민족의 문화적 우수성을 입증한 바 있다.

우리는 과거의 역사에서 잘못된 점을 찾아내어 다시는 반복되는 오류가 없도록 해야 하나 과거에 집착해 서로를 깍아 내리며 상충하는 악순환의 고리로 빠져드는 일이 없도록 해야 하겠다. 우리 민족은 일제시대의 고초와 한국전쟁의 시련을 겪었으며 전쟁의 폐허로부터 오늘의 경제성장을 이룩해 냈으며, 올림픽과 월드컵을 세계인들의 경탄 속에 성공적으로 치뤄낸 저력이 있는 민족이다. 이제 선순환 리더십을 통하여 선(善)을 기본으로 한 개인의 평화와 · 가정의 화목 그리고 기업 · 사회 · 국가로서 더욱 큰 발전과 희망이 우리조국에 함께 하여 행복한 국민 그리고 밝은 사회, 선진일류 복지국가인 대한민국을 기대해 본다.

그런 의미에서 본서는 독자들이 선순환 리더들로서 선순환을 일구어 내는 주역이 되고 자라나는 어린이들이 미래의 아름다운 꿈과 희망을 갖고, 밝고 명랑하며 자신감을 갖고 성공을 이루어 나가는 데 일조하리라 믿는다. 저자는 독자 여러분들이 선순환 리더십을 실천하여 앞으로 만나게 될 모든 사람들과 좋은 상호작용을 통해 선(善)순환 인연이 되고, 죽음을 눈앞에 두게 되는 순간에는 인생에 한 점 후회가 없는 삶이 되기를 진심으로 바란다. 그리고 여러분이 닦은 좋은 토양이 후대에게까지 긍정적인 영향을 미치기를 바란다. 선(善)의 기운이 가정과 직장, 사회, 국가에 충만하기를 다시 한번 더 바라면서 이 글로 끝맺음을 하고자 한다.

한 그루 나무가 숲의 시작일 수도 있고
한 개의 별이 바다에서 배를 인도할 수 있다.
한 자루의 촛불이 어둠을 몰아낼 수 있고
한 번의 웃음이 우울함을 날려보낼 수 있다.
한 걸음이 모든 여행의 시작이고
한 가지 희망이 당신의 정신을 새롭게 한다.
한 사람의 가슴이 무엇이 진실인지를 알 수 있고
한 사람의 인생이 세상의 차이를 가져다 줄 수 있다.
이 모든 것이 당신에게 달린 일이다!

결국 선순환 리더십은 개인과 조직, 그리고 사회의 발전에 기여하는 원동력이다. 선순환 리더십을 통해 사람들은 현재 자신의 위치 속에서 미래의 씨앗을 심으며, 내적 성숙의 과정을 거쳐 꽃을 피우게 된다. 그 꽃은 향기를 내뿜으며, 세상을 이롭게 하고, 그 씨앗은 다시 다른 사람에게 옮겨가는 선(善)순환을 하게 한다. 다시 한번 선(善)순환이라는 과정을 거쳐 밝고 희망찬, 그리고 발전을 거듭하는 개인과 조직, 평화롭고 신바람이 나는 행복한 우리 사회 · 국가가 되기를 기원해 본다.

선순환 실천과 우리의 미래

● 원만한 인간관계를 위해서는 "칭찬에 인색하지 말고 상대방을 인정해 준다. 남이 나에게 해주기를 바라는 대로 남에게 해주며, 가까운 사람일수록 예의범절을 바르게 한다. 항상 상대방에게 친절하고 상대방의 이름을 기억한다. 일상적인 업무에 최선을 다하여 상대방에게 신뢰감을 준다." 이와 같은 사항에 관심을 갖고 행동한다면 인간관계 향상에 큰 도움이 될 것이다.

● 우리가 매일 매순간을 중요하고 진지하게 생각해야 한다는 선인들의 말도 사실은 인생이 한 번뿐이기 때문일 것이다. 오늘 하루가 쌓여 인생의 긴 여정을 이루어 나간다. 세상의 모든 일은 때가 있으며, 씨를 뿌릴 때가 있고, 열매를 거둘 때가 있다. 기회를 놓치는 자는 실패하고 기회를 붙잡는 자는 성공을 한다. 기회는 두 가지가 있다. 하나는 저절로 찾아오는 기회요, 또 하나는 내가 스스로 만드는 기회이다. 인생에서 때를 아는 것 지시(知時)이다. 시간을 유용하게 활용하는 사람이 인생의 승리자가 된다. 인생의 낭비 중에서 최악의 낭비는 '시간 낭비' 이다.

● 우리는 기다림을 배워야 한다. 결론적으로 시간을 잘 활용하여 스스로 기회를 만들기 위해서는 바로 지금 이 순간에 최선을 다해야 한다. 톨스토이는 "가장 중요한 시간이 현재"라고 하였으며, 미국의 시인 에머슨도 "그날 그날이 최선의 날이다"라고 하여 무수히 많은 날 중에서 "오늘"이 가장 중요함을 강조하였다.

● 근면 성실이 모든 일을 성취하게 하는 원동력이다. "지혜를 짜내려고 애쓰기보다는 먼저 성실하라! 사람이 지혜가 부족해서 일에 실패하는 경우는 적다. 사람에게 늘 부족한 것은 성실이다. 성실하면 지혜도 생기지만 성실치 못하면 있는 지혜도 흐려지는 법이다"라고 디즈레일리는 말했다.

보 론

리더십 이론의 고찰

보론: 리더십 이론의 고찰(考察)

모든 사람들이 '리더십'이란 말은 많이 들어 왔으나 막상 리더십이 무엇인지, 역사적인 사실이나 변화는 어떻게 이루어져 왔는지 구체적 내용은 모른 채 막연히 군대 지휘관이나 일반 회사의 사장이 부하 직원에게 영향을 미치는 행위 정도로 알고 있거나 무관심 속에 지내온 독자도 있었을 것이다. 그래서 본 보론에서는 리더십을 연구하거나 리더십에 관심이 많은 독자들을 위하여 리더십 이론의 역사적 변천 및 발전과정과 선(善)순환 리더십 이론의 출현 배경을 고찰하였다. 그럼 기존 리더십 이론의 역사적 발전과정을 개괄적으로 살펴보고, 이어서 신조류이론으로 각광받고 있는 거래적 · 변혁적 리더십과 셀프 · 수퍼 리더십, 팔로워십을 구체적으로 살펴보기로 한다.

제 1 절 리더십 의의

리더십(leadership)이란 용어는 우리말의 '지도력' 또는 '지휘통솔'에 해당된다고 할 수 있다. 코터(Kotter)에 의하면 "리더십이란 바람직한 목표를 성취시키기 위하여 다른 사람들을 동기부여하고 지휘하며 영향력을 행사하는 능력"이라고 정의하고 있고 플레시맨(Fleishman)은 리더십을 "어떤 목표나 목표들의 달성을 지향하도록 의사소통과정을 통해서 개인간의 영향력을 행사하려는 시도"로 정의하고 있으며, 쿤츠(Koontz) 등은 리더십이란 "사람들로 하여금 공동목표를 달성하는 데 따라오게 영향력을 행사하는 것"이라고 말한다. 그런가 하면 최근의 목표설정에 있어서의 종업원의 참여추세와 관련하여 스탁딜(Stogdill)은 리더십을 "목표설정과 목표달성을 지향하도록 집단행위에 영향력을 행사하는 과정"으로 보고 있다. 이러한 리더십에 관한 여러 학자의 정의를 종합하여 보면 결국 리더십이란 일정한 상황에서 목표달성을 위하여 영향력을 행사하는 과정으로 요약된다. 즉, 리더십의 요체는 영향력 행사의 과정이라고 할 수 있다.

또한 유클(Yolk)은 여러 학자들의 리더십에 관한 정의를 다음 표와 같이 정리하여 보여 주고 있다.

그럼 리더십 이론의 역사적 발전과정을 전통리더십 측면에서 살펴보고 이이서 신조류 리더십 이론 중에서 거래적 · 변혁적 리더십과 수퍼 · 셀프 리더십, 팔로워십을 살펴보기로 한다.

리더십의 다양한 정의

저 자	리더십의 정의
Hemphill & Coons (1957)	집단의 활동을 고유한 하나의 목표로 집중시키려는 개인의 행동
Tannenbaum, Weshler, & Massarik (1961)	주어진 상황에서 구체적 목표(들)의 달성을 통해서 행사되는 대인적 영향력으로서 커뮤니케이션 과정을 통하여 행사된다.
Stogdill (1974)	집단내 상호교류 속에서 구성원의 기대에 맞게 집단의 구조를 만들고 유지하는 것이다.
Janda (1960)	일종의 독특한 형태의 권력(power) 관계로서 집단의 한 구성원이 자신의 행동패턴을 또 다른 구성원이 규정할 권리를 갖는다고 느낄 때 발생한다.
Kochan, Schmidt & DeCottis (1975)	영향력 행사과정으로서 O가 P에 영향을 가하여 P의 행위를 변화시켰을 때 P가 O의 영향력 행사를 합당한 것으로 생각하고, 야기된 변화가 P 자신의 목표와 일치한다고 여길 때 리더십은 발생한다.
Katz & Kahn (1978)	기계적으로 조직의 일상적 명령을 수행하는 것 이상의 결과를 가져올 수 있게 하는 영향력이다.
Schriesheim, Tolliver & Behling (1978)	사회적 영향력 행사과정으로 리더가 조직목표 달성을 위해서 하급자들의 자발적 참여를 추구할 때 발생한다.
Peters & Austing (1985)	리더십은 비전이요 우렁찬 응원가요 열정(passion)이다.

* 출처: 백기복, 「조직행동연구」 (서울 : 법문사, 1994), p. 437 수정 인용.

제 2 절 전통 리더십론의 개관

1. 리더십(Leadership)의 기원

인류 역사의 기원과 더불어 리더십은 출현했다. 가족과 씨족이 존재하면서 그들의 행동과 활동을 통제하고 조정하는 데 리더가 필요했기 때문이다. 예컨대 고대 이스라엘 민족의 리더가 되기 위한 조건은 현재 상형문자로 남겨져 있는데, 다음과 같은 세 가지 조건으로 요약하고 있다. "그대의 입에는 단호한 '권위'가 있어야 하며, 그대의 가슴에는 모든 것을 '통찰'할 수 있는 능력이 있어야 하며, 그대의 혀는 '정의'의 창고가 있어야 한다." 또한 호메로스(Homeros)의 「오디세이(Odyssey)」에서는 이미 2700년 전에 리더에게 다음과 같은 충고의 말을 했었다. "리더는 부하들과 약간의 거리를 유지해야 한다. 리더를 품위 없는 대중과 섞어 놓으면 팔로워를 잃게 된다." 또한 플라톤의 「국가론」, 마키아벨리의 「군주론」 등은 고전적인 의미의 대표적인 리더십 이론 서적이라고 볼 수 있다. 이러한 저술들은 리더십의 문제를 주로 리더가 어떠한 품성을 갖추어야 하며 어떤 식의 행동을 해야 하는가에 관하여 당위론적인 입장에서 논하였다. 그런데 이러한 논의는 근대이후 성립된 인식체계와 방법론에 부합하지 않는 것으로서, 현실적으로 어떤 품성을 갖춘 리더가 더 성공적이고, 어떤 방식의 행동을 하는 리더가 더 효과적인가에 관한 증거의 제시 즉, 실증적인 검증은 결여된 것들이었다.

근대에 이르러 과학적인 방법의 리더십 연구는 19세기 중반에 칼라일

(Carlyle)의 「영웅과 영웅 숭배」라는 저서에서 그 기원을 찾아볼 수 있다. 그는 이 저서에서 역사는 소수의 뛰어난 위인들에 의해서 만들어지며, 그러한 위인들은 범인(凡人)들과는 다른 훌륭한 자질이나 특성을 타고난다고 보았다. 그리하여 그는 유럽의 과거 역사에서 뛰어난 인물들이 지녔던 특성을 찾으려는 시도를 하였다. 이러한 위인 이론은 그 후 영국의 우생학자인 갈튼(Galton)의 '뛰어난 자질과 능력은 유전적으로 결정된다'는 유전론에 힘입어 더욱 발전하게 된다. 이후 이 '위인이론'은 심리측정 기법발달과 결합하여 '특성론'이라는 이론적 접근으로 발전하게 된다. 이 특성론은 리더십에 대한 최초의 과학적인 이론적 접근이라고 볼 수 있으며, 1920년경 미국에서 활발하게 연구되었다. 그 이후 1940년대에는 리더의 행위가 팔로워를 대하는 방식에 중점을 둔 리더십 행동이론 연구가 활발하게 진행되었고, 1970년대에 이후에는 환경적 요인을 중요한 변수로 여기는 상황중심적 리더십 이론에 열중하였다. 그럼 단계별로 특성이론, 행동이론, 상황이론 순서로 정리해 보고자 한다.

2. 전통리더십(Leadership)의 이해

가. 특성이론

1) 특성이론의 개관

리더십의 특성이론(traits theory)은 1920년경 미국에서 활발하게 연구된 리더십 초기 접근방법으로서, 이보다 이전에 유럽에서 '위대한 사람 이론(great man theory)'이라고 불리는 '영웅들이 가지고 있는 독특한 자질(the unique qualities of heroes)'이 무엇인가에 관한 연구에서 비롯되었다. 특성이론이란 리더의 개인적 자질과 특성이 리더십의 지위와 기능에 영향을 준다고 간주하고, 그 특성을 해명하는 이론이다. 즉, 이 이론의 기본가정은 리더십은 개인이 소유하는 질적 요소인 자질 또는 특성에 좌우된다는 데 있다. 이 이론에 의하면 리더는 고유한 개인적인 특성만 가지고 있으면, 그가 처해 있는 상황이나 환경이 바뀌더라도 항상 리더가 될 수 있다. 따라서 리더십 특성이론의 지지자들은 리더가 지녀야 할 공통적인 특성을 규명하는 데 온갖 노력을 경주해 왔다.

버나드(C. I. Barnard)는 리더에게 필요한 특성으로 박력과 지구력, 결단력, 설득력, 책임감, 지적능력 등을 들고 있다. 근래에까지 이러한 특성이론의 관점에서 리더십을 규명하려는 노력이 있었는데 대표적으로 스톡딜(Stogdill)을 들 수가 있다.

스톡딜은 이러한 리더의 특성을 아래와 같이 6가지로 분류하였다.

(1) **신체적 특성**(physical characteristics)

리더의 활동성, 에너지, 연령, 신장, 체중 등이 리더십의 기능을 발휘하는 요소이다.

(2) **사회적 배경**(social background)

리더의 사회적 신분, 교육 등의 조건은 일반적으로 높은 사회적, 경제적 신분에 리더가 되는 데 유리하다.

(3) **지능과 능력**(intelligence and ability)

리더의 판단력, 결정력, 지식, 지능, 화술 등이 일반적 구성원보다 훨씬 뛰어나는 것은 리더의 조건이다.

(4) **성격**(personality)

개인이 갖고 있는 강한 신념, 공격성, 독립성, 자신감, 지배성, 창조성, 기민성, 추진력, 외향성 등의 성격적 장점은 리더의 조건이다.

(5) **과업특성**(task related characteristics)

높은 성취욕구와 책임감으로 과업 지향적인 성향을 보유하고 역경을 극복하고 목표를 향해 끊임없이 추구하는 강한 의지력은 리더가 되는 데 유리하다.

(6) **사회적 특성**(social characteristics)

사회적으로 다양한 형태의 계층과 환경에 적응을 할 수 있으며 적극적으로 참여할 수 있는 능력은 리더의 덕목이다.

따라서 특성이론에서는 리더십 훈련이 필요하다면 선천적으로 리더가 될 수 있는 특성을 가지고 있는 사람들에게만 리더십 훈련이 도움이 된다고 할 수 있다. 결국 특성이론의 핵심은 개인이 태어날 때부터 갖고 있는 특질이나 특성이 리더십을 발휘할 수 있는 조건이라는 것에 초점을 맞추고 있다.

2) 특성이론의 한계

1920년대와 1940년대의 리더십 이론을 대표했던 특성이론은 영웅으로서 리더들이 가져야 할 신체적 · 성격적 · 지적 · 사회적 특성 등에 대하여 연구를 진행하였다. 연구의 초점은 주로 성공한 리더와 성공하지 못한 리더의 차이점에 집중되었고 어떤 사람이 리더의 자질이 있는가의 여부에 대한 다양한 연구가 진행되었다.

인문학적인 측면에서 바라본다면 19세기 후반부터 대두된 칼라일이나 에모슨, 니체 등에 의해 제창된 철학적 위인론과 천재론, 갈튼의 발생학적 천재론 등의 주장이 20세기 초반에 시작된 현대적 리더십의 초기단계 연구 관점을 영웅 중심적인 관점에 집중하게 했다. 또한 역사적인 측면에서 바라본다면 당시의 전시체제 속에서 리더의 강력한 카리스마를 요구했고 따라서 과거에 존재했던 영웅주의적 리더들의 특별한 자질들을 적용해 보고자 했던 열망이 이론을 형성하는 데 상당한 영향을 미쳤을 것이라 생각할 수 있다.

그러나 심리학의 발전에 힘입어 많은 연구가 이루어졌음에도 불구하고 리더십의 성공을 보장하는 결정적인 공통적 특성과 자질을 찾아내지는 못하였다. 또한 개인의 특성과 조직의 유효성과의 상관관계의 증명은 더욱 어려운 과제로 제기되었다. 2차 세계대전 전시체제가 종료되고 기존과는 다른 자유방임적인 경영활동이 확대됨에 따라 이러한 조직 환경에 적용할 수 있는 리더십이 새롭게 요구되었다. 이에 따라 기존의 리더십 특성이론은 리더의 역할이나 상황조건에 대한 논리결여로 1950년대에 들어오면서 상당한 비판을 받기 시작하였다.

나. 행동이론

1) 행동이론의 개관

1940년대부터는 초기의 특성이론이 아닌 리더의 행위나 팔로워를 대하는 방식에 따른 리더십에 대한 연구가 진행되었다. 이러한 행위 중심적인 리더십 연구는 기존에 특성이론이 리더의 선천적이고 선험적인 특성과 자질에 집중되었던 것에 비해 리더다운 리더의 행동양식을 개발하기 위한 후천적인 교육과 개발 그리고 적용에 대한 연구가 집중되었다. 즉 리더의

리더십 행동이론

행동 유형	학 자	주제 내용
전제적-민주적	Tandenbaum, Schmidt (아이오아대)	리더십 유형을 전제적 리더와 민주적 리더로 분류
독재형-민주형-자유방임형	Lewin, Lipitt, White	의사결정과정 중에 나타나는 리더의 행동을 분류
구조주도적-배려주도적	Stogdill & Fleishman (오하이오대)	구조중심적 리더십과 배려중심적 리더십으로 분류
종업원지향성-생산지향성	Likert(미시간대)	리더의 유형을 종업원지향성과 생산지향성으로 분류
무관심형-인기형-과업형-타협형-이상형	Blake & Mouton	생산에 대한 관심과 인간에 대한 관심으로 구분

* 출처: 이정근, 「팔로워십 유형이 리더십의 효과에 미치는 영향에 관한 연구」, 고려대학교 대학원 석사논문(1999), p.14에서 수정 인용.

행동에 따라 리더십의 유효성, 나아가 조직의 유효성이 규정된다는 것이다. 리더십 행동이론을 간략하게 정리하면 위의 표와 같다.

이러한 연구는 인간들의 행동과 집단화 과정에서 나타나는 리더십의 유효성에 대한 이론으로서 1940~50년대에 미시간 대학의 리커트(Likert)가 리더의 행동(behavior), 집단과정(group process), 집단성과(group performance)의 상관관계를 연구하면서 체계화되었으며 오하이오 주립대학의 구조중심적 리더와 배려중심적 리더의 2가지 유형에 대한 연구도 상당한 성과를 거두었다고 볼 수 있다.

(1) **아이오아 대학의 리더십 연구**

타넨바움(T. Tannenbaum), 슈미트(W. H. Schmidt)는 리더십 유형을 전제적 리더형와 민주적 리더형로 구분하였다. 이 이론은 조직에서 의사결정의 권한 부여 위치와 절차에 대한 리더십 이론으로 조직 행위에 관련된 거의 모든 의사결정 권한을 리더가 단독으로 행하는 것을 전제적 리더형이라고 하였고 조직의 의사결정 과정에서 집단 구성원들에게 많은 권한 위임을 하는 것을 민주적 리더형이라고 구분하였다.

연구의 결과는 일반적으로 팔로워에게 권한을 부여하는 민주적 리더형이 리더와 집단 구성원과의 관계, 집단행위의 특성, 리더 부재시 구성원의 태도 면에서 전제적 리더십 유형보다 호의적으로 나타났기 때문에 바람직한 리더의 행동은 민주적 유형이라고 할 수 있다.

(2) **의사결정 권한에 기초한 리더십 이론**

레빈(K. Lewin)의 지도하에 리피트(R. Lippitt)와 화이트(R. K. White)는 구체적인 현장조사의 결과 리더십 유형을 독재형 리더십(autocratic leadership style)과 민주형 리더십(democratic leadership style) 그리고 자유 방임형 리더십(laissez faire style)의 세 가지 유형으로 구분하고 그들의 의사결정 방식에서의 차이점을 중심으로 고찰하였다.

독재형 리더십이란 조직의 집단행동과 관련된 거의 모든 의사결정을 리더 혼자서 결정하는 리더십을 말하고, 민주형 리더십은 의사결정 권한을 팔로워들에게 어느 정도 위임하여 자율권을 보장해 주는 리더십이며, 자유 방임적 리더십은 리더가 의사결정의 권한을 팔로워에게 완전히 위임하는 리더십을 말한다.

연구의 결과 의사결정 권한은 리더와 팔로워가 적절하게 보유하고 조직과 관련된 정보도 공유하는 것이 더 효과적이었다. 따라서 팔로워들의 참여와 협력에 기반을 둔 민주적 리더십이 바람직한 리더의 행동 유형이라고 할 수 있다.

(3) 오하이오 대학의 연구

오하이오 주립대학의 경영연구소에서는 리더의 행동 유형을 여러 차원에서 분석하고 집단의 성과와 구성원의 만족감과의 관련성을 분석하였다. 또한 이를 기반으로 조직의 목표달성에 더 효과적인 리더의 행동을 파악하는 데 중점을 두었다.

오하이오 대학의 스톡딜(Stogdill)과 플레시맨(Fleishmen)은 리더행동을 측정하는 설문지를 개발하여, 분석한 결과 리더십을 이루는 구성요인은 배려가 49.6%, 구조주도가 33.6%, 생산강조가 9.8%, 사회적 감수성이 7.6%인 것으로 나타났는데, 그런데 여기서 생산강조는 구조주도적이라고 볼 수 있고, 사회적 감수성은 배려에 포함시킬 수 있으므로 크게 두 가지의 행동 범주로 분류할 수 있다. 스톡딜(Stogdill)과 플레시맨(Fleishmen)은 이 두 가지 특성을 배려형 리더십(considerate leadership)과 구조주도형 리더십(initiating structure leadership)이라고 명명하였다. 우선, 배려형 리더십은 의사결정 과정에 있어서 팔로워들의 참여를 증진시키고 자율성을 확장시키기 위한 리더의 지원적 · 우호적 행동과 관련이 있다. 리더는 조직의 발전에 대한 팔로워들의 공헌을 인정하고 그들과 개방적인 의사소통을 한다. 이러한 행동들은 관계 지향적(relationship oriented)이며 팔로워와 원만한 관계를 맺고 유지하는 행동을 말한다.

구조주도형 리더십은 의사결정 과정에 있어 팔로워들의 참여를 유도하기보다는 리더의 독립적인 결정을 중심에 두고 있으며 리더는 팔로워에게 명확한 지시와 수립된 계획에 대한 강력한 집행을 수행한다. 이러한 과업 지향적(task oriented)인 행동들은 인력과 자원을 효율적으로 활용하여 조직의 목표를 달성하는 수단이 된다.

(4) 미시간 대학의 연구

미시간 대학의 리커트(Likert)는 오하이오 주립대학의 리더십 연구와 거의 유사한 시기에 리더십 행동이론의 연구를 진행했다. 이 연구는 리더의 서로 다른 2가지 성향의 행동을 입증하기 위한 것이었는데, 이를 종업원지향성(employee orientation)과 생산지향성(production orientation)이라고 구분하였다.

종업원지향성은 팔로워들의 역할에 중요성을 부여하여 그들의 개성과 개인적 욕구 충족 나아가 자아실현 속의 조직 발전이라는 점에 중점을 두는 리더의 행동을 나타낸다. 반면, 생산 지향성은 조직의 목표를 이루기 위해 팔로워들의 직무 기술과 능력만을 중요하게 여기며 계획된 업무에 팔로워들을 배치하는 리더의 주된 행동을 나타낸다.

리커트의 연구결과 주목해야 할 것은 대체로 조직의 목표 성취에 적합한 효율적 리더들의 행동은 생산지향적 리더보다도 팔로워들을 인격적으로 대우하는 종업원 지향적 리더라는 것이다. 종업원 중심의 리더는 팔로워가 명백하고 높은 조직의 수행목표를 갖도록 하며 내적 동기유발에 효과적이다.

(5) 생산 및 인간에 대한 관심 유형에 의한 관리격자 이론

블레이크(Blake)와 머튼(Mouton)은 1964년 서술한 매니지리얼 그리드(Manegerial Grid)와 1978년 신매니지리얼 그리드(The New Manegerial Grid)에서 리더행위의 개발방향에 중점을 두고 리더십을 생산에 대한 관심과 인간에 대한 관심의 두 가지 차원에서 리더십 유형을 정립하였다. 매니지리얼 그리드는 리더십의 행동이 생산에 대한 관심이냐 인간에 대한 관심이냐를 구분하여 5가지 형태의 새로운 행동유형에 대하여 제안되었는데 종축

관리격자와 리더의 행동유형

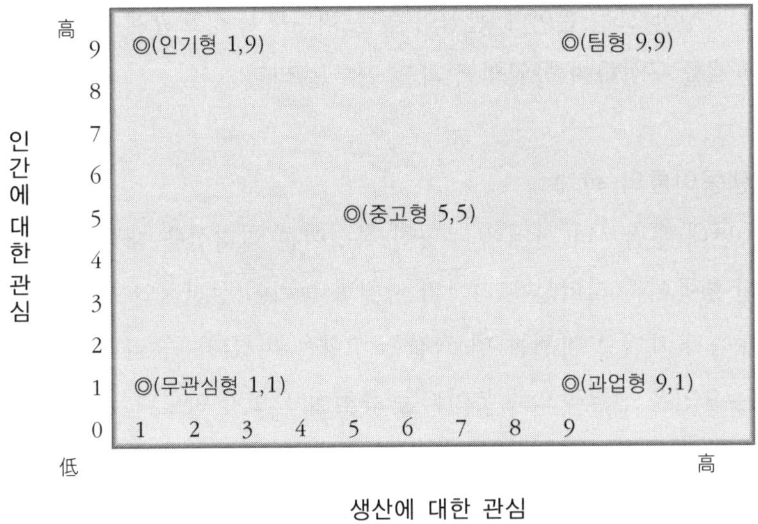

과 횡축에 모두 9개씩의 등급으로 설정하여 심화정도를 나타내고 있다. 관리격자에 의한 5가지 유형을 살펴보면 아래와 같다.

① 무관심형(impoverished: 1, 1형)

생산과 인간에 대하여 모든 면에서 관심이 낮은 리더

② 인기형(country club: 1, 9형)

인간에 대한 관심은 높으나 생산에 대한 관심은 낮은 리더

③ 과업형(task or authority-obedience: 9, 1형)

생산에 대한 관심은 높으나 인간에 대한 관심은 낮은 리더

④ 중도형(middle of the road or organization man: 5, 5형)

생산과 인간에게 적당한 관심으로 적당한 수준에서 성과를 올리는 리더

⑤ 팀형(team style: 9,9형)

인간과 생산 모든 분야에 관심이 높은 리더로서 상호관계, 신뢰성, 존경적인 관계를 구성하여 몰입의 성과를 이루는 리더

2) 행동이론의 한계

1940년대 후반부터 한계에 부딪힌 특성이론 리더십을 대신하여 새로이 모색된 행동이론 리더십은 리더의 자질과 능력이 선천적인 특성에서 후천적인 교육과 개발로 바뀌는 데 적절한 영향을 미쳤다. 즉 리더십을 결정하는 주된 요인은 선험적으로 부여되는 유전적 요소가 아니라 리더로서 행동과 기술을 습득하였는가에 집중되었다. 이제부터 누구나 적절한 훈련과 과정을 통과하게 되면 훌륭한 리더가 될 수 있으며 조직의 유효성을 향상시킬 수 있다고 생각되었다. 그러나 이러한 행동이론의 모형에서도 문제점 및 한계점이 제기되고 있는데, 첫째 리더의 행동유형에 대하여 인간적인 면이나 과업 중심적인 면의 비중을 측정하여 분류하는 데 있어서 객관적이고 신빙성 있는 측정방법이 아직 개발되지 않고 있는 점이며, 둘째 리더십의 유효성은 리더의 행동유형 외에도 주변의 상황적 변수에 의해 결정되는 경우가 많이 존재하므로 그 상황적 변수를 고려하지 않고서는 리더의 행동유형에 대한 유효성을 결정하기에는 상당한 어려움이 있다는 점이다.

다. 상황이론

1) 상황이론의 개관

20세기 초반을 지배했던 특성이론 리더십과 행동이론 리더십의 공통점이라고 한다면, 환경이 결여된 리더 중심의 관점이라고 볼 수 있다. 하지만 실제 리더십의 실증적인 연구를 통합적으로 분석해 보면 통계적 수치에 의한 보편적 리더십이 존재하는 것이 아니라, 리더가 속해 있는 환경이

리더십의 실현에 상당한 변수로 작용한다는 것이 밝혀지게 되었다. 그래서 1970년대 이후의 리더십 연구는 이전 연구에서 간과했었던 환경적 요인을 중요한 변수로 여기는 상황 중심적인 리더십 이론에 열중하였다.

상황이론 리더십은 기존의 리더의 유형, 즉 의사결정과정에서 권한위임의 정도나 배려/구조 중심적인 스타일뿐만 아니라, 상황적인 요인을 중요시 여기며 이 두 가지의 요인이 적절하게 조화될 때 리더십의 유효성이 극대화된다. 따라서 상황이론 리더십은 주어진 상황의 변화에 따라 조직의 목표 성취를 극대화시킬 수 있는 리더십 유형이 개별적으로 존재한다는 개념이다.

상황이론 리더십의 기본적 개념은 업무 수행 과정 속에서 팔로워들의 성숙도가 증가하며 그에 따라 리더는 과업 중심성에서 관계 중심성으로 이동하며 의사결정과정에 팔로워들을 참여시키고 권한 이양을 통해 리더십의 유효성을 증대시키는 상황을 구성하는 이론이라고 볼 수 있다. 상황이론의 주요 모델은 아래 표와 같다.

상황이론의 주요 모델

구 분	학 자	연 도	주요 주제
상황적합적 이론	Fiedler	1974	연구대상 리더들을 LPC 측정점수에 따라 과업지향/관계지향으로 구분
수명주기 이론	Hersey & Blanchard	1969	리더/팔로워간의 상호조화관계 중시, 능력의 유무/동기 강약에 따라 지시적/설득적/참여적/위양적 등으로 구분
경로-목표 이론	House	1971	종사자들의 동기유발/지원보장 등을 고려하여 지시적/후원적/참여적/성취 지향적 등으로 구분

*출처: 백기복, 「조직행동론」(서울: 법문사, 1994), pp. 454-469 수정 요약.

2) 상황이론의 한계

1960년대 후반부터 리더십 연구자들은 행동이론의 한계를 인식하고 어떠한 상황에서든 가장 적합하고 바람직한 리더십의 형태를 파악하기 위한 연구와 모색을 진행한다. 그 결과 리더와 상황이 서로 조화롭게 배치될 때만이 조직의 유효성이 제고된다는 상황이론이 도출되었는데, 이는 팔로워와 조직의 상황적 요소들을 중시하고 리더와 상호관계에 초점을 두어 리더십에 대한 총체적인 분석을 가능하게 해 주는 이론이다.

상황이론은 리더십의 체계적 이론정립과 조직 발전에 많은 공헌을 하고 있다고 볼 수 있으나 한계점을 도출해 본다면 아래와 같이 분석해 볼 수 있다. 첫째 대부분의 이론이 개념적으로 모호하며 변수의 측정과 검증이 어렵다는 점이다. 둘째 상황이론의 검증결과는 서로 일치되지 못하고 일반화할 만한 뚜렷한 결론을 내리지 못하는 연구결과로 인해 구체적이고 검증 가능한 가설을 설정하기가 어렵다는 점이다. 셋째 이론적 측면에서 상황변수도 매우 미시적 변수들을 대상으로 하고 있다는 점이다. 대부분의 상황변수들이 리더, 부하, 집단 특성 등 미시적 측면의 변수들에 집착하고 있고, 기업 문화나 산업의 특성과 같은 거시적 변수에 대해서는 중요하게 고려하지 않았다.

제 3 절 신조류 리더십론의 이해

1. 리더십의 신조류 이론

1980년대 초반까지 주류를 이루었던 리더십 상황이론들은 이론적·실천적으로 상당한 진전이 있었지만, 냉전의 해체 같은 세계사적 변화와 개인주의의 팽배와 같은 문화사적 변화에 직면하여 리더십의 유효성에 의문이 발생하였다. 또한 기업 외적인 불확실성의 증대와 개인들의 창의성 활용의 필요성 등이 제기되면서 상황에 적응하는 이론보다는 인적자원의 활용과 역할부여가 중요하게 받아들여졌는데, 이러한 새로운 조류의 리더십을 소위 신조류 리더십 이론이라고 부른다. 신조류 리더십 이론 중 주요 이론을 정리하면 다음의 표와 같다.

2. 거래적 리더십

가. 거래적 리더십의 개념

거래적 리더십이란 리더가 상황에 따른 보상에 기초하여 팔로워들에게 영향력을 행사하는 과정으로 정의하고 있다. 번즈(T. Burns)에 의하면 거래적 리더십에서 리더는 교환이라는 방법과 시각을 갖고 팔로워를 관리하고 통제하게 된다. 즉 거래적 리더는 팔로워에게 명백한 책임을 부여하고 자신이 기대하는 바를 정확하게 제시함으로써 팔로워가 조직에서 요구

신조류 리더십 이론

구 분	학 자	주 요 내 용
리더십 강화이론	Sims	리더는 팔로워들의 행동결과에 따라 보상/벌 등으로 통제하여 효과성을 높이는 이론
거래적 리더십 변혁적 리더십	Burns Bass	리더와 팔로워간의 보상을 중심으로 하는 거래적 리더십과 리더가 팔로워에게 강한 정서적 몰입을 유도하여 성과를 달성하는 변혁적 리더십이론
수퍼 리더십 셀프 리더십	Manz Sims	리더는 팔로워가 스스로 리드토록 지원하고 팔로워는 스스로 리더 입장에서 리더십을 발휘하여 성과를 올리는 이론
팔로워십	Wortman Kelly	팔로워십을 리더십의 하위 개념으로 하는 기존의 접근 방법에서 팔로와와 리더의 독립적인 관계로 개념을 변화한 이론

*출처: 정남진, "연구개발조직의 리더십에 관한 연구," 고려대학교 대학원 석사논문(1999), p. 14 수정 인용.

하는 수준을 충족시키게 한다. 또한 배스(B. M. Bass)는 거래적 리더십은 일련의 교환 또는 협상에 토대를 둔 리더와 팔로워관계로부터 기대되는 노력 혹은 협상된 노력을 발휘하도록 동기부여시키는 리더십이라 정의를 내렸다. 여기에서 교환 또는 협상관계는 리더가 원하는 것을 얻기 위해서 팔로워들이 원하는 것을 제공한다는 것이다. 즉, 리더십이란 리더가 행동, 보상, 인센티브를 사용해 팔로워들에게 올바른 행동을 유발시키게 만드는 과정이며, 이 과정은 리더와 팔로워간의 교환이나 거래관계에 기초하고 있다는 것이다. 거래적 리더십은 크게 두 단계의 과정을 거쳐야 하는데, 첫째 리더는 팔로워들이 자신들이 원하는 보상을 얻기 위해 무엇을 해야 하는지 인식하게 해야 한다. 둘째 보상을 얻기 위해 팔로워들이 노력을 기울일 때, 욕구충족의 방법을 명확히 한다는 것이다. 이러한 두 단계 속에서 팔로워는 자신에게 부여된 임무를 수행함으로써 원하는 보상을 얻게 되는 것이다.

나. 거래적 리더십의 하위요인

1) 조건적 보상

배스에 의하면 조건적 보상은 리더가 규정한 수준의 성과를 팔로워가 달성했을 때, 팔로워에 그에 합당한 보상을 제공한다는 것을 뜻한다. 즉, 거래적 리더는 팔로워들이 원하는 보상을 받기 위해서는 어떤 과업을 완수해야 하며, 처벌을 피하기 위해서는 또한 무엇을 해야 할지 팔로워와 합의를 이룬다. 리더와 팔로워간의 거래관계를 강조하는 조건적 보상은 팔로워들의 잠재능력이나 창의성을 통한 조직 발전보다는 주어진 역할을 완벽하게 수행하는 효율적 과정에 초점을 두고 있다. 즉 조건적 보상에 대한 합의가 이루어지면, 리더와 팔로워는 상호 합의하에 설정된 목표를 성취하기 위해 매진하며 리더는 목표 달성을 위한 과정과 그 결과물에 대해 팔로워를 평가하고 보상을 제공하거나 때로는 처벌을 한다. 요컨대 리더가 제시하고 규정한 수준의 성과를 팔로워가 달성하였을 시에 보상을 제공하는 것을 조건적 보상이라 한다.

2) 예외에 의한 관리

예외에 의한 관리는 팔로워가 합의된 성과수준에 도달하지 못할 때에만 리더가 개입하는 것을 의미한다. 리더는 팔로워의 업무 성과가 기대 이하로 떨어졌을 때에, 팔로워들이 성과 기준에 도달하게끔 피드백을 제공하는데, 경고나 질책과 같은 부정적 피드백을 제시한다. 부정적 피드백은 조건적 보상보다는 상대적으로 비효과적이며, 특히 리더가 팔로워에게 개입하는 형태가 비난이나 처벌로 나타날 때에는 역효과를 낼 수도 있다. 따라서 배스는 비난의 대상은 팔로워 개인이 아닌 관련 업무수행에 국한된 것이어야 하며, 구체적으로 무엇이 잘못이고, 팔로워의 잘못에 대한 리더 자신이 느낀 바를 언급해 주어야 한다고 지적한다. 따라서 예외에 의한 관리는 조건적 보상보다 팔로워의 동기부여와 직무만족을 약화시킬 수도 있다.

3. 변혁적 리더십

가. 변혁적 리더십의 개념

변혁적 리더십(transformational leadership)은 번즈(T. Burns)에 의해서 처음 제시된 개념으로 리더와 팔로워가 서로 보다 높은 수준의 사기진작과 동기를 일으키는 과정이라고 정의하고 있으며, 배스는 팔로워들로 하여금 리더에 대해 신뢰와 충성 그리고 존경을 갖게 함과 동시에 본래의 예정된 성과 이상의 결과를 파생시키기 위한 과정이라고 정의하고 있다. 즉, 변혁적 리더는 팔로워들로 하여금 과업수행 목표에 대한 중요성을 인식하여 공유하게 하고, 본래 팔로워가 지녔던 욕구보다 더 높은 수준의 고차원적인 욕구의 충족과 자아실현을 가능하게 함으로써 예상했던 기대보다도 훨씬 높은 성과를 올리도록 하는 것이다. 따라서 변혁적 리더십은 조직구성원들에게 보다 높은 이상과 도덕적 가치를 심어 줌으로써 이들이 새로운 방식으로 문제를 생각하고 창의성을 높인 가운데 내적 동기유발을 일으킨다. 배스(Bass)는 변혁적 리더십이 다음과 같은 3가지 방식으로 팔로워를 동기부여시킨다고 주장하고 있다. 첫째 특정 목표나 수단의 중요성에 대한 의식수준을 제고시킨다. 둘째 팔로워로 하여금 집단이나 조직 전체의 이익을 위하여 그들이 개인적 이해관계를 초월하도록 유도한다. 셋째 팔로워의 보다 고차적 욕구를 자극하고 이를 충족하도록 만든다. 이상 3가지 요소가 하나로 융합됨으로써 팔로워가 특정 결과에 부여하는 가치가 상승하게 되는 것이다. 한편 배스는 변혁적 리더십이 효과를 발휘할 수 있는 상황특성에 대해서도 제시하고 있다. 변혁적 리더십은 위기상황이나 사회적 변화가 일어나고 있는 시기에 효과를 발휘할 가능성이 높으며 기계적 구조보다는 유기적 구조를 지닌 조직에서 효과를 거둘 가능성이 높다. 이에 따라 명확한 규범, 체제 또는 제도가 존재하는 구조화된 환경은 변혁적 리더십이 효과를 발휘하기 어려운 제약조건으로 작용할 수도 있다. 그럼에도 불구하고, 변혁적 리더십을 발휘하는 리더는 그러한 상황을 변화시킴으로써 효과를 발휘할 수도 있다. 또한 과업의 성격도 변혁적 리더십의 효과에 영향을 미칠 수 있다. 변혁적 리더십은 팀 단위로 업무를 수행하고 통합적 노력이 필요한 상황에서 효과를 발휘할 가능성이 높다. 왜냐하면 팀 단위로 업무가 수행되는 상황에서는 자기희생과 추가적 노력 그리고 팀 구성원간의 협동이 크게 요구되기 때문이다.

나. 변혁적 리더십의 하위요인

1) 카리스마

하우스(House)에 따르면 카리스마란 권력에 대한 강한 욕구, 자신감, 자신에 대한 강한 믿음을 지칭한다. 이러한 리더의 특성을 통해 팔로워는 리더에 대한 강한 신뢰를 보유하고 판단을 존중하게 된다. 따라서 리더는 수행하는 업무에의 전문성과 유능함 그리고 업무마다의 성공, 팔로워가 자신의 존재를 중요하게 여길 수 있도록 격려해 주는 언어사용 등의 행위를 필요로 한다. 리더의 카리스마는 팔로워에게 조직의 희망적인 미래의 비전을 제시하고 그들이 조직의 사명과 목적에 몰입할 수 있게끔 유도한다. 결국 이러한 리더의 행동에 대해 팔로워들은 존중하면서 행동에 대해서 모방하려 하고, 리더가 가지는 신념과 가치관까지도 닮으려고 하게 된다.

2) 개별적 배려

리더의 개별적 배려는 팔로워 개개인들이 갖는 차이를 인정하고 그들의 욕구 수준을 현단계보다 높은 수준으로 끌어올리며, 잠재력을 개발시키는 일종의 상담자의 역할이다. 즉 리더는 코치의 역할을 담당하며, 조직의 발전과 업무의 완수를 위한 팔로워의 노력에 대해 감사의 뜻을 전하고 팔로워들의 자율성을 최대한 보장해 주며, 권한과 책임을 위임해 주는 행동을 말한다. 이러한 리더의 노력을 팔로워들로 하여금 조직에 대한 정보를 공유케 하고 의사결정에 따른 책임의식을 심어 줄 수 있다. 따라서 변혁적 리더는 조직의 유효성 향상에 중대한 요인으로서 팔로워들의 참여적 의사결정과 경영참여의 방법으로 개별적 배려를 사용한다.

3) 지적 자극

지적 자극이란 리더가 팔로워에게 문제에 대한 인식을 다르게 하고 문제해결 방법에 대한 새로운 모색을 하게끔 하는 것이다. 리더는 자신이 규정하고 계획한 비전의 관점에서 현재의 업무 추진실태를 진단하고 그에 따른 문제점을 파악, 팔로워에게 전달한다. 배스(Bass)는 이러한 지적 자극의 요소가 변혁적 리더가 거래적 리더와 차별점을 갖는 지점이라고 보고 있다. 변혁적 리더는 능동적이고 아이디어 창출에 있어서 보다 창의적이고 혁신적 경향을 갖고 있으며 새로운 방법을 모색하고 위험부담을 감수하고 기회를 최대한 이용하려는 경향이 강하다는 것이다.

거래적 리더십과 변혁적 리더십의 요약

구 분	요 인 들	내 용
거래적 리더십	조건적 보상	리더는 하급자들에게 무엇을 해야 그들이 원하는 보상을 받을 수 있는지를 알려준다.
	예외에 의한 관리	예외적인 사건이 발생하였을 때에 적절한 시기에 적절한 비용으로 목표가 달성되도록 간섭한다.
변혁적 리더십	카리스마	리더는 바람직한 가치관, 존경심, 자신감들을 하급자들에게 심어 줄 수 있어야 하고 비전을 제시할 수 있어야 한다.
	개별적 배려	리더는 하급자들이 개인적 성장을 이룩할 수 있도록 그들의 욕구를 파악하고 알맞은 임무를 부여해야 한다.
	지적 자극	리더는 하급자들이 상황을 분석하는 데 있어 기존의 합리적 틀을 뛰어 넘어 보다 창의적인 관점을 개발하도록 격려한다.

* 출처 : 백기복, 「이슈리더십」(서울: 창민사, 2000), p. 273.

4. 수퍼 리더십

가. 수퍼 리더십의 개념

수퍼 리더란 팔로워들이 스스로를 리드하는 셀프 리더가 되도록 리드하는 리더를 지칭한다. 이러한 정의는 전통적 의미의 리더십의 개념과 출발을 달리하고 있다. 즉 수퍼 리더십은 리더로서 자신이 팔로워를 관리하고 통제하여 조직의 목표를 성취하는 데 주된 목적이 있는 것이 아니라, 팔로워가 셀프 리더가 되도록 자극하고 활성화시키는 데 주된 목표가 있다. 따라서 수퍼 리더십은 팔로워의 자기통제권과 권한이 리더의 고유권한을 위협하는 것이 아니라 높은 성과를 내기 위한 중요한 능력으로 간주하는 근본적으로 다른 리더십 이론이다. 또한 기존의 리더십 이론이 독립적으로 존재했던 것에 비해 수퍼 리더십은 또 다른 리더십 이론인 셀프 리더십 이론과 함께 거론되지 않으면 의미가 없다.

수퍼 리더십 이론에 대해 만즈(Manz)와 심즈(Sims, Jr.)는 목적적 의미를 지니기보다는 수단적 의미를 지니고 있으며 독립적 의미보다는 종속적 의미가 강하다고 할 수 있다. 즉 수퍼 리더십은 셀프 리더십의 강화를 위해 존재하는 것이라고 할 수 있다. 또한 배스(B. M. Bass)는 수퍼 리더십이란 '대체하기 위해서 필요한 리더십'이라는 표현을 사용하여 그 속성을 강조함으로써 수퍼 리더십의 수단적 의미를 강조했다. 이러한 수퍼 리더십의 기본적인 정신은 리더의 독단적인 판단보다는 팔로워들의 참여와 의견에 권한을 부여하는 것이 조직의 발전에 더 유효하다는 판단을 바탕으로 한다. 또한 조직 운영에 있어 팔로워 중심의 사상과 인간의 낙관적이고 긍정적인 태도를 중요시하는 맥그리거의 Y이론적 발상이 반영되어 있다.

수퍼 리더십이 필요한 이유를 정리하면 다음과 같다. 조직 내에서 팔로워들의 헌신과 열정을 불러일으키기 위해서는 팔로워의 내면에 잠재하고 있는 자기 통제감과 자기 목적감을 이끌어 내야 한다. 그 결과 수퍼 리더가 된 팔로워들은 스스로 실행 목표를 설정하고 자기 평가 속에서 긍정적이고 적극적인 업무 수행을 도모할 수 있기 때문에 수퍼 리더십이 필요하게 된다.

나. 수퍼 리더십의 하위요인

수퍼 리더란 우선 자신이 셀프 리더가 된 후에, 팔로워들을 셀프 리더화시키는 시스템을 실행한다. 수퍼 리더십의 단계별 전략은 만즈(Charles

C. Manz)와 심즈(Henry P. Sims, Jr.)의 공동저널인 "Superleadrship: Beyond the Myth of Heroic Leadership"에서 소개한 일곱 단계를 기본 틀로 형성되었고 아래 수퍼 리더가 팔로워를 셀프 리더로 만드는 7단계와 같다.

1) 스스로 셀프 리더되기(becoming a self leadership)

수퍼 리더는 조직 구성원들이 내재적 동기유발을 통한 셀프 리더가 되도록 하기 위해 먼저 셀프 리더가 되어야 한다. 스스로 셀프 리더의 행위 및 인지전략을 습득하고 실천함으로써 다른 조직 구성원들의 모범이나 전례가 되어야 한다.

2) 셀프 리더의 모델링되기(modeling self leadership)

팔로워들은 수퍼 리더의 셀프 리더적인 측면에 대한 관찰을 통해 내적인 동기유발 효과가 발생한다. 따라서 수퍼 리더는 직접 경험할 수 없는 팔로워들의 인지적인 측면을 자극하여 셀프 리더에 대한 욕구를 발생하도록 노력해야 한다.

3) 스스로 목표설정하도록 유도(encouraging self leadership)

자기 목표설정은 직무성과와 직무만족 등의 개인적인 성과에 크게 작용한다. 따라서 수퍼 리더는 개인들이 스스로 목표설정을 통해 자기 만족감과 자기 능력감 등의 자연 보상을 이루도록 유도해야 한다.

4) 긍정적 사고유형 창조(create positive self leadership)

수퍼 리더는 셀프 리더의 자기 유능성을 유발시키기 위한 조건을 조성해야 한다. 자기 유능성은 인지적 측면이 강하기 때문에 슈퍼 리더는 일상적 업무에서 칭찬과 격려와 같이 개인들의 자기 존중과 자기 유능성을 자극할 수 있는 표현과 행위를 습관화해야 한다.

5) 보상과 건설적인 비판을 통한 셀프 리더 육성(develop self leadership through reward and constructive reprimand)

수퍼 리더는 팔로워들의 내적인 동기유발을 위한 보상에 신경을 써서 팔로워의 자율성을 존중하고 격려해야 한다. 또한 업무 진행에 있어 부적절한 과정이나 결과에 대해서는 비판을 통해 바람직한 행동은 강화하고 부정적인 행동은 약화시켜야 한다.

6) 팀워크를 통한 셀프 리더십 권장(facilitate a self leadership culture)

팔로워들의 자기 통제감이나 자기 목적감은 개인적 차원뿐만 아니라 조직 차원의 문제이기도 하다. 따라서 수퍼 리더는 업무가 할당된 팀에 적절한 수준의 통제능력과 권한을 부여함으로써 조직과 개인이 효율성과 유능성을 증진시킬 수 있는 방안을 조성해야 한다.

7) 셀프 리더십 문화 배양(promote self leadership through teamwork)

수퍼 리더가 팔로워들을 셀프 리더로 육성하고 격려하기 위한 총체적인 조직 문화를 설계하는 것이다. 한 방법으로 다중지능이론의 적재적소의 원칙을 활용할 필요가 있다. 즉, 개인이 자기 만족감과 자기 통제감을 느끼며 업무를 수행할 수 있는 직위를 선택하고 배치함으로써 업무만족과 조직의 유효성을 향상시킬 수 있다.

수퍼 리더가 팔로워를 셀프 리더로 만드는 7단계

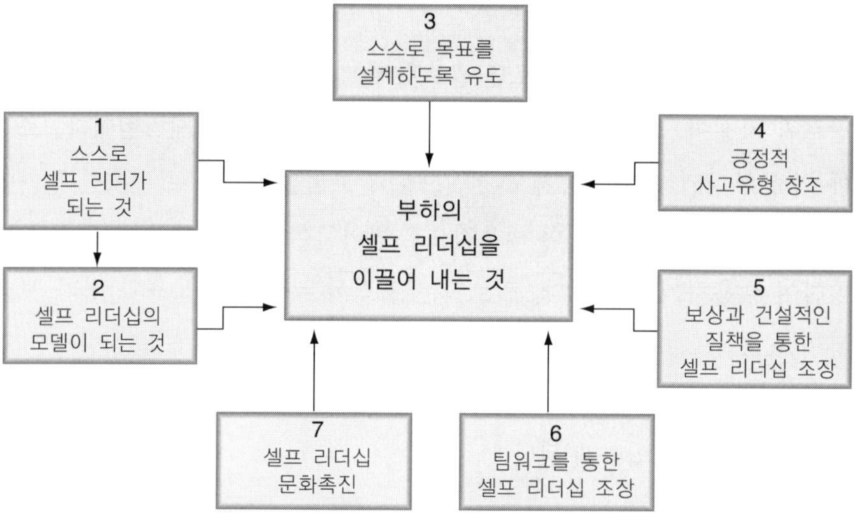

*출처: C. C. Manz & H. P. Sims, Jr., "Superleadership: Beyond the Myth of Heroic, Leadership," *Organizational Dynamics*(Spring, 1990), p. 33.

5. 셀프 리더십 이론

가. 셀프 리더십의 개념

셀프 리더십에 대해 만즈는 '스스로 자기 자신에게 영향을 미치기 위한 과정 및 자기 영향력을 행사하기 위해 사용되는 사고 및 행동 전략이라고 정의했다. 다시 말해 셀프 리더십이란 스스로 자신을 리드하기 위해 취하는 행동과 인지전략이라고 할 수 있다. 여기서의 셀프(self)의 의미는 자아의 개념으로 이해할 수 있는데, 이는 인간내부의 기본적인 성향인 자율성과 자기 통제를 강조한 것으로서, 타율적으로 규정되고 관리되는 리더십이 아니라는 점을 강조한 것이다. 또한 이러한 셀프 리더십은 선천적으로 부여된 특성이 아니라 학습과 노력에 의해 성취되고 습득되는 것이므로 팔로워도 셀프 리더가 될 수 있다는 점에서 의미가 있다.

셀프 리더십 이론에 따르면 팔로워에 대한 규제나 통제는 궁극적으로 팔로워 자신이 스스로 부과하는 자율 통제(self control) 시스템이다. 조직에 의해 부과된 업무나 통제도 전적으로 팔로워들이 스스로 진행한 평가에 따라 수용 여부가 결정되며 의욕적으로 받아들여 자기실현의 한 요소로 변형하여 수용하기 때문이다. 팔로워는 조직이 부여하는 목표와 평가 보상 등의 요소를 그대로 반영하여 수용하고 추종하기보다는 스스로 설정한 진행 목표와 실행 목적에 따라 자율적으로 변형하고 자기 평가 속에서 적극적으로 업무에 몰입하게 된다.

조직 및 자기 통제 시스템

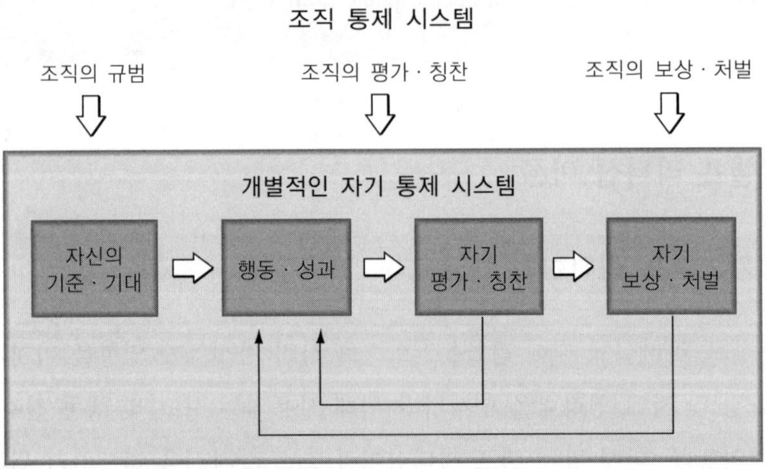

*출처: C. C. Manz & H. P. Sims, Jr., *Superleadership: Leading Others to Lead Themselves* (New York: Berkley Books, 1990), p. 6.

위의 그림은 셀프 리더십으로 기초한 조직의 통제 시스템을 도식화했다. 그림에서 셀프 리더십은 개별적인 자기 통제 시스템으로서 정리되어 있으며 자체적인 순환 시스템을 구축하고 있다. 즉 자신의 기준과 기대를 설정하고 실행한 후에 그에 따른 자기 보상과 처벌을 통해 피드백을 받는 체계이다. 따라서 외부적으로 강한 통제나 규제는 자율적으로 작동하는 피드백 시스템에 외부요인으로 작용해 부작용을 일으킬 수 있다. 리더는 팔로워들을 셀프 리더화시키기 위해서 팔로워들의 자율성을 기반으로 내면에 잠재하고 있는 자발적인 헌신과 열정을 이끌어 내야 한다.

그리고 셀프 리더의 자율 통제 시스템을 없애고, 강력한 외부통제를 사용해서 조직의 발전을 꾀할 수도 있지만 그것은 관료주의적 행동을 유발시키고 팔로워들을 수동적인 지위에 머물게 하는 문제점이 있다. 아래는 전통적 관리기능의 리더십 개념과 대비되는 셀프 리더십의 개념을 잘 보여주고 있다.

전통적 관리기능과 셀프 리더십

전통적 관리기능	셀프 리더십
외부관찰	자기관찰
주어진 목표	자기설정목표
과업수행에 대한 외부강화	셀프 리더십 행동에 대한 자기강화와 외부강화
외부 보상에 의거한 열의	자기 보상에 의거한 열의
외부로부터의 비판	일 자체의 자연적인 보상에 근거한 자기비판
외부로부터의 문제 해결	스스로의 문제 해결
외부로부터의 직무 할당	스스로의 직무 할당
외부로부터의 과업 계획	스스로의 과업 계획
부정적 관점	긍정적 관점
조직의 비전에 의존	팔로워가 함께 창조한 비전에 헌신

*출처: 정일재 역, 「슈퍼 리더십」(서울: 21세기북스, 1995), p. 119(C. C. Manz & H. P. Sims, Jr., *Super-leadership*, New York, 1990).

나. 셀프 리더십의 하위요인

셀프 리더십의 구성요소는 내·외적인 요인에 의한 인간 행동의 변화와 관련되어 크게 세 가지로 구분될 수 있는데, 자기관리(self management)와 건설적 사고(positive thinking), 그리고 자연적 보상(natural rewards)이 그것이다.

1) 자기관리(self management)

자기관리는 셀프 리더가 업무 수행에 있어서 외부적이고 타율적인 통제 중심에서 내부적이고 자율적인 자기 통제 속으로의 전환을 의미한다. 자기관리에 유능한 셀프 리더는 독립적이고 창조적이며 자신의 일에서 높은 성취를 갖는 것을 목표로 삼는다. 사회 인지적 이론은 이러한 개인 자신의 행동을 조정하는 것을 도와줄 수 있는 다양한 기법을 개발하였는데, 자기관리 기법으로 인지적 행동수정(meta cognitive strategy)이 있다. 인지적 행동수정은 내적인 사고를 수정하고 통제하여 외적인 행동에 영향을 준다는 것을 기본적으로 가정한다.

2) 긍정적 사고(positive thinking)

사람들이 흔히 여러 번의 반복과정을 통해 습관적인 행동을 변화시키듯이 습관적인 사고 역시 훈련에 의해 변화될 수 있다. 따라서 자기 자신에 대한 기대와 신뢰가 크면 그것이 구체적 행동의 기능으로 될 수 있다. 기대와 신뢰라는 인지적인 측면이 행동에 영향을 미쳐 긍정적이고 적극적이게 변화한다.

사고의 과정에는 끊임없는 자기 자신과의 대화가 포함되어 있다. 자기 대화를 통해 내면적으로 자신과 이야기를 나눔으로써 내적 동기유발의 요소를 자극하고 확대하여 셀프 리더가 될 수 있다. 또한 이러한 자기 대화의 과정 속에서 부정적인 요소들을 억제하고 긍정적인 요소로 바꿀 수 있다.

3) 자연적 보상(natural rewards)

자연적 보상이란 자신의 과업 중에서 내적 만족감을 가져다 주는 것을 발견하고, 그 일로부터 내적인 보상을 받는 방법으로 자신이 즐기는 작업 상황을 선택하거나 만드는 것을 뜻한다. 과업 상황에서의 물리적 환경은 과업수행과정을 개선시킴으로써 가능한데, 이는 내적 동기 유발을 강화하는 활동을 구축함으로써 얻을 수 있다. 특히, 유능하다는 느낌(sense of competence), 자기를 통제한다는 느낌(sense of self-control), 목적의식(sense of purpose)을 개발하는 과업은 내적으로 동기 유발되고 일 자체를 즐기도록 만든다.

6. 팔로워십 이론

가. 팔로워십의 개념

팔로워십이란 1980년대의 신조류 이론들이 등장하면서부터 조직의 유효성과 관련하여 리더뿐만 아니라 팔로워의 역할도 중요하다고 인식하기 시작되면서 연구가 진행되었다. 사실 그 동안 조직의 유효성을 향상시키는 방안에 대한 연구는 리더의 행동과 상황 그리고 리더의 행위에 치중되었고 팔로워들의 기능과 역할에 대해서는 구체적으로 언급하고 있지 않다.

길버트(Gilbert)와 하이드(Hyde)는 조직의 유효성에서 팔로워의 중요성에 대한 연구가 부족한 이유를 다음과 같이 들고 있다. 첫째 그 동안 조직의 발전과 유효성 증대의 연구는 팔로워들의 동기부여나 조직몰입에 있는 것이 아니라 지휘 · 통솔력을 지닌 리더의 능력에 전적으로 의존한다는 인식 하에 리더의 조직관리 기술에 치중되었다. 둘째 팔로워는 조직의 중심적 역할을 수행하지 않고 단지 수단적인 역할만을 수행한다는 문화적 속성이 지배적이었다고 분석하였다.

그러나 최근의 경제 환경의 변화와 개인주의의 팽배는 기존의 리더 중심이었던 조직 패러다임에서 리더십과 팔로워십의 상호성에 중심을 둔 새로운 패러다임의 조직형태와 운영방식을 요구하게 되었다. 예컨대 번즈(Burns)는 리더십이란 용어는 조직을 전제로 한 집합적 의미를 지니고 있기 때문에 리더만의 리더십(one man leadership)이란 이론은 본질적으로 모순이 된다고 지적하였다. 결국 리더와 팔로워는 독립적으로 존재하지 않고 상호 관련성을 지니고 조직의 유효성이 발휘되기 위해서는 팔로워들의 적극적이고 능동적인 참여가 없으면 안 되는 상황조건을 맞이하게 되었다. 이러한 조건에서 조직의 유효성과 팔로워십의 관계는 크게 두 가지의 시선으로 나눌 수 있다. 하나는 팔로워십을 리더십의 하위개념으로 접근하여 상호연관성을 연구하는 것이고 다른 하나는 팔로워십을 리더와 별개의 개념으로 바라보고 독립적으로 접근함으로써 리더와 동등한 개념에서 연구하는 이론이다. 팔로워십을 리더십의 하위개념으로 접근한 워트맨(Wortman)의 경우 팔로워십은 리더의 의견을 수용하고 의도하는 바에 따라서 노력하고 업무를 충실히 함으로써 개인적 · 조직적 목표를 획득하는 과정이라고 정의하였다. 이런 관점은 조직에 있어서 리더의 중요성만이 강조된 것으로 종속적 팔로워십(obedient followership)의 형태를 나타내고 있으며 팔로워들의 자유선택이나 능동적이고 비전 개발적인 측면을 간과하고 있음을 알 수 있다. 이와 반대로 켈리(Kelly)는 팔로워들의 역할범위를 상당히 긍정적이고 포괄적인 모습으로 제시하고 있는데, 바람직한 팔로워는 조직 내에서 나무와 숲을 동시에 볼 수 있는 통찰력과 다른 사람과 함께 일할 수 있는 역량을 지니고 있으며, 영웅적인 리더가 없는 상황에서도 자신을 격려하면서 일을 할 수 있으며, 더 높은 가치를 위해서 기꺼이 함께 노력할 의도를 가진 자라고 정의하고 있다. 이와 같은 팔로워의 개념은 상당히 진보된 개념으로서 자기 관리, 자율 책임, 자기 개발능력 등의 자질을 가지고 조직의 유효성에 적극적으로 몰입하고 있는 팔로워의 모습을 제시하고 있다.

나. 팔로워십 역할의 중요성

위에서 언급한 바와 같이 팔로워십에 대한 개념이 리더에 종속적인 지위와 역할에서 리더와는 별개의 독립적인 개념으로 변화되고 있다는 것은 현대의 조직에 있어서 팔로워의 중요성에 대한 인식이 점점 확대되고 있기 때문이라고 볼 수 있다. 실제로 조직의 성공 기여도에 있어서도 리더는 20%정도이고 팔로워는 80%로 보고 있으며 아무리 유능한 리더라 할지라도 리더로 일하는 시간보다 팔로워로 일하는 시간이 더 많다는 것이 지적되고 있다. 따라서 조직의 발전을 위해서는 팔로워십에 대한 자각과 자긍심을 갖고 있어야 하며 리더의 좋은 협력자로서 팀워크를 발휘하는 것이 필요하다. 특히 리더의 역량을 신뢰하고 이것을 받아들이는 팔로워의 태도는 팔로워 자신의 자아에 영향을 미쳐 결국에는 조직유효성에 긍정적 영향을 미칠 수 있을 것이라 생각해 볼 수 있다.

다. 팔로워십의 유형

팔로워십의 유형은 켈리(Kelly)의 방식으로 구분할 수 있다. 한 축은 정신영역의 비판적 사고이고 다른 축은 행동영역에서 능동성의 여부이다. 아래는 이 분류 모형을 구분하여 놓은 것이다.

1) 소외형 팔로워(alienated followers)

소외형 팔로워는 독립적이고 비판적인 사고를 가지고 있지만 과제를 수행하는 데 있어서는 수동적인 행동을 보이는 경우로서 능력은 우수하지만 노력을 하지 않거나 스스로 불만스러움에 빠져드는 것이 유형이다. 켈리(Kelly)의 연구분석 결과 전체 팔로워 중에서 15~25% 정도를 차지하고 있으며 주요 원인으로는 충족되지 않는 기대와 신뢰의 결함에서 나타나는 것으로 조사되었다. 그것은 자신이나 그룹의 우수한 성과에도 불구하고 제대로 공헌을 인정받지 못하고 있는 것에 대한 불만감의 표시이며 리더에 의해 공정한 평가를 받지 못하는 경우의 소외감을 원인으로 들 수 있다.

2) 순응형 팔로워(conformist followers)

소외형과는 반대유형으로 과제수행에 있어서는 적극적으로 참여하지만 독립적이고 비판적인 사고에서는 부족한 유형이라고 볼 수 있다. 일반적으로 20~30%의 구성비율을 보이며 과제수행에 불만을 토로하지는 않지만 지나치게 리더의 권위에 순종하고 판단에 의존적인 성향을 보이는 부류이며 주요 원인으로는 개인적 측면에서 보았을 때 책임이라는 선택에서 도피하고자 하는 자세를 갖고 있으며 조직적으로는 리더의 일방적인 권력남용으로 인한 무조건적인 순응을 강요당하는 경우로 볼 수 있다.

3) 실무형 팔로워(pragmatist followers)

실무형 팔로워는 각각의 유형을 적당히 유지하는 유형으로서 25~35%를 차지한다고 보고 있다. 과제에 있어서 주어지는 업무를 무리없이 수행하지만 그 이상의 모험을 하지 않으며 강력한 비판적 사고를 가지고 대립

켈리의 팔로워십 분류 모형

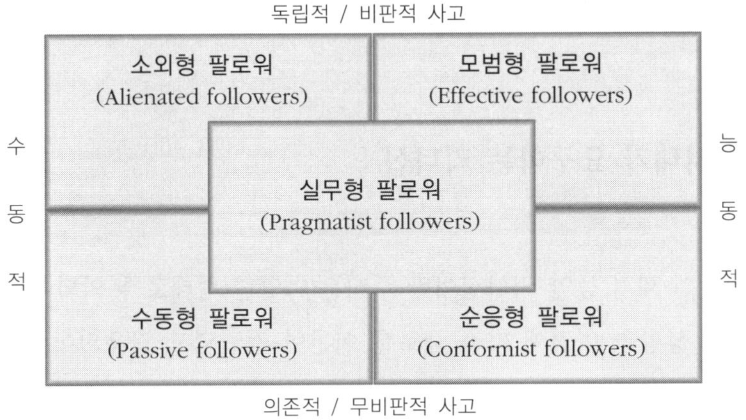

*출처: R. E. Kelly, *The Power of Followership*(New York: Double day Dell, 1994), p. 97.

하는 일도 그리 많지 않다. 의견대립은 최소한으로 억제하고 자기업무에 대한 변명자료도 충실히 준비하는 유형으로 주요 원인으로는 개인적 성향의 문제와 조직의 불안정성에 대한 안전 제일주의를 택하고 있는 유형이다.

4) 모범형 팔로워(effective followers)

모범형 팔로워는 정신적이나 행동적인 면에 있어서 두 가지의 특성을 모두 지니고 있는 유형으로서 전체 팔로워의 5~10%를 차지하고 있다. 이런 유형은 독립적이고 자주적인 사고를 가지고 과제도 능동적으로 대처하며 리더에게도 비판적인 의견을 제시하며 창조적이고 건설적인 생각을 갖고 있는 독립성이 강한 인물 유형이다.

5) 수동형 팔로워(passive followers)

팔로워 구성비율 중 가장 적은 형태로 나타나는 유형으로 과제도 충실히 수행하지 못하며 책임감도 결여되어 있으며 주어진 일 이상은 절대 하지 않는다. 조직 내에서 가장 부정적인 유형으로 5~10% 정도를 차지하고 있으며 원인으로서는 원초적으로 존재하는 개인의 성격이나 조직 내 적응기능을 개발하지 못한 사람들로 구분되기도 한다.

7. 이 시대가 요구하는 리더십

지난 수세기 동안 리더십이란 주제는 다양한 형태로 논의되어 왔으며 그때그때 상황과 여건에 따라 새로운 이론이 정립되고 적용되어 왔다. 한국에서도 리더십에 대한 다양한 실험과 논의가 있었다. 조선시대에는 왕을 중심으로 하는 수직적 · 위계적 사회였기에 '제왕의 도리'를 통하여 리더십을 이론화하고 실천해 왔으나 해방 이후부터는 미국을 중심으로 리더십 이론을 도입하고 적용하고 있다. 한국의 대부분의 조직들이 서구와의 교류를 시작하게 되면서 서구의 조직설계 방법에 따라 구조화되었고, 사회의 작동시스템 역시 서구의 그것을 상당부분 무비판적으로 수용하였다. 그러나 한국사회의 저변에는 반만년의 역사를 거치면서 형성된 독창적인 정신과 혼이 있다. 우리 문화의 특색은 모든 것을 포용할 수 있고 자연스러움을 선호하는 보자기 문화, 둘이 협력해야 음식을 집어먹을 수 있는 젓가락 문화, 두레정신에 나타난 신명의 문화로 대변된다. 고정되고 정형화된 것만을 담는 가방 문화, 찢어야만 먹을 수 있는 포크문화, 다른 민족이나 다른 영토를 정복해야만 직성이 풀리는 개척과 정복의 문화와는 뚜렷이 구별되는 것이다. 여기서 서구와는 다른 우리 문화에 기초한 리더십 이론의 필요성이 제기된다.

또한 전세계적으로 변화와 개혁이 하나의 조류(潮流)로 자리잡고 있다. 이것은 흐름에 뒤쳐지지 않는 변화수용적 리더십의 필요성을 암시한다. 그러나 유행만을 좇다 보면 이미 유행은 지나가 버린다. 유행에 따라

옷을 바꿔 입는 방식은 우리를 숨가쁘게 만든다. 선순환 리더십 모델은 급격한 변화의 흐름 속에서도 절대불변의 기본과 가치는 무엇인가, 그리고 동시에 변화에 능동적으로 대처해야 하는 것이 무엇이며, 그 방법은 어떤 것들이 있는지를 제시하였다.

분석의 층위에 있어서 기존의 리더십 이론이 분석단위를 팀이나 조직, 사회에 한정시킨 단층의 수준을 가졌던 것에 비해 선순환 리더십은 개인부터 사회, 국가까지를 포괄하는 광범위한 행위전략과 적용사례를 제시하여 분석의 층위를 심화시켰다. 한편, 기존의 동서양의 이론들을 비판하기보다는 장단점을 분석하고 우리 현실에 맞는 것을 선택하고 반영하였다.

우리들은 종종 자라나는 어린이들이 인생의 지표로 본받고 존경할 만한 인물이어야 할 일부 저명인사들이 주로 '돈'과 관련한 비리에 연루되었다는 소식을 듣는다. 근면 성실하게 인생을 살면서 작은 것에서 보람을 느끼고 적은 봉급을 알뜰하게 절약하여 저축하면서 소박한 소망을 이루어가는 보통 사람들에게는 너무도 실망스러운 현상들이다. 이러한 때 일수록 우리 사회에는 도덕성을 바탕으로 변화와 개혁을 주도하는 리더가 필요하다. 이 리더가 갖추어야 할 자질 중 가장 중요한 것은 청렴을 중시하는 한국의 유교적인 풍토와 높은 평등지향성을 고려할 때 지위에 걸맞은 윤리성과 도덕성의 기본 소양을 갖추는 것이다. 특히 우리 사회는 제도화된 부패, 관행화된 부패가 문제시되어 왔고 이것이 거대한 부패의 사슬을 이루고 있음을 볼 때 부패의 악순환의 고리는 반드시 차단되어야 한다. 부정부패의 원인은 공통적으로 권력욕과 재물욕으로 귀결된다. 뇌물의 역사는 인류의 역사와 함께 시작되었다고 한다. 이것은 남보다 높은 지위를 차지하고, 더 많은 재물을 얻고자 하는 인간의 기본적인 욕망과 결부되어 있기 때문이다. 이것은 재물욕과 권력욕의 억제와 관리가 중요한 가치가 될 수밖에 없음을 시사하는 동시에 수신(修身)을 중시하는 한국적 리더십의 필요성이 제기되는 대목이기도 하다. 그리고 지위에 걸맞은 노블리스 오블리주이다. 영국의 앤드류 왕자가 포클랜드전쟁에 헬기 조종사로 참전하였을 때, 모든 영국 국민은 존경과 경의를 표하였다. 우리에게도 지위에 걸맞은 책임감과 희생정신을 갖춘 '한국형 노블리스 오블리주'가 필요한 때다. 누구나 존경하고 경애심을 표할 수 있는 지도자가 바로 선순환 리더인 것이다.

우리의 마음을 무겁게 하는 한국사회의 또 다른 문제는 조선조 사색당파에서 비롯되었는지 모르겠지만 3명만 모이면 편을 나누고 갈라지는 현상이다. 특히 동서의 경계를 분기로 하여 지역갈등의 골이 깊다. 어느 학자는 지역갈등의 유래를 삼국시대로 거슬러 올라가기까지 하지만 정치적 목적에 의해 왜곡되고 이용되었다는 편이 옳을 것이다. 일단 형성된 지역갈등의 문제는 국력을 통합하고 상생으로 나아가는 데 커다란 걸림돌이 되고 있는 것이 현실이다. 이 갈등은 국가정책에 대한 대립이 아니라 감정에 의한 대립이라는 데 문제의 심각성이 있는 것이다.

또한 누구나 가지고 있는 열등의식과 우리들의 인생여정에 필연적으로 발생하는 화(火)가 화(禍)의 원인이 되지 않도록 자기감정 관리를 지위가 높을수록 슬기롭게 하여 긍정적이고 생산적인 에너지화가 되도록 하여야 한다. 그리고 디지털 사회의 도래로 우리 사회에서 정보접근 능력과 정보이용 능력의 차이가 세대간 정보격차(Digital Divide)로 나타나고 있다. 과거에는 '세대차이'라 불리던 것이 현재는 '세대충돌'이라는 말이 나올 정도로 직업관, 결혼관, 인생관에서 그 격차가 현격하게 벌어지고 있는 것이다. 더구나 기업에서도 노사간의 임금과 복지의 문제를 둘러싸고 갈등과 대립이 심해지고 있다. 국민을 담보로 노사분규를 벌이는 노동자측도 문제지만 노동자의 입장을 고려하지 않는 사업자에게도 그 책임이 있다. 사회 곳곳의 일반여론도 배타적 논리와 넘치는 감정(感情)을 주체하지 못하고 자신의 의견이 마치 수학문제의 정답인양 풀어내기 바쁘다. 10인 10색으로 갈라지는 다원화된 가치관이 공존하고 개인주의가 심화되는 오늘날 이 사회를 아우르고 보듬어 나갈 리더십의 중요성이 부각되고 있다.

이와 같이 우리 사회에 만연되어 있는 비윤리성을 해결하고 갈등을 통합할 수 있는 리더의 중요성은 아무리 강조해도 지나침이 없다. 그러나 아무리 뛰어난 리더라고 하더라도 다양한 가치와 이익을 합리적으로 조정하고 조화롭게 통합하기란 결코 쉬운 일이 아니다. 왜냐하면 리더 뒤에는 그를 믿고 따르는 '조직 구성원들의 리더에 대한 신뢰와 협력'이 반드시 뒷받침되어야 하기 때문이다.

한국사회가 안고 있는 비윤리성의 문제와 분열과 갈등의 문제, 이것이 우리가 해결해야 할 1차적 과제이다. 이것은 선순환 리더십이 필요한 이유이기도 한다. 선(善)을 기본 바탕으로 높은 도덕성과 전문성, 언행일치의 솔선수범을 통하여 개인과 조직에 비전을 제시하고 동기를 부여하여 기꺼이 과업을 완수하도록 함으로써 선순환이 반복(Good + α Cycle)되도록 하는 리더의 출현과 더불어 평화롭고 행복한 우리 사회, 국가의 발전을 기대해 본다.

색 인

ㄹ

ㅁ

ㅂ

ㅅ

ㅇ

ㅊ

ㅋ

저자 약력

지은이 **유 영 대**

영남대 정치외교학과 졸업
국방대학원 졸업
동국대학교 졸업(행정학 석사)
수원대학교 일반대학원 졸업(행정학 박사)
서울대학교 국가정책과정 수료
(현) 남서울대학교 교양학부 객원교수
(현) 수원대학교 일반대학원 초빙교수
(현) '좋은 교육 바른 정책' 자문위원
(예) 공군소장

저서 및 논문

주한미군의 철수에 관한 연구(1992년)
바람직한 지휘관 및 참모상 확립(2003년)
선(善)순환 리더십(2004년)
맑은 샘물(2005)
선(善)순환 리더십이 조직효과성에 미치는 영향 연구(2006년)

제 2 판
선(善)순환 리더십

2004年	11月	16日	初版發行
2007年	8月	20日	第 2 版 發行
2009年	8月	10日	重版 發行

지은이 유 영 대
發行人 安 鍾 萬
發行處 (株) 博 英 社
서울特別市 鍾路區 平洞 13-31番地
電話 (733)6771 FAX (736)4818
登錄 1959. 3. 11. 제300-1959-1호(倫)

www.pakyoungsa.co.kr e-mail: pys@pakyoungsa.co.kr

定 價 23,000원 ISBN 978-89-7189-551-1